# 7년 연속 전체수석 합격자 배출

KB123763

감정평가사 |
관세사 |
세무사 |
회계사 |

# 신은미
# 감정평가사 회계원리
## 기본서

신은미 편저

동영상강의 www.pmg.co.kr

브랜드만족
**1위**
박문각

근거자료
후면표기

제2판

박문각

# 박문각 감정평가사

**회계원리** 교재의 주된 내용은 복식부기의 원리이며 재무제표를 작성해 가는 과정을 이해하는 것이다. 어떠한 회계기준(국제기업회계기준, 일반기업회계기준)을 적용한다고 하여도 복식부기의 원리는 동일하다. 더불어, 회계학을 학습하는 목적은 다르더라도 입문과정인 회계원리에서 요구되는 사항은 동일하다. 그러므로 다양한 수험 목적에 모두 대비할 수 있도록 가능한 한 많은 문제 및 예제문항 등을 수록하고자 노력하였고, 어려운 표현은 이해하기 최대한 쉽도록 서술하였다.

본 교재는 다음과 같은 특징이 있다.

**첫째,**   본 교재는 회계원리 이후의 과정인 중급회계 과정과 내용이 잘 연결될 수 있도록 절의 구성을 통일하였다.

**둘째,**   본 교재는 수험 목적으로 작성되었기에 **감정평가사, 관세사, 세무사, 회계사** 등의 시험대비 목적에 적합하도록 최근의 출제경향을 반영하였다.

**셋째,**   회계원리는 회계의 순환과정을 이해하고 재무제표를 작성해 보는 연습이 요구되는 과정이기에 객관식 문제 외에도 주관식 연습문제 등을 포함해서 단답 형태의 질문보다 폭넓은 학습을 할 수 있도록 구성하였다.

**넷째,**   회계학을 입문하는 초심자에게 필요한 내용만 전달할 수 있도록 구성하였다. 따라서 입문과정에서는 불필요한 사항은 포함시키지 않아 학습에 대한 부담을 줄이고자 하였다.

**다섯째,**   본 교재가 출간되는 시점까지 개정된 기업회계기준을 반영하였다.

**회계원리**는 이후 과정을 이해하기 위해서 반드시 선행되어야 하는 과목이다. 그러나 실제 전문자격증의 회계학 시험문제 중에서 회계원리 문제가 출제되는 비중이 낮다보니 의외로 많은 수험생들이 해당 과정을 수강하지 않은 채 중급회계 과정부터 학습을 시작하는 경우가 많다. 이런 경우 회계학에서 좋은 점수를 받기 어려울 뿐만 아니라 핵심적인 부분을 놓쳐 회계학의 체계를 완성하는 데 어려움을 겪을 수 있다. 그러므로 회계 공부를 시작하고자 하거나 이미 학습을 시작하였음에도 기본적인 내용에 대한 이해가 잘되지 않는다고 생각하는 이들은 회계원리부터 차분히 단계를 밟아 회계학의 토대를 완성시켜 나가기를 바란다.

마지막으로, **회계원리** 교재 작업에 도움을 주신 모든 분들에게 감사의 말씀을 드리며 아무쪼록 본서가 여러분이 더 이상 **회원리**는 어려운 과목이 아니라는 생각을 가질 수 있도록 하는 데 기여하기를 진심으로 기원한다.

신은미 세무사

## 📋 감정평가사란?

감정평가란 토지 등의 경제적 가치를 판정하여 그 결과를 가액으로 표시하는 것을 말한다. 감정평가사
(Certified Appraiser)는 부동산·동산을 포함하여 토지, 건물 등의 유무형의 재산에 대한 경제적 가치를
판정하여 그 결과를 가액으로 표시하는 전문직업인으로 국토교통부에서 주관, 산업인력관리공단에서 시행
하는 감정평가사시험에 합격한 사람으로 일정기간의 수습과정을 거친 후 공인되는 직업이다.

## 📋 시험과목 및 시험시간

### 가. 시험과목(감정평가 및 감정평가사에 관한 법률 시행령 제9조)

| 시험구분 | 시험과목 |
|---|---|
| 제1차<br>시험 | ❶ 「민법」 중 총칙, 물권에 관한 규정<br>❷ 경제학원론<br>❸ 부동산학원론<br>❹ 감정평가관계법규(「국토의 계획 및 이용에 관한 법률」, 「건축법」, 「공간정보의 구축 및 관리 등에 관한 법률」 중 지적에 관한 규정, 「국유재산법」, 「도시 및 주거환경정비법」, 「부동산등기법」, 「감정평가 및 감정평가사에 관한 법률」, 「부동산 가격공시에 관한 법률」 및 「동산·채권 등의 담보에 관한 법률」)<br>❺ 회계학<br>❻ 영어(영어시험성적 제출로 대체) |
| 제2차<br>시험 | ❶ 감정평가실무<br>❷ 감정평가이론<br>❸ 감정평가 및 보상법규(「감정평가 및 감정평가사에 관한 법률」, 「공익사업을 위한 토지 등의 취득 및 보상에 관한 법률」, 「부동산 가격공시에 관한 법률」) |

### 나. 과목별 시험시간

| 시험구분 | 교시 | 시험과목 | 입실완료 | 시험시간 | 시험방법 |
|---|---|---|---|---|---|
| 제1차<br>시험 | 1교시 | ❶ 민법(총칙, 물권)<br>❷ 경제학원론<br>❸ 부동산학원론 | 09:00 | 09:30~11:30(120분) | 객관식<br>5지<br>택일형 |
| | 2교시 | ❹ 감정평가관계법규<br>❺ 회계학 | 11:50 | 12:00~13:20(80분) | |

| | | | | | 과목별 |
|---|---|---|---|---|---|
| 제2차 시험 | 1교시 | ❶ 감정평가실무 | 09:00 | 09:30~11:10(100분) | 4문항 |
| | 중식시간 11:10 ~ 12:10(60분) | | | | |
| | 2교시 | ❷ 감정평가이론 | 12:10 | 12:30~14:10(100분) | (주관식) |
| | 휴식시간 14:10 ~ 14:30(20분) | | | | |
| | 3교시 | ❸ 감정평가 및 보상법규 | 14:30 | 14:40~16:20(100분) | |

※ 시험과 관련하여 법률·회계처리기준 등을 적용하여 정답을 구하여야 하는 문제는 시험시행일 현재 시행 중인 법률·회계처리기준 등을 적용하여 그 정답을 구하여야 함

※ 회계학 과목의 경우 한국채택국제회계기준(K-IFRS)만 적용하여 출제

다. 출제영역 : 큐넷 감정평가사 홈페이지(www.Q-net.or.kr/site/value) 자료실 게재


##  응시자격 및 결격사유

가. 응시자격 : 없음

　※ 단, 최종 합격자 발표일 기준, 감정평가 및 감정평가사에 관한 법률 제12조의 결격사유에 해당하는 사람 또는 같은 법 제16조 제1항에 따른 처분을 받은 날부터 5년이 지나지 아니한 사람은 시험에 응시할 수 없음

나. 결격사유(감정평가 및 감정평가사에 관한 법률 제12조, 2023. 8. 10. 시행)

　다음 각 호의 어느 하나에 해당하는 사람

　1. 파산선고를 받은 사람으로서 복권되지 아니한 사람

　2. 금고 이상의 실형을 선고받고 그 집행이 종료(집행이 종료된 것으로 보는 경우를 포함한다)되거나 그 집행이 면제된 날부터 3년이 지나지 아니한 사람

　3. 금고 이상의 형의 집행유예를 받고 그 유예기간이 만료된 날부터 1년이 지나지 아니한 사람

　4. 금고 이상의 형의 선고유예를 받고 그 선고유예기간 중에 있는 사람

　5. 제13조에 따라 감정평가사 자격이 취소된 후 3년이 지나지 아니한 사람. 다만, 제6호에 해당하는 사람은 제외한다.

　6. 제39조 제1항 제11호 및 제12호에 따라 자격이 취소된 후 5년이 지나지 아니한 사람

## 🔲 합격자 결정

가. 합격자 결정(감정평가 및 감정평가사에 관한 법률 시행령 제10조)
- 제1차 시험

  영어 과목을 제외한 나머지 시험과목에서 과목당 100점을 만점으로 하여 모든 과목 40점 이상이고, 전 과목 평균 60점 이상인 사람
- 제2차 시험

  – 과목당 100점을 만점으로 하여 모든 과목 40점 이상, 전 과목 평균 60점 이상을 득점한 사람

  – 최소합격인원에 미달하는 경우 최소합격인원의 범위에서 모든 과목 40점 이상을 득점한 사람 중에서 전 과목 평균점수가 높은 순으로 합격자를 결정

  ※ 동점자로 인하여 최소합격인원을 초과하는 경우에는 동점자 모두를 합격자로 결정. 이 경우 동점자의 점수는 소수점 이하 둘째 자리까지만 계산하며, 반올림은 하지 아니함

나. 제2차 시험 최소합격인원 결정(감정평가 및 감정평가사에 관한 법률 시행령 제10조)

## 🔲 공인어학성적

가. 제1차 시험 영어 과목은 영어시험성적으로 대체
- 기준점수(감정평가 및 감정평가사에 관한 법률 시행령 별표 2)

| 시험명 | 토플 | | 토익 | 텝스 | 지텔프 | 플렉스 | 토셀 | 아이엘츠 |
| --- | --- | --- | --- | --- | --- | --- | --- | --- |
| | PBT | IBT | | | | | | |
| 일반응시자 | 530 | 71 | 700 | 340 | 65 (level-2) | 625 | 640 (Advanced) | 4.5 (Overall Band Score) |
| 청각장애인 | 352 | – | 350 | 204 | 43 (level-2) | 375 | 145 (Advanced) | – |

- 제1차 시험 응시원서 접수마감일부터 역산하여 2년이 되는 날 이후에 실시된 시험으로, 제1차 시험 원서 접수 마감일까지 성적발표 및 성적표가 교부된 경우에 한해 인정함

※ 이하 생략(공고문 참조)

# CONTENTS
이 책의 차례

# CONTENTS
이 책의 차례

# 01

# 회계의 기초

- 회계란? 개인 및 기업의 영업활동 등을 숫자로 요약하여 표시한 것이다. 표시의 규칙을 이해함으로써 기업의 수탁책임과 앞으로의 경영활동을 예측해 볼 수 있다.
- 재무제표를 통하여 기업의 영업활동, 투자활동, 재무활동을 해석할 수 있다.
- 재무제표의 종류를 학습하고 재무제표 간에는 어떠한 상호연관성을 지니는지 이해할 수 있다.

# 회계의 기초

## 1. 회계의 의의

### [1] 회계란 무엇인가?

과거의 회계는 업무의 한 영역으로 분류되어 특정한 직업을 가진 사람들에게만 해당되는 것으로 여겨졌었다. 하지만 최근 들어 회계는 기본 교양을 넘어 필수적인 학문으로 자리매김하고 있는데 이는 정보의 확산과 경제활동에 적극적으로 참여하는 사람들이 늘어남에 따라 회계정보에 대한 가치에 큰 관심을 가지게 되었기 때문으로 보인다.

이처럼 회계의 중요성에 대해서는 많은 공감대가 형성되어 있지만 막상 회계를 어려운 학문으로 생각하게 되는 건 회계는 이를 해석함에 있어 필수적으로 규칙을 학습해야 하기 때문이다.

게임에 참여하기 위해서는 각종 룰과 캐릭터의 특징을 먼저 이해해야 하는 것처럼 회계도 숫자로 표현해 놓은 규칙과 이를 해석하는 기준을 명확히 인지하여야 한다. 그러나 많은 분들이 기준과 원리를 학습하는 것보다는 계산에만 초점을 맞추고 있어 회계를 어렵고 진전이 없는 학문으로 생각하고 중도에 포기하는 사례가 많다. 하지만 회계가 제공하는 유용한 정보를 제대로 해석하고 활용하기 위해서는 기본을 다지는 일만큼 중요한 것은 없다고 하겠다.

회계는 경제활동의 결과를 정리해서 재산의 변화를 기록·관리하여, 유용하게 활용할 수 있도록 보여 주는 방법을 체계화한 것이다. 회계는 개인의 재산변화를 기록할 수도 있고 기업을 대상으로 할 수도 있다. 다만, 개인회계는 간단히 정리하여 체계화할 수 있으나 기업은 다양한 경제활동을 수행하므로 이를 체계화하는 것은 훨씬 더 복잡하다.

우리가 앞으로 회계라고 칭하는 것은 일반적으로 기업을 관리대상으로 한다. 그러므로 앞으로는 별도의 언급이 없으면 기록의 대상은 기업이라고 이해하면 된다.

> **≫ 회계의 정의**
>
> 회계는 회계정보이용자가 합리적인 판단이나 경제적 의사결정을 할 수 있도록 기업실체에 관한 경제적 정보를 식별하고 측정하여 전달하는 과정이다.

### (1) 회계의 목적 변화

과거의 회계는 회계상의 거래를 식별해서 이를 기록하는 기술적인 측면에 초점을 맞추었다면 최근의 회계는 전달하고자 하는 정보의 유용성을 보다 강조하고 있다.

## ≫ 회계의 정의

| 전통적 관점 | 최근의 관점 |
|---|---|
| 회계(accounting)는 회계실체의 거래를 기록, 분류, 요약, 해석하는 기술로 정의 | 회계를 하나의 정보시스템(information system)으로 간주 |

즉, 회계는 기업실체와 관련하여 의사결정에 도움이 되는 정보를 제공하는 것이 그 목적이라는 것이다. 이를 위해서는 어떠한 정보가 유용한지 어떻게 측정하는 것이 유용한지 그리고 어떻게 전달하는 것이 유용한지 끊임없이 고민할 수밖에 없다. 그리하여 회계의 기준은 시대의 흐름에 따라 변화하는 가변성을 가진다.

## (2) 회계정보의 기능 및 역할

① 회계정보는 자본시장에서의 정보비대칭으로 인해 존재하는 역선택의 문제를 완화하여 자본이 투자자로부터 기업에게로 원활히 공급될 수 있도록 하는 데 도움을 준다.

② 회계정보는 자본주의 시장경제 체제에서의 희소한 경제적 자원이 자본시장을 통해 효율적으로 배분되도록 하는 데 도움을 준다.

③ 회계정보는 경제실체 간 자원의 이동에 관한 의사결정뿐만 아니라 경제실체 내에서의 자원의 이동에 관한 의사결정에도 도움을 준다.

④ 회계정보는 자본시장에서 발생할 수 있는 대리인의 기회주의적인 행위인 도덕적 해이라는 문제를 해결하는 데 도움을 준다.

⑤ 회계정보는 정부가 효율적이고 적절한 자원 배분을 위한 정책을 수립하는 데 도움을 준다.

## (3) 회계정보이용자

기업은 회계시스템을 통해 이해관계자가 기업과 관련된 의사결정을 할 때 유용한 정보를 제공하게 된다. 기업의 이해관계자에는 경영자, 주주, 채권자, 정부, 종업원, 일반대중 등이 있다.

① **경영자**

경영자는 기업과 관련한 의사결정을 할 때 회계정보를 활용한다. 경영자는 회계정보뿐만 아니라 거시경제 등 기업이 노출된 경쟁상황이나 미래의 환경변화 등을 종합하여 의사결정을 한다.

② **주주**

주주는 회계정보를 기초로 어느 기업의 주식을 매입할 것인지 주식을 보유하고 있다면 추가적으로 투자를 할 것인지 아니면 주식을 매도할 것인지 판단한다. 특히 주주는 기업의 이익에 지대한 관심을 가지고 있으며 기업의 이익이 증가하면 배당 등을 통해 이익을 분배받는다. 다만, 주주는 유한책임이므로 투자한 금액 이상의 손실이 귀속되지는 않는다.

③ 채권자

채권자는 회계정보를 기초로 해당 기업의 부채상환능력이나 추가적인 자금대여 등을 판단한다. 채권자는 투자한 자금의 안전한 회수를 주된 목적으로 하기 때문에 기업의 순현금흐름 유입에 대한 정보를 필요로 한다.

④ 종업원

회계정보의 이용자에는 기업에서 근무하고 있는 종업원도 포함된다. 종업원은 본인이 근무하는 회사의 회계정보를 기초로 기업의 성장가능성과 계속적인 근속여부 등을 결정한다.

⑤ 정부기관

정부기관은 회계정보를 과세의 기초자료로 활용한다. 법인들은 회계정보를 장부로 작성해야 하며, 이렇게 작성된 회계정보를 기초로 과세소득을 산출한다.

⑥ 일반대중

회계정보이용자에는 기업에 관심이 있는 일반대중들도 포함한다.

이처럼 회계는 다양한 정보이용자를 대상으로 한다. 다만, 그중에서도 정보이용자를 크게 내부정보이용자와 외부정보이용자로 구분하여 기업회계를 관리회계, 재무회계로 구분한다.

| 내부정보이용자 | 외부정보이용자 |
|---|---|
| 경영자 | 주주, 채권자 등 외부이해관계자 |

재무회계는 외부보고목적의 회계로서 외부정보이용자의 투자결정, 신용결정 기타의 의사결정에 유용한 정보를 제공함을 목적으로 하는 것으로 주로 재무제표 중심의 회계를 말한다. 반면에 관리회계는 내부보고목적의 회계로서 기업 내부의 경영자가 관리적 의사결정을 하는데 유용한 정보를 제공함을 목적으로 하는 것으로 특히 경영의 계획과 통제를 위한 정보제공을 중요시한다.

재무회계는 재무제표라는 정형화된 양식으로 회계정보를 전달하며, 재무제표는 일반적으로 인정된 회계원칙에 근거하여 작성되어야 한다. 또한 보고시점은 보통 1년 단위로 정기적으로 보고하며 법적 강제력은 있다.

≫ 재무회계와 관리회계의 비교

| 구분 | 재무회계 | 관리회계 |
|---|---|---|
| 제공의 대상 | 외부정보이용자 | 내부정보이용자 |
| 작성의 기준 | 객관적인 회계기준 | 경제학, 경영학, 통계학 등 |
| 제공의 시기 | 일년, 반년, 분기 등<br>(정기적 보고) | 수시로 보고 |
| 제공의 양식 | 재무제표(F/S) | 일정한 형식 없음 |
| 제공되는 정보 | 과거정보 | 미래정보 |

### (4) 재무제표의 특징과 종류

다양한 이해관계자들이 얽혀 있는 재무회계는 이들에게 정보를 제공하기 위한 공통된 양식이 필요하다. 공통된 양식이 없다면 회계정보의 신뢰성은 떨어질 것이며 가능한 다양한 이해관계자들의 공통적인 수요도 반영할 수 없기 때문이다.

이에 따라 재무회계는 재무제표(Financial statement)라는 양식을 통해 회계정보를 제공하게 되는 것이며 이러한 재무제표는 다음과 같은 특징을 가진다.

① 재무제표의 특징
- 화폐로 확정지을 수 있는 정보가 포함된다.
- 객관적으로 측정 가능한 정보가 포함된다.
- 일정한 원칙에 근거하여 작성한다(일반기업회계기준, 국제기업회계기준 등).
- 미래 예측적 정보는 지양한다.
- 일정규모 이상의 기업은 회계감사를 통하여 신뢰성을 보강한다.

② 재무제표의 종류
- 재무상태표(statements of financial position 또는 balance sheet)
- 포괄손익계산서(statement of comprehensive income)
- 현금흐름표(statement of cash flow)
- 자본변동표(statement of changes in owner's equity)
- 주석(notes)

한국채택국제회계기준에서 규정하고 있는 재무제표에는 재무상태표, 포괄손익계산서, 자본변동표, 현금흐름표가 있다. 또한 재무제표의 본문에 포함되어 있지 않지만 재무제표에는 주석을 포함한다.

③ 재무제표에 담겨 있는 기업의 경영활동

| 기업의 경영활동 | → | 재무제표 |
|---|---|---|
| 영업활동<br>투자활동<br>재무활동 | → | 재무상태표<br>포괄손익계산서<br>자본변동표<br>현금흐름표<br>주석 |

### (5) 국제회계기준(IFRS)

최근의 경영환경은 세계화로 인하여 해외에서 자금을 조달하거나 해외증시에 상장을 하는 경우도 많다. 만약 각 국가마다 모두 회계기준이 다르다면 재무제표를 작성함에 따른 비용 손실이 매우 커지게 되며 국제적인 투자자들에게도 각국 재무제표의 비교가능성과 투명성의 부족은 자본자유화의 걸림돌이 된다.

국제회계기준은 국제적으로 통일된 단일 회계기준으로 이에 따라 재무제표가 작성되면 해외 자금조달이나 투자 시 추가적으로 다른 국가의 회계원칙에 따라 재무제표를 작성할 필요가 없으므로 노력과 비용을 절감할 수 있으며, 회계정보의 국제적 비교가능성과 신뢰성이 제고될 수 있다. 또한 국제적으로 상호이해가능성을 증진시킬 수 있으며, 해외사업확장 등에 기여해 자본시장 활성화에도 도움을 줄 수 있다.

① 국제회계기준 채택에 따른 회계기준 체계

우리나라의 상장기업은 2011년부터 국제회계기준을 강제적으로 적용한다. 이에 반해 비상장 기업은 일반기업회계기준을 사용할 수 있어 현재 회계기준은 이원화되었다. 2014년 중소기업회계기준이 별도로 제정되었으나 통상 대부분의 기업은 국제회계기준 또는 일반기업회계 기준을 적용하게 된다.

≫ 국제회계기준 적용대상기업

| 구분 | 한국채택국제회계기준 | 일반기업회계기준 |
|---|---|---|
| 적용대상 기업 | 상장법인<br>금융기관<br>자발적 채택 비상장법인 | 비상장법인 |

② 국제회계기준의 특징

㉠ 원칙중심의 회계기준(principle-based standards)

상세하고 구체적인 회계처리 방법을 제시하기보다는 회사 경영자가 경제적 실질에 기초하여 합리적으로 회계처리할 수 있도록 하는 회계기준이다. 재무제표의 구체적인 양식이나 계정과목을 정형화하지 않고 선택가능한 대안을 제시하여 재무제표 표시방법의 다양성을 인정하고 있다.

㉡ 기본재무제표 : 연결재무제표

국제회계기준은 연결실체가 재무제표를 작성하는 것을 전제로 제정되어 있다. 종속회사가 있는 기업은 경제적 실질에 따라 지배회사와 종속회사의 재무제표를 결합하여 보고하는 연결재무제표를 기본재무제표로 한다.

㉢ 자산, 부채의 공정가치 적용 확대

국제회계기준은 이용자에게 목적적합한 정보를 제공하기 위해 자산과 부채에 대하여 공정가치로 측정하는 것을 확대하고 있다.

ⓐ 공시의 강화 및 각국의 협업을 통한 기준 제정

국제회계기준은 개별 국가의 법률 및 제도에 따른 차이와 기업의 상황을 반영할 수 있도록 국제회계기준의 적용에 최소한 적용되어야 하는 지침을 규정하고 정보이용자들을 보호하기 위해 공시를 강화하고 있다.

## 2. 재무제표(Financial statements)

재무제표(financial statements)는 기업이 외부정보이용자에게 기업에 관한 유용한 정보를 제공하기 위한 공통된 양식이다. 국제기업회계기준에서 재무제표는 재무상태표, 포괄손익계산서, 현금흐름표, 자본변동표, 주석 등을 포함한다. 재무제표는 상호 동등한 비중으로 중요하다.

### [1] 재무상태표란?

재무상태표(statements of financial position 또는 balance sheet)는 일정시점 기업의 경제적 자원(자산)과 보고기업에 대한 청구권(부채 및 자본)에 관한 정보를 제공하는 재무제표이다. 재무상태표는 기업의 재무적 강약점과 추가적인 자금 조달의 필요성 등을 알 수 있다.

### (1) 재무상태표의 구성요소

재무상태표는 다음과 같이 자산과 부채와 자본으로 구성되어 있다.

① 자산

자산(assets)이란? 과거사건의 결과로 기업이 통제하는 현재의 경제적 자원이다. 경제적 자원은 경제적 효익을 창출할 잠재력을 지닌 권리이다. 자산의 예로는 현금, 건물, 기계장치 등이 대표적이며, 물리적 형태가 있는 것뿐만 아니라 물리적 형태가 없는 채권, 산업재산권 등도 자산의 범주에 포함된다.

경제적 자원은 경제적 효익을 창출할 잠재력을 지닌 권리며, 잠재력이 있기 위해서는 권리가 경제적 효익을 창출할 것이라고 확신하거나 그 가능성이 높아야 하는 것은 아니다.

또한 지출의 발생과 자산의 취득은 밀접하게 관련되어 있으나 양자가 반드시 일치하는 것은 아니다.

② 부채

부채(liabilities)란? 과거사건의 결과로 기업이 경제적 자원을 이전해야 하는 현재의무이다. 예를 들어 외상으로 물건을 사와서 갚을 의무가 있는 외상매입금(매입채무)이나 종업원에게 임금을 지급하지 못한 미지급급여, 은행에서의 차입금 등이 이에 해당한다.

부채가 발생하기 위해서는 기업에게 의무가 있고 의무는 경제적 자원을 이전하는 것이며 의무를 발생시키는 과거사건이 있어야 한다.

③ 자본

자본(owner's equity)은 기업의 총자산에서 총부채를 차감한 잔여지분이다. 순자산(net assets)이라고도 하며 기업의 자산 중 주주의 지분을 의미한다고 하여 주주지분, 소유주지분이라고 하기도 한다.

회계에서 자본은 기업의 자산에서 모든 부채를 차감한 후의 잔여지분으로 계산하게 되는데 이는 기업을 청산하게 되면 부채(채권자지분)를 먼저 차감하고 그 후에 자신의 소유권을 주장할 수 있기 때문에 자산 중 채권자 몫을 뺀 나머지로 계산을 하게 되는 것이다.

이를 식으로 표현하면 아래와 같다.

> **자산총액 − 부채총액 = 자본**

재무상태표 등식은 위의 관계를 자산총액의 입장으로 정리한 것이다.

**》 재무상태표등식**

> 자산총액 = 부채총액 + 자본총액

해당 등식을 통해 알 수 있는 점은 재무상태표는 기업이 어떤 자산을 보유하였고 해당 자산을 보유하기 위해서 필요한 자금을 어떻게 조달하였는지를 보여준다고 하겠다. 자산 취득을 위해서 기업은 주주들로부터 출자를 받거나 은행 등의 금융기관으로부터 차입을 하여 자금을 조달할 것이다. 이 등식은 자산총액을 왼쪽에 표기하고 부채총액과 자본총액은 오른쪽에 표기한다. 회계에서는 왼쪽을 '차변(debit)'이라 부르며, 오른쪽을 '대변(credit)'이라고 부른다.

재무상태표의 대변(오른쪽)에 표시되는 부채와 자본은 기업의 자금조달원천을 보여주며, 차변(왼쪽)에 표시되는 자산항목은 조달한 자금을 현재 어떤 형태로 운용하고 있는지를 보여준다.

| 왼쪽(차변) | 재무상태표 | 오른쪽(대변) |
|---|---|---|
| 자산 | | 부채 (채권자 지분) |
| | | 자본 (소유주 지분) |
| ⇧ | | ⇧ |
| 조달된 자금의 운용형태 | | 자금의 조달원천 |

**예제 1-1 재무상태표 등식**

다음 재무상태표 등식의 빈칸을 완성하시오(단, 각 상황은 모두 독립적이다).

| 구분 | 자산 | 부채 | 자본 |
|---|---|---|---|
| 상황 1 | ₩1,000,000 | ₩800,000 | ① |
| 상황 2 | ② | ₩500,000 | ₩300,000 |
| 상황 3 | ₩600,000 | ③ | ₩200,000 |

**해답**

재무상태표 등식이란? 자산총계는 부채총계와 자본총계의 합으로 구성된다는 것이다.

1. 상황 1 : ₩1,000,000(자산) = ₩800,000(부채) + ① ₩200,000(자본)
2. 상황 2 : ② ₩800,000(자산) = ₩500,000(부채) + ₩300,000(자본)
3. 상황 3 : ₩600,000(자산) = ③ ₩400,000(부채) + ₩200,000(자본)

## (2) 재무상태표의 필수구성요소

재무상태표의 5가지 필수구성요소는 ① 명칭, ② 작성시점, ③ 보고기업의 명칭, ④ 화폐단위, ⑤ 표시통화다. 위의 구성요소는 필요하다면 다음 장에도 반복하여 표시한다.

**예제 1-2 재무상태표**

㈜한국세무법인의 20×1년 12월 31일 시점에 재무상태를 파악하니 다음과 같았다고 할 때 재무상태표의 필수구성요소를 고려하여 재무상태표를 작성하시오.

| | | | |
|---|---|---|---|
| • 현금 | ₩300,000 | • 기계장치 | ₩100,000 |
| • 토지 | ₩500,000 | • 차입금 | ₩400,000 |
| • 매출채권 | ₩50,000 | • 건물 | ₩200,000 |

**해답**

재무상태표

㈜한국세무법인                                              20×1.12.31 (단위 : 원)

| 자산 | | 부채 | |
|---|---|---|---|
| 현금 | ₩300,000 | 차입금 | ₩400,000 |
| 토지 | 500,000 | | |
| 매출채권 | 50,000 | **자본** | |
| 기계장치 | 100,000 | 자본금 | ₩750,000 |
| 건물 | 200,000 | | |
| 합계 | ₩1,150,000 | 합계 | ₩1,150,000 |

※ 자본총액 = ₩1,150,000(자산총액) − ₩400,000(부채총액) = ₩750,000

### (3) 정태적 재무제표

재무상태표는 일정시점의 자산, 부채, 자본 잔액을 보여주는 재무제표다. 재무상태표는 특정 시점의 기업의 재무적인 강점과 약점을 파악할 수 있는 자료를 제공할 뿐만 아니라 기업의 영업활동, 투자활동, 재무활동을 일목요연하게 파악할 수 있다.

단, 재무상태표만으로는 기업의 경영활동을 완전히 파악할 수 없다. 재무상태표는 해당 시점의 자산, 부채, 자본의 잔액만을 설명할 뿐, 어떻게 하여 해당 잔액이 나오게 되었는지에 대한 설명을 해주지 못하기 때문이다. 이처럼 재무상태표는 작성시점을 결정해야 하고 특정시점을 기준으로 잔액을 파악하기 때문에 정태적 재무제표라고 한다.

이러한 정태적 재무제표는 그 변화를 설명해 줄 동태적 재무제표를 필수적으로 요하게 되며, 포괄손익계산서, 현금흐름표, 자본변동표는 일정기간 동안의 변화를 설명해 준다는 점에서 동태적 재무제표라고 한다. 이처럼, 재무상태표와 나머지 재무제표는 상호 밀접한 연관성을 갖는다고 하겠다.

## [2] 포괄손익계산서란?

포괄손익계산서(a statement of recognized income and expense)란 일정기간 동안 기업의 경영성과(재무성과)를 나타내는 재무보고서로서 기업의 수익성을 파악할 수 있는 정보를 제공하며 수익과 비용 및 이익을 보여준다.

### (1) 포괄손익계산서의 구성요소

#### ① 수익

수익(revenues)이란? 일정기간 동안 기업의 경영활동으로 인한 자본의 증가를 의미한다(단, 소유주에 의한 투자는 제외한다). 즉, 수익은 일정기간 동안 기업의 주된 영업활동인 재화의 판매나 용역의 제공 등으로 인한 대가의 수령으로 인해 자산이 증가하거나 부채의 감소를 수반하여 궁극적으로 자본을 증가시키는 것이다.

대표적인 수익으로는 주된 영업활동의 결과인 매출액, 이자수익, 배당금수익 등이 있다. 회계상의 수익은 광의의 수익인 차익(gain)을 포함하는 개념이다.

#### ② 비용

비용(expenses)이란? 일정기간 동안 기업의 경영활동으로 인한 자본의 감소를 의미한다(단, 소유주에 의한 배분은 제외한다). 즉, 비용은 일정기간 동안 기업의 주된 영업활동을 위하여 자산이 감소하거나 부채가 증가함에 따라 궁극적으로 자본을 감소시키는 것이다.

대표적인 비용으로는 주된 영업활동의 결과인 매출원가, 이자비용, 감가상각비 등이 있다. 회계상의 비용은 광의의 비용인 차손(loss)을 포함하는 개념이다.

#### ③ 이익

이익(earnings)이란? 일정기간의 총수익에서 총비용을 차감한 금액이다. 따라서 비용에 이익을 가산하면 수익이 된다. 손실이 발생하는 경우에는 수익보다 비용이 더 크기 때문에 수익에 손실을 더한 금액이 비용과 일치하게 된다.

## ≫ 포괄손익계산서 등식

> 이익 = 수익 - 비용
> 비용 + 이익 = 수익
> 비용 = 수익 + 손실

포괄손익계산서 등식은 비용을 차변(왼쪽)에 기재하고 수익은 대변(오른쪽)에 기록한다. 수익이 발생하면 차변의 자산도 증가하는 경우가 대부분이므로 차변과 대변이 동일하게 증가하도록 기록하기 위함이다.

비용을 차변에 기록하는 이유는 비용이 발생하였음에도 지급하지 않으면 부채가 되는데 차변에 비용을 기록하면 대변에 부채가 증가해 차변과 대변에 동일한 금액이 증가하게 되기 때문이다.

| 왼쪽(차변) | 포괄손익계산서 | 오른쪽(대변) |
|---|---|---|
| 비용 | | 수익 |
| 이익(경영성과) | | |
| ⇧ | | ⇧ |
| 자본의 감소 + 경영성과 | | 자본의 증가 |

### ✎ 예제 1-3 당기순이익

㈜한국세무법인의 포괄손익계산서 구성내역은 다음과 같다. 해당 자료를 보고 ㈜한국세무법인의 당기순손익을 계산하시오.

| | | | | | |
|---|---|---|---|---|---|
| • 매출 | ₩2,000,000 | • 급여 | ₩500,000 | • 이자수익 | ₩100,000 |
| • 임차료 | ₩250,000 | • 광고선전비 | ₩300,000 | • 이자비용 | ₩200,000 |

**해답**

1. 수익 = ₩2,000,000(매출) + ₩100,000(이자수익) = ₩2,100,000
2. 비용 = ₩500,000(급여) + ₩250,000(임차료) + ₩300,000(광고선전비) + ₩200,000(이자비용) = ₩1,250,000
3. 순이익 = ₩2,100,000(수익총액) - ₩1,250,000(비용총액) = ₩850,000

#### 예제 1-4 포괄손익계산서

㈜한국세무법인은 20×1년 1월 1일부터 20×1년 12월 31일까지 다음과 같은 영업활동을 수행하였다. 다음을 참고하여 ㈜한국세무법인의 포괄손익계산서를 작성하시오.

(1) 3월 5일    세무회계 용역을 제공하고 ₩1,000,000을 현금으로 받았다.
(2) 5월 20일   건물 임차의 대가로 임차료 ₩350,000을 현금으로 지급하였다.
(3) 9월 23일   직원 급여로 현금 ₩200,000을 지급하였다.
(4) 11월 8일   은행에서 ₩150,000의 이자수익을 현금으로 수령하였다.

**해답**

포괄손익계산서

㈜한국세무법인                                    20×1.1.1 ～ 20×1.12.31 (단위 : 원)

| 비용 | | 수익 | |
|---|---|---|---|
| 임차료 | ₩350,000 | 매출 | ₩1,000,000 |
| 급여 | 200,000 | 이자수익 | 150,000 |
| 이익 | | | |
| 순이익 | ₩600,000 | | |
| 합계 | ₩1,150,000 | 합계 | ₩1,150,000 |

* 당기순이익 = ₩1,150,000(수익총액) − ₩550,000(비용총액) = ₩600,000

### (2) 회계기간(fiscal year)

기업은 영업활동을 영속적으로 수행하므로 별도로 회계기간을 정하지 않는다면 외부이용자에게 정기적으로 재무제표를 보고할 수 없다. 현행 기업회계기준서에서는 회계기간은 통상 1년을 넘지 않는 기간으로 정하되 기업이 자유롭게 결정할 수 있도록 하는데, 4월 1일부터 다음 연도 3월 31일까지의 회계기간 설정도 가능하며 9월 1일부터 다음 연도 8월 31일까지로도 자유롭게 회계기간을 설정할 수 있다. 단, 우리나라의 많은 기업들은 정부회계와 일치하는 1월 1일부터 12월 31일까지를 회계기간으로 삼고 있다.

회계기간 중에서도 현재 재무제표 작성의 대상이 되는 기간을 당기라고 하고, 당기 이전의 회계기간을 전기, 당기 이후의 회계기간을 차기라고 칭한다. 당기는 다시 6개월을 기준으로 상반기와 하반기로 구분한다.

>> 회계기간

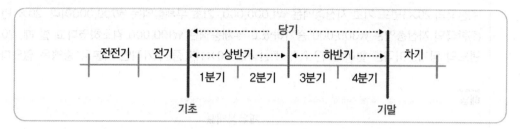

## (3) 재무상태표와 포괄손익계산서의 관계

포괄손익계산서의 수익과 비용은 회계기간 동안의 자본의 증가, 자본의 감소로 정의하고 있다. 결과적으로 수익은 자본을 증가시키고 비용은 자본을 감소시키므로 수익과 비용의 차이만큼 자본이 증가하게 된다.

즉, 자본은 회계기간 동안의 영업활동의 결과로 얻어진 순손익만큼 증가·감소하게 되는데 자본은 주주의 출자로 인한 증가분인 자본금 외에도 영업활동의 결과로 얻어진 순손익 부분으로 구성되어 있음을 알 수 있다.

그래서 자본은 다시 회사설립과정에서 주주가 출자하여 증가한 부분인 '자본금'과 영업활동의 결과로 얻어진 당기순손익의 집합체인 '이익잉여금'이라는 계정으로 구분해서 관리한다. 이익잉여금은 회계기간 동안의 당기순손익을 누적하여 기재하는 자본항목이다.

$$자산 = 부채 + \underbrace{출자자본 + \overbrace{(수익 - 비용)}^{당기순이익}}_{회계연도\ 말\ 자본}$$

$$기말자산 = 기말부채 + 자본금 + 이익잉여금$$

포괄손익계산서의 경영성과는 기업의 재무상태에 영향을 미치게 된다. 기초의 재무상태표와 기말의 재무상태표를 연결해 주는 것이 포괄손익계산서이며 포괄손익계산서와 재무상태표를 연결해주는 계정이 바로 이익잉여금이다. 이렇듯 재무상태표와 포괄손익계산서는 서로 유기적으로 영향을 주고받는다.

---

**◈ 예제 1-5 자본의 변화**

㈜한국의 20×1년도 기초 자산총액은 ₩1,000,000, 기초 부채총액은 ₩700,000이다. 20×1년 말 ㈜한국의 자산총액은 ₩300,000 증가하였고 부채총액은 ₩100,000 감소하였다고 할 때, 20×1년도의 당기순이익은 얼마인가? (단, ㈜한국은 20×1년 중 추가적인 자본금 증액은 없었다.)

**해답**

재무상태표

㈜한국                                              20×1년 1월 1일 (단위 : 원)

| 자산 | ₩1,000,000 | 부채 | ₩700,000 |
| | | 자본 | |
| | | 자본금 | 300,000 |
| 합계 | ₩1,000,000 | 합계 | ₩1,000,000 |

재무상태표

㈜한국                                              20×1년 12월 31일 (단위 : 원)

| 자산 | ₩1,300,000 | 부채 | ₩600,000 |
| | | 자본 | |
| | | 자본금 | 300,000 |
| | | 이익잉여금 | 400,000 |
| 합계 | ₩1,300,000 | 합계 | ₩1,300,000 |

[예제 1-5]를 참고하면 기초재무상태표는 기간의 재무성과에 영향을 받아 기말재무상태표가 됨을 알 수 있다. 이때 기간의 재무성과의 세부항목은 포괄손익계산서를 통해 확인할 수 있다.

## [3] 현금흐름표란?

현금흐름표(a statement of cash flow)는 일정기간 동안 기업의 현금흐름을 영업활동, 투자활동, 재무활동으로 구분하여 설명하는 재무제표이다.

현금흐름표는 다른 재무제표와는 달리 현금주의에 근거하여 작성되며, 기업이 현금을 어떻게 조달하고 사용하였는지를 설명한다. 현금흐름표의 목적은 기업의 현금에 대한 수요와 조달능력을 평가하는데 유용한 정보를 제공하는 것에 있다.

## [4] 자본변동표란?

자본변동표(a statement of changes in equity)는 일정기간 동안 발생한 자본의 변동내용을 일목요연하게 표시하는 재무제표이다. 자본은 자본금, 자본잉여금, 자본조정, 기타포괄손익누계액, 이익잉여금(결손금)으로 구성되는데 이들의 변동에 대한 포괄적인 정보를 제공한다.

앞서 재무상태표와 포괄손익계산서의 관계를 설명하였는데 포괄손익계산서는 자본의 변동 중 경영성
과에 대한 정보를 제공한다면 자본변동표는 포괄손익계산서에서 나타낼 수 없는 경영성과에 대한 포
괄적인 정보를 제공하는 역할을 한다고 할 수 있다.

## [5] 주석이란?

주석(Footnotes)이란 재무제표를 구성하는 다른 4개의 보고서를 더 잘 이해할 수 있도록 추가 정보를
제공한다.
한국채택국제회계기준에 따르면 주석에 포함하는 주요 정보는 크게 3가지로 구분할 수 있다.

① 재무상태표를 포함한 4개 보고서의 작성 근거와 구체적인 회계정책에 대한 정보
② 회계기준에서 요구하는 정보이지만 재무상태표를 포함한 4개 보고서 어느 곳에도 표시되지 않는 정보
③ 재무상태표를 포함한 4개 보고서 어느 곳에도 표시되지 않지만 해당 보고서들을 이해하는 데 도움이
   되는 정보

## [6] 재무제표 간의 상관관계

## 3. 계정의 의미

### [1] 계정이란?

회계에서 사용하는 계정(account : A/C)은 기업의 자산, 부채, 자본, 수익 비용에 속하는 여러 가지 항목들을 구분하고 관리하기 위한 단위라고 할 수 있다. 일상생활에서도 여러 파일들 중 관계되는 파일만을 모으기 위해 폴더를 설정하여 관리하는 것처럼 회계에서도 자산, 부채, 자본, 수익, 비용에 속하는 다양한 항목들을 구분, 기록, 관리하기 위해 계정이라는 것을 설정하는 것이다. 그리고 계정을 서로 구분하기 위하여 기록하는 명칭을 '계정과목'이라 한다. 계정과목의 명칭은 법으로 정해진 바는 없다. 계정의 이름은 계정에 기록되는 항목의 성격을 정확하게 표시할 수 있으면 된다. 기업의 업종과 규모 및 거래의 발생빈도, 관리의 편의성 등을 고려하여 기업이 자체적으로 설정할 수 있으나 계정의 이름은 계정의 내용이 분명히 나타나도록 결정하여야 한다. 기업에서 가장 일반적으로 사용하는 계정과목의 예는 다음과 같다.

**》 계정과목**

| 재무상태표 계정 | 자산 | 현금 및 현금성자산, 매출채권, 재고자산, 선급금, 미수금, 미수수익, 선급비용, 투자부동산, 유형자산, 무형자산 등 |
| --- | --- | --- |
| | 부채 | 매입채무, 단기차입금, 미지급금, 선수금, 미지급비용, 선수수익, 장기차입금, 사채, 제품보증충당부채 등 |
| | 자본 | 자본금, 주식발행초과금, 감자차손익, 자기주식처분손익 등 |
| 포괄손익계산서 계정 | 수익 | 매출액, 이자수익, 배당금수익, 임대료, 유형자산처분이익, 사채상환이익 등 |
| | 비용 | 매출원가, 종업원급여, 감가상각비, 임차료, 접대비, 세금과공과, 이자비용, 유형자산처분손실, 사채상환손실, 법인세비용 등 |

**✎ 예제 1-6 계정과목**

다음의 계정과목이 각각 자산, 부채, 자본, 수익, 비용 중 어디에 속하는지 표시하시오.

(1) 토지          (2) 이익잉여금          (3) 매출채권
(4) 매입채무      (5) 미수금              (6) 임대료
(7) 미지급비용    (8) 광고선전비          (9) 상품

**해답**

(1) 토지 : 자산          (2) 이익잉여금 : 자본          (3) 매출채권 : 자산
(4) 매입채무 : 부채      (5) 미수금 : 자산              (6) 임대료 : 수익
(7) 미지급비용 : 부채    (8) 광고선전비 : 비용          (9) 상품 : 자산

## [2] 계정에 기입하는 방법

기업은 계정과목에 영향을 미치는 다양한 활동 등을 수행한다. 기업이 활동을 수행하면 계정과목의 잔액은 변화하게 되고 기업은 이러한 변화를 관리할 필요성이 있다.

가장 쉽게 계정의 잔액을 집계하는 방법으로는 계정과목과 관련된 내용들을 모두 한곳에 기재하는 방법이다. 그러나 이 방법은 계정과목의 잔액은 파악할 수 있지만 어떻게 하여 해당 잔액이 나오게 되었는지를 일목요연하게 설명해 주지 못한다. 계정은 해당 계정의 증가와 감소 그리고 잔액까지 한눈에 비교할 수 있을 때, 가장 일목요연하게 관리된다고 할 수 있겠다.

그리하여 회계에서는 계정에 변동을 기입할 때 증가와 감소로 분리해서 기록하는 방법을 사용한다.

✎ **예제 1-7 계정과목의 기입**

㈜한국은 1월 1일에 영업을 시작하였으며 1월 동안 다음과 같은 영업활동을 수행하였다.

(1) 1월 1일    ₩300,000을 현금출자해서 회사를 설립하였다.
(2) 1월 10일   ₩200,000에 토지를 현금으로 지급하고 취득하였다.
(3) 1월 15일   ₩100,000의 현금을 은행에서 차입하였다.
(4) 1월 25일   ₩150,000의 현금을 임차료로 지불하였다.

현금 계정에 해당 거래를 기입하시오.

**해답**

### 현금

| 차변요소(현금증가) | | 대변요소(현금감소) | |
|---|---|---|---|
| 1/1　자본금 | ₩300,000 | 1/10　토지 | ₩200,000 |
| 1/15　차입금 | 100,000 | 1/25　임차료 | 150,000 |
| 합계 | ₩400,000 | 합계 | ₩350,000 |

현금 계정과목을 위와 같이 증가와 감소로 구분해서 관리하면 증가한 금액과 감소한 금액을 한눈에 파악할 수 있고 증가와 감소를 차감한 잔액도 쉽게 확인할 수 있다.

이러한 형태로 계정을 기록하게 되면 계정모양이 T자형으로 나타나서 해당 계정을 T계정이라고 한다. 현금을 T계정으로 기록하게 되면 증가한 금액 ₩400,000에서 감소한 금액 ₩350,000을 차감해 1월 31일 현재 현금잔액은 ₩50,000임을 파악할 수 있다.

## [3] 재무상태표 계정의 기록

계정과목을 증가와 감소로 구분해서 기록하는 이유와 유용성은 앞서 이해하였지만 그렇다면 계정과목의 어느 쪽에 증가를, 어느 쪽에 감소를 기록해야 하는가?

이는 앞서 살펴본 재무상태표 등식을 기억하고 있어야 한다.

**자산총액 = 부채총액 + 자본총액**

이 등식을 기초로 하면 자산은 재무상태표의 왼쪽(차변)에 나타나고 부채와 자본은 오른쪽(대변)에 나타난다. 그러므로 자산은 잔액이 계정의 차변에 나타나도록 기록하고 부채와 자본은 잔액이 계정의 대변에 나타나도록 하는 것이 재무상태표의 표시와 일치한다.

그러므로 계정과목의 차변에 자산잔액이 나타나도록 하기 위해서는 자산의 증가는 차변요소에 기록하고 자산의 감소는 대변요소에 기록하며, 부채와 자본은 잔액이 대변에 나타나도록 하기 위해서 부채와 자본의 증가는 대변요소에, 부채와 자본의 감소는 차변요소에 기록하게 되는 것이다.

> **[재무상태표 계정기입의 원칙]**
> • 자산의 증가는 차변요소에, 부채와 자본의 증가는 대변요소에 기록한다.
> • 자산의 감소는 대변요소에, 부채와 자본의 감소는 차변요소에 기록한다.

### ✎ 예제 1-8 재무상태표 계정의 기입

㈜ 한국은 올해 초 신규로 설립한 회사로 1월 동안 다음과 같은 영업활동을 수행하였다.

> (1) 1월 1일    ₩200,000의 현금을 출자해서 회사를 설립하였다.
> (2) 1월 3일    ₩50,000의 현금을 지출하여 비품을 구입하였다.
> (3) 1월 10일   ₩300,000의 현금을 은행에서 차입하였다.
> (4) 1월 15일   ₩200,000의 현금을 지출하여 비품을 구입하였다.
> (5) 1월 20일   ₩100,000의 비품을 반품하고 현금으로 돌려받았다.
> (6) 1월 25일   ₩100,000의 차입금을 현금으로 상환하였다.

**물음**

1. 다음 각 계정의 증가와 감소를 표시하고 잔액을 계산하시오.
   (1) 현금                    (2) 비품
   (3) 차입금                  (4) 자본금

2. 재무상태표의 차변과 대변에 각 계정 잔액을 표시하여 재무상태표를 작성하시오.

**해답**

1. 각 계정의 증가와 감소를 표시한 후 잔액 계산

| 차변(증가) | | 현금 | 대변(감소) | | | 차변(증가) | | 비품 | 대변(감소) | | |
|---|---|---|---|---|---|---|---|---|---|---|---|
| 1/1 | 자본금 | ₩200,000 | 1/3 | 비품 | ₩50,000 | 1/3 | 현금 | ₩50,000 | 1/20 | 현금 | ₩100,000 |
| 1/10 | 차입금 | 300,000 | 1/15 | 비품 | 200,000 | 1/15 | 현금 | 200,000 | | | |
| 1/20 | 비품 | 100,000 | 1/25 | 차입금 | 100,000 | 잔액 | | ₩150,000 | | | |
| 잔액 | | ₩250,000 | | | | | | | | | |

| 차변(감소) | | 차입금 | 대변(증가) | 차변(감소) | | 자본금 | 대변(증가) |
|---|---|---|---|---|---|---|---|
| 1/25 현금 | ₩100,000 | 1/10 현금 | ₩300,000 | | | 1/1 현금 | ₩200,000 |
| | | 잔액 | ₩200,000 | | | 잔액 | ₩200,000 |

2. 재무상태표

재무상태표

㈜한국                                                            20×1.1.31(단위 : 원)

| 자산 | | 부채 | |
|---|---|---|---|
| 현금 | ₩250,000 | 차입금 | ₩200,000 |
| 비품 | 150,000 | **자본** | |
| | | 자본금 | ₩200,000 |
| 합계 | ₩400,000 | 합계 | ₩400,000 |

## [4] 포괄손익계산서 계정의 기록

포괄손익계산서의 구성항목인 수익·비용을 계정으로 구분해서 기록하는 방법을 이해하기 위해서는 포괄손익계산서 등식을 기억하고 있어야 한다.

비용 + 이익 = 수익

해당 등식을 기초로 포괄손익계산서를 작성하면 수익은 포괄손익계산서의 대변(오른쪽)에 나타나고 비용과 이익은 포괄손익계산서 차변(왼쪽)에 나타난다. 따라서 수익은 잔액이 대변에 나타나도록 계정에 기록하고 비용과 이익은 잔액이 차변에 나타나도록 기록하는 것이 포괄손익계산서에 표시와 일치한다. 이를 위해 수익과 비용의 증감을 표시하는 위치가 달라진다.

[포괄손익계산서 계정기입의 원칙]
• 수익의 발생은 대변요소에, 수익의 감소(소멸)는 차변요소에 기록한다.
• 비용의 발생은 차변요소에, 비용의 감소(소멸)는 대변요소에 기록한다.

### ◈ 예제 1-9 포괄손익계산서 계정의 기입

㈜한국은 1월 1일에 영업을 시작하였고 1월 동안 다음과 같은 영업활동을 수행하였다.

| | |
|---|---|
| 1월 1일 | 서비스를 제공하고 ₩150,000의 수수료를 현금으로 받았다. |
| 1월 10일 | ₩50,000의 광고비를 현금으로 지출하였다. |
| 1월 14일 | ₩200,000의 서비스를 제공하고 수수료를 현금으로 받았다. |
| 1월 20일 | ₩70,000의 급여를 현금지급하였다. |
| 1월 22일 | ₩20,000의 광고비가 취소되어 현금으로 회수하였다. |
| 1월 25일 | 종업원의 사직으로 인해 ₩20,000의 급여가 취소되어 현금으로 회수하였다. |

**물음**

1. 다음 각 계정의 증가와 감소를 표시하고 잔액을 계산하시오
   (1) 매출              (2) 광고선전비              (3) 급여

2. 포괄손익계산서의 차변과 대변에 각 계정 잔액을 표시하여 포괄손익계산서를 작성하시오.

**해답**

1. 각 계정의 증가와 감소 및 잔액 계산

| 차변(감소) | 매출 | | 대변(발생) |
|---|---|---|---|
| | 1/1 현금 | | ₩150,000 |
| | 1/14 현금 | | 200,000 |
| | 잔액 | | ₩350,000 |

| 차변(발생) | 광고선전비 | | 대변(감소) |
|---|---|---|---|
| 1/10 현금 | ₩50,000 | 1/22 현금 | ₩20,000 |
| 잔액 | ₩30,000 | | |

| 차변(발생) | 급여 | | 대변(감소) |
|---|---|---|---|
| 1/20 현금 | ₩70,000 | 1/25 현금 | ₩20,000 |
| 잔액 | ₩50,000 | | |

2. 포괄손익계산서

**포괄손익계산서**

㈜한국                    20×1.1.1 ~ 20×1.1.31(단위 : 원)

| 비용 | | 수익 | |
|---|---|---|---|
| 광고선전비 | ₩30,000 | 매출 | ₩350,000 |
| 급여 | 50,000 | | |
| **이익** | | | |
| 당기순이익 | 270,000 | | |
| 합계 | ₩350,000 | 합계 | ₩350,000 |

## 4. 회계상 거래와 분개

기업들이 수행하는 다양한 활동 등을 계정과목에 어떻게 기록하는지에 대한 방법을 학습하였다면 이러한 활동 중에서 기록의 대상이 되는 회계상 거래의 요건을 알아야 한다.

회계상 거래의 요건을 충족한 사건은 회계장부에 필수적으로 기록해야 하며, 어떠한 경우라도 회계상 거래의 인식누락은 정당화될 수 없다.

단, 일상생활에서 발생하는 모든 거래를 회계상 장부에 기록할 수 있는 것은 아니다. 기업의 재무상태는 자산, 부채, 자본의 잔액을 의미하는데 이러한 자산, 부채, 자본계정에 변동을 주는 사건이어야 회계상 장부에 기록이 가능하며, 해당 거래에서 발생한 금액을 신뢰성 있게 측정할 수 있어야 하므로 일상적인 거래와 회계상의 거래는 항상 일치한다고 할 수는 없다.

### [1] 회계상 거래란?

'회계상 거래'는 기업의 재무상태에 영향을 초래하고 그 금액을 신뢰성 있게 측정 가능하여 회계상으로 기록해야 하는 사건을 말한다.

---
[회계상 거래 : 기록의 대상]
회계상 거래의 요건 : (① & ②)
① 회계상 거래는 재무상태에 영향을 미쳐야 한다.
② 회계상 거래는 그 금액을 신뢰성 있게 측정가능하여야 한다.

---

회계거래는 다음과 같은 두 가지의 정의를 동시에 충족시켜야 하는데 구체적인 요건을 하나씩 살펴보도록 하자.

**"재무상태에 직접적인 영향을 미쳐야 한다"**

이 의미는 해당 거래가 현 시점의 자산, 부채의 변화를 초래해야 한다는 것이다. 예를 들어 건설회사가 외국 정부와 내년 초부터 시작되는 대규모 건설공사계약을 체결하였다고 하자. 이러한 계약 체결은 일반적인 의미에서 거래라고 볼 수 있으나 회계거래의 요건을 충족하지 못한다. 실제 건설공사가 시작된 후부터 기업의 재무상태에 영향을 미치는 것이지 계약체결 자체가 당장 기업의 재무상태에 영향을 미치는 것은 아니기 때문이다.

**"거래의 영향으로 인한 경제적 효과를 객관적으로 측정할 수 있어야 한다"**

이는 계량화할 수 없는 거래는 회계거래에서 제외된다는 뜻이다.

예를 들어 건물가치를 측정할 때 연면적으로 측정할 수도 있고 투입된 철근의 양이나 건물의 부피 등으로 측정할 수도 있을 것이다. 하지만 회계에서는 화폐액으로 표시할 수 없는 거래는 그 대상에서 제외하고 있다.

## (1) 회계상 거래와 일상적인 거래의 구분

그렇다면, 일상적인 거래와 회계상의 거래는 어떻게 다른 것인지 예제를 통하여 살펴보도록 하자.

✎ 예제 1-10 회계상 거래

다음은 ㈜한국에서 발생한 사건이다. ㈜한국은 학원사업을 경영하고 있는 서비스기업으로 다음과 같은 거래를 하였다.

거래 1 : 학습용 교재를 판매하고 현금 ₩50,000을 받다.
→ 학습용 교재라는 자산이 감소하고 동시에 현금이라는 자산이 증가하였다. 즉, 재무상태에 변화를 초래하였고 금액도 ₩50,000으로 측정 가능하므로 이는 회계상의 거래에 해당한다.

거래 2-1 : 온라인 동영상 강의를 제공하기로 계약을 체결하다.
→ 계약은 일상생활에서는 거래이다. 하지만 회계상으로는 거래의 요건을 만족하지 못한다. 계약을 체결하는 것만으로는 자산, 부채, 자본에 영향을 초래하지 않기 때문이다. 이와 유사한 것으로 주문이 있다. 상품을 구입하기로 주문한 것만으로는 재무상태에 변화를 초래하지 않기 때문에 이 또한 회계상 거래에는 해당하지 않는다.

거래 2-2 : 온라인 동영상 강의를 제공하기로 계약을 체결하고 계약금 ₩100,000을 현금으로 받다.
→ 계약은 회계상의 거래라고 할 수 없으나 위와 같이 계약금의 형태로 재무상태에 변화가 발생하면 회계상 기록해야 하는 회계상 거래가 된다. 이 경우 현금이라는 자산이 증가하였고 계약 개시 전 대금을 선수하였기 때문에 선수금이라는 부채도 증가하게 된다. 그러므로 위의 거래는 회계상 기록의 대상인 거래가 된다.

거래 3 : 지진피해를 입어 ₩500,000에 해당하는 건물이 소실되었다.
→ 일상생활에서는 자연재해를 거래라고 하지 않는다. 하지만 지진피해를 입어 건물이라는 자산이 감소하였고 그에 해당하는 금액을 ₩500,000으로 추정이 가능하면 이는 회계상의 기록의 대상인 거래가 된다.

### 예제 1-11 회계상 거래

다음 중 회계상 거래를 구분하시오.

① 화재가 발생하여 ₩100,000의 비품이 소실되었다.
② 회사의 대표이사가 교통사고를 당했다.
③ ₩1,000,000에 건물을 구입하기로 약정을 맺다.
④ 거래처에 용역을 제공하기로 하고 계약금으로 ₩100,000을 받았다.
⑤ 직원에게 급여 ₩200,000을 지급하였다.

### 해답

① 재무상태의 변동(○), 화폐 측정 가능성(○) → 회계상 거래
② 재무상태의 변동(×), 화폐 측정 가능성(×) → 회계상 거래(×)
③ 재무상태의 변동(×), 화폐 측정 가능성(○) → 회계상 거래(×)
④ 재무상태의 변동(○), 화폐 측정 가능성(○) → 회계상 거래
⑤ 재무상태의 변동(○), 화폐 측정 가능성(○) → 회계상 거래

## (2) 회계상 거래가 회계등식에 미치는 영향

〈거래 ①〉 주식의 발행

10월 1일 : 20×1년 10월 1일에 이사용역사업을 주요 영업으로 하는 다옮겨이사㈜가 설립되었다. 이 회사는 주당 액면 ₩5,000의 주식 100주를 발행하였으며, 주주들은 이 주식을 인수하고 다옮겨이사㈜에 현금 ₩500,000을 납입하였다.

* 분석 : 다옮겨이사㈜는 주식을 발행하고 현금을 납입받았다. 따라서 현금이라는 자산이 ₩500,000 증가하였고, 자본금이라는 자본항목도 ₩500,000 증가하였다.

| 구분 | 자산 | = | 부채 | + | 자본 |
|---|---|---|---|---|---|
| | 현금 | | | | 자본금 |
| 거래 전 | ₩0 | | | | ₩0 |
| 거래의 영향 | + ₩500,000 | | | | + ₩500,000 |
| 거래 후 | ₩500,000 | | | | ₩500,000 |

〈거래 ②〉 소모품의 구입

10월 20일 : 20×1년 10월 20일에 다옮겨이사㈜는 ₩100,000의 소모품을 구입하였고 구입대금으로 ₩100,000을 현금으로 지급하였다.

* 분석 : 다옮겨이사㈜는 소모품이라는 자산을 구입하였기 때문에 자산이 ₩100,000 증가하였고 구입대금으로 ₩100,000을 지급하였기 때문에 자산이 ₩100,000만큼 감소하였다.

| 구분 | 자산 | | = | 부채 | + | 자본 |
|---|---|---|---|---|---|---|
| | 현금 | 소모품 | | | | 자본금 |
| 거래 전 | ₩500,000 | ₩0 | | | | ₩500,000 |
| 거래의 영향 | - ₩100,000 | + ₩100,000 | | | | + ₩0 |
| 거래 후 | ₩400,000 | ₩100,000 | | | | ₩500,000 |

### 〈거래 ③〉 현금의 차입

11월 5일 : 20×1년 11월 5일에 다옳겨이사㈜는 한국은행에서 현금 ₩300,000을 차입하였다.

* 분석 : 다옳겨이사㈜는 한국은행에서 현금 ₩300,000을 차입했으므로 현금이라는 자산이 증가하는 동시에 이에 상응하는 채무가 발생하였다. 이로 인해 차입금이라는 부채항목이 ₩300,000만큼 증가한다.

| 구분 | 자산 | | = | 부채 | + | 자본 |
|---|---|---|---|---|---|---|
| | 현금 | 소모품 | | 차입금 | | 자본금 |
| 거래 전 | ₩400,000 | ₩100,000 | | ₩0 | | ₩500,000 |
| 거래의 영향 | + ₩300,000 | ₩0 | | + ₩300,000 | | + ₩0 |
| 거래 후 | ₩700,000 | ₩100,000 | | ₩300,000 | | ₩500,000 |

## (3) 거래의 이중성

회계상의 거래는 재무상태에 영향을 초래하고 금액을 신뢰성 있게 측정 가능해야 하는 요건이 있음을 살펴보았다. 그런데 앞서 재무상태는 [자산 = 부채 + 자본]이라는 등식의 관계가 있음을 살펴보았고 결국 회계상의 거래는 이러한 등식의 관계 내에서 어떠한 특징이 있음을 알 수 있다. 예를 들어 현금 ₩200,000을 지급하고 기계장치를 구입하는 거래를 하였다고 가정해보자. 일단 해당 거래는 기계장치라는 자산이 증가하고 동시에 현금이라는 자산이 감소하는 재무상태에 영향을 미치는 회계상의 거래이며 금액도 ₩200,000으로 측정이 가능하다. 이를 정리하면 차변요소에 기계장치의 증가가 기록되고, 대변요소에 현금의 감소가 기록되며 이 둘의 금액은 모두 ₩200,000으로 동일하다.

즉, 회계상의 거래를 장부에 기록하는 경우 차변요소와 대변요소가 동시에 변화하며 차변요소의 합과 대변요소의 합은 일치하게 된다. 회계에서는 이를 '거래의 이중성'이라고 한다. 거래의 이중성이란 모든 회계상의 거래는 반드시 차변요소와 대변요소를 같이 변화시키게 되고 양쪽에 동일한 금액을 기재하게 된다는 것이다.

이렇듯 모든 회계상의 거래는 이러한 거래의 이중성이라는 특징을 가지고 있기 때문에 회계장부에 기록하는 경우 하나의 거래를 차변요소, 대변요소로 구분하여 기록하게 되며 하나의 거래를 기록하기 위해서 차변요소와 대변요소로 구분하여 기록하는 것을 '복식부기'라 한다.

### (4) 대차평균의 원리(대차평형의 원리)

모든 회계상의 거래는 반드시 차변요소와 대변요소가 함께 나타나야 하는 거래의 이중성을 가지고 있다. 따라서 거래의 이중성으로 인해 회계상 거래를 계정에 기록하는 경우 차변요소와 대변요소에 기재하는 금액이 동일하게 되며 항상 차변과 대변의 금액은 일치하게 되는데 이를 가리켜 '대차평균의 원리(principle of equilibrium)'라고 한다.

대차평균의 원리는 앞으로 회계상의 거래를 파악할 때 필수적으로 확인해야 하는 원리이다. 만약 차변과 대변의 금액이 일치하지 않는다면 회계상의 거래를 잘못 기입했다는 점을 스스로 인지할 수 있기 때문에 자동적으로 오류를 검증할 수 있는 기능을 가지고 있기 때문이다.

이와 같이 복식부기를 적용하여 기록한 금액을 대차평균의 원리를 이용하여 차변과 대변의 합계가 일치하는지를 계속 확인해 나갈 수 있는 자동검증기능은 복식부기가 가지는 장점 중 하나라고 할 수 있다.

### (5) 회계상 거래의 결합관계

회계상 거래는 거래의 이중성으로 인해 반드시 차변요소와 대변요소를 변화시키고 차변요소와 대변요소에 기록되는 금액은 일치하게 된다. 이러한 회계상 거래는 다음과 같은 결합관계를 확인할 수 있다.

≫ 회계상 거래의 결합관계

| 차변요소 | 대변요소 |
|---|---|
| 자산의 증가 | 자산의 감소 |
| 부채의 감소 | 부채의 증가 |
| 자본의 감소 | 자본의 증가 |
| 비용의 발생 | 비용의 감소 |
| 수익의 감소 | 수익의 발생 |

① 자산의 증가는 차변요소에, 자산의 감소는 대변요소에 기록한다.
② 부채의 증가는 대변요소에, 부채의 감소는 차변요소에 기록한다.
③ 자본의 증가는 대변요소에, 자본의 감소는 차변요소에 기록한다.
④ 비용의 발생은 차변요소에, 비용의 감소는 대변요소에 기록한다.
⑤ 수익의 발생은 대변요소에, 수익의 감소는 차변요소에 기록한다.

이와 같이 회계상 거래를 구성하는 요소를 살펴보면 차변요소 5가지와 대변요소 5가지가 있는데 이를 거래의 10요소라고 한다. 또는 비용의 발생, 수익의 발생만 포함하여 거래의 8요소로 분류하기도 한다. 기업의 거래는 차변요소와 대변요소가 서로 영향을 미치는 형태로 표시가 된다. 물론 차변요소 하나와 대변요소 두 개 이상이 결합하여 나타날 수도 있다. 그러나 차변요소끼리만, 대변요소끼리만 결합하는 경우는 나타날 수 없다.

## [2] 분개(journalizing)란?

앞서 회계상의 거래는 차변요소와 대변요소의 결합으로 나타남을 학습하였다. 그리고 차변요소와 대변요소의 합은 일치한다는 대차평균의 원리도 회계상 거래의 중요 특징임을 확인하였다.

이와 같이 모든 거래는 차변요소와 대변요소를 가지고 있으므로 회계상 거래가 발생하게 되면 거래에 의해 영향을 받는 계정에 해당 내용을 기록해야만 하는데 만일 거래가 발생하자마자 즉시 계정에 기입을 하게 된다면 거래증빙이 남아 있지 않아 거래를 다시 검토할 때 어려움이 있다.

만약 계정에 기입하기 전에 어떤 계정과목에 얼마의 금액을 기록하였는지 알 수 있다면 회계상 거래의 관리가 용이하며 계정에 기입할 때의 실수도 줄일 수 있다.

이처럼 분개는 계정에 기입하기 전에 어느 계정에 얼마의 금액을 기록할 것인지를 결정하는 절차를 말한다.

### (1) 분개의 절차

분개는 다음과 같은 절차로 수행한다. 절차는 회계상으로 규정된 것은 아니지만 다음과 같은 순서로 회계상의 거래를 파악하면 보다 쉽게 복잡한 거래를 정리할 수 있다.

> ① 어느 계정과목을 사용할 것인지를 결정한다.
> ② 차변요소와 대변요소를 결정한다.
> ③ 해당 계정에 얼마의 금액을 기록할 것인지 결정하고 차변금액과 대변금액이 일치하는지를 확인한다.

**예제 1-12 분개**

다음의 사례를 분개의 절차를 통해 기록하시오.
〈사례 1〉 현금을 지급하고 ₩50,000의 상품을 구입하였다.
〈사례 2〉 ₩100,000 상당의 상품을 외상으로 구입하였다.

**해답**

| | | | | | |
|---|---|---|---|---|---|
| 1. 사례 1 | (차) 상품(자산의 증가) | 50,000 | (대) 현금(자산의 감소) | 50,000 |
| 2. 사례 2 | (차) 상품(자산의 증가) | 100,000 | (대) 매입채무(부채의 증가) | 100,000 |

## (2) 분개의 실습

✏️ **예제 1-13 분개**

다음은 ㈜한국학원의 거래내용이다. 각 일자별로 거래에 대한 분개를 하시오.

| | |
|---|---|
| 1월 10일 | 현금 ₩300,000을 출자하여 회사를 설립하다. |
| 1월 25일 | 건물 임차계약을 체결하고 현금 ₩100,000을 지급하다. |
| 1월 31일 | 기계장치를 외상으로 구입하였고 대금 ₩50,000은 10일 후에 지급하기로 하다. |
| 2월 5일 | 기계장치의 외상 매입대금 ₩50,000을 현금으로 상환하다. |
| 2월 10일 | 강의를 제공하고 강의료로 현금 ₩200,000을 수령하다. |
| 3월 10일 | 직원들에 대한 급여 ₩100,000을 현금으로 지급하다. |
| 3월 25일 | 비품을 구입하고 현금 ₩30,000을 지급하다. |
| 4월 10일 | 강의서비스를 제공하고 현금 ₩300,000을 수령하다. |
| 5월 5일 | 은행으로부터 현금 ₩150,000을 차입하다. |
| 7월 10일 | 은행에 이자 ₩20,000을 현금으로 납부하다. |

**해답**

| 일자 | 차변 | 금액 | 대변 | 금액 |
|---|---|---|---|---|
| 1월 10일 | (차) 현금 | 300,000 | (대) 자본금 | 300,000 |
| 1월 25일 | (차) 임차료 | 100,000 | (대) 현금 | 100,000 |
| 1월 31일 | (차) 기계장치 | 50,000 | (대) 미지급금 | 50,000 |
| 2월 5일 | (차) 미지급금 | 50,000 | (대) 현금 | 50,000 |
| 2월 10일 | (차) 현금 | 200,000 | (대) 매출 | 200,000 |
| 3월 10일 | (차) 급여 | 100,000 | (대) 현금 | 100,000 |
| 3월 25일 | (차) 비품 | 30,000 | (대) 현금 | 30,000 |
| 4월 10일 | (차) 현금 | 300,000 | (대) 매출 | 300,000 |
| 5월 5일 | (차) 현금 | 150,000 | (대) 차입금 | 150,000 |
| 7월 10일 | (차) 이자비용 | 20,000 | (대) 현금 | 20,000 |

## 5. 전기

회계상 거래가 발생하면 분개를 하고 분개가 되었으면 이를 계정과목에 옮겨 적는다. 이렇게 계정과목별로 잔액 산출을 위해서 분개의 내용을 계정과목에 옮겨 적는 것을 전기라고 한다. 그리고 각 계정과목들을 모두 모아놓은 장부를 총계정원장이라고 한다.

## [1] 전기의 방법

전기는 분개된 내용을 보고 이를 각 계정과목별로 분류해서 옮겨 적는 것을 말하는데 전기를 할 때에는 분개된 상대방 계정과목을 기입한다. 그렇게 하면 계정과목을 통해 분개를 파악할 수 있다.

**예제 1-14 전기**

다음과 같은 기중 거래가 있다. 이를 분개한 후 현금계정에 대하여 전기하시오.

> 1월 15일   현금 ₩100,000을 출자하여 회사를 설립하다.
> 2월 10일   직원들에게 급여 ₩50,000을 현금으로 지급하다.
> 3월 20일   은행으로부터 현금 ₩50,000을 차입하다.
> 4월 16일   기계장치를 ₩30,000에 현금으로 구입하다.

**해답**

1) 분개

| | | | | | |
|---|---|---|---|---|---|
| 1월 15일 | (차) 현금 | 100,000 | (대) 자본금 | 100,000 |
| 2월 10일 | (차) 급여 | 50,000 | (대) 현금 | 50,000 |
| 3월 20일 | (차) 현금 | 50,000 | (대) 차입금 | 50,000 |
| 4월 16일 | (차) 기계장치 | 30,000 | (대) 현금 | 30,000 |

2) 전기

| 차변(현금증가) | | | 현금 | 대변(현금감소) | |
|---|---|---|---|---|---|
| 1/15 | 자본금 | ₩100,000 | 2/10 | 급여 | ₩50,000 |
| 3/20 | 차입금 | 50,000 | 4/16 | 기계장치 | 30,000 |

→ 현금계정과목에 전기할 때 금액만을 옮겨 적는 것이 아니라 상대방 계정과목을 기입함으로써 계정에 전기된 내용을 통해 회계상거래를 파악할 수 있다.

## [2] 전기의 사례

✏️ 예제 1-15 전기

예제 [1-13]에서 분개한 내용을 각 계정과목에 전기하시오.

### 해답

| 차변(증가) | | 현금 | 대변(감소) | | |
|---|---|---|---|---|---|
| 1/10 | 자본금 | ₩300,000 | 1/25 | 임차료 | ₩100,000 |
| 2/10 | 매출 | 200,000 | 2/5 | 미지급금 | 50,000 |
| 4/10 | 매출 | 300,000 | 3/10 | 급여 | 100,000 |
| 5/5 | 차입금 | 150,000 | 3/25 | 비품 | 30,000 |
| | | | 7/10 | 이자비용 | 20,000 |

| 차변(감소) | 자본금 | 대변(증가) | | |
|---|---|---|---|---|
| | | 1/10 | 현금 | ₩300,000 |

| 차변(발생) | | 임차료 | 대변(감소) |
|---|---|---|---|
| 1/25 | 현금 | ₩100,000 | |

| 차변(증가) | | 기계장치 | 대변(감소) |
|---|---|---|---|
| 1/31 | 미지급금 | ₩50,000 | |

| 차변(감소) | | 미지급금 | 대변(증가) | | |
|---|---|---|---|---|---|
| 2/5 | 현금 | ₩50,000 | 1/31 | 기계장치 | ₩50,000 |

| 차변(감소) | 매출 | 대변(발생) | | |
|---|---|---|---|---|
| | | 2/10 | 현금 | ₩200,000 |
| | | 4/10 | 현금 | 300,000 |

| 차변(발생) | | 급여 | 대변(감소) |
|---|---|---|---|
| 3/10 | 현금 | ₩100,000 | |

| 차변(증가) | | 비품 | 대변(감소) |
|---|---|---|---|
| 3/25 | 현금 | ₩30,000 | |

| 차변(감소) | 차입금 | 대변(증가) | | |
|---|---|---|---|---|
| | | 5/5 | 현금 | ₩150,000 |

| 차변(발생) | | 이자비용 | 대변(감소) |
|---|---|---|---|
| 7/10 | 현금 | ₩20,000 | |

**✐ 예제 1-16 총계정원장으로부터 거래의 추정**

다음은 ㈜한국의 총계정원장의 일부이다. 이를 이용하여 거래의 분개를 추정하시오.

| 차변(증가) | | 현금 | | 대변(감소) | |
|---|---|---|---|---|---|
| 3/1 | 자본금 | ₩100,000 | 3/7 | 광고선전비 | ₩15,000 |
| 3/2 | 차입금 | 100,000 | 3/13 | 급여 | 50,000 |
| 3/10 | 매출 | 80,000 | 3/20 | 임차료 | 50,000 |
| 3/25 | 매출채권 | 30,000 | | | |

| 차변(감소) | 자본금 | | 대변(증가) | | | 차변(감소) | 차입금 | | 대변(증가) | |
|---|---|---|---|---|---|---|---|---|---|---|
| | | 3/1 현금 | ₩100,000 | | | | | 3/2 현금 | ₩100,000 | |

| 차변(발생) | 광고선전비 | 대변(감소) | | 차변(감소) | 매출 | 대변(발생) | |
|---|---|---|---|---|---|---|---|
| 3/7 현금 | ₩15,000 | | | | | 3/10 현금 | ₩80,000 |
| | | | | | | 3/15 매출채권 | 30,000 |

| 차변(증가) | 매출채권 | | 대변(감소) | | 차변(발생) | 급여 | 대변(감소) |
|---|---|---|---|---|---|---|---|
| 3/15 매출 | ₩30,000 | 3/25 현금 | ₩30,000 | | 3/13 현금 | ₩50,000 | |

| 차변(발생) | 임차료 | 대변(감소) |
|---|---|---|
| 3/20 현금 | ₩50,000 | |

**해답**

| 3월 1일 | (차) 현금 | 100,000 | (대) 자본금 | 100,000 |
|---|---|---|---|---|
| 3월 2일 | (차) 현금 | 100,000 | (대) 차입금 | 100,000 |
| 3월 7일 | (차) 광고선전비 | 15,000 | (대) 현금 | 15,000 |
| 3월 10일 | (차) 현금 | 80,000 | (대) 매출 | 80,000 |
| 3월 13일 | (차) 급여 | 50,000 | (대) 현금 | 50,000 |
| 3월 15일 | (차) 매출채권 | 30,000 | (대) 매출 | 30,000 |
| 3월 20일 | (차) 임차료 | 50,000 | (대) 현금 | 50,000 |
| 3월 25일 | (차) 현금 | 30,000 | (대) 매출채권 | 30,000 |

## 학습정리

1. 회계는 기업의 다양한 이해관계자들에게 그들의 의사결정과 관련한 유용한 정보를 제공하는 것을 그 목적으로 하고 있다.

2. 기업활동에서 발생하는 경제적 사건을 기록하는 부기는 회계의 일부분이다.

3. 재무제표란? 회계정보의 전달수단으로서 K-IFRS에서 규정하고 있는 재무제표는 재무상태표, 포괄손익계산서, 자본변동표, 현금흐름표, 주석이다.

4. 재무제표는 정보이용자의 경제적 의사결정에 유용한 기업의 재무상태, 성과 및 재무상태 변동에 관한 정보를 제공하기 위해 정보이용자들에게 제공되는 것이다.

5. 재무상태표는 일정시점의 재무상태를 나타내는 재무제표로서 자산, 부채 및 자본으로 구성되어 있다.

6. 자산이란 과거사건의 결과로 기업이 통제하는 현재의 경제적 자원이다.

7. 부채란 과거사건의 결과로 기업이 경제적 자원을 이전해야 하는 현재의무이다.

8. 자본은 기업이 소유하고 있는 총자산에서 부채를 차감한 잔액을 말한다.

9. 포괄손익계산서는 일정기간 동안의 경영성과를 나타내는 재무제표로서 당기순손익과 기타포괄손익으로 구성된다.

10. 기업활동을 수행하는 과정 중에 발생하는 경제적 사건들 중에 회계기록의 대상이 되는 회계거래를 판단하는 기준은 ① 재무상태의 변동과 ② 금액의 신뢰성 있는 측정가능성이다.

11. 회계상 거래는 분개를 통해 장부에 기록되며 회계정보는 거래의 이중성이라는 특징을 가진다. 거래의 이중성은 회계상 거래는 차변요소와 대변요소가 동시에 변화하며 차변요소와 대변요소의 금액은 일치한다는 것을 뜻한다.

12. 계정에 기입할 때 자산의 증가는 차변요소에 자산의 감소는 대변요소에 기록하며, 부채와 자본은 증가를 대변요소에 감소를 차변요소에 기록한다.

13. 계정에 기입할 때 수익의 발생은 대변요소에 수익의 감소는 차변요소에 기록하며, 비용의 발생은 차변요소에 감소는 대변요소에 기록한다.

· 회계의 기초 ·
# 객관식 문제

**01** 다음은 정보이용자에 따라 기업회계의 특징을 구분하기 위한 표이다. 올바른 것으로만 짝지어진 것은 무엇인가?

| 구분 | 재무회계 | 관리회계 |
|---|---|---|
| (가) 보고대상 | 투자자, 채권자 등 외부 이해관계자 | 경영자 및 내부이용자 |
| (나) 작성근거 | 일반적으로 인정된 회계원칙 | 경제이론, 경영학, 통계학 등 |
| (다) 보고양식 | 비정형화 | 정형화 |
| (라) 보고시점 | 보통 1년(또는 분기, 반기) | 수시 |
| (마) 법적강제력 | 있음 | 있음 |

① (가), (나)
② (가), (나), (라)
③ (나), (다), (라)
④ (다), (라), (마)
⑤ (가), (나), (다), (라), (마)

**02** 다음 중 국제회계기준의 특징에 관한 설명으로 옳지 않은 것은?

① 국제회계기준은 원칙중심의 회계기준이다.
② 국제회계기준의 가장 큰 특징은 역사적원가에 기초한 측정에서 공정가치 측정으로 대폭 그 방향을 전환하였다는 점이다.
③ 국제회계기준은 각국의 협업을 통해 기준을 제정한다.
④ 국제회계기준을 적용한 후 주석공시 양이 줄어들었다.
⑤ 국제회계기준은 연결재무제표를 기본 재무제표로 제시하고 있다.

**03** 다음 중 한국채택국제회계기준에서 규정하고 있는 전체 재무제표에 포함되지 않는 것은 무엇인가?

① 현금흐름표
② 자본변동표
③ 이익잉여금처분계산서
④ 포괄손익계산서
⑤ 재무상태표

**04** 다음 중 부채에 속하는 항목으로만 묶인 것은 어느 것인가?

| (가) 미수금 | (나) 자본금 | (다) 매입채무 |
|---|---|---|
| (라) 차입금 | (마) 미지급금 | (바) 상품 |

① (가), (나), (다)  ② (가), (다), (라)  ③ (나), (다), (라)
④ (다), (라), (마)  ⑤ (다), (마), (바)

**05** 다음 계정과목에 대한 설명으로 옳지 않은 것은?

① 기업이 아직 사용목적을 결정하지 못한 채로 보유하고 있는 토지는 '투자부동산'으로 분류한다.

② 단기간의 매매차익을 목적으로 금융자산을 취득한 경우 이를 '당기손익 – 공정가치 측정 금융자산'으로 기록한다.

③ 냉장고를 타 회사로부터 매입하여 통상적으로 판매하는 회사는 냉장고를 '상품' 또는 '재고자산'으로 기록한다.

④ 다른 회사에게 약속어음을 받고 현금을 빌려줄 경우, 이에 대한 채권을 '대여금'으로 기록한다.

⑤ 운동화를 판매하는 회사가 건물을 취득하면서 대금의 일부를 현금으로 지급하고 나머지를 나중에 지급하기로 하였을 경우, 이에 대한 채무를 '외상매입금' 또는 '매입채무'로 기록한다.

**06** 재무상태표의 기본요소에 관한 설명으로 옳지 않은 것은?

① 자산은 과거사건의 결과로 기업이 통제하는 현재의 경제적 자원이다.

② 부채는 과거사건의 결과로 기업이 경제적 자원을 이전해야 하는 현재의무이다.

③ 보고기업의 재무상태에 관한 정보를 제공하는 재무상태표의 기본요소는 자산, 부채 및 자본이다.

④ 재무상태표에 표시되는 자본은 자산에서 부채를 차감하여 결정한다.

⑤ 재무상태표의 기본요소인 자산은 기업의 자금조달원천을, 부채와 자본은 운용상태를 표시한다.

**07** 다음 중 포괄손익계산서에 표시될 수 없는 것은?

① 법인세비용　　　　② 금융원가　　　　③ 선수수익
④ 지분법손실　　　　⑤ 유형자산처분이익


**08** 재무제표와 관련된 설명 중 옳은 것만을 모두 고른 것은?

> ㄱ. 현금흐름표는 일정 회계기간 동안의 기업의 영업활동, 투자활동, 재무활동으로 인한 현금의
>     유입과 유출에 관한 정보를 제공한다.
> ㄴ. 재무상태표는 일정시점의 기업의 재무상태에 관한 정보를 제공한다.
> ㄷ. 자본변동표는 일정 회계기간 동안의 기업의 경영성과에 관한 정보를 제공한다.
> ㄹ. 재무제표의 작성과 표시에 대한 책임은 소유주인 주주에게 있고, 반드시 공인회계사에게 외
>     부검토를 받아야 한다.
> ㅁ. 포괄손익계산서에서는 당기순손익에 기타포괄손익을 더한 총포괄손익을 나타낸다.

① ㄱ, ㄴ, ㄷ　　　　② ㄱ, ㄴ, ㅁ　　　　③ ㄴ, ㄷ, ㄹ
④ ㄷ, ㄹ, ㅁ　　　　⑤ ㄴ, ㄹ, ㅁ


**09** 다음 중 회계상 거래에 해당하는 것은 무엇인가?

① ₩50,000에 상당하는 비품을 구입하기로 약정하였다.
② 회계서비스를 매달 ₩300,000에 공급하기로 계약하였다.
③ 기계장치를 ₩100,000에 외상으로 구입하였다.
④ 원재료를 ₩1,000,000에 매입하기로 계약을 체결하였다.
⑤ 상품 ₩800,000을 구입하는 주문을 하였다.


**10** 다음 중 회계거래에 해당하지 않는 것은?

① 공동주택의 관리용역에 대한 계약을 체결하고 계약금 ₩100을 수령하였다.
② 본사창고에 보관 중인 ₩100 상당의 제품이 도난당하다.
③ 지하주차장 도장공사를 하고 대금 ₩100은 1개월 후에 지급하기로 하였다.
④ ₩100 상당의 상품을 구입하기 위해 주문서를 발송하였다.
⑤ 사무실 임차계약을 체결하고 1년분 임차료 ₩100을 지급하였다.

11 다음 중 하나의 거래에서 동시에 나타날 수 없는 것은?

① 자산의 증가와 부채의 증가      ② 비용의 발생과 부채의 증가

③ 자산의 증가와 수익의 발생      ④ 비용의 발생과 자산의 감소

⑤ 자산의 감소와 자본의 증가

12 다음 현금계정의 기입내용을 보고 날짜별로 발생한 거래의 분개를 추정한 내용으로 옳지 않은 것은?

현금

| 1월 2일 | 자본금 | ₩1,000,000 | 1월 8일 | 토지 | ₩300,000 |
|---|---|---|---|---|---|
| 1월 4일 | 차입금 | 200,000 | 1월 20일 | 차입금 | 50,000 |
| 1월 10일 | 매출채권 | 100,000 | 1월 25일 | 급여 | 80,000 |

① 1월 2일 현금 ₩1,000,000을 출자하여 영업을 개시하였다.

② 1월 4일 은행에서 자금을 차입하고 ₩200,000을 현금으로 수령하였다.

③ 1월 8일 토지를 구입하기 위해 현금 ₩300,000을 지불하였다.

④ 1월 10일 외상으로 ₩100,000 상당의 상품을 판매하였다.

⑤ 1월 20일 현금 ₩50,000으로 차입금을 상환하였다.

13 ㈜한국이 차입금 ₩100,000과 이자 ₩3,000을 현금으로 지급하였다. 이 거래에 대한 분석으로 옳은 것은?

① (차) 자산의 증가      (대) 부채의 증가와 수익발생

② (차) 자산의 증가      (대) 자산의 감소와 수익발생

③ (차) 부채의 감소와 비용의 발생      (대) 자산의 감소

④ (차) 자산의 증가와 비용의 발생      (대) 자산의 감소

⑤ (차) 부채의 감소와 비용의 발생      (대) 자산의 감소와 수익발생

**14** ㈜한국은 ₩100,000의 기계장치를 구입하고 현금으로 ₩50,000을 지급한 뒤 나머지 ₩50,000은 2개월 후에 지급하기로 하였다. 해당 거래가 재무상태에 미치는 영향을 올바르게 나타낸 것은?

① 소유주지분(자본)은 변동이 없으나 자산과 부채가 각각 ₩50,000씩 증가한다.

② 자산, 부채, 자본의 총액에 아무런 변동이 없다.

③ 자산은 ₩100,000 증가하고, 부채는 ₩50,000 증가한다.

④ 자산은 ₩50,000 증가하고, 자본은 ₩50,000 감소한다.

⑤ 총자산은 변동이 없고, 부채가 ₩50,000 증가하고 자본이 ₩50,000 감소한다.

**15** 회계기간 중 손익거래 이외에는 자본총계에 영향을 미치는 거래나 사건은 발생하지 않았다고 할 때, 자본총계의 증가액은 얼마인가?

| 기초자산 | ₩15,000,000 | 기초부채 | ₩10,000,000 |
|---|---|---|---|
| 기말자산 | 20,000,000 | 기말부채 | 13,000,000 |

① ₩1,000,000  ② ₩2,000,000  ③ ₩3,000,000
④ ₩4,000,000  ⑤ ₩5,000,000

**16** ㈜한국은 20×1년 손익거래와 배당의 지급 외에는 자본총계에 영향을 미치는 사건이나 거래는 발생하지 않았다고 할 때, ㈜한국이 20×1년 지급한 배당액은 얼마인가?

| 기초자산 | ₩5,000,000 | 기초부채 | ₩3,500,000 |
|---|---|---|---|
| 기말자산 | 6,000,000 | 기말부채 | 5,000,000 |
| 총수익 | 3,000,000 | 총비용 | 2,700,000 |

① ₩1,000,000  ② ₩900,000  ③ ₩800,000
④ ₩700,000  ⑤ ₩600,000

17 ㈜한국의 기초부채 잔액은 ₩100,000이었고, 기말부채 잔액은 ₩75,000이었다. 기초자산은 ₩180,000이고 기말자산총계는 기초보다 ₩25,000 감소하였다. 당기 중 유상증자를 하여 자본금이 ₩30,000 증가하였다면 배당지급액은 얼마인가?

① ₩10,000 ② ₩15,000 ③ ₩20,000
④ ₩25,000 ⑤ ₩30,000

18 ㈜한국의 기초부채 잔액은 ₩150,000이었고 기말부채 잔액은 ₩180,000이었다. 기초자본은 ₩50,000이고 유상증자를 통해 ₩30,000의 자본금이 증가하였고 당기순이익은 ₩15,000이었다. 기말 자산총계는 얼마인가?

① ₩210,000 ② ₩235,000 ③ ₩250,000
④ ₩270,000 ⑤ ₩275,000

19 ㈜한국의 20×1년 재무상태와 재무성과 자료는 다음과 같다.

| 구분 | 기초 | 기말 |
| --- | --- | --- |
| 총자산 | ₩5,000,000 | ₩6,500,000 |
| 총부채 | ₩2,000,000 | ? |
| 총수익 | | ₩1,000,000 |
| 총비용 | | ₩800,000 |

20×1년 기중에 ₩500,000을 유상증자 하였으며, ₩100,000을 현금배당하였을 경우, 기말부채는? (단, 다른 자본항목의 변동은 없다)

① ₩2,600,000 ② ₩2,700,000 ③ ₩2,900,000
④ ₩3,600,000 ⑤ ₩4,300,000

**01**　② 다 : 재무회계는 보고양식이 재무제표로 정형화되어 있지만 관리회계는 정형화되어 있지 않다.
　　　　 마 : 재무회계는 법적강제력이 있으나 관리회계는 법적강제력은 없다.

**02**　④ 국제회계기준은 개별 국가의 차이와 상황을 반영할 수 있도록 최소한 적용되어야 하는 지침을 규정하며
　　　 정보이용자를 보호하기 위해 주석공시를 강화하고 있다.

**03**　③ 이익잉여금처분계산서는 한국채택국제회계기준에서 규정하고 있는 재무제표에는 포함되지 않는다.

**04**　④

| (가) 미수금 – 자산 | (나) 자본금 – 자본 | (다) 매입채무 – 부채 |
| (라) 차입금 – 부채 | (마) 미지급금 – 부채 | (바) 상품 – 자산 |

**05**　⑤ 운동화를 판매하는 회사가 건물을 취득하면서 대금의 일부를 현금으로 지급하고 나머지를 나중에 지급
　　　 하기로 하였을 경우, 이에 대한 채무를 '미지급금'으로 기록한다. 일반적 상거래에서 발생한 외상채무를
　　　 외상매입금 또는 매입채무로 기록한다.

**06**　⑤ 재무상태표의 기본요소인 자산은 운용상태를, 부채와 자본은 기업의 자금조달원천을 표시한다.

**07**　③ 선수수익은 부채 계정이므로 재무상태표에 표시된다.

**08**　② ㄷ : 포괄손익계산서는 일정 회계기간 동안의 기업의 경영성과에 관한 정보를 제공한다.
　　　　 ㄹ : 재무제표의 작성과 표시에 대한 책임은 경영자에게 있고 공인회계사의 외부검토는 외부감사에
　　　　　　 관한 법률의 적용을 받는 기업이 대상이다.

**09**　③ 약정, 계약, 주문은 재무상태의 변화를 초래하지 않는다.

**10**　④ 상품을 구입하기 위해 주문서를 발송하는 것은 회계거래에 해당하지 않는다.

**11**　⑤ 자산의 감소는 대변요소, 자본의 증가도 대변요소이므로 같은 대변요소끼리 결합할 수 없다.

**12**　④ 1월 10일 외상으로 판매한 상품에 대한 대금 ₩100,000을 현금으로 수령하였다.

**13** ③ (차) 차입금          100,000(부채의 감소)    (대) 현금              103,000(자산의 감소)
               이자비용            3,000(비용의 발생)

**14** ① (차) 기계장치         100,000(자산의 증가)    (대) 현금              50,000(자산의 감소)
                                                  미지급금             50,000(부채의 증가)

     자산은 ₩50,000 증가하고, 부채도 ₩50,000 증가한다. 자산과 부채가 동일한 금액으로 증가하였으므로 자본은 변동이 없다.

**15** ② 1) 기초자본 = ₩15,000,000 − ₩10,000,000 = ₩5,000,000
        2) 기말자본 = ₩20,000,000 − ₩13,000,000 = ₩7,000,000
        3) 자본증가액 = ₩7,000,000 − ₩5,000,000 = ₩2,000,000

**16** ③ 1) 기초자본 = ₩5,000,000 − ₩3,500,000 = ₩1,500,000
        2) 기말자본 = ₩6,000,000 − ₩5,000,000 = ₩1,000,000
        3) 자본의 변화(₩500,000 감소) = ₩3,000,000(총수익) − ₩2,700,000(총비용) − 배당
          → 배당 = ₩800,000

**17** ⑤ 1) 기초자본 = ₩180,000 − ₩100,000 = ₩80,000
        2) 기말자본 = ₩155,000 − ₩75,000 = ₩80,000
        3) 기말자본(₩80,000) = ₩80,000(기초자본) + ₩30,000(유상증자) − 배당
          → 배당 = ₩30,000

**18** ⑤ 1) 기초 자산총계 = ₩150,000(부채) + ₩50,000(자본) = ₩200,000
        2) 기말자본 = ₩50,000(기초자본) + ₩30,000(유상증자) + ₩15,000(당기순이익) = ₩95,000
        3) 기말 자산총계 = ₩180,000(기말 부채잔액) + ₩95,000(기말자본) = ₩275,000

**19** ③ 1) 기초자본 = ₩5,000,000 − ₩2,000,000 = ₩3,000,000
        2) 기말자본 = ₩3,000,000(기초자본) + ₩500,000(유상증자) − ₩100,000(현금배당) + ₩1,000,000
            (총수익) − ₩800,000(총비용) = ₩3,600,000
        3) 기말부채 = ₩6,500,000(기말자산) − ₩3,600,000(기말자본) = ₩2,900,000

01 다음 항목 중 자산, 부채, 자본, 수익, 비용 항목을 각각 구분하시오.

| | | |
|---|---|---|
| 선급금 | 미지급비용 | 매입채무 |
| 자본금 | 임대료수익 | 매출채권 |
| 선급비용 | 차입금 | 급여 |
| 이자수익 | 당좌예금 | 토지 |
| 보험료 | 건물 | |

02 다음의 상황별로 빈칸을 채우시오.

| 상황 | 기초 | | | 기중 | | | | 기말 | | |
|---|---|---|---|---|---|---|---|---|---|---|
| | 자산 | 부채 | 자본 | 수익 | 비용 | 당기<br>순이익 | 배당금 | 자산 | 부채 | 자본 |
| 1 | 13,800 | 4,500 | ① | 21,300 | ② | ③ | – | ④ | 5,300 | 13,600 |
| 2 | 52,600 | ⑤ | 16,300 | ⑥ | 37,600 | 10,400 | ⑦ | 62,800 | ⑧ | 22,900 |
| 3 | ⑨ | 59,300 | 29,500 | ⑩ | 55,100 | ⑪ | 10,200 | 91,500 | 43,600 | ⑫ |

**03** 다음의 분개내용을 보고 해당 거래를 설명하시오.

| | | | | | |
|---|---|---|---|---|---|
| ① | (차) 예금 | 10,000 | (대) 현금 | | 10,000 |
| ② | (차) 건물 | 20,000 | (대) 현금 | | 10,000 |
| | | | 미지급금 | | 10,000 |
| ③ | (차) 매출채권 | 5,000 | (대) 매출 | | 5,000 |
| ④ | (차) 현금 | 5,000 | (대) 매출채권 | | 5,000 |
| ⑤ | (차) 현금 | 20,000 | (대) 자본금 | | 40,000 |
| | 건물 | 20,000 | | | |

**04** 다음의 거래를 읽고 회계거래 여부를 판단하시오.

---

① 기계장치를 ₩500,000에 외상으로 취득하다.

② 건물을 구입하기로 약정하다.

③ 회사 비품 ₩100,000을 도난당하다.

④ 회계서비스를 매달 ₩300,000에 공급하기로 계약하다.

⑤ 발행주식 1주를 2주로 분할하였다.

⑥ 상품을 ₩200,000에 외상으로 구입하다.

---

**05** 다음은 20×1년 1월 ㈜한국에서 발생한 거래들이다.

| | |
|---|---|
| 1월 1일 | 현금 ₩500,000을 출자하여 회사를 설립하다. |
| 1월 5일 | 상품 ₩300,000을 외상으로 판매하다. |
| 1월 8일 | 매출채권 ₩200,000을 현금으로 수령하다. |
| 1월 10일 | 기계장치 ₩200,000을 현금으로 취득하다. |
| 1월 20일 | 은행에서 ₩150,000을 차입하다. |
| 1월 30일 | 상품 ₩50,000을 외상으로 구입하다. |
| 1월 31일 | 단기차입금 ₩50,000을 현금으로 상환하다. |

위 거래들로 인하여 ㈜한국의 재무상태가 어떻게 변화하였는지 재무상태표등식에 근거하여 주어진 양식에 따라 나타내시오(증가는 +, 감소는 − 로 표시).

| 일자 | 자산 | | | | 부채 | | 자본 |
|---|---|---|---|---|---|---|---|
| | 현금 | 매출채권 | 상품 | 기계장치 | 매입채무 | 단기차입금 | 자본금 |
| | | | | | | | |

**06** 다음의 거래를 분개하시오.

| | |
|---|---|
| 1월 1일 | 현금 ₩20,000을 출자하여 사업을 시작하다. |
| 1월 2일 | 사무용 건물을 임차하고 보증금으로 ₩10,000을 지급하다. |
| 1월 3일 | 비품 ₩5,000을 외상으로 구입하다. |
| 1월 4일 | 용역을 제공하고 대금 ₩15,000을 청구하다. |
| 1월 8일 | 당월분 임차료 ₩2,000을 지급하다. |
| 1월 10일 | 당월분 직원 급여 ₩1,500을 지급하다. |
| 1월 20일 | 용역을 제공하고 현금 ₩30,000을 수령하다. |
| 1월 22일 | 외상용역대금 ₩15,000을 현금으로 회수하다. |
| 1월 25일 | 외상으로 구입한 비품 대금 ₩5,000을 현금으로 지급하다. |
| 1월 30일 | 전기료 ₩8,000을 현금으로 지급하다. |

## 07 다음은 ㈜한국의 20×1년 1월의 거래이다.

| | |
|---|---|
| 1월 1일 | 현금 ₩500,000을 출자하여 회사를 설립하였다. |
| 1월 3일 | 비품 ₩50,000을 외상으로 구입하였다. |
| 1월 5일 | 건물 ₩200,000을 외상으로 구입하였다. |
| 1월 8일 | 건물을 임대하고 보증금 ₩100,000을 수령하였다. |
| 1월 10일 | 현금 ₩50,000을 종업원에게 대여하였다. |
| 1월 12일 | 은행으로부터 현금 ₩100,000을 차입하였다. |
| 1월 15일 | 직원 급여 ₩50,000을 현금으로 지급하였다. |
| 1월 20일 | 광고를 게재하고 ₩30,000을 현금으로 지급하였다. |
| 1월 22일 | 용역을 제공하고 용역대가 ₩150,000은 다음 달에 받기로 하였다. |
| 1월 25일 | 수도 및 전기사용료 ₩50,000을 현금으로 지급하였다. |
| 1월 26일 | 외상으로 구입한 비품 대금 ₩50,000을 현금으로 지급하였다. |
| 1월 27일 | 건물 구입대금 ₩200,000을 현금으로 지급하였다. |

1. 해당 거래를 분개하시오.

2. 해당 거래를 전기하시오.

3. 20×1년 1월 31일 현재의 재무상태표를 작성하시오.

4. 20×1년 1월의 포괄손익계산서를 작성하시오.

**01**

1) 자산 : 선급금, 매출채권, 선급비용, 당좌예금, 토지, 건물
2) 부채 : 미지급비용, 매입채무, 차입금
3) 자본 : 자본금
4) 수익 : 임대료수익, 이자수익
5) 비용 : 급여, 보험료

**02**

| 상황 | 기초 | | | 기중 | | | | 기말 | | |
|---|---|---|---|---|---|---|---|---|---|---|
| | 자산 | 부채 | 자본 | 수익 | 비용 | 당기<br>순이익 | 배당금 | 자산 | 부채 | 자본 |
| 1 | 13,800 | 4,500 | ① | 21,300 | ② | ③ | – | ④ | 5,300 | 13,600 |
| 2 | 52,600 | ⑤ | 16,300 | ⑥ | 37,600 | 10,400 | ⑦ | 62,800 | ⑧ | 22,900 |
| 3 | ⑨ | 59,300 | 29,500 | ⑩ | 55,100 | ⑪ | 10,200 | 91,500 | 43,600 | ⑫ |

〈상황 1〉
① 자본 = ₩13,800(자산) − ₩4,500(부채) = ₩9,300
② 비용 = ₩21,300(수익) − ₩4,300(당기순이익) = ₩17,000
③ 당기순이익 = ₩13,600(기말자본) − ₩9,300(기초자본) = ₩4,300
④ 기말자산 = ₩5,300(기말부채) + ₩13,600(기말자본) = ₩18,900

〈상황 2〉
⑤ 기초부채 = ₩52,600(기초자산) − ₩16,300(기초자본) = ₩36,300
⑥ 수익 = ₩37,600(비용) + ₩10,400(당기순이익) = ₩48,000
⑦ 배당금 = ₩16,300(기초자본) + ₩10,400(당기순이익) − ₩22,900(기말자본) = ₩3,800
⑧ 기말부채 = ₩62,800(기말자산) − ₩22,900(기말자본) = ₩39,900

〈상황 3〉
⑨ 기초자산 = ₩59,300(기초부채) + ₩29,500(기초자본) = ₩88,800
⑩ 수익 = ₩55,100(비용) + ₩28,600(당기순이익) = ₩83,700
⑪ 당기순이익 = ₩47,900(기말자본) − ₩29,500(기초자본) + ₩10,200(배당금) = ₩28,600
⑫ 기말자본 = ₩91,500(기말자산) − ₩43,600(기말부채) = ₩47,900

03　① 현금 ₩10,000을 예금하였다.
　　② ₩20,000 상당의 건물을 취득하고 현금 ₩10,000을 지급하였으며 잔액 ₩10,000은 추후에 지급하기로
　　　하였다.
　　③ 영업활동을 수행하고 대금 ₩5,000은 외상으로 하였다.
　　④ 매출채권 ₩5,000을 현금으로 회수하였다.
　　⑤ 현금 ₩20,000과 건물 ₩20,000을 출자하여 회사를 설립하였다.

04　회계상 거래 : ①, ③, ⑥
　　회계상 거래의 영향 분석
　　① 자산(기계장치) 증가, 부채(미지급금) 증가
　　③ 자산(비품) 감소, 비용(감모손실) 증가
　　⑥ 자산(상품) 증가, 부채(매입채무) 증가
　　- 회계상 거래가 되기 위해서는 첫째, 기업의 재무상태에 영향을 미쳐야 하고 둘째, 화폐금액으로 측정할
　　　수 있어야 한다. 그러나 건물을 구입하기로 하는 약정, 서비스를 제공하기로 한 계약, 주식분할은 자산,
　　　부채 및 자본에 영향을 주지 않으므로 회계상 거래요건을 충족시키지 못한다.

05

| 일자 | 자산 | | | | 부채 | | 자본 |
|---|---|---|---|---|---|---|---|
| | 현금 | 매출채권 | 상품 | 기계장치 | 매입채무 | 단기차입금 | 자본금 |
| 1/1 | + 500,000 | | | | | | + 500,000 |
| 1/5 | | + 300,000 | − 300,000 | | | | |
| 1/8 | + 200,000 | − 200,000 | | | | | |
| 1/10 | − 200,000 | | | + 200,000 | | | |
| 1/20 | + 150,000 | | | | | + 150,000 | |
| 1/30 | | | + 50,000 | | + 50,000 | | |
| 1/31 | − 50,000 | | | | | − 50,000 | |

06

| 1월 1일 | (차) 현금 | 20,000 | (대) 자본금 | 20,000 |
|---|---|---|---|---|
| 1월 2일 | (차) 임차보증금 | 10,000 | (대) 현금 | 10,000 |
| 1월 3일 | (차) 비품 | 5,000 | (대) 미지급금 | 5,000 |
| 1월 4일 | (차) 매출채권 | 15,000 | (대) 매출 | 15,000 |
| 1월 8일 | (차) 임차료 | 2,000 | (대) 현금 | 2,000 |
| 1월 10일 | (차) 급여 | 1,500 | (대) 현금 | 1,500 |
| 1월 20일 | (차) 현금 | 30,000 | (대) 매출 | 30,000 |
| 1월 22일 | (차) 현금 | 15,000 | (대) 매출채권 | 15,000 |
| 1월 25일 | (차) 미지급금 | 5,000 | (대) 현금 | 5,000 |
| 1월 30일 | (차) 수도광열비 | 8,000 | (대) 현금 | 8,000 |

**07**

**1)**

| 날짜 | 차변 | 금액 | 대변 | 금액 |
|---|---|---|---|---|
| 1월 1일 | (차) 현금 | 500,000 | (대) 자본금 | 500,000 |
| 1월 3일 | (차) 비품 | 50,000 | (대) 미지급금(비품) | 50,000 |
| 1월 5일 | (차) 건물 | 200,000 | (대) 미지급금(건물) | 200,000 |
| 1월 8일 | (차) 현금 | 100,000 | (대) 임대보증금 | 100,000 |
| 1월 10일 | (차) 대여금 | 50,000 | (대) 현금 | 50,000 |
| 1월 12일 | (차) 현금 | 100,000 | (대) 차입금 | 100,000 |
| 1월 15일 | (차) 급여 | 50,000 | (대) 현금 | 50,000 |
| 1월 20일 | (차) 광고선전비 | 30,000 | (대) 현금 | 30,000 |
| 1월 22일 | (차) 매출채권 | 150,000 | (대) 매출 | 150,000 |
| 1월 25일 | (차) 수도광열비 | 50,000 | (대) 현금 | 50,000 |
| 1월 26일 | (차) 미지급금(비품) | 50,000 | (대) 현금 | 50,000 |
| 1월 27일 | (차) 미지급금(건물) | 200,000 | (대) 현금 | 200,000 |

**2)**

**현금**

| 1/1 | 자본금 | 500,000 | 1/10 | 대여금 | 50,000 |
|---|---|---|---|---|---|
| 1/8 | 임대보증금 | 100,000 | 1/15 | 급여 | 50,000 |
| 1/12 | 차입금 | 100,000 | 1/20 | 광고선전비 | 30,000 |
| | | | 1/25 | 수도광열비 | 50,000 |
| | | | 1/26 | 미지급금(비품) | 50,000 |
| | | | 1/26 | 미지급금(건물) | 200,000 |

**자본금**

| | | | 1/1 | 현금 | 500,000 |
|---|---|---|---|---|---|

**비품**

| 1/3 | 미지급금 | 50,000 | | | |
|---|---|---|---|---|---|

**미지급금(비품)**

| 1/26 | 현금 | 50,000 | 1/3 | 비품 | 50,000 |
|---|---|---|---|---|---|

**건물**

| 1/5 | 미지급금 | 200,000 | | | |
|---|---|---|---|---|---|

**미지급금(건물)**

| 1/27 | 현금 | 200,000 | 1/5 | 건물 | 200,000 |
|---|---|---|---|---|---|

**차입금**

| | | | 1/12 | 현금 | 100,000 |
|---|---|---|---|---|---|

**급여**

| 1/15 | 현금 | 50,000 | | | |
|---|---|---|---|---|---|

**광고선전비**

| 1/20 | 현금 | 30,000 | | | |
|---|---|---|---|---|---|

**매출채권**

| 1/22 | 매출 | 150,000 | | | |
|---|---|---|---|---|---|

**매출**

| | | | 1/22 | 매출채권 | 150,000 |
|---|---|---|---|---|---|

**수도광열비**

| 1/25 | 현금 | 50,000 | | | |
|---|---|---|---|---|---|

**임대보증금**

| | | | 1/8 | 현금 | 100,000 |
|---|---|---|---|---|---|

**대여금**

| 1/10 | 현금 | 50,000 | | | |
|---|---|---|---|---|---|

3)

**재무상태표**

㈜한국                           20×1.1.31 (단위 : 원)

| 자산 | | 부채 | |
|---|---|---|---|
| 현금 | ₩270,000 | 임대보증금 | ₩100,000 |
| 비품 | 50,000 | 차입금 | 100,000 |
| 건물 | 200,000 | **자본** | |
| 대여금 | 50,000 | 자본금 | ₩500,000 |
| 매출채권 | 150,000 | 이익잉여금 | 20,000 |
| 합계 | ₩720,000 | 합계 | ₩720,000 |

4)

**포괄손익계산서**

㈜한국                 20×1.1.1~20×1.1.31 (단위 : 원)

| 비용 | | 수익 | |
|---|---|---|---|
| 급여 | ₩50,000 | 매출 | ₩150,000 |
| 광고선전비 | 30,000 | | |
| 수도광열비 | 50,000 | | |
| **이익** | | | |
| 당기순이익 | 20,000 | | |
| 합계 | ₩150,000 | 합계 | ₩150,000 |

합격까지 박문각

# 02

# 회계의 결산

- 회계의 순환과정을 이해한다.
- 시산표의 작성 목적과 결산수정분개의 유형을 이해한다.
- 각종 재무제표들이 어떻게 유기적으로 연결되어 있는지를 학습한다.
- 회계기간을 구분짓는 마감의 의미를 이해한다.

# 회계의 결산

## 1. 결산의 의의

기업은 회계기간 동안 거래를 분개하고 전기하는 일련의 과정을 수행한다. 그리고 회계연도 말이 되면 재무제표를 만들기 위해서 회계정보를 최종적으로 정리하게 되는데 이 과정을 결산이라고 한다. 회계기간 중의 일련의 과정은 아직 회계기간 동안의 정확한 수익과 비용을 반영하지 못하고 있기 때문에 결산과정을 통해서 정확한 재무상태를 확정짓는 것이다.

즉, 결산이란 회계기간 동안 수행한 자산, 부채, 자본의 변동내용과 그 결과물을 종합해서 재무상태표와 포괄손익계산서를 만드는 과정이다. 기업에서 수행하고 있는 기중회계처리부터 결산까지의 과정은 아래와 같다.

>> 회계의 순환과정

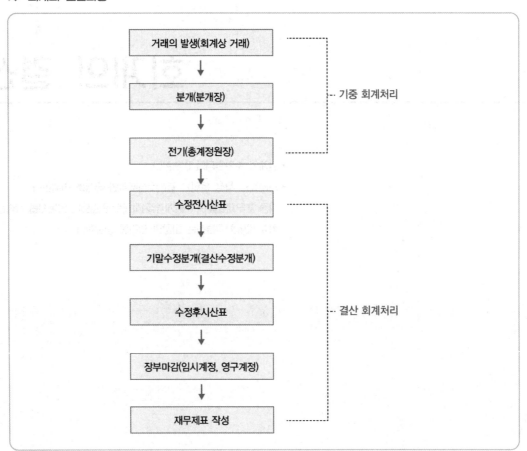

앞의 그림에 나타난 회계의 순환과정을 살펴보면 회계기간 동안 거래가 발생하면 이를 분개하여 분개장에 기록하고 분개장의 내용은 전기를 통해 총계정원장에 기록한다. 회계기말이 되면 결산을 수행하는데 결산을 위해서는 우선 수정전시산표를 작성하여 회계기간 동안의 기록에 오류가 없는지를 먼저 점검한 뒤 기말수정분개를 추가로 총계정원장에 반영하여 수정후시산표를 작성하고 장부를 마감하게 된다. 이렇게 마감된 장부를 기초로 재무상태표와 포괄손익계산서 등 재무제표를 작성하는 것으로서 회계순환과정은 마무리된다.

기업은 이러한 회계순환과정을 매 회계기간마다 반복하게 된다.

**≫ 회계의 순환과정**

| 구분 | 시기 | 기록의 대상 |
|---|---|---|
| 분개 | 회계거래 발생 시마다(기중) | 분개장 |
| 전기 | 회계거래 발생 시마다(기중) | 계정원장 |
| 수정분개와 전기 | 회계연도 말 | 분개장 & 계정원장 |
| 계정의 마감 | 회계연도 말 | 분개장 & 계정원장 |
| 재무제표작성 | 회계연도 말 | 재무제표 |

## [1] 시산표란?

총계정원장에는 모든 계정의 내용이 기록되어 있는데 총계정원장의 기록들은 기업에서 발생하는 거래에 기초하고 있다. 회계상 거래는 거래의 이중성이 있으므로 계정의 차변과 대변에 미치는 효과는 같다. 따라서 각 거래의 기록을 집계한 총계정원장의 모든 계정의 합계도 차변 합계와 대변 합계가 일치해야 한다. 시산표는 이처럼 기업이 거래를 제대로 전기했다면 차변과 대변의 잔액, 합계는 일치해야만 한다는 대차평균의 원리를 확인하는 표라고 할 수 있다. 즉, 오류를 자기점검하기 위한 목적으로 작성하는 장부라고 할 수 있다.

만약 시산표를 작성하는 과정에서 차변과 대변의 합계가 불일치한 것을 확인하면 결산분개를 수행하기 전에 분개를 수정하여 추후 발생할 수 있는 오류를 줄일 수 있다.

**≫ 시산표**

> 일정시점의 각 계정과목별로 총액이나 잔액을 모아 놓은 표

이러한 시산표에는 다음과 같은 종류가 있다.

| | |
|---|---|
| **합계시산표** | 계정과목의 차변합계와 대변합계를 모아 비교하는 표 |
| **잔액시산표** | 계정과목의 차변잔액, 대변잔액을 모아 비교하는 표 |
| **합계잔액시산표** | 합계시산표와 잔액시산표를 하나로 만든 표 |

## [2] 시산표에서 발견되는 오류

시산표를 작성함으로써 발견할 수 있는 오류는 다음과 같다.

① 분개의 차변(대변) 기입사항을 대변(차변)으로 전기한 부분
② 계정원장의 잔액에 대한 계산상 오류
③ 계정원장 잔액을 시산표에 옮겨 적을 때의 오류
④ 시산표 합계 계산상의 오류

그러나 시산표에서는 다음과 같은 오류는 발견할 수 없다.

① 어느 한 거래를 누락시키거나, 한 개의 거래를 이중으로 분개한 경우
② 금액은 정확한데 계정과목명이 잘못된 경우
③ 분개장에서 전기할 때 차변과 대변을 서로 반대로 전기한 경우
④ 오류가 대변과 차변에서 우연히 서로 상쇄된 경우

1장 주관식 문제의 7번을 토대로 합계잔액시산표를 작성해 보면 아래와 같다.

### ≫ 합계잔액시산표

| 차변 | | 계정과목 | 대변 | |
|---|---|---|---|---|
| 잔액 | 합계 | | 합계 | 잔액 |
| 270,000 | 700,000 | 현금 | 430,000 | |
| | | 자본금 | 500,000 | 500,000 |
| 50,000 | 50,000 | 비품 | | |
| | 50,000 | 미지급금(비품) | 50,000 | |
| 200,000 | 200,000 | 건물 | | |
| | 200,000 | 미지급금(건물) | 200,000 | |
| | | 차입금 | 100,000 | 100,000 |
| 150,000 | 150,000 | 매출채권 | | |
| | | 임대보증금 | 100,000 | 100,000 |
| 50,000 | 50,000 | 대여금 | | |
| 50,000 | 50,000 | 급여 | | |
| 30,000 | 30,000 | 광고선전비 | | |
| | | 매출 | 150,000 | 150,000 |
| 50,000 | 50,000 | 수도광열비 | | |
| ₩850,000 | ₩1,530,000 | 합계 | ₩1,530,000 | ₩850,000 |

시산표의 합계는 차변, 대변 모두 ₩1,530,000으로 같고, 잔액도 ₩850,000으로 일치하므로 전기 과정에서 오류가 없음을 확인할 수 있다.

한편, 시산표는 재무제표가 아니므로 필수로 작성해야 하는 회계장부는 아니다. 시산표는 회계담당자들이 분개나 전기 과정에서 오류가 없었는지 확인하기 위해 작성하는 양식이며, 시산표는 자산, 부채, 자본, 수익, 비용이 모두 표기가 되기 때문에 내역을 한눈에 파악하기 용이하다.

또한 기업들은 회계프로그램을 이용하여 회계처리를 하기 때문에 시산표는 회계프로그램으로 자동으로 작성되므로 실무적으로는 시산표를 다양한 목적으로 활용한다.

## 2. 기말수정분개(결산수정분개)

수정전시산표 작성을 통해 오류가 없음을 확인하였다면 기말수정분개를 수행하게 된다. 기말수정분개란 기말시점에 계정잔액이 실제 기업의 재산상태와 일치하도록 수정하는 분개를 말하며 결산분개라고도 한다.

기업은 기중 회계처리를 충실하게 수행하지만 총계정원장의 계정잔액과 실제계정잔액이 일치하지 않는 항목들이 있다. 기업의 재무상태에 영향을 미치는 항목들 중에는 특정시점과 관계없이 시간이 경과함에 따라 영향을 받는 항목들 및 추정을 통해 회계처리하는 항목들도 있기에 기업은 결산시점에 정확한 재산상태를 확인하고 이를 바로잡는 회계처리를 수행하게 된다.

**》 기말수정분개**

> 수정전시산표상의 계정잔액과 실제 계정잔액이 일치하도록 수정하는 분개

## [1] 기말수정분개의 유형

기말수정분개의 유형은 이연항목, 발생항목, 추정항목 등으로 구분할 수 있다.

### (1) 이연항목

이연항목은 수익과 비용의 인식시점을 뒤로 늦추는 것이다. 이는 당기 중 회계처리를 통해 당기의 수익과 비용으로 모두 인식하였으나 당기의 수익과 당기의 비용이 아닌 부분은 그 인식시점을 뒤로 미루어 실제 당기의 재무상태 및 경영성과를 정확하게 나타내려는 의도이다.

만약 이를 제대로 반영하지 않는다면 차기에 인식되어야 할 수익, 비용 등이 당기에 조기 인식됨으로써 기업의 정확한 재무성과를 제대로 파악할 수가 없다.

이연항목은 다시 수익의 이연과 비용의 이연 두 항목으로 구분된다.

① 선수수익(부채)

선수수익이란 당기에 현금을 수령하여 전액 수익으로 인식하였지만 당기의 수익이 아닌 금액은 당기의 수익에서 감소시키고 이와 동시에 선수수익(부채)으로 기록하는 것이다.

즉, 당기 현금 수령액 중 차기에 인식되어야 할 수익은 이를 미리 수령한 것에 불과하기 때문에 선수수익이라는 부채계정을 설정하여 그 잔액을 차기로 이월시키는 것이다.

**>> 선수수익의 기말수정분개**

| | | | | |
|---|---|---|---|---|
| (차) 수익계정 | ××× | (대) 선수수익 | ××× | |
| (수익의 감소) | | (부채의·증가) | | |

✎ **예제 2-1 선수수익**

㈜한국은 20×1년 8월 1일 보유하고 있던 사무실을 임대하고 1년분의 임대료 ₩240,000을 현금으로 수령하였다.

**물음**

1. 임대료 수령시점의 회계처리를 하시오.
2. 20×1년 12월 31일 기말수정분개를 하시오.
3. 임대기간이 종료하는 시점의 회계처리를 하시오.

**해답**

1. 임대료 수령 시점

   20×1년 8월 1일　　　(차) 현금　　　　　240,000　(대) 임대료수익　　　　240,000

2. 기말수정분개

   20×1년 12월 31일　　(차) 임대료수익　　140,000　(대) 선수수익　　　　140,000

   기업의 결산 시점인 12월 31일에서 본다면 임대기간은 5개월밖에 지나지 않았기 때문에 1년분 임대료 중 7개월분의 임대료를 미리 받은 것이 된다. 이와 같은 수정분개를 통하여 포괄손익계산서의 20×1년 임대료수익이 ₩240,000 − ₩140,000 = ₩100,000으로 반영된다.

3. 임대기간 종료시점의 회계처리

   20×2년 7월 31일　　(차) 선수수익　　　140,000　(대) 임대료수익　　　140,000

### 예제 2-2 임대료 수령 시 선수수익으로 계상한 경우

㈜한국이 20×1년 8월 1일 보유하고 있던 사무실을 임대하고 1년분의 임대료 ₩240,000을 현금으로 수령하였다. ㈜한국은 임대료를 수령하는 시점에 선수수익으로 회계처리하였다.

#### 물음

1. 임대료 수령 시점의 회계처리를 하시오.
2. 20×1년 12월 31일 기말수정분개를 하시오.
3. 임대기간이 종료하는 시점의 회계처리를 하시오.

#### 해답

1. 임대료 수령 시점

| | | | | |
|---|---|---|---|---|
| 20×1년 8월 1일 | (차) 현금 | 240,000 | (대) 선수수익 | 240,000 |

2. 기말수정분개

| | | | | |
|---|---|---|---|---|
| 20×1년 12월 31일 | (차) 선수수익 | 100,000 | (대) 임대료수익 | 100,000 |

기업의 결산 시점인 12월 31일에서 본다면 임대기간 중 5개월이 경과하였다. 기업은 임대료수령시점에 수익을 인식하지 않았으므로 기간이 경과한 5개월 분의 임대료는 수익으로 인식한다. 이와 같은 수정 분개를 통하여 포괄손익계산서의 20×1년 임대료수익 ₩100,000이 반영된다.

3. 임대기간 종료 시점

| | | | | |
|---|---|---|---|---|
| 20×2년 7월 31일 | (차) 선수수익 | 140,000 | (대) 임대료수익 | 140,000 |

② 선급비용(자산)

선급비용이란 당기에 현금을 지급하여 전액 비용으로 인식하였지만 당기의 비용에 해당하지 않는 금액은 당기 비용에서 차감하고 이와 동시에 선급비용(자산)으로 인식하는 것이다. 즉, 당기 현금 지급액 중 차기에 인식되어야 할 비용은 이를 미리 선급한 것이기 때문에 선급비용이라는 자산계정을 설정하여 그 잔액을 차기로 이월시킨다.

≫ 선급비용의 기말수정분개

| | | | |
|---|---|---|---|
| (차) 선급비용 | ×××  | (대) 비용계정 | ×××  |
| (자산의 증가) | | (비용의 감소) | |

**예제 2-3 선급비용**

㈜한국은 20×1년 10월 1일자로 보험계약을 맺고 1년분의 보험료 ₩240,000을 현금으로 지급하였다.

**물음**

1. 보험료 지급 시점의 회계처리를 하시오.
2. 20×1년 12월 31일 기말수정분개를 하시오.
3. 보험기간이 종료하는 시점의 회계처리를 하시오.

**해답**

1. 보험료 지급 시점

| 20×1년 10월 1일 | (차) 보험료 | 240,000 | (대) 현금 | 240,000 |
|---|---|---|---|---|

2. 기말수정분개

| 20×1년 12월 31일 | (차) 선급보험료 | 180,000 | (대) 보험료 | 180,000 |
|---|---|---|---|---|

기업의 결산 시점인 12월 31일에서 본다면 보험기간은 3개월 밖에 경과하지 않았는데 1년분의 보험료가 반영되는 결과가 도래한다. 즉, 9개월의 보험료는 다음 회계연도의 비용이 선반영되어 있는 것이다. 이와 같이 수정분개를 통하여 포괄손익계산서의 20×1년 보험료가 ₩240,000 − ₩180,000 = ₩60,000으로 반영된다.

3. 보험기간 종료 시점의 회계처리

| 20×2년 9월 30일 | (차) 보험료 | 180,000 | (대) 선급보험료 | 180,000 |
|---|---|---|---|---|

**예제 2-4 보험료 지급 시 선급비용으로 회계처리한 경우**

㈜한국은 20×1년 10월 1일자로 보험계약을 맺고 1년분의 보험료 ₩240,000을 현금으로 지급하였다. ㈜한국은 보험료를 지급할 때 선급비용으로 회계처리하였다.

**물음**

1. 보험료 지급 시점의 회계처리를 하시오.
2. 20×1년 12월 31일 기말수정분개를 하시오.
3. 보험기간이 종료하는 시점의 회계처리를 하시오.

**해답**

1. 보험료 지급 시점

| 20×1년 10월 1일 | (차) 선급보험료 | 240,000 | (대) 현금 | 240,000 |
|---|---|---|---|---|

2. 기말수정분개

| 20×1년 12월 31일 | (차) 보험료 | 60,000 | (대) 선급보험료 | 60,000 |
|---|---|---|---|---|

기업의 결산 시점인 12월 31일에서 본다면 보험기간은 3개월이 경과되었다. 3개월 동안 발생한 보험료를 결산시점에 반영함으로써 포괄손익계산서에 20×1년도의 보험료가 ₩60,000으로 반영된다.

3. 보험기간 종료 시점의 회계처리

　　20×2년 9월 30일　　　(차) 보험료　　　　　　180,000　(대) 선급보험료　　　　　180,000

## (2) 발생항목

발생항목은 당기에 발생한 수익과 비용은 맞으나 현금의 이동이 수반되지 않아 회계상 거래로 기록되지 않은 항목을 의미한다. 이러한 발생항목은 당기의 수익과 비용에 해당하기 때문에 기말 수정분개를 통하여 당기의 발생분만큼 장부에 반영하여야 정확한 수익·비용의 인식이 가능하다. 발생항목은 다시 수익의 발생과 비용의 발생 두 부분으로 나눌 수 있다.

① 미수수익(자산)

미수수익이란 당기에 용역을 제공하고 수익은 발생하였으나 아직 그 대가를 수령하지 못해서 수익계정에 기록하지 않은 금액을 말한다. 당기에 발생한 수익은 수익의 발생으로 계상하고 이와 동시에 미수수익이라는 자산계정을 기록한다.

### ≫ 미수수익의 기말수정분개

(차) 미수수익　　　　　　×××　(대) 수익계정　　　　　　×××
　　(자산의 증가)　　　　　　　　　　(수익의 발생)

### ◆ 예제 2-5 미수수익

㈜한국은 20×1년 10월 1일 ₩2,000,000을 ㈜민국에 대여하였는데 이자율은 연 10%이고, 이자 및 원금은 20×2년 9월 30일에 수령하기로 하였다.

**물음**

1. 현금 대여 시점의 회계처리를 하시오.
2. 20×1년 12월 31일 기말수정분개를 하시오.

**해답**

1. 현금 대여 시점

　　20×1년 10월 1일　　　(차) 대여금　　　2,000,000　(대) 현금　　　　　2,000,000

2. 기말수정분개

　　20×1년 12월 31일　　　(차) 미수수익　　　50,000　(대) 이자수익　　　　　50,000

※ 20×1년 이자수익 = ₩2,000,000 × 10% × 3/12 = ₩50,000

기업의 결산 시점인 12월 31일에서 본다면 대여해 준 기간이 3개월 경과하였으므로 3개월에 해당하는 이자수익은 발생하였지만 현금은 20×2년도에 수령하기로 약정했기 때문에 20×1년 에는 아무런 수익이 계상되지 않게 된다. 이와 같은 수정분개를 통하여 포괄손익계산서의 20×1년 이자수익이 ₩50,000으로 반영된다.

② 미지급비용(부채)

미지급비용은 기중에 용역을 제공받고도 현금을 지급하지 않아 비용으로 장부에 기록하지 않은 금액을 말한다. 해당 금액은 당기에 발생한 비용이기 때문에 비용계정에 기록하여야 하고 이와 동시에 미지급비용이라는 부채계정을 인식하여야 한다.

>> 미지급비용의 기말수정분개

| (차) 비용계정 | ××× | (대) 미지급비용 | ××× |
|---|---|---|---|
| (비용의 발생) | | (부채의 증가) | |

#### 예제 2-6 미지급비용

㈜한국은 20×1년 4월 1일자로 은행으로부터 ₩1,000,000을 차입하였는데 이자율은 연 10%이며, 이자 및 원금은 20×2년 3월 31일에 지급하기로 하였다.

**물음**

1. 현금차입시점의 회계처리를 하시오.
2. 20×1년 12월 31일 기말수정분개를 하시오.

**해답**

1. 현금 차입 시점

    20×1년 4월 1일 (차) 현금 1,000,000 (대) 차입금 1,000,000

2. 기말결산분개

    20×1년 12월 31일 (차) 이자비용 75,000 (대) 미지급비용 75,000

    ※ 20×1년 이자비용 = ₩1,000,000 × 10% × 9/12 = ₩75,000

기업의 결산 시점인 12월 31일에서 본다면 1년의 차입기간 중에서 9개월이 경과되었기 때문에 9개월에 해당하는 이자비용은 발생하였지만 대금의 지급은 20×2년에 하기로 약정했기 때문에 20×1년에는 아무런 비용도 계상되지 않게 된다. 이와 같은 수정분개를 통하여 포괄손익계산서의 20×1년 이자비용이 ₩75,000 반영된다.

## (3) 추정항목

추정항목은 회계기간 동안의 비용금액을 정확하게 알 수 없어 발생은 되었지만 아직까지 장부에 반영되지 못한 금액을 기말 결산 시점에 일정한 가정에 근거하여 반영해 주는 항목을 의미한다. 가장 대표적인 추정항목은 감가상각비다.

감가상각은 유형자산 등 영업활동에 사용할 목적으로 취득한 자산을 내용연수 동안 사용하면서 수익을 발생시켰으나 얼마만큼의 비용이 이에 대응되는지 파악하기 어려울 때 일정한 가정에 근거하여 비용 처리하는 것으로 유형자산을 보유하는 기간 동안 이를 사용함에 따른 가치감소분을 매년 비용으로 기록하는 것을 감가상각이라고 하며 그 비용을 감가상각비라고 한다.

감가상각은 매일 발생하지만 이를 매번 계산하여 장부에 반영한다는 것은 굉장히 어려운 일이다. 이에 따라, 기업은 기말에 해당 회계기간의 전체 감가상각비를 일시에 비용으로 계상하여 포괄손익계산서에 반영하게 된다.

이러한 감가상각은 이를 표시하는 방법에 따라 직접법과 간접법으로 구분한다.

### ① 직접법

직접법은 발생한 감가상각비를 직접 유형자산에서 감소시키는 방법이다. 감가상각이 유형자산의 가치감소분을 의미하므로 감가상각비 발생액만큼 관련 유형자산을 직접 감액하는 것이다.

**》 감가상각비 기록방법(직접법)**

| (차) 감가상각비 (비용의 발생) | × × × | (대) 유형자산 (자산의 감소) | × × × |
|---|---|---|---|

예를 들어, 기계장치의 취득가액이 ₩3,000,000이며, 20×1년 첫해의 감가상각비가 ₩1,000,000이라고 한다면 기말 결산 시점에 다음과 같이 결산수정분개를 행할 것이다.

| 20×1년 12월 31일 (차) 감가상각비 | 1,000,000 | (대) 기계장치 | 1,000,000 |
|---|---|---|---|

그리고 이와 같은 분개의 결과 기말 재무상태표에는 아래와 같이 표시가 될 것이다.

### 부분재무상태표

20×1.12.31 (단위 : 원)

| 기계장치 | ₩2,000,000 | |
|---|---|---|

직접법으로 회계처리를 한다면 감가상각비가 유형자산의 가치감소분임을 분개를 통해 파악할 수 있지만 재무상태표만을 가지고는 해당 유형자산의 취득원가가 얼마인지, 감가상각은 얼마나 되었는지를 파악할 수 없다는 단점이 있다.

즉, 감가상각비를 해당 유형자산에서 직접 차감하게 되면 재무상태표 작성 시점의 유형자산 장부금액은 알 수 있으나 취득원가와 감가상각누계액을 파악할 수 없다.

### ② 간접법

간접법은 감가상각비를 해당 유형자산에서 직접 차감하지 않고 감가상각누계액이라는 별도의 계정을 설정하여 감가상각비의 누적액을 따로 집계되도록 하는 방법이다. 이 방법은 감가상각을 수행하게 되면 차변에는 감가상각비를 기록하지만 대변에는 감가상각누계액이라는 자산의 차감적 평가계정을 설정하여 인식하게 된다.

**≫ 감가상각비 기록방법(간접법)**

| (차) 감가상각비 | ××× | (대) 감가상각누계액 | ××× |
|---|---|---|---|
| (비용의 발생) | | (자산의 감소) | |

예를 들어, 기계장치의 취득가액이 ₩3,000,000이며, 20×1년 첫해의 감가상각비가 ₩1,000,000이라고 한다면 기말 결산 시점에 다음과 같이 결산수정분개를 행할 것이다.

| 20×1년 12월 31일 (차) 감가상각비 1,000,000 (대) 감가상각누계액 1,000,000 |
|---|

그리고 이와 같은 분개의 결과 기말 재무상태표에는 아래와 같이 표시가 될 것이다.

**부분재무상태표**

20×1.12.31 (단위 : 원)

| 기계장치 | ₩3,000,000 | |
|---|---|---|
| 감가상각누계액 | (1,000,000) | |

감가상각누계액은 재무상태표에 표시될 때 자산의 차감적 계정으로 표시한다. 즉, 해당 유형자산의 취득원가에서 차감하는 형식으로 표시함으로써 유형자산의 취득원가는 그대로 기록해 둔다. 간접법으로 회계처리하게 되면 해당 정보를 이용하는 정보이용자는 취득원가와 그동안 감가상각하여 누적된 금액을 모두 확인할 수 있으므로 더 많은 정보를 얻을 수 있다.

**≫ 수정분개의 유형**

| 수정분개의 유형 | 내용 |
|---|---|
| 선수수익 | 금액을 수령하였지만 당기의 수익이 아닌 것 |
| 선급비용 | 금액을 지급하였지만 당기의 비용이 아닌 것 |
| 미수수익 | 금액을 수령하지 않았지만 당기의 수익인 것 |
| 미지급비용 | 금액을 지급하지 않았지만 당기의 비용인 것 |
| 감가상각 | 올해의 수익에 해당하는 비용을 일정한 방법에 근거하여 배분해주는 것 |

## (4) 소모품

소모품은 기업의 회계처리에 따라 다음과 같은 2가지의 형태로 나뉜다.

㈜한국은 1월 20일 ₩500,000의 소모품을 구입하여 이를 소모품(자산)으로 계상하였고 12월 31일 현재 남아 있는 소모품이 ₩100,000인 경우와, 1월 20일 소모품 구입액을 전액 소모품비로 비용처리하는 경우가 있다.

### ≫ 소모품을 자산으로 계상하는 경우

| (차) 소모품 | ××× | (대) 현금 | ××× |
|---|---|---|---|
| (자산의 증가) | | (자산의 감소) | |

| 20×1년 1월 20일 | (차) 소모품 | 500,000 | (대) 현금 | 500,000 |
|---|---|---|---|---|

소모품은 회계기간 동안 ₩400,000을 사용하였으므로 기말수정분개를 통해 사용한 자산은 비용으로 회계처리해야 한다.

| 20×1년 12월 31일 | (차) 소모품비 | 400,000 | (대) 소모품 | 400,000 |
|---|---|---|---|---|

### ≫ 소모품을 비용으로 계상하는 경우

| (차) 소모품비 | ××× | (대) 현금 | ××× |
|---|---|---|---|
| (비용의 발생) | | (자산의 감소) | |

| 20×1년 1월 20일 | (차) 소모품비 | 500,000 | (대) 현금 | 500,000 |
|---|---|---|---|---|

기업이 소모품을 구입할 때 모두 당기의 비용으로 계상하였다면 아직 사용하지 않은 ₩100,000만큼을 미리 비용으로 인식한 결과가 된다. 이에 12월 31일 아직 사용하지 않은 소모품에 해당하는 비용을 감소시키고 소모품이라는 자산을 인식하는 회계처리가 필요하다.

| 20×1년 12월 31일 | (차) 소모품 | 100,000 | (대) 소모품비 | 100,000 |
|---|---|---|---|---|

결국 회사의 회계처리와 관계없이 기말수정분개 후 재무상태표에는 소모품(자산) ₩100,000과 손익계산서의 소모품비(비용)은 ₩400,000이 인식된다.

## 3. 결산종합사례

### 예제 2-7 결산종합사례

다음은 청소용역을 수행하는 ㈜한국의 20×1년도 1년간 발생한 거래이다.

(1) 20×1년 1월 1일 현금 ₩400,000, 기계장치 ₩200,000을 출자해서 영업을 시작하였다.

(2) 3월 1일 사무실 임대차계약을 체결하고 1년분의 임차료 ₩300,000을 지급하였다.

(3) 3월 10일 청소용역을 제공하고 용역수수료 ₩200,000을 현금으로 수령하였다.

(4) 3월 25일 청소용역을 제공하고 용역수수료 ₩50,000은 10일 후 수령하기로 하였다.

(5) 4월 2일 청소용역수수료 ₩50,000을 현금으로 수령하였다.

(6) 4월 25일 직원들에게 급여 ₩100,000을 현금으로 지급하였다.

(7) 7월 1일 한국은행에서 ₩200,000을 차입하였다. 동 차입금에 대한 이자율은 10%이고 이자는 다음 연도 6월 30일에 지급하기로 약정하였다.

(8) 10월 1일 민국은행에 ₩100,000을 예금하였다. 동 예금에 대한 이자율은 8%이고 예금에 대한 이자는 다음 연도 9월 30일에 수령하기로 약정하였다.

(9) 12월 20일 청소용역을 제공하고 용역수수료 ₩300,000은 한달 후 수령하기로 하였다.

### 물음

1. 거래를 분개하시오.
2. 총계정원장에 전기하시오.

### 해답

1. 분개

| | | | | | |
|---|---|---|---|---|---|
| 1월 1일 | (차) 현금 | 400,000 | (대) 자본금 | 600,000 |
| | 기계장치 | 200,000 | | |
| 3월 1일 | (차) 임차료 | 300,000 | (대) 현금 | 300,000 |
| 3월 10일 | (차) 현금 | 200,000 | (대) 매출 | 200,000 |
| 3월 25일 | (차) 매출채권 | 50,000 | (대) 매출 | 50,000 |
| 4월 2일 | (차) 현금 | 50,000 | (대) 매출채권 | 50,000 |
| 4월 25일 | (차) 급여 | 100,000 | (대) 현금 | 100,000 |
| 7월 1일 | (차) 현금 | 200,000 | (대) 차입금 | 200,000 |
| 10월 1일 | (차) 예금 | 100,000 | (대) 현금 | 100,000 |
| 12월 20일 | (차) 매출채권 | 300,000 | (대) 매출 | 300,000 |

## 2. 전기

| 차변(증가) | 현금 | | 대변(감소) | |
|---|---|---|---|---|
| 1/1 자본금 | ₩400,000 | 3/1 | 임차료 | ₩300,000 |
| 3/10 매출 | 200,000 | 4/25 | 급여 | 100,000 |
| 4/1 매출채권 | 50,000 | 10/1 | 예금 | 100,000 |
| 7/1 차입금 | 200,000 | | | |

| 차변(감소) | 자본금 | 대변(증가) | |
|---|---|---|---|
| | 1/1 | 현금 | ₩400,000 |
| | | 기계장치 | 200,000 |

| 차변(증가) | 기계장치 | 대변(감소) |
|---|---|---|
| 1/1 자본금 | ₩200,000 | |

| 차변(증가) | 매출채권 | | 대변(감소) | |
|---|---|---|---|---|
| 3/25 매출 | ₩50,000 | 4/2 | 현금 | ₩50,000 |
| 12/20 매출 | 300,000 | | | |

| 차변(증가) | 예금 | 대변(감소) |
|---|---|---|
| 10/1 현금 | ₩100,000 | |

| 차변(감소) | 차입금 | 대변(증가) | |
|---|---|---|---|
| | 7/1 | 현금 | ₩200,000 |

| 차변(발생) | 임차료 | 대변(감소) |
|---|---|---|
| 3/1 현금 | ₩300,000 | |

| 차변(감소) | 매출 | 대변(발생) | |
|---|---|---|---|
| | 3/10 | 현금 | ₩200,000 |
| | 3/25 | 매출채권 | 50,000 |
| | 12/20 | 매출채권 | 300,000 |

| 차변(발생) | 급여 | 대변(감소) |
|---|---|---|
| 4/25 현금 | ₩100,000 | |

**✎ 예제 2-8 결산종합사례**

[예제 2-기]의 사례를 이용하시오(단, 기계장치는 5년 동안 사용하고 잔존가치는 없으며 정액법으로 감가상각한다).

**물음**

1. 종합예제의 내용을 기초로 기말수정분개를 하시오.
2. 기말수정분개를 전기하시오.

**해답**

1. 분개

   1) 이연항목(선급비용)

   | 12월 31일 | (차) 선급비용 | 50,000 | (대) 임차료 | 50,000 |
   |---|---|---|---|---|

   → 임차료 선급액 = ₩300,000 × 2개월/12개월 = ₩50,000

   2) 미지급비용(이자비용)

   | 12월 31일 | (차) 이자비용 | 10,000 | (대) 미지급비용 | 10,000 |
   |---|---|---|---|---|

   → 미지급비용 = ₩200,000 × 10% × 6개월/12개월 = ₩10,000

   3) 미수수익(이자수익)

   | 12월 31일 | (차) 미수수익 | 2,000 | (대) 이자수익 | 2,000 |
   |---|---|---|---|---|

   → 미수수익 = ₩100,000 × 8% × 3개월/12개월 = ₩2,000

   4) 감가상각비

   | 12월 31일 | (차) 감가상각비 | 40,000 | (대) 감가상각누계액 | 40,000 |
   |---|---|---|---|---|

   → 감가상각비 = (₩200,000 − ₩0) × 1/5 = ₩40,000

2. 전기

| 차변(증가) 선급비용 대변(감소) | 차변(감소) 미지급비용 대변(증가) |
|---|---|
| 12/31 임차료 ₩50,000 | 12/31 이자비용 ₩10,000 |

| 차변(증가) 미수수익 대변(감소) | 차변(발생) 이자비용 대변(감소) |
|---|---|
| 12/31 이자수익 ₩2,000 | 12/31 미지급비용 ₩10,000 |

| 차변(감소) 이자수익 대변(발생) | 차변(발생) 감가상각비 대변(감소) |
|---|---|
| 12/31 미수수익 ₩2,000 | 12/31 감가상각누계액 ₩40,000 |

| 차변(감소) 감가상각누계액 대변(증가) | 차변(발생) 임차료 대변(감소) |
|---|---|
| 12/31 감가상각비 ₩40,000 | 3/1 현금 ₩300,000 / 12/31 선급비용 ₩50,000 |

## 4. 장부의 마감

기말수정분개 이후 기업은 수정후시산표를 작성하여 전기 과정 중의 오류가 없는지를 다시 한번 확인한다. 수정후시산표의 오류가 없다면 회계장부를 마감하여 당기와 차기의 회계기간을 구분짓는다. 마감을 위한 계정에는 영구계정과 임시계정으로 구분한다.

### [1] 임시계정

임시계정은 한 회계기간 동안에만 일시적으로 존재하는 계정이다. 한 회계기간에만 일시적으로 존재한다는 의미는 기말에 해당 계정의 잔액을 "0"으로 만드는 것을 의미하며 이렇게 잔액을 "0"으로 만드는 것이 임시계정 마감의 핵심이다.

임시계정은 해당 회계기간 동안에만 발생한 것을 집계하여야 하며, 장부마감을 통해 회계기간을 구분짓게 된다. 손익계산서는 한 회계기간 동안의 재무성과를 보여주는 재무제표이므로 회계기간의 구분이 중요한 만큼 손익계산서 계정은 임시계정이다.

**》 손익계산서 계정의 마감(임시계정)**

① 1단계 : 집합손익계정의 설정
　집합손익계정은 수익계정과 비용계정을 마감하여 잔액을 "0"으로 만들기 위해서 설정하는 임시계정이다.

② 2단계 : 수익계정의 마감
　수익계정의 잔액을 "0"으로 만들기 위해서 대변에 남아 있는 잔액을 차변으로 모두 옮기고 집합손익계정의 대변에 동일금액을 기록해서 수익계정의 잔액을 집합손익계정으로 대체한다.

| (차)　수익계정(잔액) | ××× | (대)　집합손익 | ××× |
|---|---|---|---|

　수익계정을 마감분개하면 수익계정의 잔액은 "0"이 되면서 집합손익계정의 대변에 금액이 집계된다.

③ 3단계 : 비용계정의 마감
　비용계정의 잔액을 "0"으로 만들기 위해서 차변에 남아 있는 잔액을 대변으로 모두 옮기고 집합손익계정의 차변에 동일금액을 기록해서 비용계정의 잔액을 집합손익계정으로 대체한다.

| (차)　집합손익 | ××× | (대)　비용계정(잔액) | ××× |
|---|---|---|---|

　비용계정을 마감분개하면 비용계정의 잔액은 "0"이 되면서 집합손익계정의 차변에 금액이 집계된다.

④ 4단계 : 집합손익계정의 마감
　집합손익계정(income summary account)은 모든 수익계정과 비용계정의 잔액을 한곳에 집계시키기 위해 회계연도 말의 결산시점에만 나타나는 임시계정으로 수익계정잔액과 비용계정잔액을 이 계정에 모은 후에는 이익잉여금 계정으로 대체되어 마감된다.

집합손익계정 또한 임시계정이기 때문에 잔액을 "0"으로 만들어야 한다.

집합손익에는 당기의 수익과 비용계정이 모두 모아져 있는데 수익 잔액이 비용 잔액보다 많다면 대변에 잔액이 남아 있을 것이고 비용 잔액이 수익 잔액보다 많다면 차변에 잔액이 남아 있을 것이다.

집합손익계정이 대변에 잔액이 남아 있다면 이는 당기에 순이익을 얻었다는 것이며, 차변 잔액이라면 당기순손실이 발생했다는 의미이다. 앞서 당기 경영활동의 결과는 자본 중 이익잉여금에 반영된다는 점을 학습하였는데 이에 따라 집합손익계정을 마감하기 위해서 상대방 계정에 이익잉여금을 기록하게 된다.

㉠ 수익잔액(대변) 비용잔액(차변) : 당기순이익

| (차) 집합손익 | ××× | (대) 이익잉여금 | ××× |
|---|---|---|---|

㉡ 수익잔액(대변) 비용잔액(차변) : 당기순손실

| (차) 이익잉여금 | ××× | (대) 집합손익 | ××× |
|---|---|---|---|

이러한 마감분개를 통해 집합손익계정의 잔액이 "0"으로 되면서 당기의 수익, 비용이 재무상태표의 자본에 반영되게 된다.

## [2] 영구계정(이월계정)

영구계정은 임시계정과는 달리 한 회계기간에만 영향을 미치지 않는다. 즉, 영구계정은 기업이 존재하는 한 영구히 관리되는 계정이며 계속해서 잔액을 관리하게 된다. 그러므로 재무상태표계정은 마감을 위하여 임시계정처럼 마감분개를 필요로 하지 않으며 차기이월과 전기이월로 집계된다.

재무상태표 계정은 영구계정으로 기업의 자산, 부채, 자본은 한 회계기간 동안에만 영향을 미치는 것이 아니라 다음 연도에도 권리, 의무가 그대로 존속하기 때문에 차기에도 계속 잔액을 이월시켜 나가게 된다.

재무상태표 계정을 마감하게 되면 비록 같은 장부를 계속하여 사용하지만 회계연도의 구분은 명확하게 표시가 되며, 다음 기의 기초잔액이 얼마인지 한눈에 파악할 수 있다는 장점이 있다. 즉, 영구계정의 마감이란 이렇게 잔액을 다음 회계기간으로 이월시켜 나가는 것을 의미한다.

## 》 재무상태표 계정의 마감(영구계정)

### ① 자산계정의 마감

자산계정은 계정의 차변에 잔액이 남게 된다. 이 계정을 마감하기 위해선 차변과 대변의 금액을 일치시켜야 하는데 이를 일치시키기 위해 대변에 잔액만큼 기록하여 차변과 대변의 금액을 일치시켜 마감을 한다.

그리고 차기에는 원래 잔액이 남아 있던 차변에 동일한 금액을 기재하고 전기이월로 기재하여 기초부터 가지고 있던 자산금액이라는 것을 표시한다.

자산계정

| 증가 | ××× | 감소 | ××× |
|---|---|---|---|
|  |  | 12/31 차기이월 | ××× |
| 합계 | ××× | 합계 | ××× |
| 1/1 전기이월 | ××× |  |  |

### ② 부채 및 자본계정의 마감

부채 및 자본계정은 계정의 대변에 잔액이 남게 된다. 이 계정을 마감하기 위해선 차변과 대변의 금액을 일치시켜야 하는데 이를 일치시키기 위해 차변에 잔액만큼 기입해서 차변과 대변의 금액을 일치시켜 마감을 한다.

그리고 차기에는 원래 잔액이 남아 있던 대변에 동일한 금액을 기재하고 전기이월로 기재하여 기초부터 가지고 있던 부채 및 자본금액이라는 것을 표시한다.

부채 및 자본계정

| 감소 | ××× | 증가 | ××× |
|---|---|---|---|
| 12/31 차기이월 | ××× |  |  |
| 합계 | ××× | 합계 | ××× |
|  |  | 1/1 전기이월 | ××× |

**예제 2-9 장부의 마감**

[예제 2-8]의 자료를 이용하여 계정을 마감하시오.

**해답**

| 차변(증가) | 현금 | | 대변(감소) | | |
|---|---|---|---|---|---|
| 1/1 자본금 | ₩400,000 | 3/1 임차료 | ₩300,000 | | |
| 3/10 매출 | 200,000 | 4/25 급여 | 100,000 | | |
| 4/1 매출채권 | 50,000 | 10/1 예금 | 100,000 | | |
| 7/1 차입금 | 200,000 | 12/31 차기이월 | 350,000 | | |
| 합계 | ₩850,000 | 합계 | ₩850,000 | | |

| 차변(감소) | 자본금 | | 대변(증가) | | |
|---|---|---|---|---|---|
| 12/31 차기이월 | ₩600,000 | 1/1 현금 | ₩400,000 | | |
| | | 기계장치 | 200,000 | | |
| 합계 | ₩600,000 | 합계 | ₩600,000 | | |

| 차변(증가) | 기계장치 | | 대변(감소) |
|---|---|---|---|
| 1/1 자본금 | ₩200,000 | 12/31 차기이월 | ₩200,000 |
| 합계 | ₩200,000 | 합계 | ₩200,000 |

| 차변(증가) | 매출채권 | | 대변(감소) |
|---|---|---|---|
| 3/25 매출 | ₩50,000 | 4/2 현금 | ₩50,000 |
| 12/20 매출 | 300,000 | 12/31 차기이월 | 300,000 |
| 합계 | ₩350,000 | 합계 | ₩350,000 |

| 차변(증가) | 예금 | | 대변(감소) |
|---|---|---|---|
| 10/1 현금 | ₩100,000 | 12/31 차기이월 | ₩100,000 |
| 합계 | ₩100,000 | 합계 | ₩100,000 |

| 차변(감소) | 차입금 | | 대변(증가) |
|---|---|---|---|
| 12/31 차기이월 | ₩200,000 | 7/1 현금 | ₩200,000 |
| 합계 | ₩200,000 | 합계 | ₩200,000 |

| 차변(증가) | 선급비용 | | 대변(감소) |
|---|---|---|---|
| 12/31 임차료 | ₩50,000 | 12/31 차기이월 | ₩50,000 |
| 합계 | ₩50,000 | 합계 | ₩50,000 |

| 차변(감소) | 미지급비용 | | 대변(증가) |
|---|---|---|---|
| 12/31 차기이월 | ₩10,000 | 12/31 이자비용 | ₩10,000 |
| 합계 | ₩10,000 | 합계 | ₩10,000 |

| 차변(증가) | 미수수익 | | 대변(감소) |
|---|---|---|---|
| 12/31 이자수익 | ₩2,000 | 12/31 차기이월 | ₩2,000 |
| 합계 | ₩2,000 | 합계 | ₩2,000 |

| 차변(발생) | 임차료 | | 대변(감소) |
|---|---|---|---|
| 3/1 현금 | ₩300,000 | 12/31 선급비용 | ₩50,000 |
| | | 12/31 집합손익 | 250,000 |
| 합계 | ₩300,000 | 합계 | ₩300,000 |

| 차변(발생) | 급여 | | 대변(감소) |
|---|---|---|---|
| 4/25 현금 | ₩100,000 | 12/31 집합손익 | ₩100,000 |
| 합계 | ₩100,000 | 합계 | ₩100,000 |

| 차변(감소) | 매출 | | 대변(발생) |
|---|---|---|---|
| 12/31 집합손익 | ₩550,000 | 3/10 현금 | ₩200,000 |
| | | 3/25 매출채권 | 50,000 |
| | | 12/20 매출채권 | 300,000 |
| 합계 | ₩550,000 | 합계 | ₩550,000 |

| 차변(감소) | 이자수익 | | 대변(발생) |
|---|---|---|---|
| 12/31 집합손익 | ₩2,000 | 12/31 미수수익 | ₩2,000 |
| 합계 | ₩2,000 | 합계 | ₩2,000 |

| 차변(발생) | 이자비용 | | 대변(감소) |
|---|---|---|---|
| 12/31 미지급비용 | ₩10,000 | 12/31 집합손익 | ₩10,000 |
| 합계 | ₩10,000 | 합계 | ₩10,000 |

| 차변(발생) | 감가상각비 | | 대변(감소) |
|---|---|---|---|
| 12/31 감가상각누계액 | ₩40,000 | 12/31 집합손익 | ₩40,000 |
| 합계 | ₩40,000 | 합계 | ₩40,000 |

| 차변(감소) | 감가상각누계액 | | 대변(증가) |
|---|---|---|---|
| 12/31 차기이월 | ₩40,000 | 12/31 감가상각비 | ₩40,000 |
| 합계 | ₩40,000 | 합계 | ₩40,000 |

## 5. 재무상태표와 포괄손익계산서의 작성

지금까지 기업이 회계기간 동안 수행하게 되는 일련의 순환과정을 살펴보았다. 기업은 기중의 회계거래를 분석하여 장부에 기록하고 이를 수정하는 수정분개를 거쳐 장부를 마감하게 되고 마감된 결과를 토대로 재무제표를 작성하게 된다.

기업은 마감된 결과를 토대로 재무제표를 작성하여 정보이용자들에게 이를 보고하고 회계기간 동안의 경영활동의 결과를 평가받는다.

◈ 예제 2-10 재무제표의 작성

[예제 2-9]의 자료를 이용하여 포괄손익계산서 및 재무상태표를 작성하시오.

### 해답

**포괄손익계산서**

㈜한국                                                20×1.1.1 ~ 20×1.12.31 (단위 : 원)

| 비용 | | 수익 | |
|---|---|---|---|
| 임차료 | ₩250,000 | 매출 | ₩550,000 |
| 급여 | 100,000 | 이자수익 | 2,000 |
| 감가상각비 | 40,000 | | |
| 이자비용 | 10,000 | | |
| **이익** | | | |
| 당기순이익 | 152,000 | | |
| **합계** | **₩552,000** | **합계** | **₩552,000** |

**재무상태표**

㈜한국                                                          20×1.12.31 (단위 : 원)

| 자산 | | 부채 | |
|---|---|---|---|
| 현금 | ₩350,000 | 차입금 | ₩200,000 |
| 기계장치 | 200,000 | 미지급비용 | 10,000 |
| 감가상각누계액 | (40,000) | | |
| 매출채권 | 300,000 | **자본** | |
| 예금 | 100,000 | 자본금 | 600,000 |
| 선급비용 | 50,000 | 이익잉여금 | 152,000 |
| 미수수익 | 2,000 | | |
| **합계** | **₩962,000** | **합계** | **₩962,000** |

**학습정리**

1. 기업은 재무상태의 변동을 기록하기 위해서 자산, 부채, 자본, 수익, 비용 항목에 대해 개별적인 계정을 사용하고 있다. 이러한 계정의 집합체를 총계정원장이라고 한다.

2. 수정전시산표는 회계기간 말에 총계정원장상의 각 계정의 합계 및 잔액을 모아놓은 표이며, 시산표 작성을 통하여 차변합계와 대변합계가 일치하는지 여부를 검증할 수 있다.

3. 회계의 순환과정은 매 회계연도마다 거래의 기록부터 재무보고까지의 과정을 반복하여 수행하는데 분개, 전기, 수정분개와 전기, 계정의 마감, 재무제표 작성의 다섯 단계를 거쳐 이루어진다.

4. 수정분개는 특정시점에서 회계장부상의 금액과 실제 기업의 재무상태 및 경영성과가 일치하지 않는 경우 회계장부상의 금액을 실제의 금액으로 조정하는 것을 의미한다.

5. 수정분개의 유형에는 선수수익, 선급비용, 미수수익, 미지급비용, 감가상각 등이 있다.

6. 한 회계기간에만 집계하고 마감을 통하여 잔액을 "0"으로 만드는 계정을 임시계정이라고 한다.

7. 손익계산서 계정은 임시계정이다.

8. 재무상태표 계정은 영구계정이다.

·회계의 결산·
# 객관식 문제

**01** 다음 중 시산표를 작성함으로써 발견할 수 있는 오류는 무엇인가?

① 상품을 판매한 거래에 대하여 두 번 분개한 경우

② 시산표 기재과정에서의 오류가 우연히 상쇄된 경우

③ 거래를 분개함에 있어 차입금 계정의 차변에 기록하여야 하는데 대여금 계정의 차변에 기록한 경우

④ 실제 거래한 금액과 다르게 차변과 대변에 동일한 금액을 전기한 경우

⑤ 매출채권 계정의 차변에 전기해야 하는데 대변으로 전기한 경우

**02** 다음 중 시산표에서 발견할 수 있는 오류는?

① 분개장에서 차변금액이 총계정원장에 전기누락이 되는 경우

② 분개장에서 한 거래가 모두 전기누락이 되는 경우

③ 분개장의 기록이 차변과 대변이 바뀌어 전기되는 경우

④ 2개의 오류가 같은 금액으로 상계되어 있는 경우

⑤ 하나의 거래를 이중으로 기록한 경우

**03** 수정전시산표에 관한 설명으로 옳지 않은 것은?

① 통상 재무제표를 작성하기 전에 거래가 오류 없이 작성되었는지 자기검증하기 위하여 작성한다.

② 총계정원장의 총액 혹은 잔액을 한 곳에 모아놓은 표이다.

③ 결산 이전의 오류를 검증하는 절차로 원장 및 분개장과 더불어 필수적으로 작성해야 한다.

④ 복식부기의 원리를 전제로 한다.

⑤ 차변합계와 대변합계가 일치하더라도 계정분류, 거래인식의 누락 등에서 오류가 발생했을 수 있다.

**04** 다음 중 기말결산 시 수행해야 하는 사항이 아닌 것은?

① 사무용비품의 외상구입에 따른 미지급금의 계상
② 유형자산에 대한 감가상각비 계상
③ 보험료에 대한 선급비용의 계상
④ 미경과수익에 대한 선수수익의 계상
⑤ 제품보증충당부채의 계상

**05** 1월 30일 소모품을 ₩300,000 구매하면서 전액 자산(소모품)으로 계상한 후 결산 시 사용분을 조사해 보았더니 ₩250,000이라고 할 때 기말수정분개는 무엇인가?

| | | | | | |
|---|---|---|---|---|---|
| ① (차) 소모품비 | 300,000 | (대) 현금 | 300,000 |
| ② (차) 소모품비 | 250,000 | (대) 현금 | 250,000 |
| ③ (차) 소모품 | 250,000 | (대) 소모품비 | 250,000 |
| ④ (차) 소모품비 | 250,000 | (대) 소모품 | 250,000 |
| ⑤ (차) 소모품 | 50,000 | (대) 현금 | 50,000 |

**06** ㈜한국은 20×1년 12월 31일 다음과 같이 기말수정분개를 하였다. ㈜한국은 20×1년 중 소모품을 구입하기 위해서 ₩800,000을 현금으로 지급하였으며 당기초에 소모품재고를 보유하고 있지 않았다. 당기말에 ㈜한국이 소유하고 있는 소모품잔액은 얼마인가?

| 기말수정분개 | (차) 소모품비 | ₩550,000 | (대) 소모품 | ₩550,000 |
|---|---|---|---|---|

① ₩250,000  ② ₩300,000  ③ ₩350,000
④ ₩450,000  ⑤ ₩550,000

**07** 다음의 결산정리사항 중 당기순이익에 미치는 영향이 나머지와 다른 하나는?

① 선급보험료 계상  ② 선수임대료 계상
③ 감가상각비 계상  ④ 미지급이자 계상
⑤ 손실충당금 설정

**08** 20×1년 9월 1일 보험료 6개월분 ₩24,000을 현금으로 지급하고 보험료로 전액 비용처리하였다고 할 때 기말 수정분개를 반영한 당기 보험료는 얼마인가?

① ₩6,000　　　　　② ₩8,000　　　　　③ ₩10,000
④ ₩12,000　　　　　⑤ ₩16,000

**09** ㈜한국은 보험료 지급 시 전액을 자산으로 회계처리하며 20×1년 재무상태표상 기초와 기말 선급보험료는 각각 ₩200,000과 ₩310,000이다. 20×1년 중 보험료를 지급하면서 자산으로 회계처리한 금액이 ₩1,030,000이라면, 20×1년 포괄손익계산서상 보험료 비용은?

① ₩520,000　　　　　② ₩650,000　　　　　③ ₩920,000
④ ₩1,030,000　　　　⑤ ₩1,140,000

**10** ㈜한국은 다음의 회계처리를 하였다. 만약 기말수정분개를 통해 회계처리를 바로잡는다면 당기순이익은 어떻게 변하는가?

> • 5월 1일　　3년치 보험료 ₩1,080,000을 현금으로 납부하였다.
> • 12월 31일　보험료의 기간 미경과분을 계상하지 않았다.

① ₩120,000 증가　　② ₩120,000 감소　　③ ₩240,000 증가
④ ₩240,000 감소　　⑤ ₩840,000 증가

**11** ㈜민국의 결산 시 당기순이익은 ₩260,000이 산출되었으나 다음과 같은 사항이 누락되어 있었다. 정확한 당기순이익을 계산하면 얼마인가?

| 선급보험료 | ₩9,000 | 미수이자 | ₩6,000 |
|---|---|---|---|
| 미지급급여 | 12,000 | 건물감가상각비 | 4,000 |

① ₩245,000　　　　　② ₩251,000　　　　　③ ₩259,000
④ ₩261,000　　　　　⑤ ₩264,500

**12** ㈜한국은 다음의 결산정리사항을 누락한 상태에서 당기순이익을 ₩500,000으로 계상하였다. 다음의 결산정리사항을 추가로 반영할 경우 정확한 당기순이익은 얼마인가?

| | | | |
|---|---|---|---|
| 미지급급여 | ₩35,000 | 선수이자 | ₩50,000 |
| 임차료 선급분 | 100,000 | 기계장치 감가상각비 | 80,000 |
| 선수임대료 | 50,000 | 보험료 미지급분 | 30,000 |

① ₩355,000        ② ₩395,000        ③ ₩415,000
④ ₩445,000        ⑤ ₩480,000

**13** ㈜한국은 매월 말 결산을 하고 재무제표를 작성한다. ㈜한국의 20×1년 3월 31일 수정전시산표상 총수익과 총비용은 각각 ₩10,000과 ₩4,500이다. 다음과 같은 수정분개 사항이 있다고 할 때, 20×1년 3월 31일에 보고할 포괄손익계산서상 당기순이익은?

• 직원의 3월 급여 ₩900이 발생하였으며 4월 10일에 지급될 예정이다.
• 3월 건물 임대료가 ₩500 발생하였으나 아직 현금으로 수취하지 못하였다.
• 건물에 대한 3월 감가상각비가 ₩400이다.
• 2월에 구입하여 자산으로 기록한 소모품 중 3월에 사용한 소모품은 ₩200이다.
• 2월에 선수수익으로 계상한 금액 중 3월에 제공한 용역이 ₩1,200이다.

① ₩4,500        ② ₩5,000        ③ ₩5,200
④ ₩5,700        ⑤ ₩6,100

**14** ㈜한국은 20×1년 말 결산 중 다음 항목에 대한 기말수정분개를 누락된 것을 발견하였다. 누락된 기말수정분개가 20×1년 당기순이익에 미치는 영향은? (단, 기간은 월할계산한다.)

• 20×1년 7월 1일 1년치 보험료 ₩120,000을 현금지급하고 전액 선급보험료로 처리하였다.
• 20×1년 1월 1일 자산으로 계상된 소모품 ₩200,000 중 12월 말 현재 보유하고 있는 소모품은 ₩100,000이다.
• 20×1년 3월 1일 사무실 일부를 임대하고 1년치 임대료 ₩240,000을 현금으로 수령하면서 전액 수익으로 처리하였다.

① ₩60,000 증가        ② ₩100,000 증가        ③ ₩60,000 감소
④ ₩150,000 증가        ⑤ ₩200,000 감소

**15** 20×1년 1월 1일 ₩1,500,000을 출자하여 개업한 ㈜한국의 12월 31일 재무상태가 다음과 같을 때 순손익은 얼마인가? (단, 20×1년에 당기순이익 이외의 자본변동은 없었다.)

| 현금 | ₩250,000 | 외상매입금 | ₩300,000 |
|---|---|---|---|
| 상품 | 500,000 | 미지급금 | 150,000 |
| 외상매출금 | 500,000 | 건물 | 800,000 |
| 선급금 | 200,000 | 단기차입금 | 100,000 |

① ₩100,000        ② ₩200,000        ③ ₩300,000
④ ₩400,000        ⑤ ₩500,000

**16** ㈜한국은 20×1년 3월 1일에 건물 임대 시 1년분 임대료 ₩360,000을 현금으로 수취하고 임대수익으로 처리하였으나 기말에 수정분개를 누락하였다. 그 결과 20×1년도 재무제표에 미치는 영향으로 옳은 것은?

① 자산총계 ₩60,000 과대계상
② 자본총계 ₩60,000 과소계상
③ 부채총계 ₩60,000 과소계상
④ 비용총계 ₩60,000 과대계상
⑤ 수익총계 영향 없음

**17** ㈜한국은 보험료를 1년 단위로 납부한다. 보험료 납부 시에 일괄적으로 보험료로 비용처리한 후, 기말 결산 시에 미경과분에 대하여 선급비용으로 수정분개 처리를 하지 않았다면 당기에 기업에 미치는 영향은?

① 자산, 순이익, 자본의 과대계상
② 자산, 순이익, 자본의 과소계상
③ 부채의 과대계상, 순이익과 자본의 과소계상
④ 자산, 자본의 과대계상, 순이익의 과소계상
⑤ 당기에 아무런 영향 없음

**18** 다음 중 차기로 이월되는 계정(영구계정)에 해당하지 않는 것은?

① 생물자산        ② 차입금        ③ 금융원가
④ 개발비        ⑤ 이익잉여금

**19** 집합손익계정의 차변합계가 ₩250,000이고, 대변합계가 ₩300,000일 경우, 마감분개로 옳은 것은? (단, 전기이월미처리결손금은 없다.)

| | 차변 | | 대변 | |
|---|---|---|---|---|
| ① | 집합손익 | ₩50,000 | 자본잉여금 | ₩50,000 |
| ② | 집합손익 | ₩50,000 | 이익잉여금 | ₩50,000 |
| ③ | 자본잉여금 | ₩50,000 | 집합손익 | ₩50,000 |
| ④ | 이익잉여금 | ₩50,000 | 집합손익 | ₩50,000 |
| ⑤ | 집합손익 | ₩100,000 | 이익잉여금 | ₩100,000 |

**20** ㈜한국의 수익계정과 비용계정을 마감한 후 집합손익계정의 차변합계는 ₩71,800이며 대변합계는 ₩96,500이다. ㈜한국의 이익잉여금의 기초잔액이 ₩52,000이고 자본금의 기초잔액이 ₩120,000일 경우 ㈜한국의 기말자본은?

① ₩185,200        ② ₩186,200        ③ ₩195,700
④ ₩196,200        ⑤ ₩196,700

· 회계의 결산 ·
# 객관식 문제 해답

**01** ⑤ 매출채권 계정의 차변에 전기할 것을 대변에 전기하게 되면 차변, 대변의 금액이 일치하지 않아 오류를 발견할 수 있다.

**02** ① 분개장의 차변금액만 전기누락이 되었으므로 시산표 합계가 일치하지 않아 오류를 발견할 수 있다.

**03** ③ 대차평균의 원리를 이용한 결산 이전의 오류를 검증하는 절차로 작성하는 시산표이지만, 원장 및 분개장과 더불어 필수적으로 작성해야 하는 회계장부는 아니다.

**04** ① 사무용비품의 외상구입에 따른 미지급금의 계상은 자산의 외상구입시점에 수행해야 하는 회계처리이지 기말결산정리사항은 아니다.

**05** ④ 소모품구입  (차) 소모품    300,000 (대) 현금    300,000
　　결산분개  (차) 소모품비  250,000 (대) 소모품  250,000

**06** ① 소모품 잔액 = ₩800,000 − ₩550,000 = ₩250,000

**07** ① 선급보험료를 계상하게 되면 보험료비용이 감소하여 당기순이익을 증가시키지만 나머지는 모두 당기순이익을 감소시킨다.

**08** ⑤ 9/1　　(차) 보험료        24,000 (대) 현금    24,000
　　12/31　(차) 선급보험료     8,000 (대) 보험료   8,000
　　　→ 기간미경과분 보험료는 선급보험료로 계상한다. ₩24,000 × 2/6 = ₩8,000
　　　→ 당기 보험료는 ₩24,000 − ₩8,000 = ₩16,000

**09** ③ 20×1년 포괄손익계산서상 보험료비용 = ₩200,000(기초선급보험료) + ₩1,030,000(자산증가액) − ₩310,000(기말선급보험료) = ₩920,000

**10** ⑤

| 5/1 | (차) 보험료 | 1,080,000 | (대) 현금 | 1,080,000 |
|---|---|---|---|---|
| 12/31 | (차) 선급보험료 | 840,000 | (대) 보험료 | 840,000 |

* 당기 이후의 보험료 = ₩1,080,000 × 28개월/36개월 = ₩840,000
* 당기비용이 ₩840,000 감소하였으므로 당기순이익은 ₩840,000 증가한다.

**11** ③

| 12/31 | (차) 선급보험료 | 9,000 | (대) 보험료 | 9,000 |
|---|---|---|---|---|
| | (차) 미수이자 | 6,000 | (대) 이자수익 | 6,000 |
| | (차) 급여 | 12,000 | (대) 미지급급여 | 12,000 |
| | (차) 감가상각비 | 4,000 | (대) 감가상각누계액 | 4,000 |

→ 정확한 당기순이익 = ₩260,000 + ₩9,000 + ₩6,000 - ₩12,000 - ₩4,000 = ₩259,000

**12** ①

| 12/31 | (차) 급여 | 35,000 | (대) 미지급급여 | 35,000 |
|---|---|---|---|---|
| | (차) 이자수익 | 50,000 | (대) 선수이자 | 50,000 |
| | (차) 선급임차료 | 100,000 | (대) 임차료 | 100,000 |
| | (차) 감가상각비 | 80,000 | (대) 감가상각누계액 | 80,000 |
| | (차) 임대료수익 | 50,000 | (대) 선수임대료 | 50,000 |
| | (차) 보험료 | 30,000 | (대) 미지급보험료 | 30,000 |

→ 정확한 당기순이익
= ₩500,000 - ₩35,000 - ₩50,000 + ₩100,000 - ₩80,000 - ₩50,000 - ₩30,000 = ₩355,000

**13** ④ 20×1년 3월 말 당기순이익 = ₩5,500(수정 전 당기순이익) - ₩900(급여) + ₩500(임대료수익) - ₩400(감가상각비) - ₩200(소모품비) + ₩1,200(용역수익) = ₩5,700

**14** ⑤

| 12/31 | (차) 보험료 | 60,000 | (대) 선급보험료 | 60,000 |
|---|---|---|---|---|
| | (차) 소모품비 | 100,000 | (대) 소모품 | 100,000 |
| | (차) 임대료수익 | 40,000 | (대) 선수임대료 | 40,000 |

→ 당기순이익에 미치는 영향 = (₩60,000) + (₩100,000) + (₩40,000) = ₩200,000 감소

**15** ② 1) 기말자산 = ₩250,000(현금) + ₩500,000(외상매출금) + ₩800,000(건물) + ₩500,000(상품) + ₩200,000(선급금) = ₩2,250,000
2) 기말부채 = ₩300,000(외상매입금) + ₩150,000(미지급금) + ₩100,000(단기차입금) = ₩550,000
3) 기말자본 = ₩2,250,000 - ₩550,000 = ₩1,700,000
4) 당기순이익 = 기말자본 - 기초자본 = ₩1,700,000 - ₩1,500,000 = ₩200,000

**16** ③

| 누락된 회계처리 | (차) 임대수익 | 60,000 | (대) 선수임대료 | 60,000 |
|---|---|---|---|---|

→ 수익은 ₩60,000 과대계상되었고 부채는 ₩60,000 과소계상되었다. 자산총계에는 영향이 없으며 자본총계는 ₩60,000 과대계상되었다.

**17**　② 선급비용 계상을 누락하여 자산은 과소계상되었고, 비용은 과대계상되었다. 부채는 영향이 없으며 자본은 과소계상, 순이익은 과소계상된다.

**18**　③ 금융원가는 비용계정에 해당하므로 이월되지 않는 포괄손익계산서 항목이다.

**19**　② 집합손익의 차변합계는 비용이며 대변합계는 수익이다. 수익이 비용보다 ₩50,000 더 많으므로 당기순이익이 발생하였고 당기순이익이 발생하면 이익잉여금이 증가하니 이익잉여금은 대변요소에 기재된다.

**20**　⑤ 1) 기말이익잉여금 = ₩52,000(기초이익잉여금) + ₩24,700(당기순이익) = ₩76,700
　　　　 2) 기말자본 = ₩120,000(자본금) + ₩76,700(이익잉여금) = ₩196,700

**01** A 회계법인은 20×1년 기중에 다음과 같이 분개를 하였다. 20×1년 12월 31일에 해야 할 수정분개를 하시오.

---

① 20×1년 11월 1일 3개월분 임대료 ₩300,000을 선수령하였는데 회사는 다음과 같이 분개하였다.

| (차) 현금 | 300,000 | (대) 선수임대료 | 300,000 |
|---|---|---|---|

② 20×1년 12월 31일 현재 12월분 급여 ₩100,000을 회사 자금 사정으로 지급하지 못했다.

③ 20×1년 12월 1일에 소모품을 ₩300,000 구입하였는데 12월 한달 동안 총 ₩200,000을 사용하였다.

④ 20×1년 7월 1일 1년치 보험료 ₩500,000을 지급하면서 다음과 같이 분개하였다.

| (차) 보험료 | 500,000 | (대) 현금 | 500,000 |
|---|---|---|---|

⑤ 20×1년 10월 1일 ㈜대한에게 ₩10,000,000을 대여하였다. A회계법인은 20×2년 9월 30일에 원금과 12%의 이자를 지급받기로 하였다.

⑥ 20×1년 12월 20일에 ₩500,000의 회계자문서비스를 제공하였으나 1개월 후 현금을 수령하기로 하여 회계처리를 수행하지 아니하였다.

---

**02** B회계법인의 20×1년 기중거래는 다음과 같다. 20×1년 말 수정분개를 하시오.

---

① 12월 31일 현재 발생한 12월 분 이자수익 ₩10,000을 받지 못하였다.

② 12월 31일 보험료계정 잔액은 ₩40,000이다. 이 중 기간 미경과분은 ₩15,000이다.

③ 연이자율 12%의 차입금 ₩1,000,000에 대한 3개월분의 이자비용이 계상되지 않았다.

④ 12월 31일 소모품계정 잔액은 ₩15,000이나 실제 소모품 재고액은 ₩5,000이다.

⑤ 12월 31일 선수임대료계정 잔액은 ₩33,000인데, 이 중 기간 미경과분은 ₩23,000이다.

⑥ 20×1년 1월 1일 ₩1,000,000의 금액을 지급하고 건물을 구입하였다. 건물의 내용연수는 5년, 잔존가치는 없으며 정액법으로 감가상각한다.

---

**03**  ㈜한국컨설팅의 20×1년 12월 31일 현재 총계정원장을 요약한 잔액시산표는 다음과 같다.

잔액시산표

㈜한국컨설팅                                                    20×1년 12월 31일 (단위: 원)

| 계정과목 | 차변 | 대변 |
|---|---|---|
| 현금 | 15,000 | |
| 수취채권 | 20,000 | |
| 소모품 | 3,000 | |
| 선급보험료 | 1,200 | |
| 당기손익금융자산 | 10,000 | |
| 토지 | 40,000 | |
| 비품 | 5,000 | |
| 단기차입금 | | 10,000 |
| 선수금 | | 2,000 |
| 자본금 | | 50,000 |
| 컨설팅수익 | | 75,000 |
| 급여 | 34,500 | |
| 관리비 | 5,300 | |
| 광고선전비 | 3,000 | |
| 합계 | 137,000 | 137,000 |

그리고 결산일 현재 수정이 필요한 항목을 다음과 같이 정리하였다.

(1) 7월 1일에 자동차보험료 ₩1,200을 지급하고 이를 선급보험료로 기록하였다. 자동차보험기간은 7월부터 시작하여 1년간이다.

(2) 12월 5일에 컨설팅용역을 제공하기로 하고 현금 ₩2,000을 받아서 이를 선수금으로 기록하였다. 이 중 ₩1,000에 상당하는 컨설팅용역은 12월 25일에 완료하였으나 아직 그 내용을 기록하지는 않았다.

(3) 1월 1일에 구입한 비품(₩5,000)은 5년간 사용할 수 있으며, 사용 후 잔존가치는 없다. 이 비품에 대하여 5년간 균등하게 감가상각한다.

(4) 수취채권(₩20,000)을 평가한 결과 회수가능액은 ₩19,500으로 추정되었다. 결산시점 현재의 손실충당금 잔액은 없다.

(5) 3월 1일에 이자율이 12%인 1년 만기 정기예금에 ₩10,000을 예금한 바 있다. 이자는 만기에 일시불로 받기로 하였다.

(6) 2월 1일에 소모품 ₩3,000을 취득하여 소모품계정에 기록하였다. 회계기말에 실사를 하여 보니 ₩1,000의 소모품이 아직 재고로 남아 있었다.

**물음**

1. 결산수정분개를 하시오.

2. 결산수정분개를 반영한 수정후시산표를 작성하시오.

**04~09 다음은 A세무법인의 20×1년도 1년간 발생한 거래이다.**

(1) 20×1년 1월 1일 현금 ₩500,000을 출자하여 영업을 시작하다.
(2) 20×1년 1월 1일 현금 ₩200,000을 지급하고 차량운반구를 구입하다.
(3) 20×1년 4월 1일 사무실 임대차계약을 체결하고 1년분의 임차료 ₩120,000을 현금으로 지급하다.
(4) 20×1년 4월 5일 세무용역을 제공하고 용역수수료 ₩300,000을 현금으로 받다.
(5) 20×1년 4월 20일 직원 급여 ₩50,000을 현금으로 지급하다.
(6) 20×1년 5월 1일 은행에서 ₩200,000을 차입하다. 동 차입금에 대한 이자율은 12%이며, 이자는 다음 연도 4월 30일에 지급하기로 약정하다.
(7) 20×1년 7월 1일 세무용역을 제공하고 용역수수료 ₩200,000을 1달 후에 받기로 하다.
(8) 20×1년 7월 20일 수도광열비로 ₩50,000을 현금으로 지급하다.
(9) 20×1년 8월 1일 민국은행에 ₩150,000을 예금하다. 동 예금에 대한 이자율은 10%이며, 예금에 대한 이자는 20×2년 7월 31일에 수령한다.
(10) 20×1년 8월 1일 용역수수료에 대한 외상대금 ₩200,000을 현금으로 수령하다.

**04** 해당 거래를 분개하시오.

**05** 해당 거래를 총계정원장에 전기하시오.

**06** 위의 거래를 기초로 기말 수정분개를 하시오(단, 차량운반구는 5년간 사용하며, 잔존가치는 없고, 정액법으로 감가상각한다).

**07** 기말수정분개를 전기하시오.

**08** 포괄손익계산서 및 재무상태표 계정을 마감하시오.

**09** 포괄손익계산서 및 재무상태표를 작성하시오.

· 회계의 결산 ·

# 주관식 문제 해답

01

| ① (차) 선수임대료 | 200,000[1] | (대) 임대료수익 | 200,000 |
|---|---|---|---|
| ② (차) 급여 | 100,000 | (대) 미지급급여 | 100,000 |
| ③ (차) 소모품비 | 200,000 | (대) 소모품 | 200,000 |
| ④ (차) 선급보험료 | 250,000[2] | (대) 보험료 | 250,000 |
| ⑤ (차) 미수이자 | 300,000[3] | (대) 이자수익 | 300,000 |
| ⑥ (차) 매출채권 | 500,000 | (대) 매출 | 500,000 |

* 1) 선수임대료 중 당기의 임대료 수익인 2개월분은 임대료수익으로 반영한다.

당기 임대료수익 = ₩300,000 × 2개월/3개월 = ₩200,000

* 2) 보험료 중에서 차기의 보험료 해당분은 이를 선급보험료로 반영한다.

당기 보험료 = ₩500,000 × 6/12 = ₩250,000

* 3) 당기의 발생한 이자수익은 이를 수령하지 않았어도 수익으로 반영한다.

당기에 발생한 이자수익 = ₩10,000,000 × 12% × 3/12 = ₩300,000

02

| ① (차) 미수이자 | 10,000 | (대) 이자수익 | 10,000 |
|---|---|---|---|
| ② (차) 선급보험료 | 15,000 | (대) 보험료 | 15,000 |
| ③ (차) 이자비용 | 30,000[1] | (대) 미지급이자 | 30,000 |
| ④ (차) 소모품비 | 10,000 | (대) 소모품 | 10,000 |
| ⑤ (차) 선수임대료 | 10,000[2] | (대) 임대료수익 | 10,000 |
| ⑥ (차) 감가상각비 | 200,000[3] | (대) 감가상각누계액 | 200,000 |

*1) 이자비용 = ₩1,000,000 × 12% × 3/12 = ₩30,000

*2) 선수임대료 중에서 기간경과부분은 임대료수익에 반영한다.

*3) 감가상각비 = (₩1,000,000 - ₩0) × 1/5 = ₩200,000

03 1. 기말수정분개는 다음과 같다.

| (1) (차) 보험료 | 600 | (대) 선급보험료 | 600 |
|---|---|---|---|
| (2) (차) 선수금 | 1,000 | (대) 매출 | 1,000 |
| (3) (차) 감가상각비 | 1,000 | (대) 감가상각누계액 | 1,000 |
| (4) (차) 손상차손 | 500 | (대) 손실충당금 | 500 |
| (5) (차) 미수이자 | 1,000 | (대) 이자수익 | 1,000 |
| (6) (차) 소모품비 | 2,000 | (대) 소모품 | 2,000 |

2.

### 수정후잔액시산표

㈜한국컨설팅          20×1년 12월 31일 (단위: 원)

| 계정과목 | 차변 | 대변 |
|---|---|---|
| 현금 | 15,000 | |
| 수취채권 | 20,000 | |
| 손실충당금 | | 500 |
| 소모품 | 1,000 | |
| 선급보험료 | 600 | |
| 당기손익금융자산 | 10,000 | |
| 토지 | 40,000 | |
| 비품 | 5,000 | |
| 감가상각누계액 | | 1,000 |
| 미수이자 | 1,000 | |
| 단기차입금 | | 10,000 |
| 선수금 | | 1,000 |
| 자본금 | | 50,000 |
| 매출 | | 76,000 |
| 이자수익 | | 1,000 |
| 급여 | 34,500 | |
| 관리비 | 5,300 | |
| 소모품비 | 2,000 | |
| 광고선전비 | 3,000 | |
| 보험료 | 600 | |
| 감가상각비 | 1,000 | |
| 손상차손 | 500 | |
| 합계 | 139,500 | 139,500 |

04

| | | | | | |
|---|---|---|---|---|---|
| 20×1.1.1 | (차) 현금 | 500,000 | (대) 자본금 | 500,000 |
| 20×1.1.1 | (차) 차량운반구 | 200,000 | (대) 현금 | 200,000 |
| 20×1.4.1 | (차) 임차료 | 120,000 | (대) 현금 | 120,000 |
| 20×1.4.5 | (차) 현금 | 300,000 | (대) 매출 | 300,000 |
| 20×1.4.20 | (차) 급여 | 50,000 | (대) 현금 | 50,000 |
| 20×1.5.1 | (차) 현금 | 200,000 | (대) 차입금 | 200,000 |
| 20×1.7.1 | (차) 매출채권 | 200,000 | (대) 매출 | 200,000 |
| 20×1.7.20 | (차) 수도광열비 | 50,000 | (대) 현금 | 50,000 |
| 20×1.8.1 | (차) 예금 | 150,000 | (대) 현금 | 150,000 |
| 20×1.8.1 | (차) 현금 | 200,000 | (대) 매출채권 | 200,000 |

**05**

| 차변(증가) | | 현금 | | 대변(감소) | |
|---|---|---|---|---|---|
| 1/1 | 자본금 | ₩500,000 | 1/1 | 차량운반구 | ₩200,000 |
| 4/5 | 수익 | 300,000 | 4/1 | 임차료 | 120,000 |
| 5/1 | 차입금 | 200,000 | 4/20 | 급여 | 50,000 |
| 8/1 | 매출채권 | 200,000 | 7/20 | 수도광열비 | 50,000 |
| | | | 8/1 | 예금 | 150,000 |

| 차변(감소) | | 자본금 | | 대변(증가) | |
|---|---|---|---|---|---|
| | | | 1/1 | 현금 | ₩500,000 |

| 차변(증가) | | 차량운반구 | | 대변(감소) | |
|---|---|---|---|---|---|
| 1/1 | 현금 | ₩200,000 | | | |

| 차변(발생) | | 임차료 | | 대변(감소) | |
|---|---|---|---|---|---|
| 4/1 | 현금 | ₩120,000 | | | |

| 차변(감소) | | 매출 | | 대변(발생) | |
|---|---|---|---|---|---|
| | | | 4/5 | 현금 | ₩300,000 |
| | | | 7/1 | 매출채권 | 200,000 |

| 차변(발생) | | 급여 | | 대변(감소) | |
|---|---|---|---|---|---|
| 4/20 | 현금 | ₩50,000 | | | |

| 차변(감소) | | 차입금 | | 대변(증가) | |
|---|---|---|---|---|---|
| | | | 5/1 | 현금 | ₩200,000 |

| 차변(증가) | | 매출채권 | | 대변(감소) | |
|---|---|---|---|---|---|
| 7/1 | 매출 | ₩200,000 | 8/1 | 현금 | ₩200,000 |

| 차변(발생) | | 수도광열비 | | 대변(감소) | |
|---|---|---|---|---|---|
| 7/20 | 현금 | ₩50,000 | | | |

| 차변(증가) | | 예금 | | 대변(감소) | |
|---|---|---|---|---|---|
| 8/1 | 현금 | ₩150,000 | | | |

**06**

| 20×1.12.31 | (차) 선급임차료 | 30,000[1] | (대) 임차료 | 30,000 |
|---|---|---|---|---|
| 20×1.12.31 | (차) 이자비용 | 16,000[2] | (대) 미지급이자 | 16,000 |
| 20×1.12.31 | (차) 미수이자 | 6,250[3] | (대) 이자수익 | 6,250 |
| 20×1.12.31 | (차) 감가상각비 | 40,000[4] | (대) 감가상각누계액 | 40,000 |

1) 임차료 중 차기의 임차료에 해당하는 부분은 선급임차료로 계상한다.
   → ₩120,000 × 3/12 = ₩30,000
2) 현금으로 지급하지 않았지만 발생한 이자비용은 미지급이자로 계상한다.
   → ₩200,000 × 12% × 8/12 = ₩16,000
3) 현금으로 수령하지 않았지만 발생한 이자수익은 미수이자로 계상한다.
   → ₩150,000 × 10% × 5/12 = ₩6,250
4) 차량운반구는 기간의 경과에 따라 감가상각비로 비용처리한다.
   → 감가상각비 = (₩200,000 - ₩0) × 1/5 = ₩40,000

**07**

| 차변(증가) | 선급임차료 | 대변(감소) |
|---|---|---|
| 12/31 임차료 ₩30,000 | | |

| 차변(발생) | 이자비용 | 대변(감소) |
|---|---|---|
| 12/31 미지급이자 ₩16,000 | | |

| 차변(감소) | 미지급이자 | 대변(증가) |
|---|---|---|
| | 12/31 이자비용 ₩16,000 | |

| 차변(발생) | 임차료 | 대변(감소) |
|---|---|---|
| 4/1 현금 ₩120,000 | 12/31 선급임차료 ₩30,000 | |

| 차변(증가) | 미수이자 | 대변(감소) |
|---|---|---|
| 12/31 이자수익 ₩6,250 | | |

| 차변(감소) | 이자수익 | 대변(발생) |
|---|---|---|
| | 12/31 미수이자 ₩6,250 | |

| 차변(발생) | 감가상각비 | 대변(감소) |
|---|---|---|
| 12/31 감·누 ₩40,000 | | |

| 차변(감소) | 감가상각누계액 | 대변(증가) |
|---|---|---|
| | 12/31 감가상각비 ₩40,000 | |

**08**

| 차변(증가) | 현금 | 대변(감소) | |
|---|---|---|---|
| 1/1 자본금 ₩500,000 | 1/1 | 차량운반구 | ₩200,000 |
| 4/5 수익 300,000 | 4/1 | 임차료 | 120,000 |
| 5/1 차입금 200,000 | 4/20 | 급여 | 50,000 |
| 8/1 매출채권 200,000 | 7/20 | 수도광열비 | 50,000 |
| | 8/1 | 예금 | 150,000 |
| | 12/31 | 차기이월 | 630,000 |
| 합계 ₩1,200,000 | 합계 | | ₩1,200,000 |

| 차변(감소) | 자본금 | 대변(증가) | |
|---|---|---|---|
| 12/31 차기이월 ₩500,000 | 1/1 | 현금 | ₩500,000 |
| 합계 ₩500,000 | 합계 | | ₩500,000 |

| 차변(증가) | 차량운반구 | 대변(감소) |
|---|---|---|
| 1/1 현금 ₩200,000 | 12/31 차기이월 ₩200,000 | |
| 합계 ₩200,000 | 합계 ₩200,000 | |

| 차변(발생) | 급여 | 대변(감소) |
|---|---|---|
| 4/20 현금 ₩50,000 | 12/31 집합손익 ₩50,000 | |
| 합계 ₩50,000 | 합계 ₩50,000 | |

| 차변(감소) | 매출 | 대변(발생) |
|---|---|---|
| 12/31 집합손익 ₩500,000 | 4/5 현금 ₩300,000 | |
| | 7/1 매출채권 200,000 | |
| 합계 ₩500,000 | 합계 ₩500,000 | |

| 차변(증가) | 매출채권 | 대변(감소) |
|---|---|---|
| 7/1 매출 ₩200,000 | 8/1 현금 ₩200,000 | |
| 합계 ₩200,000 | 합계 ₩200,000 | |

| 차변(감소) | 차입금 | 대변(증가) |
|---|---|---|
| 12/31 차기이월 ₩200,000 | 5/1 현금 ₩200,000 | |
| 합계 ₩200,000 | 합계 ₩200,000 | |

| 차변(증가) | 예금 | 대변(감소) |
|---|---|---|
| 8/1 현금 ₩150,000 | 12/31 차기이월 ₩150,000 | |
| 합계 ₩150,000 | 합계 ₩150,000 | |

| 차변(발생) | 수도광열비 | 대변(감소) |
|---|---|---|
| 7/20 현금 ₩50,000 | 12/31 집합손익 ₩50,000 | |
| 합계 ₩50,000 | 합계 ₩50,000 | |

| 차변(증가) | 선급임차료 | 대변(감소) |
|---|---|---|
| 12/31 임차료 ₩30,000 | 12/31 차기이월 ₩30,000 | |
| 합계 ₩30,000 | 합계 ₩30,000 | |

| 차변(발생) | 이자비용 | 대변(감소) | | 차변(발생) | 임차료 | 대변(감소) |
|---|---|---|---|---|---|---|
| 12/31 미지급이자 ₩16,000 | | 12/31 집합손익 ₩16,000 | | 4/1 현금 ₩120,000 | | 12/31 선급임차료 ₩30,000 |
| | | | | | | 12/31 집합손익 90,000 |
| 합계 ₩16,000 | | 합계 ₩16,000 | | 합계 ₩120,000 | | 합계 ₩120,000 |

| 차변(감소) | 미지급이자 | 대변(증가) | | 차변(감소) | 이자수익 | 대변(발생) |
|---|---|---|---|---|---|---|
| 12/31 차기이월 ₩16,000 | | 12/31 이자비용 ₩16,000 | | 12/31 집합손익 ₩6,250 | | 12/31 미수이자 ₩6,250 |
| 합계 ₩16,000 | | 합계 ₩16,000 | | 합계 ₩6,250 | | 합계 ₩6,250 |

| 차변(증가) | 미수이자 | 대변(감소) | | 차변(감소) | 감가상각누계액 | 대변(증가) |
|---|---|---|---|---|---|---|
| 12/31 이자수익 ₩6,250 | | 12/31 차기이월 ₩6,250 | | 12/31 차기이월 ₩40,000 | | 12/31 감가상각비 ₩40,000 |
| 합계 ₩6,250 | | 합계 ₩6,250 | | 합계 ₩40,000 | | 합계 ₩40,000 |

| 차변(발생) | 감가상각비 | 대변(감소) | | 차변(비용) | 집합손익 | 대변(수익) |
|---|---|---|---|---|---|---|
| 12/31 감·누 ₩40,000 | | 12/31 집합손익 ₩40,000 | | 12/31 비용 ₩246,000 | | 12/31 수익잔액 ₩506,250 |
| | | | | 12/31 이익잉여금 260,250 | | |
| 합계 ₩40,000 | | 합계 ₩40,000 | | 합계 ₩506,250 | | 합계 ₩506,250 |

마감회계 : (차) 집합손익　　　　260,250　　(대) 이익잉여금　　　　　260,250

---

## 09

### 포괄손익계산서

A세무법인　　　　　　　　　　　　　　　　　　20×1.1.1 ~ 20×1.12.31 (단위 : 원)

| 비용 | | 수익 | |
|---|---|---|---|
| 급여 | ₩50,000 | 매출 | ₩500,000 |
| 수도광열비 | 50,000 | 이자수익 | 6,250 |
| 임차료 | 90,000 | | |
| 이자비용 | 16,000 | | |
| 감가상각비 | 40,000 | | |
| **이익** | | | |
| 당기순이익 | 260,250 | | |
| 합계 | ₩506,250 | 합계 | ₩506,250 |

### 재무상태표

A세무법인　　　　　　　　　　　　　　　　　　　　20×1.12.31(단위 : 원)

| 자산 | | 부채 | |
|---|---|---|---|
| 현금 | ₩630,000 | 차입금 | ₩200,000 |
| 차량운반구 | 200,000 | 미지급이자 | 16,000 |
| 감가상각누계액 | (40,000) | | |
| 예금 | 150,000 | **자본** | |
| 선급임차료 | 30,000 | 자본금 | 500,000 |
| 미수이자 | 6,250 | 이익잉여금 | 260,250 |
| 합계 | ₩976,250 | 합계 | ₩976,250 |

# 03

# 상기업의 결산

- 서비스업과 다른 상기업의 특징을 살펴본다.
- 상기업의 회계순환과정을 학습한다.
- 계속기록법과 실지재고조사법을 비교한다.

# 상기업의 결산

## 1. 상품매매기업

### [1] 상품매매기업이란?

지금까지는 세무법인, 법무법인처럼 서비스업을 영위하는 기업의 결산과정을 살펴보았다. 그러나 기업들은 서비스를 제공하는 경우도 있지만 상품매매업을 영위하는 경우도 많다. 상품매매업은 서비스업을 영위하는 기업과 유사한 면도 많지만 차이점도 존재하기 때문에 여기서는 상품매매업이 가지는 특징과 이에 따른 회계처리의 차이를 살펴보도록 하겠다.

### (1) 상품매매업의 특징

상품매매업은 서비스업과 달리 상품을 매입하고 판매하는 활동을 수행한다. 상품을 매입하고 이를 판매하는 것이 주요 기업활동이기 때문에 서비스업과 달리 매입과 매출이라는 상품매매 과정을 이해해야 한다.

상품매매업은 매입과정에서 발생한 원가에 마진을 붙여 판매하며 이에 따라 이익을 얻게 되는데 상품을 판매하고 얻은 이익을 포괄손익계산서에 보고하는 경우는 크게 두 가지로 구분할 수 있다.

#### ① 상품매출이익만을 표시하는 경우

예를 들어 ₩500,000으로 구입한 상품을 ₩800,000에 판매한 경우 이익은 ₩300,000으로 계산된다. 이를 회계처리 한다면 아래와 같다.

| | | | | |
|---|---|---|---|---|
| (차) 현금 | ₩800,000 | (대) 상품 | | ₩500,000 |
| | | 상품매출이익 | | 300,000 |

그리고 이는 포괄손익계산서에 아래와 같이 표기될 것이다.

| 포괄손익계산서 | | | |
|---|---|---|---|
| ㈜×× | | 20×1.1.1 ~ 20×1.12.31(단위 : 원) | |
| 비용 | | 수익 | |
| | | 상품매출이익 | ₩300,000 |
| 이익 | | | |
| 상품매출이익 | ₩300,000 | | |
| 합계 | ₩300,000 | 합계 | ₩300,000 |

위의 사례와 같이 상품매출이익만을 기재하게 되면 매출액과 매출원가라는 정보 없이 이에 따른 매출이익만 표기가 됨으로 인하여 중요한 정보를 파악하지 못하는 문제가 생긴다. 재무제표를 이용하는 외부이용자는 상품에 따른 매출과 이를 위한 매출원가를 중요한 정보로 생각하는데 순액으로 결과만 보여주게 된다면 해당 기업의 정확한 손익을 알 수 없다.

② 매출과 매출원가를 모두 표시하는 방법(총액표시)

상품매출이익만을 보고하는 방법의 문제점을 보완하고, 기업의 수익창출활동에 대한 자세한 정보를 제공하기 위해 매출과 매출원가를 모두 표시하는 방법으로 위의 거래를 기록해 보면 아래와 같다.

| (차) 현금 | ₩800,000 | (대) 매출 | ₩800,000 |
|---|---|---|---|
| (차) 매출원가 | 500,000 | (대) 상품 | 500,000 |

그리고 이는 포괄손익계산서에 아래와 같이 표기될 것이다.

| 포괄손익계산서 | | | |
|---|---|---|---|
| ㈜×× | | 20×1.1.1 ~ 20×1.12.31(단위 : 원) | |
| 비용 | | 수익 | |
| 매출원가 | ₩500,000 | 매출 | ₩800,000 |
| 이익 | | | |
| 매출총이익 | ₩300,000 | | |
| 합계 | ₩800,000 | 합계 | ₩800,000 |

사례의 두 가지 표시방법을 비교해 보면 두 번째의 방법이 정보이용자에게 더 많은 정보를 주는 것을 알 수 있다. 따라서 상품매매거래에 대한 회계처리를 할 때는 매출과 매출원가를 모두 표시하는 방법을 사용한다. 이를 가리켜 총액법이라고도 한다.

### (2) 상품매매업의 기장방법

상품매매업은 매출과 매출원가를 모두 표시할 수 있도록 회계처리를 하여야 한다. 매출원가를 파악하는 방법에는 계속기록법과 실지재고조사법의 두 가지 장부작성 방법이 있다.

계속기록법과 실지재고조사법은 회계처리부터 각각의 특징을 잘 비교할 필요가 있다. 실무적으로는 계속기록법과 실지재고조사법을 병행하여 오류를 줄이고 있지만 각각의 방법이 가지는 장단점이 있기에 이 둘의 특징은 명확하게 정리하여야 한다.

① 계속기록법

계속기록법(perpetual inventory method)은 상품을 구입할 때마다 상품계정에 기록하며 상품을 판매하는 경우 판매시점마다 매출액을 수익으로 기록하고 매출액에 대응되는 매출원가를 동시에 기록하는 방법이다.

계속기록법은 상품을 관리하기 위해 상품계정과 매출원가 계정을 설정하여 이분법이라고도 한다. 계속기록법은 상품판매거래가 발생할 때마다 이를 장부에서 계속적으로 기록관리하는 방법으로 계속기록법을 적용하면 상품계정은 어느 시점에서든 해당 시점의 상품잔액으로 표시된다.

### ✎ 예제 3-1 계속기록법

㈜한국상사는 20×1년 1월 1일 ₩100,000의 상품을 보유하고 있다. 20×1년 중 거래는 아래와 같다고 할 때 기중 회계처리를 하시오(단, ㈜한국상사는 계속기록법을 사용하여 상품거래를 기록한다).

| | |
|---|---|
| 20×1년 2월 10일 | ₩500,000의 상품을 현금으로 구입하다. |
| 20×1년 3월 8일 | ₩200,000의 상품을 현금으로 구입하다. |
| 20×1년 4월 20일 | ₩100,000의 상품을 ₩250,000의 현금을 받고 판매하다. |
| 20×1년 5월 15일 | ₩300,000의 상품을 ₩500,000의 현금을 받고 판매하다. |
| 20×1년 7월 20일 | ₩150,000의 상품을 현금으로 구입하다. |
| 20×1년 9월 10일 | ₩400,000의 상품을 ₩700,000의 현금을 받고 판매하다. |

**해답**

| 날짜 | 차변 | 금액 | 대변 | 금액 |
|---|---|---|---|---|
| 20×1.2.10 | (차) 상품 | 500,000 | (대) 현금 | 500,000 |
| 20×1.3.8 | (차) 상품 | 200,000 | (대) 현금 | 200,000 |
| 20×1.4.20 | (차) 현금 | 250,000 | (대) 매출 | 250,000 |
| | (차) 매출원가 | 100,000 | (대) 상품 | 100,000 |
| 20×1.5.15 | (차) 현금 | 500,000 | (대) 매출 | 500,000 |
| | (차) 매출원가 | 300,000 | (대) 상품 | 300,000 |
| 20×1.7.20 | (차) 상품 | 150,000 | (대) 현금 | 150,000 |
| 20×1.9.10 | (차) 현금 | 700,000 | (대) 매출 | 700,000 |
| | (차) 매출원가 | 400,000 | (대) 상품 | 400,000 |

계속기록법은 상품의 매출과 동시에 매출원가를 기록하게 된다.

즉, 계속기록법을 적용하면 매출원가금액이 먼저 결정되고 판매가능상품(기초상품+당기매입액)에서 매출원가를 차감해서 기말상품재고액이 결정된다. 그러므로 어느 시점에서든 해당 시점의 상품잔액을 파악할 수 있기 때문에 기말수정분개는 필요하지 않다.

계속기록법은 매 시점마다 재고를 파악할 수 있으나, 수많은 판매거래가 이루어지는 실무적으로는 적용에 있어 많은 시간과 비용이 소모되므로 고가의 상품이나 거래가 빈번하지 않은 품목에 제한적으로 사용된다.

>> 계속기록법에서의 기말재고

> 기초상품 + 당기매입상품 - 판매수량 = 기말재고수량
> 기초상품금액 + 당기매입액 - 매출원가 = 기말재고금액

② 실지재고조사법

실지재고조사법은 매출시마다 상품의 원가를 파악하는 것이 실무적으로 적용이 어려운 경우가 많고, 매입·매출의 거래가 빈번하게 발생하는 상황에서 당기매입액의 규모 파악이 어려운 문제점이 있어 이를 보완하기 위해 상품계정과 당기매입 계정을 구분해서 회계처리한다. 실지재고조사법(physical inventory method)은 상품을 판매시 매출만 기록하고, 기말에 실사를 통하여 매출원가를 한 번에 파악한다. 이를 위해서는 기중의 상품 매입을 구분하기 위한 별도의 계정이 필요함과 동시에 기말 수정분개를 필수적으로 요하게 된다.

>> 실지재고조사법의 회계처리

실지재고조사법은 회계기간 중에는 매출원가를 기록하지 않고 매출과 매입 시에 아래와 같이 회계처리한다.
① 상품의 매출 시

| (차) 현금 또는 매출채권 | ××× | (대) 매출 | ××× |
|---|---|---|---|

② 상품의 매입 시

| (차) 매입 | ××× | (대) 현금 또는 매입채무 | ××× |
|---|---|---|---|

실지재고조사법은 계속기록법과는 달리 상품을 매입할 때 상품계정에 바로 기입하지 않고 매입계정을 별도로 설정하여 총매입액을 파악할 수 있도록 한다. 당기 매입액을 별도로 관리하는 이유는 기말시점에 창고에 실제로 보유하고 있는 재고를 확인하여 판매가능재고(기초상품+당기매입액)에서 기말상품재고액을 제외한 나머지 금액을 매출원가로 처리하기 위함이다. 그리고 기중에도 당기 매입액이 어느 정도인지 규모를 파악하여 재고관리를 하기 위한 목적도 있다. 이처럼 실지재고조사법은 매입이라는 별도 계정을 사용하여 상품의 매입·매출 거래를 관리하기에 3분법이라고도 한다.
③ 기말 결산 시점

| (차) 상품(기말) | ××× | (대) 상품(기초) | ××× |
|---|---|---|---|
| 매출원가 | ××× | 매입 | ××× |

상품매매업에서 가장 중요한 것은 매출과 매출원가이다. 그러나 실지재고조사법은 기중에는 매출과 매입만 관리가 되고 매출원가를 파악하지 못한다. 그러므로 실지재고조사법은 기말수정분개를 통하여 매출원가를 찾는 과정이 필수적이다. 실지재고조사법은 기말상품재고액을 먼저 파악한 뒤 판매가능상품에서 기말재고를 차감하여 매출원가를 가장 마지막에 산출한다. 상품을 매출하는 시점에 매출원가와 기말재고를 파악할 수 있는 계속기록법과는 달리 실지재고조사법은 결산 시 실사를 통해 기말재고와 매출원가를 파악하게 된다.

>> 실지재고조사법에서의 매출원가

> 기초상품 + 당기매입상품 - 실사수량 = 판매수량
> 기초상품금액 + 당기매입액 - 기말재고금액 = 매출원가

◆ 예제 3-2 실지재고조사법

㈜한국상사는 20×1년 1월 1일 ₩100,000의 상품을 보유하고 있다. 20×1년 중 거래는 아래와 같다고 할 때 기중 회계처리를 하시오(단, ㈜한국상사는 실지재고조사법을 사용하여 상품거래를 기록하며, 기말에 창고에 보관되어 있는 상품재고를 확인한 결과 ₩150,000에 상당하는 상품이 보관되어 있었다).

> 20×1년 2월 10일   ₩500,000의 상품을 현금으로 구입하다.
> 20×1년 3월 8일    ₩200,000의 상품을 현금으로 구입하다.
> 20×1년 4월 20일   ₩100,000의 상품을 ₩250,000의 현금을 받고 판매하다.
> 20×1년 5월 15일   ₩300,000의 상품을 ₩500,000의 현금을 받고 판매하다.
> 20×1년 7월 20일   ₩150,000의 상품을 현금으로 구입하다.
> 20×1년 9월 10일   ₩400,000의 상품을 ₩700,000의 현금을 받고 판매하다.

**해답**

| 20×1.2.10 | (차) 매입 | 500,000 | (대) 현금 | 500,000 |
|---|---|---|---|---|
| 20×1.3.8 | (차) 매입 | 200,000 | (대) 현금 | 200,000 |
| 20×1.4.20 | (차) 현금 | 250,000 | (대) 매출 | 250,000 |
| 20×1.5.15 | (차) 현금 | 500,000 | (대) 매출 | 500,000 |
| 20×1.7.20 | (차) 매입 | 150,000 | (대) 현금 | 150,000 |
| 20×1.9.10 | (차) 현금 | 700,000 | (대) 매출 | 700,000 |
| 20×1.12.31 | (차) 상품(기말) | 150,000 | (대) 상품(기초) | 100,000 |
| | 매출원가 | 800,000 | 매입 | 850,000 |

③ 계속기록법과 실지재고조사법의 비교

| 구분 | 계속기록법 | 실지재고조사법 |
|---|---|---|
| 상품매입 시 | 상품계정에 기록 | 매입계정에 기록 |
| 상품판매 시 | 매출과 매출원가 동시 기록 | 매출만 기록 |
| 결산시점 | 별도의 결산분개 필요 없음 | 기말 결산분개 필요 |
| 장점 | ① 정확한 매출원가<br>② 창고를 실사하지 않아도 해당 시점의 상품재고를 파악할 수 있음 | ① 정확한 기말재고<br>② 기중의 간단한 회계처리 |
| 단점 | ① 기말재고의 과대계상 가능성<br>② 적용에 많은 시간과 노력이 필요 | ① 매출원가의 과대계상 가능성<br>② 기중 재고관리의 어려움 |

## 2. 상품매매기업의 결산

지금까지 상품매매기업의 계속기록법과 실지재고조사법을 비교하였다. 해당 비교를 통하여 기말 결산이 필요한 것은 실지재고조사법임을 파악하였으며, 실무적으로도 대부분의 상기업은 실지재고조사법에 따라 회계처리하고 있다.

이를 통해 상기업은 회계기간 중 어떠한 회계처리를 하게 되며 결산과정을 통해 전체적인 회계처리의 흐름을 살펴보도록 하자.

### [1] 상기업의 기중거래

✎ **예제 3-3 상기업 회계처리**

다음은 ㈜한국의 20×2년 1월 1일의 재무상태표이다. 20×2년 동안 발생한 거래는 아래와 같고, ㈜한국은 실지재고조사법을 이용하여 상품회계처리를 하고 있다.

재무상태표

| ㈜한국 | | | 20×2.1.1(단위 : 원) |
|---|---|---|---|
| **자산** | | **부채** | |
| 현금 | ₩300,000 | 차입금 | ₩500,000 |
| 상품 | 200,000 | 매입채무 | 100,000 |
| 비품 | 100,000 | **자본** | |
| 건물 | 600,000 | 자본금 | 800,000 |
| 토지 | 400,000 | 이익잉여금 | 200,000 |
| | | | |
| 합계 | ₩1,600,000 | 합계 | ₩1,600,000 |

| | |
|---|---|
| 1월 20일 | ₩300,000의 현금을 지급하고 상품을 매입하다. |
| 2월 15일 | ₩500,000의 현금을 받고 상품을 판매하다. |
| 3월 10일 | ₩200,000의 현금을 지급하고 상품을 매입하다. |
| 5월 15일 | ₩300,000의 현금을 받고 상품을 판매하다. |
| 6월 20일 | ₩250,000의 현금을 받고 상품을 판매하다. |
| 8월 10일 | ₩400,000의 현금을 지급하고 상품을 매입하다. |
| 10월 5일 | ₩450,000의 현금을 받고 상품을 판매하다. |

**물음**

1. 해당 거래를 분개하시오.
2. 해당 거래를 전기하시오.

## 해답

### 1. 분개

| | | | | | |
|---|---|---|---|---|---|
| 20×2.1.20 | (차) 매입 | 300,000 | (대) 현금 | | 300,000 |
| 20×2.2.15 | (차) 현금 | 500,000 | (대) 매출 | | 500,000 |
| 20×2.3.10 | (차) 매입 | 200,000 | (대) 현금 | | 200,000 |
| 20×2.5.15 | (차) 현금 | 300,000 | (대) 매출 | | 300,000 |
| 20×2.6.20 | (차) 현금 | 250,000 | (대) 매출 | | 250,000 |
| 20×2.8.10 | (차) 매입 | 400,000 | (대) 현금 | | 400,000 |
| 20×2.10.5 | (차) 현금 | 450,000 | (대) 매출 | | 450,000 |

### 2. 전기

**상품**

1/1  전기이월  ₩200,000

**매입**

| 1/20 | 현금 | ₩300,000 |
|---|---|---|
| 3/10 | 현금 | 200,000 |
| 8/10 | 현금 | 400,000 |

**매출**

| 2/15 | 현금 | ₩500,000 |
|---|---|---|
| 5/15 | 현금 | 300,000 |
| 6/20 | 현금 | 250,000 |
| 10/5 | 현금 | 450,000 |

## [2] 상기업의 결산 시 회계처리

해당 예제를 통하여 실지재고조사법은 회계기간 중에는 매출원가를 별도로 계산하지 않고, 매출과 매입만을 파악하여 간단하게 회계처리함을 알 수 있다. 그리고 당기 중에 매입한 금액이 어느 정도인지 총매입금액을 파악할 수 있다. 그러나 매출액에 대응되는 매출원가는 아직 파악하지 못하였으므로 기말에는 수정분개를 하여야 한다.

### 예제 3-4 상기업의 결산

[예제 3-3]을 참고하여 기말수정분개를 하시오(단, 기말에 창고를 실사한 결과 기말재고금액은 ₩350,000으로 확인되었다).

### 물음

1. 기말수정분개를 하시오.
2. 기말수정분개를 전기하시오.
3. 기말수정분개를 전기한 후 계정을 마감하시오.

## 해답

### 1. 기말수정분개

| (차) 상품(기말) | 350,000 | (대) 상품(기초) | 200,000 |
|---|---|---|---|
| 매출원가 | 750,000 | 매입 | 900,000 |

### 2. 전기

**상품**

| 1/1 | 전기이월 | ₩200,000 | 12/31 매출원가 | ₩200,000 |
|---|---|---|---|---|
| 12/31 | 매출원가 | 350,000 | | |

**매출**

| | | | 2/15 | 현금 | ₩500,000 |
|---|---|---|---|---|---|
| | | | 5/15 | 현금 | 300,000 |
| | | | 6/20 | 현금 | 250,000 |
| | | | 10/5 | 현금 | 450,000 |

**매입**

| 1/20 | 현금 | ₩300,000 | 12/31 매출원가 | ₩900,000 |
|---|---|---|---|---|
| 3/10 | 현금 | 200,000 | | |
| 8/10 | 현금 | 400,000 | | |

**매출원가**

| 12/31 | 상품(기초) | ₩200,000 | 12/31 상품(기말) | |
|---|---|---|---|---|
| 12/31 | 매입 | 900,000 | ₩350,000 | |

### 3. 마감

**상품**

| 1/1 | 전기이월 | ₩200,000 | 12/31 | 매출원가 | ₩200,000 |
|---|---|---|---|---|---|
| 12/31 | 매출원가 | 350,000 | 12/31 | 차기이월 | 350,000 |
| | 합계 | ₩550,000 | | 합계 | ₩550,000 |

**매출**

| 12/31 | 집합손익 | ₩1,500,000 | 2/15 | 현금 | ₩500,000 |
|---|---|---|---|---|---|
| | | | 5/15 | 현금 | 300,000 |
| | | | 6/20 | 현금 | 250,000 |
| | | | 10/5 | 현금 | 450,000 |
| 합계 | | ₩1,500,000 | 합계 | | ₩1,500,000 |

**매입**

| 1/20 | 현금 | ₩300,000 | 12/31 | 매출원가 | ₩900,000 |
|---|---|---|---|---|---|
| 3/10 | 현금 | 200,000 | | | |
| 8/10 | 현금 | 400,000 | | | |
| 합계 | | ₩900,000 | 합계 | | ₩900,000 |

**매출원가**

| 12/31 | 상품(기초) | ₩200,000 | 12/31 | 상품(기말) | ₩350,000 |
|---|---|---|---|---|---|
| 12/31 | 매입 | 900,000 | 12/31 | 집합손익 | 750,000 |
| 합계 | | ₩1,100,000 | 합계 | | ₩1,100,000 |

### 포괄손익계산서

㈜한국　　　　　　　　　　　20×2.1.1 ~ 20×2.12.31 (단위 : 원)

| 비용 | | 수익 | |
|---|---|---|---|
| 매출원가 | ₩750,000 | 매출 | ₩1,500,000 |
| 이익 | | | |
| 매출총이익 | 750,000 | | |
| 합계 | ₩1,500,000 | 합계 | ₩1,500,000 |

## 3. 순매출액과 순매입액

앞서 기술한 매출액, 매입액은 별도의 조정사항이 없었지만 실무에서는 다양한 조정항목이 발생한다. 매출과 관련해서는 매출환입, 매출에누리, 매출할인 등이 발생하고, 매입과 관련해서는 매입환출, 매입에누리, 매입할인과 같은 조정항목이 발생한다.

### [1] 순매출액

순매출액 = 총매출액 - 매출환입 - 매출에누리 - 매출할인

| 구분 | 내용 |
|---|---|
| 매출환입(Sales returns) | 결함 등의 하자로 인하여 반품 받은 것 |
| 매출에누리(Sales allowances) | 결함이나 불량 등으로 매입자에게 가격을 깎아 주는 것 |
| 매출할인(Sales discount) | 외상으로 판매한 매출채권을 조기에 회수하는 경우 대금의 일부분을 면제해 주는 것 |

#### (1) 매출에누리와 환입

매출에누리와 매출환입이 발생하는 경우 매출계정을 직접 감소시킬 수도 있고 매출에누리와 환입이라는 별도의 계정을 설정하여 기록할 수도 있다. 매출에누리와 환입이라는 별도 계정으로 기록하였다면 포괄손익계산서에 공시할 때 총매출액에서 매출에누리와 환입을 차감하여 순매출액으로 공시한다.

#### (2) 매출할인

매출할인은 외상으로 판매한 매출채권을 조기에 회수하게 되면 회수하는 금액의 일부를 면제해 주는 것을 말한다. 매출할인은 조건을 계약서에 기재하기 때문에 계약내용을 잘 파악할 수 있어야 한다.

>> 2/10, n/30

거래일로부터 10일 이내에 대금을 변제하면 변제하는 금액의 2%를 할인해 주는 조건이다. 거래일로부터 30일 이내에는 대금을 변제해야 하며, 10일이 지난 이후에 변제하는 부분은 매출할인이 적용되지 않는다.

>> 2/10, n/EOM(end of month)

거래일로부터 10일 이내에 대금을 변제하면 변제하는 금액의 2%를 할인해 주는 조건이다. 판매한 달의 월말까지는 대금을 지급해야 하는 조건이다.

✎ **예제 3-5 순매출액**

㈜한국은 매출액과 관련해서 다음과 같은 거래가 발생하였다.

> 1월 1일  ₩300,000의 상품을 거래처에 외상으로 판매하였다.
> 1월 5일  상품에 하자가 발견되어 ₩30,000의 상품이 반품되었다.
> 1월 8일  상품의 일부가 파손되어 상품대금 중 ₩10,000을 깎아주었다.

**물음**

매출에누리와 환입계정을 사용하여 해당 거래를 회계처리하시오.

**해답**

| 1월 1일 | (차) 매출채권 | 300,000 | (대) 매출 | 300,000 |
|---|---|---|---|---|
| 1월 5일 | (차) 매출에누리와 환입 | 30,000 | (대) 매출채권 | 30,000 |
| 1월 8일 | (차) 매출에누리와 환입 | 10,000 | (대) 매출채권 | 10,000 |

→ 포괄손익계산서에 매출액을 표기할 때는 총매출액 ₩300,000에서 매출에누리와 환입 ₩40,000을 차감하여 ₩260,000으로 표시한다.

✎ **예제 3-6 매출할인**

㈜한국은 다음과 같이 상품을 판매하고 대금을 회수하였다. ㈜한국은 매출에누리와 환입, 매출할 인은 별도의 계정을 사용하여 기록하고 있다.

> 1월 6일   상품을 ₩240,000에 2/10, n/30의 조건으로 외상판매하였다.
> 1월 10일  상품에 하자가 있어 ₩25,000의 상품이 반품되었다.
> 1월 14일  상품 중 일부가 파손되어 상품대금 중에서 ₩15,000을 깎아주었다.
> 1월 15일  매출채권 중에서 ₩100,000을 매출할인을 제외한 금액으로 회수하였다.
> 1월 25일  남아있는 매출채권 전액을 회수하였다.

**물음**

해당 거래를 회계처리하시오.

**해답**

| 1월 6일 | (차) 매출채권 | 240,000 | (대) 매출 | 240,000 |
|---|---|---|---|---|
| 1월 10일 | (차) 매출에누리와 환입 | 25,000 | (대) 매출채권 | 25,000 |
| 1월 14일 | (차) 매출에누리와 환입 | 15,000 | (대) 매출채권 | 15,000 |
| 1월 15일 | (차) 현금<br>　　　매출할인 | 98,000<br>2,000[1)] | (대) 매출채권 | 100,000 |
| 1월 25일 | (차) 현금 | 100,000 | (대) 매출채권 | 100,000 |

1) 매출할인 = ₩100,000 × 2% = ₩2,000
→ 포괄손익계산서에 매출액을 표기할 때는 총매출액 ₩240,000에서 매출에누리와 환입 ₩40,000과 매출할인 ₩2,000을 차감하여 ₩198,000으로 표시한다.

## [2] 순매입액

순매입액 = 총매입액 - 매입환출 - 매입에누리 - 매입할인

| 구분 | 내용 |
| --- | --- |
| 매입환출(Purchase returns) | 매입한 재고자산의 하자로 인해 판매자에게 되돌려 준 것 |
| 매입에누리(Purchase allowances) | 매입한 재고자산에 결함 등이 있어 매입액의 일부분을 깎아 주는 것 |
| 매입할인(Purchase discount) | 외상으로 재고자산을 구입하고 매입채무를 조기에 결제함에 따라 대금의 일부를 감액받은 것 |

회계처리는 매출액의 조정과 마찬가지로 매입에누리와 환출, 매입할인 등의 별도계정을 사용하는 방법과 순액으로 기재하는 2가지 회계처리가 가능하다.

✎ 예제 3-7 순매입액

㈜한국은 다음과 같이 상품을 매입하고 대금을 지불하였다. 다음의 거래를 분개하고 재무제표에 인식할 순매입액은 얼마인지 확인하는 기말수정분개도 하시오(단, ㈜한국은 실지재고조사법을 사용하며, 매출과 매입액의 조정금액은 별도계정을 설정하는 방법을 사용한다).

12월 3일    ₩400,000의 상품을 거래처에서 외상으로 매입하였다.
12월 5일    상품에 결함이 있어 ₩50,000의 상품을 반품하였다.
12월 9일    ₩200,000의 상품을 거래처에서 외상으로 구입하였다.
12월 13일   12월 3일 외상으로 매입한 상품에 대하여 현금으로 대금을 지불하였다. 지불하기로 한 기한보다 조기결제를 하여 지불할 금액의 3%를 할인받았다.
12월 18일   9일 구입한 상품에 일부가 결함이 있어 상품대금 중에서 ₩30,000을 깎아 주었다.

**해답**

| | | | | | |
|---|---|---|---|---|---|
| 12월 3일 | (차) 매입 | 400,000 | (대) 매입채무 | | 400,000 |
| 12월 5일 | (차) 매입채무 | 50,000 | (대) 매입에누리와 환출 | | 50,000 |
| 12월 9일 | (차) 매입 | 200,000 | (대) 매입채무 | | 200,000 |
| 12월 13일 | (차) 매입채무 | 350,000 | (대) 현금 | | 339,500 |
| | | | 매입할인 | | 10,500 |
| 12월 18일 | (차) 매입채무 | 30,000 | (대) 매입에누리와 환출 | | 30,000 |

→ 순매입액은 ₩600,000(총매입액) − ₩80,000(매입에누리와 환출) − ₩10,500(매입할인)
= ₩509,500이다.

◆ **예제 3-8 순매입액**

다음의 자료에 기초하여 상품의 당기 순매입액을 계산하면 얼마인가?
(1) 당기에 상품 500개를 개당 ₩1,000에 외상으로 매입하였다.
(2) 매입과정에서 ₩10,000의 운반비가 발생하였다.
(3) 매입한 상품 500개 중 10개가 검수과정에서 적발되어 반품되었고, 20개에 대해서는 개당 ₩800으로 매입단가를 조정하였다.
(4) 외상매입대금을 조기에 지급함으로써 ₩5,000의 매입할인을 받았다.

**해답**

| | | | | |
|---|---|---|---|---|
| (1) | (차) 매입 | 500,000 | (대) 매입채무 | 500,000 |
| (2) | (차) 매입 | 10,000 | (대) 현금(매입운임) | 10,000 |
| (3) | (차) 매입채무 | 14,000 | (대) 매입에누리와 환출 | 14,000 |
| (4) | (차) 매입채무 | 5,000 | (대) 매입할인 | 5,000 |

→ 당기 순매입액 = ₩510,000 − ₩14,000(매입에누리와 환출) − ₩5,000(매입할인)
= ₩491,000

학습정리

1. 상기업은 상품을 매입하고 이를 판매하는 활동을 영위하는 기업이다.

2. 상기업은 매입과 매출이 빈번하게 발생한다. 이에 따라 매입과 매출에 대한 회계처리 과정의 이해가 요구된다.

3. 매출과 매출원가를 보고하는 방법은 매출총이익으로 순액 보고하는 방법과 매출과 매출원가를 모두 보고하는 총액법이 있다.

4. 매출원가를 파악하는 방법에는 계속기록법과 실지재고조사법이 있다.

5. 계속기록법은 매입과 매출 시마다 상품재고장에 수량을 파악하는 방법으로 매출과 동시에 매출원가를 기록한다.

6. 실지재고조사법은 매입 시에는 매입이라는 별도 계정으로 기입하고 기말결산시점에 실지 재고조사를 통하여 기말재고수량을 파악하는 방법이다.

7. 기말결산수정분개가 필요한 것은 실지재고조사법으로 재고수량을 파악하는 기업이다.

8. 포괄손익계산서에 보고되어야 할 매출액은 순매출액으로 매출환입, 매출에누리, 매출할인을 차감한 이후 금액이다.

9. 매입액은 순매입액을 의미하며 총매입액에 매입환출, 매입에누리, 매입할인을 차감한 이후 금액이다.

01 ㈜한국의 20×2년도 상품관련 자료이다. 이를 통하여 20×2년도의 매출원가를 계산하면 얼마인가? (단, ㈜한국은 실지재고조사법을 이용한다.)

| 기초재고 | ₩4,600 | 당기매입액 | ₩560,000 |
|---|---|---|---|
| 기말재고 | ₩7,200 | | |

① ₩554,000        ② ₩557,400        ③ ₩562,000
④ ₩567,500        ⑤ ₩571,000

02 다음은 실지재고조사법에 관한 설명이다. 이 중 옳지 않은 것은 무엇인가?

① 상품의 회계처리에 관한 기록에 시간과 비용이 비교적 적게 소비된다.
② 판매한 상품의 원가를 기말에 계산하는 방법이다.
③ 회계기간 어느 시점에서도 해당 시점의 상품잔액을 확인할 수 있다.
④ 상품 매입 시 매입이라는 별도 계정을 사용한다.
⑤ 실제로 기말시점에 창고조사를 통하여 재고를 파악한다.

03 다음은 계속기록법에 대한 설명이다. 이 중 옳지 않은 것은 무엇인가?

① 고가의 미술품처럼 거래가 빈번하지 않은 상품에 적당한 방법이다.
② 상품을 판매하는 시점에 매출원가를 동시에 기록한다.
③ 기말결산분개가 필요하지 않다.
④ 실사를 병행하지 않는다면 도난, 분실 등의 파악을 하지 못한다.
⑤ 매출원가가 과대계상될 염려가 있다.

04 ㈜한국은 20×1년 12월 1일 ₩1,000,000의 상품을 신용조건(5/10, n/60)으로 매입하였다. ㈜한국이 20×1년 12월 9일에 매입대금을 전액 현금 결제한 경우의 회계처리는? (단, 상품매입 시 총액법을 적용하며, 실지재고조사법으로 기록한다)

| | 차변 | | 대변 | |
|---|---|---|---|---|
| ① | 매입채무 | ₩900,000 | 현금 | ₩900,000 |
| ② | 매입채무 | ₩950,000 | 현금 | ₩950,000 |
| ③ | 매입채무 | ₩1,000,000 | 현금 | ₩1,000,000 |
| ④ | 매입채무 | ₩1,000,000 | 현금 | ₩900,000 |
| | | | 매입할인 | 100,000 |
| ⑤ | 매입채무 | ₩1,000,000 | 현금 | ₩950,000 |
| | | | 매입할인 | 50,000 |

05 다음의 자료를 이용하여 계산된 매출총이익은?

> ㉠ 기초상품재고액은 ₩120,000이고, 기말상품재고액은 ₩150,000이다.
> ㉡ 당기의 상품 총매입액은 ₩1,300,000이고, 당기의 상품 총매출액은 ₩1,700,000이다.
> ㉢ 당기의 매출에누리와 환입은 ₩180,000이고, 매입에누리와 환출은 ₩100,000이다.
> ㉣ 당기의 판매운임은 ₩30,000이고, 매입운임은 ₩40,000이다.

① ₩210,000  ② ₩280,000  ③ ₩310,000
④ ₩350,000  ⑤ ₩490,000

06 다음 자료를 이용하여 계산한 매출총이익은?

| | | | |
|---|---|---|---|
| 총매출액 | ₩100,000 | 총매입액 | ₩80,000 |
| 매출환입 | ₩2,000 | 매입운임 | ₩1,500 |
| 매출에누리 | ₩1,000 | 매입환출 | ₩2,000 |
| 매출할인 | ₩1,500 | 매출운임 | ₩8,000 |
| 기초재고 | ₩10,000 | 기말재고 | ₩30,000 |

① ₩20,000  ② ₩28,000  ③ ₩34,000
④ ₩36,000  ⑤ ₩40,500

07  다음은 ㈜한국의 신용거래 및 대금회수 자료이다. 11월에 유입된 현금은?

- 11월 8일    한국상사에 상품 ₩50,000을 외상판매하였다.
- 11월 10일   대금의 50%가 회수되었다.
- 11월 30일   대금의 20%가 회수되었다(단, 외상매출에 대한 신용조건은 5/10, n/30이다).

① ₩32,950          ② ₩33,150          ③ ₩33,750
④ ₩34,250          ⑤ ₩34,750


08  다음 자료를 이용하여 기초 상품 재고액을 계산하면?

| 총매출액 | ₩300,000 | 매출에누리 | ₩20,000 |
|---|---|---|---|
| 총매입액 | ₩210,000 | 매입할인 | ₩10,000 |
| 매출총이익 | ₩100,000 | 기말상품 재고액 | ₩55,000 |

① ₩15,000          ② ₩20,000          ③ ₩25,000
④ ₩35,000          ⑤ ₩45,000


09  다음은 ㈜한국의 회계자료이다. 매출원가는 얼마인가?

| 기초상품재고액 | ₩30,000 | 기말상품재고액 | ₩40,000 |
|---|---|---|---|
| 매입액 | ₩150,000 | 매입환출액 | ₩20,000 |
| 매입에누리 | ₩5,000 | | |

① ₩100,000          ② ₩105,000          ③ ₩110,000
④ ₩115,000          ⑤ ₩120,000

10 ㈜한국의 20×1년 말 재고자산 관련 자료가 다음과 같을 때 기초상품재고액은? (단, 재고자산 감모손실과 평가손실은 없다.)

| | | | |
|---|---|---|---|
| • 총매입액 | ₩3,750 | • 매입리베이트 | ₩250 |
| • 기말상품재고액 | ₩375 | • 총매출액 | ₩6,000 |
| • 매출에누리 | ₩500 | • 매출총이익 | ₩1,125 |

① ₩1,000  ② ₩1,250  ③ ₩1,500
④ ₩1,750  ⑤ ₩2,000

11 다음 ㈜한국의 20×1년 자료를 이용한 매출총이익은?

| | | | |
|---|---|---|---|
| • 기초상품재고액 | ₩10,000 | • 기말상품재고액 | ₩12,000 |
| • 당기상품총매입액 | ₩20,000 | • 매입운임 | ₩2,000 |
| • 매입에누리 | ₩1,000 | • 매입환출 | ₩600 |
| • 매입할인 | ₩400 | • 당기상품총매출액 | ₩27,000 |
| • 판매운임 | ₩2,500 | • 매출에누리 | ₩1,800 |
| • 매출환입 | ₩1,200 | • 매출할인 | ₩500 |

① ₩3,500  ② ₩4,500  ③ ₩5,500
④ ₩6,500  ⑤ ₩7,500

# 객관식 문제 해답

01 ② 실지재고조사법의 매출원가는 판매가능상품에서 기말재고 실사금액을 차감하여 계산한다.
매출원가 = ₩4,600(기초재고) + ₩560,000(당기매입액) − ₩7,200(기말재고) = ₩557,400

02 ③ 실지재고조사법은 기말에 창고 실사를 통하여 수량을 파악하는 방법이기 때문에 기중에는 상품 잔액을
확인할 수 없다. 어느 시점이든 상품수량을 파악할 수 있는 방법은 계속기록법의 특징이다.

03 ⑤ 매출원가가 과대계상될 염려가 있는 방법은 실지재고조사법이다. 실지재고조사법은 판매가능수량에 기
말재고수량을 차감하여 매출원가를 계산하는데 기말재고에 도난, 분실 등의 원인으로 과소집계될 염려
도 있으나 이를 모두 당기 매출원가에 반영하게 되는 문제점이 있다.

04 ⑤ 매입할인액 = ₩1,000,000 × 5% = ₩50,000이므로 매입채무 ₩1,000,000 중 매입할인 ₩50,000을
제외한 ₩950,000을 현금으로 지급한다.

05 ③ 1) 순매입액 = ₩1,300,000 − ₩100,000(매입에누리와 환출) + ₩40,000(매입운임) = ₩1,240,000
2) 순매출액 = ₩1,700,000 − ₩180,000(매출에누리와 환입) = ₩1,520,000
3) 매출원가 = ₩120,000(기초재고) + ₩1,240,000(순매입액) − ₩150,000(기말재고) = ₩1,210,000
4) 매출총이익 = ₩1,520,000 − ₩1,210,000 = ₩310,000

06 ④ 1) 순매출액 = ₩100,000(총매출액) − ₩3,000(매출에누리와 환입) − ₩1,500(매출할인) = ₩95,500
2) 매출원가 = ₩10,000(기초재고) + ₩79,500(순매입) − ₩30,000(기말재고) = ₩59,500
 * 순매입 = ₩80,000 + ₩1,500(매입운임) − ₩2,000(매입환출) = ₩79,500
3) 매출총이익 = ₩95,500(매출액) − ₩59,500(매출원가) = ₩36,000

07 ③ 11월에 유입된 현금 = ₩50,000 × 50% × 95% + ₩50,000 × 20% = ₩33,750

08 ④ 1) 순매출액 = ₩300,000 − ₩20,000(매출에누리) = ₩280,000
2) 매출원가 = ₩280,000(순매출액) − ₩100,000(매출총이익) = ₩180,000
3) 매출원가(₩180,000) = 기초재고 + ₩200,000(순매입액) − ₩55,000(기말재고)
 → 기초재고 = ₩35,000

**09** ④ 매출원가 = ₩30,000(기초재고) + ₩125,000(순매입액) − ₩40,000(기말재고) = ₩115,000

**10** ② 1) 당기순매입액 = ₩3,750(총매입액) − ₩250(매입리베이트) = ₩3,500
2) 당기 순매출액 = ₩6,000(총매출액) − ₩500(매출에누리) = ₩5,500
3) 매출원가 = ₩5,500(순매출액) − ₩1,125(매출총이익) = ₩4,375
4) 기초상품재고액 = ₩4,375(매출원가) + ₩375(기말상품재고액) − ₩3,500(당기순매입액) = ₩1,250

**11** ③ 1) 당기순매입액 = ₩20,000(총매입액) + ₩2,000(매입운임) − ₩1,000(매입에누리) − ₩600(매입환출)
− ₩400(매입할인) = ₩20,000
2) 당기순매출액 = ₩27,000(총매출액) − ₩1,800(매출에누리) − ₩1,200(매출환입) − ₩500(매출할인)
= ₩23,500
※ 판매운임은 판매비와 관리비로 매출액에서 차감하는 항목에 해당하지 아니한다.
3) 매출원가 = ₩10,000(기초상품재고액) + ₩20,000(당기순매입액) − ₩12,000(기말상품재고액)
= ₩18,000
4) 매출총이익 = ₩23,500(매출액) − ₩18,000(매출원가) = ₩5,500

01 ㈜한국의 기중 상품매매와 관련된 금액이 다음과 같을 때 물음에 답하시오.

| 매입 | ₩600,000 | 매출 | ₩900,000 |
|---|---|---|---|
| 기초재고 | ₩60,000 | 매입운임 | ₩15,000 |
| 영업비용 | ₩110,000 | 기말재고 | ₩85,000 |

1. 기말수정분개를 하시오.

2. 매출원가를 계산하시오.

3. 매출총이익 및 당기순이익을 계산하시오(단, 영업비용 이외의 기타비용은 없다고 가정한다).

02 다음의 빈칸을 채우시오.

| 매출액 | 매출원가 | 매출총이익 | 영업비용 | 당기순이익 |
|---|---|---|---|---|
| ₩135,000 | 93,000 | ① | ② | 23,500 |
| ③ | 65,300 | 37,200 | 8,500 | ④ |
| 163,000 | ⑤ | 45,000 | ⑥ | 13,800 |

03 다음은 ㈜한국의 20×1년 5월의 상품매매거래이다. 다음의 거래를 보고 물음에 답하시오.

| | |
|---|---|
| 5월 1일 | 전기이월된 상품재고는 ₩5,000이다. |
| 5월 7일 | 원가 ₩2,000의 상품을 ₩4,500에 판매하였다. |
| 5월 13일 | 상품 2개를 개당 ₩3,000에 현금매입하였다. |
| 5월 19일 | 상품 3개를 개당 ₩2,000에 현금매입하였다. |
| 5월 25일 | 원가 ₩3,000의 상품을 ₩5,000에 판매하였다. |
| 5월 28일 | 원가 ₩2,000의 상품을 ₩4,000에 판매하였다. |
| 5월 31일 | 재고의 실사액은 ₩10,000이다. |

1. ㈜한국의 20×1년 5월의 상품매매거래를 계속기록법의 입장에서 분개하시오.

2. ㈜한국의 20×1년 5월의 상품매매거래를 실지재고조사법의 입장에서 분개하시오.

3. 계속기록법과 실지재고조사법을 각각 적용한 경우에 5월의 상품의 매출원가를 각각 계산하시오.

**04** ㈜한국의 20×1년 12월 31일 현재 총계정원장을 요약한 잔액시산표는 다음과 같다.

잔액시산표

㈜한국                                          20×1년 12월 31일 (단위: 원)

| 계정과목 | 차변 | 대변 |
|---|---|---|
| 현금 | 15,000 | |
| 수취채권 | 50,000 | |
| 상품 | 30,000 | |
| 소모품 | 4,000 | |
| 선급보험료 | 8,000 | |
| 당기손익인식금융자산 | 2,000 | |
| 토지 | 60,000 | |
| 건물 | 100,000 | |
| 비품 | 10,000 | |
| 단기차입금 | | 150,000 |
| 매입채무 | | 30,000 |
| 자본금 | | 100,000 |
| 매출 | | 120,000 |
| 매입 | 90,000 | |
| 급여 | 25,000 | |
| 관리비 | 6,000 | |
| 합계 | ₩400,000 | ₩400,000 |

㈜한국은 결산일 현재 수정이 필요한 항목을 다음과 같이 정리하였다.

(1) 기말의 상품 실지재고조사액은 ₩15,000이다.

(2) 기말 소모품 실지재고조사액은 ₩2,000으로 조사되었다.

(3) 선급보험료는 7월 1일부터 시작되는 1년분 자동차보험료를 선납한 것이다.

(4) 올해 1월초에 구입한 건물의 내용연수는 5년이며, 정액법에 의해 감가상각한다(단, 잔존가치는 없는 것으로 한다).

(5) 올해 8월 1일에 차입한 차입금은 연이자율이 10%로 다음해 7월 31일에 이자를 지급하기로 하였다.

(6) 급여 중 ₩1,000은 차기의 급여가 선급된 것이다.

**[요구사항]**

**1. 위의 결산정리사항에 대한 수정분개를 하시오.**

**2. 수정후시산표를 작성하시오.**

**3. 재무상태표와 포괄손익계산서를 작성하시오.**

# Part 03 주관식 문제 해답

**01**  1) 기말수정분개

| (차) 상품(기말) | 85,000 | (대) 상품(기초) | 60,000 |
|---|---|---|---|
| 매출원가 | 590,000 | 매입 | 615,000* |

\* 당기 매입액은 순매입액으로 매입가격에 취득부대비용을 가산한다. 매입운임은 취득부대비용의 일종
으로 매입액에 가산한다. (₩600,000 + ₩15,000(매입운임) = ₩615,000)

2) 매출원가 = ₩60,000(기초재고) + ₩615,000(당기매입) - ₩85,000(기말재고) = ₩590,000

3) 매출총이익 및 당기순이익
  • 매출총이익 = ₩900,000(매출액) - ₩590,000(매출원가) = ₩310,000
  • 당기순이익 = ₩310,000(매출총이익) - ₩110,000(영업비용) = ₩200,000

**02**

| 매출액 | 매출원가 | 매출총이익 | 영업비용 | 당기순이익 |
|---|---|---|---|---|
| ₩135,000 | 93,000 | ① 42,000 | ② 18,500 | 23,500 |
| ③ 102,500 | 65,300 | 37,200 | 8,500 | ④ 28,700 |
| 163,000 | ⑤ 118,000 | 45,000 | ⑥ 31,200 | 13,800 |

① 매출총이익 = ₩135,000(매출액) - ₩93,000(매출원가) = ₩42,000
② 영업비용 = ₩42,000(매출총이익) - ₩23,500(당기순이익) = ₩18,500
③ 매출액 = ₩65,300(매출원가) + ₩37,200(매출총이익) = ₩102,500
④ 당기순이익 = ₩37,200(매출총이익) - ₩8,500(영업비용) = ₩28,700
⑤ 매출원가 = ₩163,000(매출액) - ₩45,000(매출총이익) = ₩118,000
⑥ 영업비용 = ₩45,000(매출총이익) - ₩13,800(당기순이익) = ₩31,200

**03**  1) 계속기록법

| 5/7 | (차) 현금 | 4,500 | (대) 매출 | 4,500 |
|---|---|---|---|---|
| | (차) 매출원가 | 2,000 | (대) 상품 | 2,000 |
| 5/13 | (차) 상품 | 6,000 | (대) 현금 | 6,000 |
| 5/19 | (차) 상품 | 6,000 | (대) 현금 | 6,000 |
| 5/25 | (차) 현금 | 5,000 | (대) 매출 | 5,000 |
| | (차) 매출원가 | 3,000 | (대) 상품 | 3,000 |
| 5/28 | (차) 현금 | 4,000 | (대) 매출 | 4,000 |
| | (차) 매출원가 | 2,000 | (대) 상품 | 2,000 |

2) 실지재고조사법

| | | | | | | |
|---|---|---|---|---|---|---|
| 5/7 | (차) 현금 | 4,500 | (대) 매출 | | | 4,500 |
| 5/13 | (차) 매입 | 6,000 | (대) 현금 | | | 6,000 |
| 5/19 | (차) 매입 | 6,000 | (대) 현금 | | | 6,000 |
| 5/25 | (차) 현금 | 5,000 | (대) 매출 | | | 5,000 |
| 5/28 | (차) 현금 | 4,000 | (대) 매출 | | | 4,000 |
| 5/31 | (차) 상품(기말) | 10,000 | (대) 상품(기초) | | | 5,000 |
| | 매출원가 | 7,000 | 매입 | | | 12,000 |

3) 매출원가
- 계속기록법 = ₩2,000 + ₩3,000 + ₩2,000 = ₩7,000
- 실지재고조사법 = ₩5,000 + ₩12,000 − ₩10,000 = ₩7,000

04 1) 기말수정분개

| | | | | | |
|---|---|---|---|---|---|
| (1) | (차) 상품(기말) | 15,000 | (대) 상품(기초) | | 30,000 |
| | 매출원가 | 105,000 | 매입 | | 90,000 |
| (2) | (차) 소모품비 | 2,000 | (대) 소모품 | | 2,000 |
| (3) | (차) 보험료 | 4,000 | (대) 선급보험료 | | 4,000 |
| (4) | (차) 감가상각비 | 20,000 | (대) 감가상각누계액 | | 20,000 |
| (5) | (차) 이자비용 | 6,250 | (대) 미지급이자 | | 6,250 |
| (6) | (차) 선급급여 | 1,000 | (대) 급여 | | 1,000 |

\* 감가상각비 = (₩100,000 − ₩0) × 1/5 = ₩20,000
\* 당기 이자비용 = ₩150,000 × 10% × 5/12 = ₩6,250

2) 수정 후 시산표

### 수정 후 시산표

㈜한국            20×1년 12월 31일            단위 : 원

| 계정과목 | 차변 | 대변 |
|---|---|---|
| 현금 | 15,000 | |
| 수취채권 | 50,000 | |
| 상품 | 15,000 | |
| 소모품 | 2,000 | |
| 선급보험료 | 4,000 | |
| 당기손익금융자산 | 2,000 | |
| 토지 | 60,000 | |
| 건물 | 100,000 | |
| 감가상각누계액 | (20,000) | |
| 비품 | 10,000 | |
| 선급급여 | 1,000 | |
| 단기차입금 | | 150,000 |
| 매입채무 | | 30,000 |

| | | |
|---|---:|---:|
| 미지급이자 | | 6,250 |
| 자본금 | | 100,000 |
| 매출 | | 120,000 |
| 매출원가 | 105,000 | |
| 급여 | 24,000 | |
| 관리비 | 6,000 | |
| 소모품비 | 2,000 | |
| 보험료 | 4,000 | |
| 감가상각비 | 20,000 | |
| 이자비용 | 6,250 | |
| 합계 | ₩406,250 | ₩406,250 |

3) 재무상태표와 포괄손익계산서

**재무상태표**

| ㈜한국 | | 20×1.12.31(단위 : 원) | |
|---|---:|---|---:|
| **자산** | | **부채** | |
| 현금 | ₩15,000 | 단기차입금 | ₩150,000 |
| 수취채권 | 50,000 | 매입채무 | 30,000 |
| 상품 | 15,000 | 미지급이자 | 6,250 |
| 소모품 | 2,000 | | |
| 선급보험료 | 4,000 | **자본** | |
| 당기손익인식금융자산 | 2,000 | 자본금 | 100,000 |
| 토지 | 60,000 | 이익잉여금 | (47,250) |
| 건물 | 100,000 | | |
| 감가상각누계액 | (20,000) | | |
| 비품 | 10,000 | | |
| 선급급여 | 1,000 | | |
| 합계 | ₩239,000 | 합계 | ₩239,000 |

**포괄손익계산서**

| ㈜한국 | | 20×1.1.1 ~ 20×1.12.31(단위 : 원) | |
|---|---:|---|---:|
| **비용** | | **수익** | |
| 매출원가 | ₩105,000 | 매출 | ₩120,000 |
| 급여 | 24,000 | | |
| 관리비 | 6,000 | | |
| 소모품비 | 2,000 | | |
| 보험료 | 4,000 | | |
| 감가상각비 | 20,000 | | |
| 이자비용 | 6,250 | | |
| **이익** | | | |
| 당기순손실 | (47,250) | | |
| 합계 | ₩120,000 | 합계 | ₩120,000 |

# 04

# 개념체계

- 개념체계의 제정목적 및 우선순위를 알 수 있다.
- 일반목적재무보고의 목적 및 한계점을 이해할 수 있다.
- 유용한 재무정보의 질적특성을 알 수 있다.
- 인식과 측정 및 측정기준에 대해 파악할 수 있다.

# PART 04 개념체계

## 1. 일반적으로 인정된 회계원칙

### [1] GAAP이란?

재무회계는 외부정보이용자에게 그들의 의사결정에 유용한 정보를 제공하는 것을 목적으로 하고 있다. 외부정보이용자들은 그 수도 많을 뿐만 아니라 각자가 다양한 이해관계들을 가지고 있다. 그렇기 때문에 회계 정보를 제공할 때에는 통일된 지침과 규칙의 필요성이 대두될 수밖에 없으며 일정 수준 이상의 충분한 정보를 제공할 것을 요구하게 된다.

이때, 회계정보 작성 및 공시과정에서 준거해야 할 지침 또는 규칙을 일반적으로 인정된 회계원칙(GAAP : Generally Accepted Accounting Principles)이라고 한다.

## 2. 개념체계

개념체계란? 외부이용자를 위한 재무제표(재무보고 ×)의 작성과 표시에 있어 기초가 되는 개념을 정립한다.

### [1] 개념체계의 목적

> ① 한국회계기준위원회 : 한국회계기준위원회가 일관된 개념에 기반하여 한국채택국제회계기준을 제·개정하는 데 도움을 준다.
> ② 재무제표 작성자 : 특정 거래나 다른 사건에 적용할 회계기준이 없거나 회계기준에서 회계정책 선택이 허용되는 경우에 재무제표 작성자가 일관된 회계정책을 개발하는 데 도움을 준다.
> ③ 기타 이해관계자 : 모든 이해관계자가 회계기준을 이해하고 해석하는 데 도움을 준다.

이 개념체계는 한국채택국제회계기준이 아니므로 이 개념체계의 어떠한 내용도 회계기준이나 회계기준의 요구사항에 우선하지 아니한다.

## [2] 일반목적재무보고

### (1) 일반목적재무보고의 목적

현재 및 잠재적 투자자, 대여자 및 기타 채권자(주요 이용자)가 의사결정을 할 때 유용한 재무정보를 제공하는 것이다.

① 경제적 의사결정에 유용한 정보를 제공한다는 목적으로 작성되는 재무제표는 대부분의 정보이용자의 공통적인 수요를 충족시킨다.

② 어떤 정보가 유용하다고 판단하는가? 현재 및 잠재적 투자자, 대여자 및 기타 채권자는 기업에 유입될 미래 순현금유입의 금액, 시기 및 불확실성(전망)을 평가하는데 도움을 주는 정보를 필요로 한다. 그리고 그들이 미래 순현금유입에 대한 기업의 전망을 평가하기 위해서 기업의 자원, 기업에 대한 청구권, 그리고 기업의 경영진 및 이사회가 기업의 자원을 사용하는 그들의 책임을 얼마나 효율적이고 효과적으로 이행해 왔는지에 대한 정보를 필요로 한다.

③ 그러나 일반목적재무보고서가 모든 정보를 제공하지도 않으며 제공할 수도 없다. 그러므로 정보이용자들은 다른 원천에서 입수한 정보를 고려할 필요가 있다.

④ 일반목적재무보고서는 보고기업의 가치를 보여주기 위해 고안된 것이 아니다. 그러나 그것은 현재 및 잠재적 투자자, 대여자 및 기타 채권자가 보고기업의 가치를 추정하는 데 도움이 되는 정보를 제공한다.

⑤ 회계기준위원회는 재무보고기준을 제정할 때 주요 이용자 최대 다수의 수요를 충족하는 정보를 제공하기 위해 노력할 것이다. 그러나 공통된 정보 수요에 초점을 맞춘다고 해서 보고기업으로 하여금 주요 이용자의 특정한 일부에게 가장 유용한 추가적인 정보를 포함하지 못하게 하는 것은 아니다.

⑥ 보고기업의 경영진도 해당 기업에 대한 재무정보에 관심이 있다. 그러나 경영진은 그들이 필요로 하는 재무정보를 내부에서 구할 수 있기 때문에 일반목적재무보고서에 의존할 필요가 없다.

⑦ 재무보고서는 정확한 서술보다는 상당 부분 추정, 판단 및 모형에 근거한다.

### (2) 보고기업의 경제적 자원, 청구권 그리고 자원 및 청구권의 변동에 관한 정보

>> 경제적 자원과 청구권

① 보고기업의 경제적 자원과 청구권에 관한 정보는 정보이용자가 보고기업의 재무적 강점과 약점을 식별하는 데 도움을 준다.
그 정보는 정보이용자가 보고기업의 유동성과 지급능력, 추가적인 자금 조달의 필요성 및 그 자금 조달이 얼마나 성공적일지를 평가하는 데 도움을 준다.

② 현재 청구권의 우선순위와 지급 요구사항에 대한 정보는 정보이용자가 보고기업에 청구권이 있는 자들 간에 미래 현금흐름이 어떻게 분배될 것인지를 예상하는 데 도움을 준다.

## ▶▶ 경제적 자원 및 청구권의 변동

① 정보이용자는 재무성과와 그 이외의 사건에 따른 변동을 구별함으로써 미래 현금흐름을 보다 정확하게 평가할 수 있다.
② 재무성과는 그 기업의 경제적 자원에서 해당 기업이 창출한 수익을 정보이용자가 이해하는 데 도움을 주며, 기업이 창출한 수익에 대한 정보는 경영진이 보고기업의 자원을 효율적이고 효과적으로 사용해야 하는 책임을 얼마나 잘 이행하였는지를 보여준다.

## ▶▶ 발생기준 회계가 반영된 재무성과

발생기준 회계가 현금기준 회계보다 기업의 과거 및 미래 성과를 평가하는 데 더 나은 근거를 제공한다.

## ▶▶ 과거 현금흐름이 반영된 재무성과

① 어느 한 기간의 보고기업의 현금흐름에 대한 정보도 정보이용자가 기업의 미래 순현금유입 창출 능력을 평가하는 데에 도움이 된다.
② 현금흐름에 대한 정보는 정보이용자가 보고기업의 영업을 이해하고, 재무활동과 투자활동을 평가하며, 유동성이나 지급능력을 평가하고, 재무성과에 대한 그 밖의 정보를 해석하는 데 도움이 된다.

## ▶▶ 재무성과에 기인하지 않은 경제적 자원 및 청구권의 변동

보고기업의 경제적 자원과 청구권이 변동된 이유와 그 변동이 미래 재무성과에 주는 의미를 정보이용자가 완전히 이해하는 데 필요하다.

## 3. 유용한 재무정보의 질적특성

• 근본적 질적특성 : 목적적합성, 표현충실성
• 보강적 질적특성 : 비교가능성, 검증가능성, 적시성, 이해가능성

## [1] 근본적 질적특성

| 구분 | 내용 |
|---|---|
| 목적적합성 | ① 정보이용자의 의사결정에 차이를 일으키는 정보능력을 말한다.<br>② 정보는 일부 정보이용자가 이를 이용하지 않기로 선택하거나 다른 원천을 통하여 이미 이를 알고 있다고 할지라도 의사결정에 차이가 나도록 할 수 있다.<br>③ 재무정보에 예측가치, 확인가치 또는 이 둘 모두가 있다면 의사결정에 차이가 나도록 할 수 있다.<br>④ 재무정보가 예측가치를 갖기 위해서 그 자체가 예측치 또는 예상치일 필요는 없다.<br>⑤ 재무정보가 과거 평가에 대해 피드백을 제공한다면(과거 평가를 확인하거나 변경시킨다면) 확인가치를 갖는다. |

| | |
|---|---|
| 표현충실성 | ① 충실한 표현을 위해서는 서술이 완전하고, 중립적이며, 오류가 없어야 한다.<br>② 완전한 서술이란? 필요한 기술과 설명을 포함하여 정보이용자가 서술되는 현상을 이해하는 데 필요한 모든 정보를 포함하는 것을 말한다.<br>③ 중립적 서술은 재무정보의 선택이나 표시에 편의가 없는 것이다.<br>④ 오류가 없는 서술이란 현상의 기술에 오류나 누락이 없고, 보고 정보를 생산하는 데 사용되는 절차의 선택과 적용 시 절차상 오류가 없음을 의미하는 것이지, 서술의 모든 면이 완벽하게 정확하다는 것을 의미하는 것은 아니다. |

### (1) 중요성

① 중요성은 개별 기업 재무보고서 관점에서 해당 정보와 관련된 항목의 성격이나 규모 또는 이 둘 모두에 근거하여 해당 기업에 특유한 측면의 목적적합성을 말한다.

② 정보가 누락되거나 잘못 기재된 경우 특정 보고기업의 재무정보에 근거한 정보이용자의 의사결정에 영향을 줄 수 있다면 해당 정보는 중요한 것이다.

### (2) 근본적 질적특성의 적용(적용순서가 있음)

① 보고기업의 재무정보 이용자에게 유용할 수 있는 경제적 현상을 식별한다.

② 이용가능하고 충실히 표현될 수 있다면 가장 목적적합하게 될, 그 현상에 대한 정보의 유형을 식별한다.

③ 그 정보가 이용가능하고 충실하게 표현될 수 있는지 결정한다. 만약 그러하다면, 근본적 질적특성의 충족 절차는 그 시점에 종료한다. 만약 그러하지 않다면, 차선의 목적적합한 유형의 정보에 대해 해당 절차를 반복한다.

## [2] 보강적 질적특성

| 구분 | 내용 |
|---|---|
| 비교가능성 | ① 다른 질적특성과는 달리 비교가능성은 하나의 항목에 관련된 것이 아니며, 비교하려면 최소한 두 항목이 필요하다.<br>② 같은 것은 같게 다른 것은 다르게 보이는 것이지 통일성을 의미하는 것은 아니다(유사점과 차이점을 식별하게 하는 질적특성).<br>③ 일관성은 한 보고기업 내에서 기간 간 또는 같은 기간 동안에 기업 간, 동일한 항목에 대해 동일한 방법을 적용하는 것으로서 비교가능성과 관련은 되어 있지만 동일하지는 않다. 비교가능성은 목표이고, 일관성은 이를 달성하는 데 도움을 준다.<br>④ 동일한 경제적 현상에 대해 대체적인 회계처리방법을 허용하면 비교가능성이 감소한다. |
| 검증가능성 | ① 합리적인 판단력이 있고 독립적인 서로 다른 관찰자가 어떤 서술이 충실한 표현이라는 데, 비록 완전히 일치하지는 못하더라도, 의견이 일치할 수 있다는 것을 의미한다.<br>② 계량화된 정보가 검증가능하기 위해서 단일 점추정치이어야 할 필요는 없다. |
| 적시성 | ① 적시성은 의사결정자가 정보를 제때에 이용가능하게 하는 것을 의미한다.<br>② 일반적으로 정보는 오래될수록 유용성이 낮아지지만 일부 정보는 추세를 식별할 수 있다면 오랫동안 적시성이 있을 수 있다. |

| 이해가능성 | ① 이해가능성은 경제활동에 대해 합리적인 지식이 있고, 부지런히 정보를 검토하고 분석하는 정보이용자가 이해할 수 있도록 재무보고서가 작성되어야 함을 전제로 한다.<br>② 정보가 유용하기 위해서는 이용자가 이해가능해야 하며, 정보를 명확하고 간결하게 분류하고, 특징지으며, 표시하면 이해가능하게 된다. |
|---|---|

**》 보강적 질적특성의 적용(적용순서가 없음)**

- 보강적 질적특성은 정보가 목적적합하지 않거나 충실하게 표현되지 않으면, 개별적으로든 집단적으로든 그 정보를 유용하게 할 수 없다.
- 보강적 질적특성을 적용하는 것은 어떤 규정된 순서를 따르지 않는 반복적인 과정이다. 하나의 보강적 질적특성이 다른 질적특성의 극대화를 위해서 감소되어야 할 때도 있다.

## [3] 포괄적 제약 요인 : 원가

① 유용한 정보라고 하더라도 정보로 얻을 수 있는 효익보다 원가가 크다면 해당 정보는 제공하기 어렵다. 원가는 유용한 재무보고를 위한 포괄적 제약 요인이다.
② 원가는 제공자(작성원가)뿐만 아니라 이용자(이용원가)도 발생한다.
③ 정보의 효익은 양적 정보뿐만 아니라 질적 정보도 고려한다.

## [4] 기본가정 : 계속기업의 가정

① 재무제표는 일반적으로 기업이 계속기업이며, 예상가능한 기간 동안 영업을 계속할 것이라는 가정 하에 작성한다.
② 기업이 경영활동을 청산하거나 중요하게 축소할 의도나 필요성을 갖고 있다면 계속기업을 가정한 기준과는 다른 기준을 적용하여 작성하는 것이 타당하며, 이때 적용한 기준은 별도로 공시한다.

# 4. 재무제표 요소의 인식과 제거

## [1] 인식기준

인식은 자산, 부채, 자본, 수익 또는 비용과 같은 재무제표 요소 중 하나의 정의를 충족하는 항목을 재무상태표나 재무성과표에 포함하기 위하여 포착하는 과정을 말한다. 자산이나 부채를 인식하고 이에 따른 결과로 수익, 비용 또는 자본변동을 인식하는 것이 재무제표이용자들에게 다음과 같이 유용한 정보를 모두 제공하는 경우에만 자산이나 부채를 인식한다.

**≫ 개념체계 인식기준**

> ① 자산이나 부채에 대한 그리고 이에 따른 결과로 발생하는 수익, 비용 또는 자본변동에 대한 목적적합한 정보
> ② 자산이나 부채 그리고 이에 따른 결과로 발생하는 수익, 비용 또는 자본변동의 충실한 표현

## [2] 제거

제거는 기업의 재무상태표에서 인식된 자산이나 부채의 전부 또는 일부를 삭제하는 것이다. 제거는 일반적으로 해당 항목이 더 이상 자산 또는 부채의 정의를 충족하지 못할 때 발생한다.

> ① 자산은 일반적으로 기업이 인식한 자산의 전부 또는 일부에 대한 통제를 상실하였을 때 제거한다.
> ② 부채는 일반적으로 기업이 인식한 부채의 전부 또는 일부에 대한 현재의무를 더 이상 부담하지 않을 때 제거한다.

# 5. 재무제표 요소의 측정

## [1] 측정이란?

측정은 재무상태표와 포괄손익계산서에 인식되고 평가되어야 할 재무제표 요소의 화폐금액을 결정하는 과정이다. 측정기준은 측정 대상 항목에 대해 식별된 속성이다. 측정기준은 역사적원가와 현행가치로 구분할 수 있고, 현행가치에 공정가치, 사용가치(이행가치), 현행원가가 포함된다.

## [2] 측정속성의 종류

① **역사적원가(상각후원가 포함)** : 자산을 취득하거나 창출할 때의 역사적원가는 자산의 취득 또는 창출에 발생한 원가의 가치로서, 자산을 취득 또는 창출하기 위하여 지급한 대가와 거래원가를 포함한다. 부채가 발생하거나 인수할 때의 역사적원가는 발생시키거나 인수하면서 수취한 대가에서 거래원가를 차감한 가치이다.

② **공정가치** : 공정가치는 측정일에 시장참여자 사이의 정상거래에서 자산을 매도할 때 받거나 부채를 이전할 때 지급하게 될 가격이다.

③ **사용가치(이행가치)** : 사용가치는 기업이 자산의 사용과 궁극적인 처분으로 얻을 것으로 기대하는 현금흐름 또는 그 밖의 경제적 효익의 현재가치이다. 이행가치는 기업이 부채를 이행할 때 이전해야 하는 현금이나 그 밖의 경제적 자원의 현재가치이다.

④ **현행원가** : 자산의 현행원가는 측정일 현재 동등한 자산의 원가로서 측정일에 지급할 대가와 그 날에 발생할 거래원가를 포함한다. 부채의 현행원가는 측정일 현재 동등한 부채에 대해 수취할 수 있는 대가에서 그 날에 발생할 거래원가를 차감한다.

## 6. 자본 및 자본유지의 개념

기업은 재무제표이용자의 정보욕구에 기초하여 적절한 자본개념을 선택하여야 한다. 재무제표이용자가 주로 명목상의 투하자본이나 투하자본의 구매력 유지에 관심이 있다면 재무적 개념의 자본을 채택하여야 한다. 그러나 재무제표 이용자의 주된 관심이 기업의 조업능력 유지에 있다면 실물적 개념의 자본을 사용하여야 한다.

### [1] 자본유지개념의 종류

| 구분 | 내용 |
|---|---|
| 재무자본유지 | 재무자본유지개념하에서 이익은 해당 기간 동안 소유주에게 배분하거나 소유주가 출연한 부분을 제외하고, 기말순자산의 재무적 측정금액(화폐금액)이 기초순자산의 재무적 측정금액(화폐금액)을 초과하는 경우에만 발생하며, 명목화폐단위 또는 불변구매력단위를 이용하여 측정 가능하다. |
| 실물자본유지 | 실물자본유지개념하에서 이익은 해당 기간 동안 소유주에게 배분하거나 소유주가 출연한 부분을 제외하고, 기업의 기말 실물생산능력이나 조업능력(또는 그러한 생산능력을 갖추기 위해 필요한 자원이나 기금)이 기초 실물생산능력을 초과하는 경우에만 발생한다. |

### [2] 자본유지개념과 측정기준

자본유지개념은 이익 측정의 준거기준을 제공함으로써 자본개념과 이익개념 사이의 연결고리를 제공한다. 실물자본유지개념을 사용하기 위해서는 현행원가 기준에 따라 측정해야 한다. 그러나 재무자본유지개념은 특정한 측정기준의 적용을 요구하지 않는다.

실무에서는 일반적으로 측정기준을 역사적원가로 하고, 자본유지개념을 명목화폐단위로 측정하는 재무자본유지개념으로 하는 모형을 사용한다.

# PART 04

**01** 다음 중 회계정보의 보강적 질적특성이 아닌 것은 무엇인가?

① 목적적합성　　　　　　② 비교가능성　　　　　　③ 적시성
④ 이해가능성　　　　　　⑤ 검증가능성

**02** 자산을 취득할 때 취득의 대가로 취득 당시에 지급한 현금 또는 현금성자산이나 그 밖의 대가의 공정가치로 기록하는 것을 의미하는 측정속성으로 맞는 것은 무엇인가?

① 현행원가　　　　　　　② 현재가치　　　　　　　③ 순실현가능가치
④ 이행가치　　　　　　　⑤ 역사적원가

**03** 취득원가, 감가상각, 유동/비유동 구분표시 등의 회계처리와 가장 관련성이 많은 회계의 기본 가정은 무엇인가?

① 기업실체의 가정　　　　　　　② 발생기준의 가정
③ 계속기업의 가정　　　　　　　④ 청산기업의 가정
⑤ 현재가치

**04** 다음 중 '재무보고를 위한 개념체계'의 목적과 위상에 관한 설명으로 가장 옳지 않은 것은?

① 특정 거래나 다른 사건에 적용할 회계기준이 없거나 회계기준에서 회계정책 선택이 허용되는 경우에 재무제표 작성자가 일관된 회계정책을 개발하는 데 도움을 준다.
② 모든 이해관계자가 회계기준을 이해하고 해석하는 데 도움을 준다.
③ 한국채택국제회계기준위원회가 일관된 개념에 기반하여 한국채택국제회계기준을 제·개정하는 데 도움을 준다.
④ 개념체계와 한국채택국제회계기준이 상충될 경우에는 개념체계가 우선한다.
⑤ 개념체계와 한국채택국제회계기준은 같지 않다.

**05**  다음 중 표현충실성에 대한 설명으로 옳지 않은 것은?

① 표현충실성은 근본적 질적특성이다.

② 충실한 표현이 되려면 서술이 완전하고, 중립적이며, 오류가 없어야 한다.

③ 완전한 서술은 모든 면에서 완벽한 것을 의미한다.

④ 중립적이라는 의미는 편의가 없음을 의미한다.

⑤ 충실한 표현이 충족되지 않으면 보강적 질적특성을 논할 수 없다.

**06**  다음 중 재무회계의 주된 목적은 무엇인가?

① 정확한 금액의 계산

② 경영자의 수탁책임 평가

③ 외부정보이용자의 경제적 의사결정에 유용한 정보의 제공

④ 기업의 경영성과 파악

⑤ 정확한 세금의 산출

**07**  다음은 재무보고를 위한 개념체계 중 일반목적재무보고의 위상과 목적에 관한 설명이다. 이 중 옳지 않은 것은?

① 현재 및 잠재적 투자자, 대여자와 그 밖의 채권자는 일반목적재무보고서가 대상으로 하는 주요 이용자이다.

② 보고기업의 경영진도 해당 기업에 대한 재무정보에 관심이 있기 때문에 일반목적재무보고서에 의존할 필요가 있다.

③ 한 기간의 보고기업의 현금흐름에 대한 정보는 기업의 경제적 자원에 대한 경영진의 수탁책임을 평가하는 데에도 도움이 된다.

④ 보고기업의 경제적 자원과 청구권의 성격 및 금액에 대한 정보는 정보이용자가 보고기업의 재무적 강점과 약점을 식별하는 데 도움을 줄 수 있다.

⑤ 보고기업의 경제적 자원과 청구권의 변동은 그 기업의 재무성과, 그리고 채무상품 또는 지분상품의 발행과 같은 그 밖의 사건 또는 거래에서 발생한다.

**08** 다음은 보강적 질적특성에 대한 설명이다. 다음 중 옳지 않은 것은?

① 비교가능성은 이용자가 항목간의 유사점과 차이점을 식별하고 이해할 수 있게 하는 질적특성이다.

② 검증가능성은 정보가 나타내고자 하는 경제적 현상을 충실히 표현하는지를 이용자가 확인하는 데 도움을 준다.

③ 적시성은 의사결정에 영향을 미칠 수 있도록 의사결정자가 정보를 제때에 이용 가능하게 하는 것을 의미한다.

④ 정보를 명확하고 간결하게 분류하고, 특징지으며, 표시하면 이해 가능하게 된다.

⑤ 정보가 누락되거나 잘못 기재된 경우 특정 보고기업의 재무정보에 근거한 이용자의 의사결정에 영향을 줄 수 있다면 그 정보는 중요한 것이다.

**09** 다음은 재무상태표의 요소와 관련된 개념체계의 내용들이다. 다음 중 옳지 않은 것은 무엇인가?

① 재무상태표의 요소는 자산, 부채, 자본이며 자본은 별도로 측정되는 것이 아니라 자산에서 부채를 차감한 잔여지분으로 계산된다.

② 특정 항목이 자산, 부채 또는 자본의 정의를 충족하는지를 판단할 때에 단순한 법률적 형식이 아닌 거래의 실질과 경제적 현실을 고려하여야 한다.

③ 일반적으로 자본총액은 그 기업이 발행한 주식의 시가총액, 또는 순자산을 나누어서 처분하거나 계속기업을 전제로 기업전체를 처분할 때 받을 수 있는 총액과 항상 일치한다.

④ 부채는 기업이 현재의무를 갖고 있다는 것으로 미래에 특정 자산을 취득하겠다는 경영진의 의사결정 자체만으로는 현재의무가 발생하지 않는다.

⑤ 자산은 과거사건의 결과로 기업이 통제하고 있는 현재의 경제적 자원이다.

**10** 회계에 있어서 전기 재무제표에 적용했던 회계정책을 당기 재무제표에도 계속 적용하는 것이 권장되는 이유를 바르게 묶은 것은 무엇인가?

> ㉠ 계속기업의 가정에 합치되게 한다.
> ㉡ 회계수치의 조작을 억제한다.
> ㉢ 경제적 실질내용을 적절히 반영한다.
> ㉣ 회계정보의 통일성을 제고한다.
> ㉤ 회계정보의 기간별 비교가능성을 제고한다.
> ㉥ 회계정보의 적시성을 확보한다.

① ㉠, ㉢, ㉣　　　　② ㉡, ㉣　　　　③ ㉠, ㉣
④ ㉡, ㉤　　　　⑤ ㉥

**11** 다음의 측정기준 중 현행가치에 해당하지 않는 것은?

① 상각후원가　　　　② 현행원가　　　　③ 공정가치
④ 이행가치　　　　⑤ 사용가치

**01** ① 유용한 정보의 질적특성 중 근본적 질적특성은 목적적합성, 표현충실성이 있다.

**02** ⑤ 자산을 취득할 때 취득의 대가로 취득 당시에 지급한 현금 또는 현금성자산이나 그 밖의 대가의 공정가치로 기록하는 것을 역사적원가라고 한다.

**03** ③ 회계의 가정은 계속기업의 가정이며, 계속기업의 가정이 충족되어야 취득원가로 측정, 감가상각의 계상, 유동, 비유동 구분표시 적용이 가능하다. 계속기업의 가정을 충족하지 못한다면 별도의 가정을 이용하여 재무제표를 작성하여야 한다.

**04** ④ 개념체계와 한국채택국제회계기준이 상충될 경우에는 기준이 우선한다.

**05** ③ 표현충실성은 모든 면에서 완벽하다는 것을 의미하지는 않는다. 회계정보의 측정에는 많은 부분 추정치가 포함되므로 합리적인 추정은 재무제표의 신뢰성을 훼손하지는 않는다.

**06** ③ 재무보고를 위한 개념체계에서는 재무회계의 가장 주된 목적으로 외부정보이용자의 경제적 의사결정에 유용한 정보를 제공하는 것이라고 규정하고 있다.

**07** ② 보고기업의 경영진도 해당 기업에 대한 재무정보에 관심은 있지만 일반목적재무보고서에 의존할 필요는 없다.

**08** ⑤ 정보가 누락되거나 잘못 기재된 경우 특정 보고기업의 재무정보에 근거한 이용자의 의사결정에 영향을 줄 수 있다면 그 정보는 중요한 것이다라는 중요성에 대한 설명이며 중요성은 근본적 질적특성인 목적적합성의 하부속성이다.

**09** ③ 일반적으로 자본총액은 시가총액 또는 처분으로 받을 수 있는 총액과 일치하지 않는다.

**10** ④ 회계정책을 일관되게 적용함으로써 회계수치의 조작을 억제하고 회계정보의 기간별 비교가능성을 높인다.

**11** ① 상각후원가는 역사적원가의 일종으로 현행가치에 해당하지 않는다.

# 재무제표 표시

- 재무제표 표시의 일반사항을 학습한다.
- 재무상태표의 유동자산(부채), 비유동자산(부채)의 구분기준을 학습한다.
- 포괄손익계산서를 이해하고 기타포괄손익을 구분할 수 있다.
- 포괄손익계산서의 중간합계를 이해하고 세부항목별로 표시범위를 이해한다.

# 재무제표 표시

## 1. 재무제표 작성과 표시의 일반원칙

### [1] 공정한 표시와 한국채택국제회계기준의 준수

① 재무제표는 기업의 재무상태, 재무성과 및 현금흐름을 공정하게 표시해야 한다.

② 한국채택국제회계기준에 따라 작성된 재무제표는 공정하게 표시된 재무제표로 본다.

③ 부적절한 회계정책은 이에 대하여 공시나 주석 또는 보충 자료를 통해 설명하더라도 정당화
될 수 없다.

④ 재무제표가 한국채택국제회계기준의 요구사항을 모두 충족한 경우가 아니라면 한국채택국제회계
기준을 준수하여 작성되었다고 기재하여서는 아니 된다.

### [2] 계속기업

① 계속기업으로서의 존속능력에 중대한 의문이 제기될 수 있는 사건이나 상황과 관련된 중요한 불확
실성을 알게 된 경우, 경영진은 그러한 불확실성을 공시하여야 한다.

② 계속기업의 가정이 적절한지 여부를 평가할 때 경영진은 적어도 보고기간 말로부터 향후 12개월
기간에 대하여 이용가능한 모든 정보를 고려한다.

### [3] 발생기준회계

기업은 현금흐름 정보를 제외하고는 발생기준 회계를 사용하여 재무제표를 작성한다.

### [4] 중요성과 통합표시

① 유사한 항목은 중요성 분류에 따라 재무제표에 구분하여 표시하며, 상이한 성격이나 기능을 가진
항목은 구분하여 표시한다. 다만, 중요하지 않은 항목은 성격이나 기능이 유사한 항목과 통합하여
표시할 수 있다.

② 중요하지 않은 정보일 경우 한국채택국제회계기준에서 요구하는 특정 공시를 제공할 필요는 없다.

### [5] 상계

① 한국채택국제회계기준에서 요구하거나 허용하지 않는 한 자산과 부채, 그리고 수익과 비용은 상계
하지 않는다.

② 그러나 동일 거래에서 발생하는 수익과 관련 비용의 상계표시가 거래나 그 밖의 사건의 실질을
반영한다면 그러한 거래의 결과는 상계하여 표시한다.

> ㉠ 비유동자산처분손익(관련된 처분비용과 상계)
> ㉡ 충당부채와 관련된 지출 중 제3자와의 계약관계에 따라 보전받는 금액
> ㉢ 외환손익 또는 단기매매금융상품에서 발생하는 손익(단, 중요한 경우에는 구분 표시한다.)

③ 재고자산에 대한 재고자산평가충당금과 매출채권에 대한 손실(대손)충당금과 같은 평가충당금을 차감하여 관련 자산을 순액으로 측정하는 것은 상계표시에 해당하지 않는다.

④ 외환손익 또는 단기매매금융상품에서 발생하는 손익과 같이 유사한 거래의 집합에서 발생하는 차익과 차손은 순액으로 표시한다. 그러나 그러한 차익과 차손이 중요한 경우에는 구분하여 표시한다.

## [6] 보고빈도

① 전체 재무제표(비교정보를 포함)는 적어도 1년마다 작성한다.

② 실무적인 이유로 어떤 기업은 예를 들어 52주의 보고기간을 선호한다면, 이러한 보고관행을 금지하지 않는다.

## [7] 비교정보

① 한국채택국제회계기준이 달리 허용하거나 요구하는 경우를 제외하고는 당기 재무제표에 보고되는 모든 금액에 대해 전기 비교정보를 공시한다.

② 서술형 정보의 경우는 목적적합하다면 비교정보를 공시한다.

③ 회계정보를 소급 재작성할 경우 당기 말, 전기 말, 전기 초의 세 개의 재무상태표를 공시한다.

## [8] 표시의 계속성

재무제표 항목의 표시와 분류는 다음의 경우를 제외하고는 매기 동일하여야 한다.

> ① 사업내용의 유의적인 변화나 재무제표를 검토한 결과 다른 표시나 분류방법이 더 적절한 것이 명백한 경우
> ② 한국채택국제회계기준에서 표시방법의 변경을 요구하는 경우

# 2. 재무상태표 표시방법

## [1] 재무상태표 표시방법 : 선택. 유동성배열법 강제하지 않음

① 유동, 비유동 구분표시 : 원칙

> ㉠ 자산(부채)을 유동자산(부채)과 비유동자산(부채)으로 구분표시
> ㉡ 이연법인세자산(부채)은 비유동자산(부채)으로 분류

| 유동자산 | 유동부채 |
|---|---|
| • 기업의 **정상영업주기 내에** 실현될 것으로 예상하거나, 정상영업주기 내에 판매하거나 소비할 의도가 있음<br>• 주로 단기매매 목적으로 보유<br>• **보고기간 후 12개월 이내**에 실현될 것으로 예상<br>• 현금이나 현금성자산으로서, 교환이나 부채 상환 목적으로의 사용에 대한 제한 기간이 보고기간 후 12개월 이상이 아님 | • 정상영업주기 내에 결제될 것으로 예상<br>• 주로 단기매매 목적으로 보유<br>• 보고기간 후 12개월 이내에 결제 예정<br>• 보고기간 후 12개월 이상 부채의 결제를 연기할 수 있는 무조건의 권리를 가지고 있지 않음 |

※ 영업용 자산/부채 = max(1년, 정상영업주기)
※ 정상영업주기 : 영업활동을 위한 자산의 취득시점부터 그 자산이 현금이나 현금성 자산으로 실현되는 시점까지 소요되는 기간으로 1년 초과 가능함. 정상영업주기를 명확히 식별할 수 없다면 12개월인 것으로 가정

② 유동성배열법

> ㉠ 유동성 순서에 따른 표시방법이 신뢰성 있고 더욱 목적적합한 정보를 제공하는 경우 유동성 순서에 따라 표시할 수 있다.
> ㉡ 유동성배열법을 선택할 경우 모든 자산과 부채를 유동성 순서로 표시한다.

③ 혼합법

신뢰성 있고 더욱 목적적합한 정보를 제공한다면 자산과 부채의 일부는 유동성/비유동성 구분법으로, 나머지는 유동성 순서에 따라 표시할 수 있다.

## 3. 포괄손익계산서 표시방법

① 포괄손익 = 당기순손익 ± 기타포괄손익

| 구분 | 표시방법 |
|---|---|
| 영업이익 | 매출액 – 매출원가 – 판매비와 관리비 |
| 계속영업이익 | 세전금액과 법인세를 구분 표시 |
| 중단영업이익 | 세후금액으로 표시 |
| 기타포괄이익 | 재분류조정을 하는 항목과 재분류조정을 하지 않는 항목으로 구분 표시 |

② 특별손익은 포괄손익계산서 및 주석 어디에도 표시하지 않는다.
③ **표시방법** : 단일의 포괄손익계산서 또는 별개의 보고서 중 선택할 수 있다.

| 단일의 포괄손익계산서 | 당기순손익과 기타포괄손익을 하나의 보고서로 표시 |
|---|---|
| 별개의 포괄손익계산서 | 당기순이익을 표시하는 보고서는 포괄손익을 표시하는 보고서 바로 앞에 위치 |

④ 비용의 표시방법 : 성격별 분류와 기능별 분류 중 선택 가능하다.

| 성격별 분류 | 기능별 분류 |
|---|---|
| • 비용의 발생원천별로 분류한다.<br>• 성격별(감가상각비, 원재료의 구입, 운송비, 광고비 등등)로 분류하는 경우 기능별로 재분류하지 않는다.<br>• 성격별 정보가 미래 현금흐름 예측에는 더 유용한 정보를 제공한다. | • 매출원가법이라고도 한다.<br>• 비용을 역할에 따라 분류한다.<br>• 기능별 분류가 성격별 분류보다 더욱 목적적합한 정보를 제공할 수 있으나 기능별 배분과정에 자의적 배분과 상당한 정도의 판단이 개입될 가능성이 있다.<br>• 기능별로 분류할 경우 비용의 성격에 대한 추가 정보를 공시한다. |

⑤ 기타포괄손익 : 후속적으로 재분류되는 손익과 재분류되지 않는 손익으로 구분한다.

| 당기손익으로<br>재분류되지 않는 항목 | 1. 재평가잉여금의 변동<br>2. 순확정급여부채(자산)의 재측정요소<br>3. 기타포괄공정가치 선택 금융자산의 평가손익(지분상품) |
|---|---|
| 당기손익으로<br>재분류되는 항목 | 1. 해외사업장의 재무제표 환산으로 인한 손익<br>2. 기타포괄공정가치 측정 금융자산 평가손익(채무상품)<br>3. 현금흐름위험회피의 위험회피수단 평가손익 중 위험회피에 효과적인 부분 |

**01** 재무제표의 작성 및 표시에 대한 설명으로 옳은 것은?

① 재무상태표상 자산과 부채는 반드시 유동성 순서에 따라 표시한다.

② 한국채택국제회계기준은 재무제표 및 연차보고서 작성 시 반드시 적용되어야 한다.

③ 매출채권에서 손실(대손)충당금을 차감하여 매출채권을 순액으로 표시하는 것은 상계표시에 해당한다.

④ 수익과 비용 어느 항목도 포괄손익계산서에 특별손익으로 구분하여 표시할 수 없으며, 주석으로 표시하는 것도 금지하고 있다.

⑤ 포괄손익계산서는 단일 또는 별개의 표시방법 중 선택할 수 없다.


**02** 재무제표와 관련된 설명 중 옳은 것은?

① 재무상태표의 자산과 부채는 유동성배열법에 따라 표시해야 한다.

② 비용을 성격별로 분류하는 기업은 비용의 기능에 대한 정보를 반드시 공시해야 한다.

③ 자본변동표는 자본거래를 제외한 모든 원천에서 인식된 자본의 변동을 나타낸다.

④ 현금흐름표는 기업의 회계선택에 의한 영향을 제거할 수 없기 때문에 영업성과에 대한 기업 간 비교를 어렵게 한다.

⑤ 주석은 재무제표에 포함되며, 유의적인 회계정책의 요약 및 그 밖의 설명으로 구성된다.


**03** 재무제표 표시에 관한 설명으로 옳지 않은 것은?

① 재무제표의 목적은 광범위한 정보이용자의 경제적 의사결정에 유용한 기업의 재무상태, 재무성과와 재무상태변동에 관한 정보를 제공하는 것이다.

② 당기손익과 기타포괄손익은 단일의 포괄손익계산서에 두 부분으로 나누어 표시할 수 있다.

③ 기업은 재무상태, 경영성과, 현금흐름 정보를 발생기준 회계에 따라 재무제표를 작성한다.

④ 경영진은 재무제표를 작성할 때 계속기업으로서의 존속가능성을 평가해야 한다.

⑤ 부적절한 회계정책은 이에 대하여 공시나 주석 또는 보충자료를 통해 설명하더라도 정당화될 수 없다.

**04** **재무제표 작성원칙에 관한 설명으로 옳지 않은 것은?**

① 전체 재무제표(비교정보를 포함)는 적어도 1년마다 작성한다.

② 재무제표의 표시통화는 천 단위 이상으로 표시할 수 없다. 예를 들어, 백만 단위로 표시할 경우 정보가 지나치게 누락되어 이해가능성이 훼손될 수 있다.

③ 자산과 부채, 수익과 비용은 상계하지 않고 구분하여 표시하는 것을 원칙으로 한다.

④ 한국채택국제회계기준이 달리 허용하거나 요구하는 경우를 제외하고는 당기 재무제표에 보고되는 모든 금액에 대해 전기 비교정보를 표시한다.

⑤ 상이한 성격이나 기능을 가진 항목은 구분하여 표시한다. 다만 중요하지 않은 항목은 성격이나 기능이 유사한 항목과 통합하여 표시할 수 있다.

**05** **포괄손익계산서에서 기타포괄손익의 세부항목으로 표시되는 항목은?**

① 지분법손실

② 상각후원가 측정 금융자산 처분이익

③ 기타포괄손익 – 공정가치 측정 금융자산 평가이익

④ 유형자산손상차손

⑤ 중단영업손실

**06** **재무제표 표시에 대한 설명으로 옳지 않은 것은?**

① 재무제표의 목적은 광범위한 정보이용자의 경제적 의사결정에 유용한 기업의 재무상태, 재무성과와 재무상태변동에 관한 정보를 제공하는 것이다.

② 전체 재무제표는 적어도 1년마다 작성한다. 따라서 보고기간 종료일을 변경하는 경우라도 재무제표의 보고기간은 1년을 초과할 수 없다.

③ 재무제표의 목적을 충족하기 위하여 자산, 부채, 자본, 차익과 차손을 포함한 광의의 수익과 비용, 소유주로서의 자격을 행사하는 소유주에 의한 출자와 소유주에 대한 배분 및 현금흐름 정보를 제공한다.

④ 재무제표는 위탁받은 자원에 대한 경영진의 수탁책임 결과도 보여준다.

⑤ 매입채무와 같이 기업의 정상영업주기 내에 사용되는 운전자본의 일부항목인 경우 보고기간 후 12개월 후에 결제일이 도래하더라도 유동부채로 분류한다.

**07** 포괄손익계산서에서 당기순손익과 총포괄손익 간에 차이를 발생시키는 항목은?

① 확정급여제도 재측정요소　　　　　② 감자차손
③ 자기주식처분이익　　　　　　　　　④ 사채상환손실
⑤ 지분법이익

**08** 비용의 성격별 분류와 기능별 분류에 대한 설명으로 옳은 것은?

① 비용의 성격별 분류는 기능별 분류보다 재무제표 이용자에게 더욱 목적적합한 정보를 제공할 수 있다.
② 비용의 성격별 분류는 기능별 분류보다 비용을 배분하는 데 자의성과 상당한 정도의 판단이 개입될 수 있다.
③ 비용을 성격별로 분류하는 경우 비용을 기능별 분류로 배분할 필요가 없기 때문에 적용이 간단할 수 있다.
④ 비용의 기능별 분류는 성격별 분류보다 미래현금흐름을 예측하는 데 더 유용하다.
⑤ 비용을 성격별로 분류하는 기업은 감가상각비, 종업원급여비용 등을 포함하여 비용의 기능에 대한 추가 정보를 제공한다.

**09** 재무제표 표시에 관한 설명으로 옳지 않은 것은?

① 경영진은 재무제표를 작성할 때 계속기업으로서의 존속가능성을 평가해야 한다.
② 한국채택국제회계기준에서 요구하거나 허용하지 않는 한 자산과 부채 그리고 수익과 비용은 상계하지 아니한다.
③ 기업이 명확히 식별 가능한 영업주기 내에서 재화나 용역을 제공하는 경우, 재무상태표에 유동자산과 비유동자산 및 유동부채와 비유동부채를 구분하여 표시한다.
④ 자산과 부채의 실현 예정일에 대한 정보는 기업의 유동성과 부채 상환능력을 평가하는 데 유용하다.
⑤ 재고자산에 대한 재고자산평가충당금과 매출채권에 대한 손실충당금과 같은 평가충당금을 차감하여 관련 자산을 순액으로 측정하는 것은 상계표시에 해당한다.

**· 재무제표 표시 ·**
# 객관식 문제 해답

**01** ④
① 재무상태표상 자산과 부채는 유동/비유동 구분표시, 유동성배열법, 혼합법 중 한 가지 방법으로 표시할 수 있다.
② 한국채택국제회계기준은 연차보고서 작성 시 반드시 적용되어야 하는 것은 아니다.
③ 매출채권에서 손실(대손)충당금을 차감하여 매출채권을 순액으로 표시하는 것은 상계표시에 해당하지 않는다.
⑤ 포괄손익계산서는 단일 또는 별개의 표시방법 중 선택할 수 있다.

**02** ⑤
① 자산과 부채는 유동성/비유동성 구분법, 유동성배열법, 혼합법 중 한 가지 방법으로 표시할 수 있다.
② 비용을 기능별로 분류하는 기업은 비용의 성격에 대한 추가정보를 공시해야 한다.
③ 자본변동표는 손익거래를 제외한 모든 원천에서 인식된 자본의 변동을 나타낸다.
④ 현금흐름표는 기업의 회계선택에 의한 영향을 제거하기 때문에 영업성과에 대한 기업 간 비교를 용이하게 한다.

**03** ③ 기업의 현금흐름 정보는 현금기준 회계에 따라 작성한다.

**04** ② 재무제표의 표시통화는 천 단위, 백만 단위로도 표시할 수 있다.

**05** ③ 기타포괄손익–공정가치 측정 금융자산 평가이익은 기타포괄손익에 해당한다.

**06** ② 전체 재무제표는 적어도 1년마다 작성한다. 다만, 보고기간을 변경하는 등의 사유에 따라 1년을 초과하거나 미달할 수 있다.

**07** ① 당기순손익과 총포괄손익 간에 차이를 발생시키는 항목은 기타포괄손익이다.

**08** ③
① 비용의 기능별 분류는 성격별 분류보다 재무제표 이용자에게 더욱 목적적합한 정보를 제공할 수 있다.
② 비용의 기능별 분류는 성격별 분류보다 비용을 배분하는 데 자의성과 상당한 정도의 판단이 개입될 수 있다.
④ 비용의 성격별 분류는 기능별 분류보다 미래현금흐름을 예측하는 데 더 유용하다.
⑤ 비용을 기능별로 분류하는 기업은 감가상각비, 종업원급여비용 등을 포함하여 비용의 성격에 대한 추가정보를 제공한다.

**09** ⑤ 재고자산에 대한 재고자산평가충당금과 매출채권에 대한 손실충당금과 같은 평가충당금을 차감하여 관련 자산을 순액으로 측정하는 것은 상계표시에 해당하지 아니한다.

# 재고자산

- 재고자산의 종류를 이해하고 회계처리의 차이를 이해할 수 있다.
- 원가흐름가정에 따른 당기순이익 차이를 학습한다.
- 기말 재고자산에 포함해야 할 사항들을 학습한다.
- 재고자산의 감모손실과 평가손실의 의미와 회계처리를 이해할 수 있다.

PART

**06**

# 재고자산

## 1. 재고자산의 정의

### [1] 재고자산이란?

재고자산은 기업이 정상적인 영업활동 과정에서 판매 또는 제품을 직접 제조하는 제조업에서는 이를 제조하기 위해 보유하고 있는 자산 등을 모두 포함하는 개념이다. 이러한 재고자산은 다음과 같은 특징을 가진다.

#### (1) 영업활동과정과 관련이 있어야 한다.

영업활동과정과 관련이 있는 경우를 재고자산이라고 하며, 만약 같은 건물이라고 하더라도 직접 거주하면서 다른 매출로 수익을 얻는다면 이는 유형자산으로 분류하여야 하고, 해당 건물을 투자 목적으로 보유하고 있다면 투자부동산으로 분류할 것이다. 그러나 건물을 사고파는 일이 영업활동인 경우 해당 건물은 재고자산으로 분류될 것이다.

#### (2) 재고자산의 종류

재고자산은 해당 기업이 상품을 구입해서 판매하는 상품매매업종인지 직접 물건을 만들어서 판매하는 제조업인지에 따라 다르다. 상품매매기업의 재고를 상품이라고 부르며 제조업의 재고를 제품이라고 한다. 또한 제조업의 경우는 제품을 생산하기 위해 여러 제조 과정을 거치기 때문에 그 과정에서 발생하는 원재료, 재공품, 반제품 등도 재고자산에 해당한다.

| 상품매매기업 | 상품 등 |
|---|---|
| 제조기업 | 제품, 재공품, 반제품, 원재료 등 |

## 2. 재고자산의 최초측정

### [1] 외부 구입 시 : 순매입액 + 매입부대비용

① 순매입액 = 총매입액 − 매입환출 − 매입에누리 − 매입할인
② 매입부대비용 = 매입관련 제세금(관세), 매입운임, 매입 과정의 운송보험료, 하역료 등

### [2] 자가제조 시 : 직접재료원가 + 전환원가 + 취득부대비용

제조업의 경우 재고자산을 자가제조하여 취득원가를 구성한다. 제품을 만들기 위해 투입되는 직접비와 간접비 배부액에 해당 재고자산을 원하는 장소와 상태에 도달하게 하는 데 발생하는 취득부대비용을 가산하여 자가제조 재고자산의 취득원가로 측정한다.

## 3. 기말재고금액

기말재고금액은 기말재고수량에 단위당 원가를 곱하여 계산한다. 기말재고자산의 가액을 결정하기 위해 서는 우선 기말재고의 수량을 파악해야 하고, 기말재고의 단위당 원가를 계산한 후 이 둘을 곱해서 금액을 결정한다. 기말재고의 수량을 파악하는 방법은 계속기록법과 실지재고조사법이 있다.

### [1] 계속기록법(perpetual inventory method)

계속기록법은 재고자산의 입고와 출고를 장부에 계속적으로 기록하여 상품의 판매수량과 기말재고수 량을 직접 파악하는 방법으로 장부상 수량을 파악하는 방법이라고도 한다. 계속기록법은 상품의 매입 이나 매출이 발생하면 그때마다 수량과 단가를 기록하기 때문에 장부상으로 재고수량을 파악할 수 있다.

계속기록법은 실지재고조사법과 달리 기말 실사를 하기 전이라도 회계기간 중 보유재고를 파악할 수 있다는 장점이 있으나 실사를 병행하지 않는다면, 도난이나 감모 등의 원인으로 인한 수량 감소를 파악할 수 없다는 단점이 있다.

#### ✎ 예제 6-1 계속기록법

㈜한국은 20×1년 1월 1일에 ₩300,000의 상품을 보유하고 있었으며 다음과 같은 영업활동을 수 행하였다.

> 2월 10일  ₩500,000의 상품을 현금을 지급하고 매입하였다.
> 3월 20일  ₩400,000의 상품을 ₩700,000의 현금을 받고 판매하였다.
> 5월 10일  ₩200,000의 상품을 ₩400,000의 현금을 받고 판매하였다.
> 8월 5일   ₩100,000의 상품을 현금을 지급하고 매입하였다.

#### 물음

해당 거래를 분개하시오(단, ㈜한국은 계속기록법을 사용하여 매출과 매출원가를 기록한다).

#### 해답

| 2월 10일 | (차) 상품 | 500,000 | (대) 현금 | 500,000 |
|---|---|---|---|---|
| 3월 20일 | (차) 현금 | 700,000 | (대) 매출 | 700,000 |
| | (차) 매출원가 | 400,000 | (대) 상품 | 400,000 |
| 5월 10일 | (차) 현금 | 400,000 | (대) 매출 | 400,000 |
| | (차) 매출원가 | 200,000 | (대) 상품 | 200,000 |
| 8월 5일 | (차) 상품 | 100,000 | (대) 현금 | 100,000 |

## [2] 실지재고조사법(physical inventory method)

실지재고조사법은 결산시점에 실제로 재고조사를 하여 기말상품 수량을 파악하는 방법이다. 실지재고조사법은 기중에는 수량을 파악하지 않고 기말시점에 수량을 파악하는 방법이며, 상품을 매입시 매입으로, 상품을 판매하는 시점에는 매출만 기록한다.

실지재고조사법을 적용하면 상품재고장부만으로는 기말재고수량과 당기판매수량을 알 수 없다. 따라서 먼저 상품재고장으로부터 기초재고수량과 당기매입수량의 합계수량을 파악한 후, 실지재고조사에 의해 파악한 기말재고수량을 차감하여 당기판매수량을 계산한다.

### ◆ 예제 6-2 실지재고조사법

㈜한국은 20×1년 1월 1일에 ₩300,000의 상품을 보유하고 있었으며 다음과 같은 영업활동을 수행하였다. 기말에 창고에 보관되어 있는 상품을 확인한 결과 ₩300,000에 상당하는 상품이 보관되어 있었다.

2월 10일  ₩500,000의 상품을 현금을 지급하고 매입하였다.
3월 20일  ₩400,000의 상품을 ₩700,000의 현금을 받고 판매하였다.
5월 10일  ₩200,000의 상품을 ₩400,000의 현금을 받고 판매하였다.
8월 5일   ₩100,000의 상품을 현금을 지급하고 매입하였다.

### 물음

해당 거래를 분개하시오. 단, ㈜한국은 실지재고조사법을 사용하여 매출과 매출원가를 기록한다.

### 해답

| 2월 10일 | (차) 매입 | 500,000 | (대) 현금 | 500,000 |
|---|---|---|---|---|
| 3월 20일 | (차) 현금 | 700,000 | (대) 매출 | 700,000 |
| 5월 10일 | (차) 현금 | 400,000 | (대) 매출 | 400,000 |
| 8월 5일 | (차) 매입 | 100,000 | (대) 현금 | 100,000 |
| 12월 31일 | (차) 상품(기말) | 300,000 | (대) 상품(기초) | 300,000 |
| | 매출원가 | 600,000 | 매입 | 600,000 |

## [3] 재고자산의 단위원가 결정(원가흐름의 가정)

기말재고금액은 기말재고 수량과 단위원가의 곱으로 결정된다.

### ≫ 기말재고금액

$$기말재고금액 = 수량(Q) \times 단위원가(P)$$

기말재고의 수량을 결정하는 방법은 계속기록법과 실지재고조사법이 있다. 이에 대해서는 앞서 수량 결정방법을 확인하였으나 구입단가가 일정하다는 비현실적인 가정에 근거하여 기말재고금액을 계산하였다. 그러나 실제로는 매입가격에 변동이 발생하는 경우가 일반적이므로 기말재고금액을 계산하기 위해서는 기말재고수량에 적용할 단위원가를 결정하여야 한다. 가장 정확한 방법은 실제 재고에 실제 단가를 적용하는 것이지만 매입·매출이 빈번한 경우 이를 적용하기 어렵기 때문에 일정한 단가 적용순서를 가정하고 그 가정에 따라 기말재고 수량에 곱할 단가를 결정한다.

이렇게 재고의 단위당 원가를 결정하는 것을 원가흐름의 가정(cost flow assumptions)이라고 한다. 기말재고의 단가 결정을 위한 원가흐름의 가정에는 크게 개별법, 선입선출법, 가중평균법이 있다.

## (1) 개별법

개별법은 실제 재고에 실제 단가를 적용하는 방법이다. 즉, 개별법은 구입시점마다 상품의 원가에 해당하는 가격표를 부착한 후 실제 판매되었을 때나 기말재고금액을 계산할 때 부착된 가격표상의 단가를 적용해서 매출원가와 기말재고금액을 평가하는 방법이다.

개별법은 가장 정확한 매출원가와 기말재고금액 평가가 가능하지만 상품의 종류와 거래의 수가 많은 경우에는 현실적으로 적용하기가 매우 번거롭다.

그러나 상호 교환이 가능한 재고자산의 경우 개별법을 적용하게 되면 판매되는 상품의 단가를 임의로 선택할 수 있기 때문에 이익조작의 여지가 있어 해당 경우에는 개별법을 금지하고 있다. 따라서 개별법은 상품의 종류가 적고 주로 고가인 보석, 골동품 등의 품목에 적용된다.

### 예제 6-3 개별법

㈜한국은 문구용품을 판매하는 회사이다. ㈜한국이 판매하는 재고 중 볼펜의 20×1년 매입과 매출에 관한 자료는 다음과 같다. 해당 기업은 개별법을 적용하고 있으며 5월 16일 판매한 상품의 가격표에는 ₩90이 60개, ₩150이 90개가 있었고, 11월 28일 판매한 상품의 가격표에는 ₩90이 40개, ₩150이 100개 ₩200이 40개, ₩220이 20개였다. 기말재고금액과 매출원가를 계산하시오.

| 일자 | 적요 | 수량 | 단가 |
|---|---|---|---|
| 1월 1일 | 기초재고 | 100개 | ₩90 |
| 3월 9일 | 매입 | 200개 | ₩150 |
| 5월 16일 | 매출 | 150개 | |
| 8월 20일 | 매입 | 50개 | ₩200 |
| 10월 25일 | 매입 | 50개 | ₩220 |
| 11월 28일 | 매출 | 200개 | |

**해답**

| 날짜 | 적요 | 입고 | | | 출고 | | | 잔액 | | |
|------|------|------|------|------|------|------|------|------|------|------|
| | | 수량 | 단가 | 금액 | 수량 | 단가 | 금액 | 수량 | 단가 | 금액 |
| 1/1 | 기초 | 100 | 90 | 9,000 | | | | 100 | 90 | 9,000 |
| 3/9 | 매입 | 200 | 150 | 30,000 | | | | 100 | 90 | 9,000 |
| | | | | | | | | 200 | 150 | 30,000 |
| 5/16 | 매출 | | | | 60 | 90 | 5,400 | 40 | 90 | 3,600 |
| | | | | | 90 | 150 | 13,500 | 110 | 150 | 16,500 |
| 8/20 | 매입 | 50 | 200 | 10,000 | | | | 40 | 90 | 3,600 |
| | | | | | | | | 110 | 150 | 16,500 |
| | | | | | | | | 50 | 200 | 10,000 |
| 10/25 | 매입 | 50 | 220 | 11,000 | | | | 40 | 90 | 3,600 |
| | | | | | | | | 110 | 150 | 16,500 |
| | | | | | | | | 50 | 200 | 10,000 |
| | | | | | | | | 50 | 220 | 11,000 |
| 11/28 | 매출 | | | | 40 | 90 | 3,600 | | | |
| | | | | | 100 | 150 | 15,000 | 10 | 150 | 1,500 |
| | | | | | 40 | 200 | 8,000 | 10 | 200 | 2,000 |
| | | | | | 20 | 220 | 4,400 | 30 | 220 | 6,600 |
| 12/31 | 기말 | 400 | | 60,000 | 350 | | 49,900 | 50 | | 10,100 |

(1) 기말재고금액 = 10개 × ₩150 + 10개 × ₩200 + 30개 × ₩220 = ₩10,100

(2) 매출원가 = 60개 × ₩90 + 90개 × ₩150 + 40개 × ₩90 + 100개 × ₩150 + 40개 × ₩200 + 20개 × ₩220 = ₩49,900

국제회계기준은 통상적으로 상호 교환될 수 없는 재고 및 특정 프로젝트별로 생산·관리되는 재고는 개별법을 적용하도록 하고 있다.

### (2) 선입선출법(First in First out : F.I.F.O)

선입선출법은 먼저 입고된 상품이 먼저 판매된다는 원가흐름을 가정하는 방법으로 먼저 매입한 상품의 단가를 매출된 상품의 단가로 적용하는 방법이다. 선입선출법은 매입한 순서대로 출고된다고 가정하는 것이므로 일반적인 물량흐름과 대체적으로 일치하는 방법이다. 또한 기말재고금액은 가장 최근에 매입한 단가로 대응되기 때문에 기말재고금액이 최근의 원가에 가장 가깝게 계산된다는 장점이 있다.

그러나 매입가격이 계속 상승하는 경우에는 기말재고금액이 과대계상되고 매출원가는 과소계상되어 매출총이익이 과다하게 계상되는 것이 단점이다. 선입선출법은 주로 우유, 과일 등의 판매업에 사용된다.

**✎ 예제 6-4 선입선출법**

㈜한국은 문구용품을 판매하는 회사이다. ㈜한국이 판매하는 재고 중 볼펜의 20×1년 매입과 매출에 관한 자료는 다음과 같다. 해당 기업은 선입선출법을 적용하고 있다. 계속기록법과 실지재고조사법으로 구분하여 기말재고금액과 매출원가를 계산하시오(단, 감모손실은 발생하지 않았다).

| 일자 | 적요 | 수량 | 단가 |
|---|---|---|---|
| 1월 1일 | 기초재고 | 100개 | ₩90 |
| 3월 9일 | 매입 | 200개 | ₩150 |
| 5월 16일 | 매출 | 150개 | |
| 8월 20일 | 매입 | 50개 | ₩200 |
| 10월 25일 | 매입 | 50개 | ₩220 |
| 11월 28일 | 매출 | 200개 | |

**해답**

1) 계속기록법, 선입선출법

| 날짜 | 적요 | 입고 | | | 출고 | | | 잔액 | | |
|---|---|---|---|---|---|---|---|---|---|---|
| | | 수량 | 단가 | 금액 | 수량 | 단가 | 금액 | 수량 | 단가 | 금액 |
| 1/1 | 기초 | 100 | 90 | 9,000 | | | | 100 | 90 | 9,000 |
| 3/9 | 매입 | 200 | 150 | 30,000 | | | | 100 | 90 | 9,000 |
| | | | | | | | | 200 | 150 | 30,000 |
| 5/16 | 매출 | | | | 100 | 90 | 9,000 | | | |
| | | | | | 50 | 150 | 7,500 | 150 | 150 | 22,500 |
| 8/20 | 매입 | 50 | 200 | 10,000 | | | | 150 | 150 | 22,500 |
| | | | | | | | | 50 | 200 | 10,000 |
| 10/25 | 매입 | 50 | 220 | 11,000 | | | | 150 | 150 | 22,500 |
| | | | | | | | | 50 | 200 | 10,000 |
| | | | | | | | | 50 | 220 | 11,000 |
| 11/28 | 매출 | | | | 150 | 150 | 22,500 | | | |
| | | | | | 50 | 200 | 10,000 | 50 | 220 | 11,000 |
| 12/31 | 기말 | 400 | | 60,000 | 350 | | 49,000 | 50 | 220 | 11,000 |

(1) 매출원가 = 100개 × ₩90 + 50개 × ₩150 + 150개 × ₩150 + 50개 × ₩200 = ₩49,000

(2) 기말재고금액 = ₩60,000(판매가능재고) − ₩49,000(매출원가) = ₩11,000

2) 실지재고조사법, 선입선출법

(1) 기말재고금액 = 50개 × ₩220 = ₩11,000

(2) 매출원가 = ₩9,000(기초재고) + ₩51,000(당기매입) − ₩11,000(기말재고) = ₩49,000

선입선출법하에서는 위의 예제에서 보는 바와 같이 계속기록법과 실지재고조사법의 결과가 동일하다. 이는 선입선출법이 실제 물량흐름에 순응하는 방법이기 때문이다. 계속기록법을 적용하더라도 먼저 매입한 상품이 먼저 판매되기 때문에 가장 최근에 매입한 상품 순으로 기말재고가 남는다. 그러므로 감모손실이 발생하지 않는다면 수량계산방법이 어떤 것인지 관계없이 기말재고 및 매출원가가 동일하게 된다.

**(3) 가중평균법**

가중평균법은 상품판매 시 기초재고와 당기에 매입한 상품이 골고루 팔렸다고 가정하는 방법이다. 가중평균법은 수량결정방법을 기준으로 총평균법과 이동평균법으로 나뉜다.

① **총평균법**(total weighted average cost method)

총평균법은 결산시점에 회계기간의 총원가를 총재고수량으로 나누어서 총평균단가를 산정하고 이 총평균단가를 기말 재고수량과 당기판매수량에 공통적으로 적용하여 기말재고금액과 매출원가금액을 산정하는 방법이다. 총평균법은 실지재고조사법을 적용하는 경우의 가중평균법이다.

② **이동평균법**(moving average cost method)

이동평균법은 상품을 매입할 때마다 직전의 재고금액에 새로 매입한 수량과 금액을 가산해서 가중평균단가를 새롭게 구하고 해당 단가를 판매 시 매출원가로 산정하는 방법이다. 해당 가중평균단가는 다음의 상품을 구입할 때까지 계속 단가로 적용하고 새로 상품을 구입하게 되면 다시 가중평균단가가 필요하기 때문에 매입할 때마다 판매 시 대응되는 단가 결정을 위해서 매출에 대응되는 원가를 결정하는 방법이다. 이동평균법은 계속기록법을 적용하는 경우의 가중평균법이다.

| 구분 | 총평균법 | 이동평균법 |
|---|---|---|
| 수량계산방법 | 실지재고조사법 | 계속기록법 |
| 단가계산시점 | 결산시점에 1회 | 상품 매입 시마다 |
| 평균단가 계산방법 | 총평균단가 $= \dfrac{\text{기초재고액} + \text{당기매입액}}{\text{기초재고수량} + \text{당기매입수량}}$ $= \dfrac{\text{판매가능총원가}}{\text{판매가능총수량}}$ | 이동평균단가 $= \dfrac{\text{직전재고금액} + \text{신규매입액}}{\text{직전재고수량} + \text{신규매입수량}}$ |

### 예제 6-5 가중평균법

㈜한국은 문구용품을 판매하는 회사이다. ㈜한국이 판매하는 재고 중 볼펜의 20×1년 매입과 매출에 관한 자료는 다음과 같다. 해당 기업은 가중평균법을 적용하고 있다.

| 일자 | 적요 | 수량 | 단가 |
|---|---|---|---|
| 1월 1일 | 기초재고 | 100개 | ₩90 |
| 3월 9일 | 매입 | 200개 | ₩150 |
| 5월 16일 | 매출 | 150개 | |
| 8월 20일 | 매입 | 50개 | ₩200 |
| 10월 25일 | 매입 | 50개 | ₩220 |
| 11월 28일 | 매출 | 200개 | |

**물음**

1. 실지재고조사법에 따른 매출원가와 기말재고금액을 결정하시오.

2. 계속기록법에 따른 매출원가와 기말재고금액을 결정하시오.

**해답**

1) 실지재고조사법, 총평균법

① 총평균단가 $= \dfrac{₩9,000 + ₩51,000}{400개} = ₩150$

② 기말재고금액 $= 50개 \times ₩150 = ₩7,500$

③ 매출원가 $= ₩9,000(기초재고) + ₩51,000(당기매입) - ₩7,500(기말재고금액) = ₩52,500$
   또는 $350개(판매량) \times ₩150 = ₩52,500$

2) 계속기록법, 이동평균법

| 날짜 | 적요 | 입고 | | | 출고 | | | 잔액 | | |
|---|---|---|---|---|---|---|---|---|---|---|
| | | 수량 | 단가 | 금액 | 수량 | 단가 | 금액 | 수량 | 단가 | 금액 |
| 1/1 | 기초 | 100 | 90 | 9,000 | | | | 100 | 90 | 9,000 |
| 3/9 | 매입 | 200 | 150 | 30,000 | | | | 300 | 130 | 39,000 |
| 5/16 | 매출 | | | | 150 | 130 | 19,500 | 150 | 130 | 19,500 |
| 8/20 | 매입 | 50 | 200 | 10,000 | | | | 200 | 147.5 | 29,500 |
| 10/25 | 매입 | 50 | 220 | 11,000 | | | | 250 | 162 | 40,500 |
| 11/28 | 매출 | | | | 200 | 162 | 32,400 | 50 | 162 | 8,100 |
| 12/31 | 기말 | 400 | | 60,000 | 350 | | 51,900 | 50 | 162 | 8,100 |

• 3/9일 이동평균단가 $= \dfrac{₩9,000 + ₩30,000}{300개} = ₩130$

• 10/25일 이동평균단가 $= \dfrac{₩29,500 + ₩11,000}{250개} = ₩162$

① 매출원가 $= 150개 \times ₩130 + 200개 \times ₩162 = ₩51,900$

② 기말재고금액 $= 50개 \times ₩162 = ₩8,100$

## (4) 원가흐름의 가정과 당기순이익 효과

앞에서 여러 가지 원가흐름의 가정에 대해 살펴보았는데 어떤 원가흐름의 가정을 적용하는가에 따라 기말재고금액과 매출원가가 달라지는 것을 확인할 수 있었다. 즉, 어떤 원가흐름가정을 적용하여 재고자산금액을 계산하는지에 따라 당기의 손익이 달라지는데 이를 원가흐름 가정의 당기순이익 효과라고 한다.

| 구분 | 선입선출법 | 이동평균법 | 총평균법 |
|---|---|---|---|
| 매출원가 | ₩49,000 | ₩51,900 | ₩52,500 |
| 재고자산 | 11,000 | 8,100 | 7,500 |

앞서 공통된 예제로 선입선출법, 이동평균법, 총평균법의 기말재고금액과 매출원가를 살펴보았는데 기말재고금액은 선입선출법이 가장 크고 그 다음은 이동평균법, 총평균법의 순서였다. 따라서 매출원가는 선입선출법이 가장 작고 당기순이익은 선입선출법이 가장 크다. 그러나 선입선출법의 기말재고금액이 가장 크게 산출되기 위해서는 구입단가가 상승한다라는 인플레이션이라는 조건이 충족되어야 한다. 인플레이션이라는 조건이 충족되지 않으면 항상 선입선출법의 기말재고금액이 가장 크다고 단정할 수 없다.

### ≫ 원가흐름가정의 당기순이익 효과(물가상승 시)

기말재고금액 : 선입선출법 > 이동평균법 > 총평균법
매출원가　　 : 선입선출법 < 이동평균법 < 총평균법
당기순이익　 : 선입선출법 > 이동평균법 > 총평균법

### ≫ 기말재고자산과 당기순이익의 관계

기말재고 증가 → 매출원가 감소 → 당기순이익 증가
기말재고 감소 → 매출원가 증가 → 당기순이익 감소

| 구분 | 20×1년 | 20×2년 | 20×1년 | 20×2년 |
|---|---|---|---|---|
| 기초재고<br>+ 당기매입<br>- 기말재고 | 증가 ↑ | 증가 ↑ | 감소 ↓ | 감소 ↓ |
| 매출원가 | 감소 ↓ | 증가 ↑ | 증가 ↑ | 감소 ↓ |
| 당기순이익 | 증가 ↑ | 감소 ↓ | 감소 ↓ | 증가 ↑ |

### 📝 예제 6-6 기말재고오류

㈜한국은 20×1년 매출원가 ₩1,000,000, 20×2년 매출원가로 ₩1,500,000을 보고하였다. 이후 20×1년의 기말재고자산이 ₩100,000 과대평가되어 있었고, 20×2년 기말재고는 ₩45,000이 과소 평가되어 있음을 확인하였다. 해당 오류를 바로 잡은 후 20×2년도의 올바른 매출원가는 얼마인가?

**해답**

| | | |
|---|---|---|
| 20×2년 기초재고 | ₩100,000 | 과대계상 |
| + 20×2년 당기매입 | | |
| − 20×2년 기말재고 | ₩45,000 | 과소계상 |
| = 20×2년 매출원가 | ₩145,000 | 과대계상 |
| 20×2년 당기순이익 | ₩145,000 | 과소계상 |

→ 20×2년의 정확한 매출원가는 ₩1,500,000 − ₩145,000(과대계상) = ₩1,355,000

## [4] 기말재고 포함여부

실지재고조사법은 창고에 보관중인 재고수량에 단위원가를 적용한다. 이 경우 실사수량에 반영되지 않은 추가수량이 있는 경우 기말재고가 과소·과대될 수 있으며, 매출원가도 이에 영향을 받아 과대·과소될 수 있다. 그러므로 기업은 창고에 보관중인 수량은 아니지만 해당 기업의 재고수량에 해당하면 이를 가감하여 정확한 기말재고금액을 파악하여야 한다.

### (1) 가산의 사례

#### ① 미착품(운송중인 상품)

미착품이란 운송 중에 있는 재고로 아직 기업의 창고에 도달하지 못한 상품을 말한다. 미착품은 인도조건에 따라 구매자 또는 판매자의 재고에 포함된다.

- 선적지 인도조건(free on board shipping point) : 선적지 인도조건이란 판매자가 재고를 선적한 시점에 매출을 인식하며, 구매자는 선적시점에 매입을 인식하는 인도조건이다. 선적지 인도조건으로 재고자산을 매입할 경우 판매자는 선적의 완료시점에 그에 따른 위험과 보상을 구매자에게 이전하므로 선적지 인도조건 기준으로 매입한 재고자산은 구매자의 기말재고자산에 포함한다.
- 도착지 인도조건(free on board destination) : 도착지 인도조건은 구매자가 도착된 재고자산을 인수하는 시점에 위험과 보상이 구매자에게로 이전되는 조건이다. 도착지인도조건은 운송중인 재고일 경우 이에 대한 위험과 보상이 구매자에게 이전되지 않았기 때문에 판매자의 재고자산이 되며 판매자가 기말재고에 포함한다.
- 운임 : 선적지 인도조건인지 도착지 인도조건인지에 따라 운임은 매입운임이 될 수도 판매운임이 될 수도 있다. 운임은 통상적으로 구매자와 판매자 양자 자율로 합의하는 것이나 특별한 언급이 없으면 소유자가 부담한다.

즉, 선적지 인도조건의 경우 구매자의 소유이기 때문에 운임은 매입운임이 되며 매입액에 가산하게 된다. 반면, 도착지 인도조건의 경우 해당 자산은 판매자의 소유이기 때문에 이때 부담한 운임은 판매운임이며, 판매자는 이를 당기의 비용으로 처리한다.

② 위탁판매(적송품)

위탁판매란 기업 자체의 판매망이 부족하여 상대적으로 판매망을 잘 갖춘 기업에게 판매를 위탁하고 이를 위탁 받은 수탁자가 제3자에게 물건을 판매할 때 위탁자의 매출로 기록하는 판매방식이다. 이렇게 수탁자에게 판매를 위탁하기 위하여 수탁자의 창고에 보관되어 있는 상품을 적송품이라고 한다. 적송품을 수탁자에게 발송하는 과정에서 적송운임을 부담하는 경우가 있다. 이때 적송운임은 부대비용의 성격으로 적송품 원가에 가산한다.

이러한 위탁판매의 경우에는 수탁자가 위탁품을 제3자에게 판매한 시점에 매출을 기록할 수 있기 때문에 수탁자가 물건을 판매하기 전까지는 위탁자의 기말재고자산에 포함하여야 한다. 비록 타처에 보관되어 있지만 위탁자의 재고자산에 해당하므로 기말재고에 포함되지 않은 경우 이를 위탁자의 재고자산에 포함시켜야 한다.

③ 시용판매(시송품)

시용판매는 소비자가 일정한 시험사용기간 동안 상품을 사용한 뒤에 매입의 의사표시를 하면 판매가 성립하는 판매방식이다. 시송품은 시용판매 과정 기간 중에 있어 소비자가 해당 상품을 사용하고는 있지만 아직 매입의사를 표시하지 않아서 매출로 기록할 수 없는 상품을 말한다. 시송품은 소비자가 구입의 의사를 표시하기 전까지는 판매회사의 소유이기 때문에 판매회사의 재고자산에 포함하여야 한다.

④ 담보차입

회사는 자금 차입을 목적으로 재고자산을 담보로 하는 경우도 있다. 이 경우 담보를 위해 금융기관의 창고에 해당 재고자산이 이동되어 있을 수 있으나 담보차입은 자금을 차입하기 위한 것이지 판매한 것이 아니므로 담보차입된 재고자산은 기말재고 실사 결과 누락되었다면 재고자산에 포함하여야 한다.

| 구분 | | 재고포함여부 |
|---|---|---|
| (1) 미착품 (운송중인 상품) | 선적지인도조건 | 구매자의 재고자산에 포함한다. |
| | 도착지인도조건 | 판매자의 재고자산에 포함한다. |
| (2) 위탁판매(적송품) | | 수탁자 보관분은 위탁자의 재고자산에 포함한다. |
| (3) 시용품(시용판매) | | 매입의사 미표시 금액은 기말재고금액에 포함한다. |
| (4) 담보제공자산 | | 차입자의 기말재고자산에 포함한다. |

> ✏️ **예제 6-7 기말재고자산의 포함여부**
>
> ㈜한국의 기말실사결과 재고자산금액은 ₩500,000이었다. 기말재고의 범위 결정과 관련된 추가
> 자료는 다음과 같다. ㈜한국의 기말재고금액은 얼마인가?
>
> > (1) 기말 현재 운송중인 재고 ₩30,000은 선적지 인도조건으로 매입한 것이다.
> > (2) 기말 현재 운송중인 재고 ₩20,000은 도착지 인도조건으로 매입한 것이다.
> > (3) 기말 현재 시송품 원가 ₩60,000 중 ₩35,000은 고객이 매입의사를 표시하였다.
> > (4) 기말 현재 적송품 원가 ₩100,000 중 40%는 수탁자가 판매하였다.
>
> **해답**
>
> | | |
> |---|---:|
> | 1. 창고재고(실사액) | ₩500,000 |
> | 2. 미착품(선적지인도조건) | 30,000 |
> | 3. 시송품(매입의사표시전) | 25,000 |
> | 4. 적송품(수탁자보관분) | 60,000 |
> | 합계 | = ₩615,000 |

## 4. 재고자산의 추정

### [1] 매출가격환원법(소매재고법, 매가환원법)

대형할인점이나 백화점같이 다품종을 취급하는 유통업의 경우 기말재고금액을 수량과 단가의 곱으로
계산하기는 현실적으로 어렵다. 이러한 업종은 다품종이지만 이익률이 유사하고 입출고가 빈번한 특
징을 가지고 있는데 기준서에서는 이러한 특징을 가진 유통업은 기말재고금액을 매출가격환원법으로
평가하는 것을 허용하고 있다.

매출가격환원법은 회계기간 중에는 각 제품의 금액자료를 매출가격으로 관리하다가 기말시점에는 기
말재고의 매출가격에 원가율을 곱해서 기말재고자산의 원가를 계산하는 방법이다.

[1단계] 원가율의 계산

$$원가율 = \frac{전체원가(기초상품재고금액 \ + \ 당기상품매입금액)}{판매가격총액(기초상품판매가액 \ + \ 당기상품판매가액)}$$

[2단계] 판매가격기준 기말재고 계산

판매가격기준 기말재고 = 기초재고의 판매가액 + 당기매입상품의 판매가액 - 매출액

[3단계] 기말재고금액과 매출원가 계산

> • 기말재고금액(원가) = 기말재고금액(판매가) × 원가율
> • 매출원가 = 기초재고(원가) + 당기매입(원가) - 기말재고(원가)

#### 예제 6-8 소매재고법

㈜한국마트는 상품의 종류가 다양하고 입고 출고가 빈번하여 매출가격환원법을 적용하여 기말재고금액을 추정하고 있다. 개별상품별로 원가를 집계하지 않고 전체 상품의 원가와 판매가격을 다음과 같이 파악하고 있다.

| 구분 | 원가 | 판매가 |
|---|---|---|
| 기초재고금액 | ₩50,000 | ₩100,000 |
| 당기매입금액 | 550,000 | 900,000 |
| 합계 | 600,000 | 1,000,000 |
| 당기매출액 | | 700,000 |

**물음**

1. 가중평균법에 따른 원가율을 계산하시오.
2. 기말재고금액과 매출원가를 계산하시오.

**해답**

1. 원가율 = (₩50,000 + ₩550,000) ÷ (₩100,000 + ₩900,000) = 60%
2. (1) 기말재고금액(원가) = ₩300,000 × 60% = ₩180,000
   (2) 매출원가 = ₩50,000 + ₩550,000 - ₩180,000 = ₩420,000

## [2] 매출총이익(률)법

매출총이익법은 화재나 도난 등으로 재고자산이 소실된 경우처럼 기말재고를 실사할 수 없는 경우 예외적으로 적용하는 방법이다. 매출총이익법은 매출원가도, 기말재고도 추정에 근거하고 있기 때문에 기준서에서는 인정하지 않는 방법이다.

매출총이익법은 기업이 과거에 얻은 매출총이익률(매출총이익/매출액)이 계속 비슷한 수준을 유지할 것이라고 가정하고 기중 매출액에 매출원가율(1 - 매출총이익률)을 곱해서 매출원가를 계산한다. 이렇게 계산된 매출원가를 판매가능재고(기초재고 + 당기매입액)에서 차감하여 기말재고 추정액을 계산하는 방법이다.

[1단계] 매출원가 계산(추정액)

> ① 매출원가 = 매출액 × 매출원가율 (1 - 매출총이익률)
>
> ② 매출원가(원가가산이익률 적용시) = 매출액 × $\dfrac{1}{(1+매출총이익률)}$

[2단계] 기말재고금액(추정액)

> 기말재고금액 = 기초재고 + 당기매입 - 매출원가

#### ✒ 예제 6-9 매출총이익법

㈜한국의 창고가 화재로 소실되어 기말재고자산과 상품재고장이 모두 사라졌다. 매출원가와 기말재고자산금액을 추정하기 위해서 매출총이익법을 적용하기로 하고 과거의 매출총이익률을 계산한 결과 20%로 계산되었다.

| | |
|---|---|
| 기초재고액 | ₩1,200,000 |
| 당기매입액 | ₩3,300,000 |
| 당기매출액 | ₩5,000,000 |

**물음**

매출원가 금액과 소실된 재고자산을 계산하시오.

**해답**

(1) 매출원가 = ₩5,000,000 × (1 - 20%) = ₩4,000,000

(2) 기말재고자산 = ₩1,200,000 + ₩3,300,000 - ₩4,000,000 = ₩500,000

#### ✒ 예제 6-10 매출총이익법

㈜한국의 창고가 화재로 소실되어 기말재고자산과 상품재고장이 모두 사라졌다. 매출원가와 기말재고자산금액을 추정하기 위해서 매출총이익법을 적용하였으며, 원가 대비 이익률이 25%로 계산되었다.

| | |
|---|---|
| 기초재고액 | ₩1,200,000 |
| 당기매입액 | ₩3,300,000 |
| 당기매출액 | ₩5,000,000 |

**물음**

매출원가 금액과 소실된 재고자산을 계산하시오.

> **해답**
>
> (1) 매출원가 = ₩5,000,000 × 1/1.25 = ₩4,000,000
>
> (2) 기말재고자산 = ₩1,200,000 + ₩3,300,000 − ₩4,000,000 = ₩500,000

## [3] 외상매출과 외상매입

지금까지는 기업이 현금으로 매출을 하고 현금으로 매입하는 경우를 가정했지만 실제로 기업의 매출은 현금매출과 외상매출로 구분된다. 매입도 현금매입과 외상매입으로 구분되므로 외상매출과 외상매입이 발생하는 경우 기재하는 매출채권, 매입채무 계정의 기록은 상당히 중요하다.

| 매출채권 | | | |
|---|---|---|---|
| 기초 매출채권 | ×××| 매출채권 현금회수액 | ×××|
| | | 손상(대손) | ×××|
| 당기 외상매출액 | ×××| 기말 매출채권 | ×××|

| 매입채무 | | | |
|---|---|---|---|
| 매입채무 현금지급액 | ×××| 기초 매입채무 | ×××|
| 기말 매입채무 | ×××| 당기 외상매입액 | ×××|

# 5. 재고자산의 감모손실, 평가손실

기말재고금액은 기말재고수량에 단위원가를 적용하여 산출한다. 기말재고수량을 파악하는 방법으로는 장부상으로 수량을 파악하는 계속기록법과 실사를 통해 수량을 파악하는 실지재고조사법이 있다. 기업들은 통상 계속기록법과 실지재고조사법을 병행하여 정확한 수량을 파악하기 위한 노력을 하고 있다.

## [1] 재고자산감모손실

재고자산감모손실은 계속기록법과 실지재고조사법을 병행하는 기업에서 발생한다. 계속기록법은 장부상으로 기말재고의 수량을 파악하는 방법인데 재고실사 결과 장부상으로 남아 있어야 할 수량보다 실사수량이 부족할 수 있다. 이로 인한 수량의 차이를 재고자산감모손실이라 한다.

재고자산감모손실은 파손이나 부패 증발 및 도난 등의 원인으로 발생할 수 있으며 한국채택국제회계기준에서는 감모손실에 대해서 비용으로 처리하도록 규정하고 있다. 그러나 일반기업회계기준에서는 감모손실의 원인을 찾아 원가성이 있는 감모(정상감모)에 대해서는 매출원가로, 원가성이 없는 감모(비정상감모)에 대해서는 영업외비용으로 처리하도록 규정하고 있다. 그러나 매출원가도 영업외비용도 모두 비용이기 때문에 비용총액에는 영향이 없다.

**예제 6-11 재고자산감모손실**

㈜한국은 단위원가결정방법으로 가중평균법을 적용하고 있으며, 재고자산 관련 자료는 다음과 같다. ㈜한국은 실지재고조사법을 적용하고 있다.

- 기초재고 : ₩100,000 (수량 1,000개)
- 당기매입 : ₩1,100,000 (수량 9,000개)
- 당기매출 : 8,000개 (판매단가 : ₩200)

㈜한국이 기말에 재고를 실사한 결과 창고에 남아 있는 수량은 1,500개로 파악되었다. 이 중 정상감모는 60%, 비정상감모는 40%로 판명되었다.

**물음**

1. 재고자산감모손실의 금액을 파악하시오.
2. 재고자산감모손실을 전액 매출원가에 포함시키는 것으로 결정한 경우 기말수정분개를 하시오.
3. 재고자산감모손실을 정상감모는 매출원가, 비정상감모는 영업외비용에 포함시키는 것으로 결정한 경우 기말수정분개를 하시오.

**해답**

1. 재고자산감모손실
   = (장부상수량 − 실사수량) × 단위당 원가
   = (2,000개 − 1,500개) × ₩120
   = ₩60,000
   * 단위당 원가 = (₩100,000 + ₩1,100,000) ÷ 10,000개 = ₩120

2. 재고자산감모손실을 전액 매출원가에 포함시키는 경우 기말수정분개

| (차) 상품(기말) | 180,000 | (대) 상품(기초) | 100,000 |
|---|---|---|---|
| 매출원가 | 1,020,000 | 매입 | 1,100,000 |

3. 재고자산감모손실 중 정상감모는 매출원가, 비정상감모는 영업외비용으로 포함시키는 경우 기말수정분개

| (차) 상품(기말) | 180,000 | (대) 상품(기초) | 100,000 |
|---|---|---|---|
| 매출원가 | 1,020,000 | 매입 | 1,100,000 |
| (차) 영업외비용 | 24,000 | (대) 매출원가 | 24,000 |

* 재고자산감모손실 중 40%인 비정상감모는 매출원가가 아닌 영업외비용이기 때문에 매출원가에 포함된 ₩24,000은 영업외비용으로 계정대체를 수행한다(타계정대체).

## [2] 재고자산평가손실

재고자산금액을 결정할 때 수량에 곱해지는 단위원가는 취득원가이다. 그러나 한국채택국제회계기준에서는 취득원가보다 재고자산의 진부화 등의 영향으로 현재 재고자산의 시가가 취득원가보다 하락하였다면 취득원가와 순실현가능가치 중 낮은 금액으로 재고자산을 평가하도록 하고 있다.

이를 저가법이라고 한다. 재고자산평가손실의 기준점이 되는 시가는 순실현가능가치로 순실현가능가치(net realizable value : NRV)는 재고자산의 최종판매가격에서 판매과정에서 발생할 추가비용을 차감한 금액을 말한다.

### ≫ 순실현가능가치(NRV)

> 순실현가능가치(NRV) = 예상판매가액 − 예상판매비용 − 추가가공원가

이처럼 취득원가와 순실현가능가치의 차이금액을 재고자산평가손실이라고 하며 한국채택국제회계기준에서는 이를 비용처리하도록 규정하고 있다. 그러나 일반기업회계기준에서는 재고자산평가손실을 매출원가에 포함시키도록 규정하고 있는데, 비용의 계정과목은 기업의 판단에 의할 수 있다.

재고자산평가손실을 재무상태표에 표시하는 방법으로는 직접 재고자산을 감액하는 방법도 있지만, 재고자산평가충당금이라는 간접적 계정을 사용하여 표시하는 방법도 있다.

정보이용자의 관점에서는 재고자산평가충당금이라는 차감적 평가계정을 사용하는 것이 보다 많은 정보를 제공받을 수 있으므로 여기서는 재고자산평가충당금을 사용하여 회계처리를 하겠다.

### ✎ 예제 6-12 재고자산평가손실

㈜한국은 단위원가결정방법으로 가중평균법을 적용하고 있으며, 재고자산 관련 자료는 다음과 같다. ㈜한국은 실지재고조사법을 적용하고 있다.

- 기초재고 : ₩100,000 (수량 1,000개)
- 당기매입 : ₩1,100,000 (수량 9,000개)
- 당기매출 : 8,000개 (판매단가 : ₩200)

기말에 창고를 실사한 결과 재고수량은 2,000개로 감모손실은 없었다. 그러나 재고자산의 진부화 등의 영향으로 현재 기말재고의 단위당 예상 판매가격은 ₩100이며 상품판매를 위해 추가로 소요되는 비용은 ₩20이다. ㈜한국은 재고자산평가손실을 전액 매출원가에 포함시키고 있다.

#### 물음

1. 재고자산평가손실을 계산하시오.
2. 재고자산평가손실을 전액 매출원가에 포함시킨다고 할 때 기말수정분개를 하시오.

**해답**

1. 재고자산평가손실

    = 실사수량 × (취득원가 - 순실현가능가치)

    = 2,000개 × (₩120 - ₩80)

    = ₩80,000

2. 재고자산평가손실을 전액 매출원가에 포함시킨다고 할 때 기말수정분개

| (차) 상품(기말) | 240,000 | (대) 상품(기초) | 100,000 |
|---|---|---|---|
| 매출원가 | 960,000 | 매입 | 1,100,000 |
| (차) 매출원가 | 80,000 | (대) 재고자산평가충당금 | 80,000 |

기말재고금액을 순실현가능가치로 평가한 경우 매 보고기간 말마다 순실현가능가치를 재검토하며 순실현가능가치가 상승한 명백한 증거가 있는 경우 재고자산평가손실환입을 인식한다. 그러나 재고자산평가손실을 전부 다 환입하는 것이 아니라 본래의 장부금액을 한도로 하여 평가손실환입을 계상한다.

**✎ 예제 6-13 재고자산평가손실 환입**

[예제 6-12]에서 재고자산평가손실을 인식한 이후 20×2년도에는 상품의 판매가격이 다시 ₩150으로 인상되었다고 할 때, 재고자산평가손실환입에 대한 회계처리를 하시오.

**해답**

* 재고자산평가손실의 환입은 본래의 장부금액을 한도로 한다.
(1) 상품의 단위당 순실현가능가치 = ₩150 - ₩20 = ₩130
(2) 단위당 재고자산평가손실환입액 = ₩120(본래의 장부금액) - ₩80 = ₩40

| (차) 재고자산평가충당금 | 80,000 | (대) 재고자산평가손실환입(매출원가) | 80,000 |
|---|---|---|---|

## [3] 재고자산감모손실 및 평가손실

기말에 실사를 통하여 실지재고수량과 장부수량을 비교하면 감모손실이 나타나며 재고자산의 취득원가와 순실현가능가치를 비교하면 평가손실이 발생할 수 있다. 즉, 재고자산금액을 파악하는 방법은 다음의 3가지로 정리할 수 있다.

**≫ 기말재고금액**

| | | |
|---|---|---|
| ① 장부상 기말재고금액 = 장부수량 × 취득원가 | **감모손실** | |
| ② 실사(지) 기말재고금액 = 실사수량 × 취득원가 | **( ① - ② )** | |
| ③ 저가기준 기말재고금액 = 실사수량 × min[취득원가, 순실현가능가치] | **평가손실** **( ② - ③ )** | |

◢ **예제 6-14 재고자산감모손실 및 평가손실**

㈜한국은 단위원가결정방법으로 가중평균법을 적용하고 있으며, 재고자산 관련 자료는 다음과 같다. ㈜한국은 실지재고조사법을 적용하고 있다.

- 기초재고 : ₩200,000 (수량 500개)
- 당기매입 : ₩2,500,000 (수량 5,500개)
- 당기매출 : 4,500개 (판매단가 : ₩500)

㈜한국이 기말에 재고를 실사한 결과 창고에 남아 있는 수량은 1,000개로 파악되었다. 이 중 정상감모는 60%, 비정상감모는 40%로 판명되었다. 기말재고자산의 단위당 판매가격은 ₩420이며, 예상 판매비용은 ₩20이다. 재고자산평가손실은 전액 매출원가에 포함하기로 하였다.

**물음**

1. 재고자산감모손실을 계산하시오.
2. 재고자산평가손실을 계산하시오.
3. 재고자산감모손실 및 재고자산평가손실을 반영하여 기말수정분개를 하시오(정상감모는 매출원가, 비정상감모는 영업외비용으로 처리한다고 한다).
4. 재고자산감모손실 및 재고자산평가손실을 반영한 매출원가는 얼마인지 계산하시오.

**해답**

1. 재고자산감모손실 = 500개 × ₩450 = ₩225,000

   * 단위당 원가 = (₩200,000 + ₩2,500,000) ÷ 6,000개 = ₩450

2. 재고자산평가손실 = 1,000개 × (₩450 - ₩400) = ₩50,000

   * 순실현가능가치 = ₩420 - ₩20 = ₩400

3. 재고자산감모손실 및 재고자산평가손실을 반영한 기말수정분개

| (차) 상품(기말) | 450,000 | (대) 상품(기초) | 200,000 |
|---|---|---|---|
| 매출원가 | 2,250,000 | 매입 | 2,500,000 |
| (차) 영업외비용 | 90,000 | (대) 매출원가 | 90,000 |
| (차) 매출원가 | 50,000 | (대) 재고자산평가충당금 | 50,000 |

4. 재고자산감모손실 및 재고자산평가손실을 반영한 매출원가
   = ₩2,250,000 - ₩90,000 + ₩50,000 = ₩2,210,000

**◇ 예제 6-15 재고자산평가충당금 기초잔액이 있는 경우**

㈜한국의 20×2년도 기초상품재고액은 ₩150,000이며, 당기상품매입액은 ₩1,800,000이다. 기말에 재고 실사를 한 결과 200개의 재고자산이 있었고 단위당 취득원가는 ₩1,000이다. 해당 재고자산의 단위당 판매가격은 ₩1,100이고, 상품판매를 위하여 추가로 소요되는 비용은 단위당 ₩300이라 할 때 ㈜한국의 재고자산평가손실은 얼마이며, 회계처리는 어떻게 하여야 하는가? (단, ㈜한국은 재고자산평가손실을 매출원가에 포함시키고 재고자산평가충당금계정을 사용하고 있다. 전기 재고자산평가충당금계정에 ₩20,000의 잔액이 있다.)

**해답**

1. 기말수정분개

| (차) 상품(기말) | 200,000 | (대) 상품(기초) | 150,000 |
|---|---|---|---|
| 매출원가 | 1,750,000 | 매입 | 1,800,000 |

2. 재고자산평가손실

= 200개 × (₩1,000 - ₩800) = ₩40,000

3. 재고자산평가손실 회계처리

| (차) 매출원가 | 20,000 | (대) 재고자산평가충당금 | 20,000 |
|---|---|---|---|

→ 재고자산평가충당금은 재무상태표 계정으로 잔액으로 관리되는 계정이다. 재고자산평가충당금으로 전기에 설정되어 이월된 금액이 ₩20,000이 있고, 20×2년도에 재무상태표상 남아 있어야 하는 재고자산평가충당금 잔액은 ₩40,000이므로 ₩40,000을 모두 설정하게 되면 잔액이 ₩60,000이 된다. 이는 재무상태표상에 추가로 ₩20,000의 금액이 더 쌓여있는 결과를 초래한다. 그러므로 20×2년 결산시점에 추가로 설정해 줘야 하는 재고자산평가충당금 금액은 ₩40,000 - ₩20,000 = ₩20,000, 즉 ₩20,000의 금액을 기말에 설정하게 된다.

## 학습정리

1.  재고자산이란 정상적인 영업과정에서 판매하기 위해 보유하고 있는 상품, 제품, 재공품, 원재료 등을 말한다.

2.  재고자산은 정상적인 영업활동과 관련이 있어야 한다.

3.  재고자산을 외부에서 구입하는 경우 취득원가는 매입가액에 취득부대비용을 가산하여 결정한다. 매입가액은 총매입액에서 매입에누리와 환출, 매입할인, 리베이트 등을 차감한 가격을 의미한다.

4.  기말재고금액은 기말재고수량에 단위원가를 곱하여 결정한다.

5.  재고자산 단위원가의 원가흐름가정은 선입선출법, 가중평균법(총평균법, 이동평균법)이 있다.

6.  원가흐름 가정에 따라 당기순이익에 영향을 초래한다. 이를 원가흐름의 가정에 따른 당기순이익효과라고 한다.

7.  기말재고금액을 파악하는 때에는 실사과정에는 포함되지 않았지만 기업의 재고자산으로 확인된 수량도 포함한다. 해당 사례에는 운송 중인 상품, 적송품, 시송품, 담보차입 등이 있다.

8.  기말재고금액을 추정을 통해 파악하는 방법에는 소매재고법, 매출총이익률법이 있다.

9.  기말재고금액 중 장부상 수량과 실사 수량의 차이는 감모손실, 취득원가와 순실현가능가치와의 차이는 평가손실이다.

10. 재고자산감모손실 및 재고자산평가손실은 발생한 회계연도의 당기비용으로 인식한다.

**01** 다음 자료를 이용하여 매출총이익을 계산하면 얼마인가?

| 매출액 | ₩2,500,000 | 기초상품재고액 | ₩500,000 |
|---|---|---|---|
| 당기상품매입액 | 1,800,000 | 매출에누리 | 100,000 |
| 매출환입 | 50,000 | 매입에누리 | 150,000 |
| 매입할인 | 100,000 | 기말상품재고액 | 300,000 |

① ₩450,000      ② ₩500,000      ③ ₩550,000

④ ₩600,000      ⑤ ₩700,000

**02** 다음 자료를 이용하여 선입선출법에 의한 1월 말 재고금액을 계산하면 얼마인가? (단, 해당 기업은 실지재고조사법을 이용하여 상품재고수량을 측정한다.)

| 1/1 | 기초재고 | 100개(@100) |
|---|---|---|
| 1/5 | 매입 | 200개(@150) |
| 1/10 | 매출 | 150개 |
| 1/14 | 매입 | 50개(@120) |
| 1/20 | 매출 | 160개 |
| 1/26 | 매입 | 100개(@110) |

① ₩14,800      ② ₩15,500      ③ ₩15,800

④ ₩16,100      ⑤ ₩16,185

**03** 다음은 ㈜한국의 20×2년 1월의 상품매매에 관한 기록이다. 계속기록법에 의한 이동평균법으로 상품거래를 기록할 경우 20×2년 1월의 매출총이익은?

| 일자 | 내역 | 수량 | 매입단가 | 판매단가 |
|---|---|---|---|---|
| 1월 1일 | 전기이월 | 150개 | ₩100 | |
| 1월 15일 | 현금매입 | 50개 | ₩140 | |
| 1월 20일 | 현금매출 | 100개 | | ₩150 |
| 1월 25일 | 현금매입 | 100개 | ₩150 | |
| 1월 28일 | 현금매출 | 100개 | | ₩160 |

① ₩2,000　　　　② ₩4,000　　　　③ ₩5,000
④ ₩7,000　　　　⑤ ₩9,000

**04** 다음의 자료를 이용하여 이동평균법에 의한 1월말 재고금액을 계산하면 얼마인가?

| | | |
|---|---|---|
| 1/1 | 기초재고 | 40개(@500) |
| 1/7 | 당기매입 | 60개(@520) |
| 1/10 | 매출 | 70개 |
| 1/20 | 당기매입 | 60개(@530) |
| 1/29 | 매출 | 70개 |

① ₩10,250　　　　② ₩10,324　　　　③ ₩10,480
④ ₩10,950　　　　⑤ ₩11,250

**05** ㈜한국은 상품의 매출원가에 20%를 가산하여 판매하고 있으며 실지재고조사법으로 재고자산을 회계처리하고 있다. 20×3년도 상품매매와 관련된 자료는 다음과 같다.

| 일자 | 적요 | 수량(단위) | 단가 |
|---|---|---|---|
| 1월 1일 | 기초재고 | 1,000 | ₩200 |
| 2월 5일 | 매입 | 1,000 | 200 |
| 6월 10일 | 매입 | 1,000 | 300 |
| 9월 15일 | 매출 | 2,500 | – |
| 11월 20일 | 매입 | 1,000 | 400 |

㈜한국이 재고자산의 원가흐름가정으로 가중평균법을 적용하고 있다면 20×3년도 포괄손익계산서에 인식할 매출액은 얼마인가?

① ₩687,500      ② ₩825,000      ③ ₩870,000

④ ₩900,000      ⑤ ₩920,000


**06** 다음은 20×1년 12월 1일 사업을 개시한 ㈜한국의 상품매매와 관련된 자료이다.

| 일자 | 적요 | 수량 | 단가 | 금액 |
|---|---|---|---|---|
| 12월 1일 | 매입 | 500개 | ₩100 | ₩50,000 |
| 12월 7일 | 매입 | 300개 | 110 | 33,000 |
| 12월 14일 | 매출 | 600개 | 200 | 120,000 |
| 12월 21일 | 매입 | 300개 | 120 | 36,000 |
| 12월 26일 | 매출 | 400개 | 200 | 80,000 |
| 12월 28일 | 매입 | 400개 | 130 | 52,000 |
| 12월 30일 | 매출 | 200개 | 210 | 42,000 |

㈜한국의 제1기 회계기간은 20×1년 12월 1일부터 20×1년 12월 31일까지이다. A와 B를 다음과 같이 정의할 때, A-B의 값은 얼마인가?

A: 재고자산 단위원가결정방법을 이동평균법을 적용하는 경우의 매출총이익
B: 재고자산 단위원가결정방법을 총평균법을 적용하는 경우의 매출총이익

① ₩3,560      ② ₩3,810      ③ ₩4,025

④ ₩4,420      ⑤ ₩4,670

**07** 재고자산의 회계처리에 대한 설명으로 옳지 않은 것은?

① 재고자산의 취득 시 구매자가 인수운임, 하역비, 운송기간 동안의 보험료 등을 지불하였다면, 이는 구매자의 재고자산의 취득원가에 포함된다.

② 위탁상품은 수탁기업의 판매시점에서 위탁기업이 수익으로 인식한다.

③ 재고자산의 매입단가가 지속적으로 하락하는 경우, 선입선출법을 적용하였을 경우의 매출총이익이 평균법을 적용하였을 경우의 매출총이익보다 더 높게 보고된다.

④ 재고자산의 매입단가가 지속적으로 상승하는 경우, 계속기록법하에서 선입선출법을 사용할 경우와 실지재고조사법하에서 선입선출법을 사용할 경우의 매출원가는 동일하다.

⑤ 재고자산의 매입단가가 지속적으로 상승하는 경우, 이동평균법에 따른 기말재고금액이 총평균법을 적용할 경우 보다 더 높게 보고된다.

**08** ㈜대한은 20×3년 12월 31일 실사를 통하여 창고에 보관 중인 상품이 ₩200,000(원가)인 것으로 확인하였다. 다음의 자료를 고려한 ㈜대한의 기말상품재고액은 얼마인가? (단, 재고자산 감모손실 및 재고자산평가손실은 없다.)

- ㈜대한이 고객에게 인도한 시송품의 원가는 ₩90,000이며, 이 중 3분의 1에 대해서는 기말 현재 고객으로부터 매입의사를 통보받지 못하였다.
- ㈜대한이 ㈜한국으로부터 도착지인도조건으로 매입하여 기말 현재 운송중인 상품의 원가는 ₩80,000이며 20×4년 1월 10일 도착 예정이다.
- ㈜대한과 위탁판매계약을 체결한 ㈜세무에서 기말 현재 판매되지 않고 보관중인 상품의 원가는 ₩60,000이다.
- ㈜대한이 ㈜세종으로부터 선적지인도조건으로 매입하여 기말 현재 운송중인 상품의 원가는 ₩30,000이며 20×4년 1월 20일 도착 예정이다.

① ₩200,000           ② ₩260,000           ③ ₩290,000
④ ₩320,000           ⑤ ₩360,000

**09** 판매자의 기말 재고자산에 포함되지 않는 것은?

① 고객이 구매의사를 표시하지 아니하고, 반환금액을 신뢰성 있게 추정할 수 없는 시용판매 상품

② 위탁판매를 하기 위하여 발송한 후, 수탁자가 창고에 보관중인 적송품

③ 판매대금을 일정기간에 걸쳐 분할하여 회수하는 조건으로 판매 인도한 상품

④ 도착지 인도조건으로 선적되어 운송 중인 미착상품

⑤ 계약금은 수령하였지만 아직 미완성된 제품

**10** 다음은 ㈜한국의 20×1년 상품(원가) 관련 자료이다. ㈜한국의 20×1년 기말재고자산은?

| | |
|---|---:|
| 20×1년 말 창고에 보관중인 ㈜한국의 상품(실사금액) | ₩500,000 |
| ㈜한국이 수탁자에게 적송한 상품 중 20×1년 말 판매되지 않은 적송품 | ₩20,000 |
| ㈜한국이 시용판매를 위해 고객에게 발송한 상품 ₩130,000 중 20×1년 말 매입의사 표시가 없는 시송품 | ₩50,000 |
| 20×1년 말 선적지인도조건으로 ㈜한국이 판매하여 운송중인 상품 | ₩100,000 |
| 20×1년 말 선적지인도조건으로 ㈜한국이 매입하여 운송중인 상품 | ₩120,000 |

① ₩570,000      ② ₩620,000      ③ ₩690,000

④ ₩720,000      ⑤ ₩770,000

**11** 다음은 ㈜한국의 20×1년도 회계자료의 일부이다. ㈜한국의 20×1년도 매출과 매입은 모두 외상으로 거래되었다. ㈜한국의 20×1년도 손익계산서에 보고될 매출총이익은?

| | | | |
|---|---:|---|---:|
| 기초매출채권 | ₩400,000 | 기말매출채권 | ₩750,000 |
| 기초매입채무 | 300,000 | 기말매입채무 | 400,000 |
| 기초상품재고액 | 150,000 | 매출채권 회수액 | 1,235,000 |
| 기말상품재고액 | 300,000 | 매입채무 지급액 | 1,270,000 |

① ₩345,000      ② ₩355,000      ③ ₩365,000

④ ₩375,000      ⑤ ₩385,000

**12** 도소매기업인 ㈜한국의 20×1년 1월 1일부터 12월 31일까지 영업활동과 관련된 자료가 다음과 같을 때, 20×1년 매출원가는? (단, 모든 매입거래는 외상 매입거래이다.)

| | | | |
|---|---|---|---|
| 기초매입채무 | ₩43,000 | 기말매입채무 | ₩41,000 |
| 매입채무 현금상환 | 643,000 | 기초재고자산 | 30,000 |
| 기말재고자산 | 27,000 | | |

① ₩642,000  　　② ₩643,000  　　③ ₩644,000
④ ₩646,000  　　⑤ ₩647,000

**13** 다음은 ㈜한국의 20×1년 말 재고자산(상품) 관련 자료이다. ㈜한국의 재고자산평가손실은? (단, 기초재고는 없으며, 단위원가 계산은 총평균법을 따른다.)

| 장부상 자료 | | 실사 자료 | |
|---|---|---|---|
| 수량 | 총 장부금액 | 수량 | 순실현가능가치 총액 |
| 80개 | ₩2,400 | 75개 | ₩1,850 |

① ₩300  　　② ₩150  　　③ ₩400
④ ₩550  　　⑤ ₩600

**14** 다음은 ㈜민국의 기말상품 장부재고와 실지재고 및 시가와 관련된 자료이다. 상품의 감모손실 중 60%는 원가성이 있는 감모이며, 40%는 원가성이 없는 감모라고 할 때, 원가성이 있는 재고자산감모손실과 재고자산평가손실의 합계액은 얼마인가?

| 상품 | 장부재고 | 실지재고 | 단위원가 | 판매단가 | 판매비용 |
|---|---|---|---|---|---|
| A | 500개 | 460개 | ₩300 | ₩320 | ₩40 |
| B | 400개 | 380개 | ₩400 | ₩430 | ₩20 |

① ₩17,200  　　② ₩19,000  　　③ ₩20,000
④ ₩21,200  　　⑤ ₩29,200

**15** 20×1년 초에 설립된 ㈜한국의 재고자산은 상품으로만 구성되어 있다. 20×1년 말 상품 관련 자료는 다음과 같고 항목별 저가기준으로 평가하고 있다. 20×1년 매출원가가 ₩250,000일 경우 당기 상품매입액은? (단, 재고자산평가손실은 매출원가에 포함되며 재고자산감모손실은 없다.)

| 구분 | 재고수량 | 단위당 원가 | 단위당 추정 판매가격 | 단위당 추정 판매비용 |
|---|---|---|---|---|
| 상품 A | 20개 | ₩100 | ₩120 | ₩15 |
| 상품 B | 40개 | ₩150 | ₩170 | ₩30 |
| 상품 C | 30개 | ₩120 | ₩120 | ₩20 |

① ₩251,000  ② ₩260,600  ③ ₩260,700
④ ₩261,200  ⑤ ₩262,600

**16** 다음은 ㈜한국의 당기 재고자산 관련 자료이다. 가중평균 소매재고법에 따른 당기 매출원가는?

| 구분 | 원가 | 매가 |
|---|---|---|
| 기초재고 | ₩1,800 | ₩2,000 |
| 매입 | ₩6,400 | ₩8,000 |
| 매출 | ? | ₩6,000 |
| 기말재고 | ? | ₩4,000 |

① ₩4,800  ② ₩4,920  ③ ₩5,100
④ ₩5,400  ⑤ ₩6,000

**17** 재고자산에 관한 설명으로 옳지 않은 것은?
① 원가측정방법으로 소매재고법은 그 평가결과가 실제 원가와 유사한 경우에 편의상 사용할 수 있다.
② 재고자산의 단위원가 결정방법으로 후입선출법을 사용할 수 있다.
③ 정상적인 영업과정에서 판매를 위하여 보유중인 자산은 재고자산이다.
④ 재고자산의 판매 시, 관련된 수익을 인식하는 기간에 재고자산의 장부금액을 비용으로 인식한다.
⑤ 매입운임은 재고자산의 취득원가에 포함된다.

**18** ㈜한국의 창고에 화재가 발생하여 재고자산의 일부가 소실되었다. 남아있는 재고자산의 순실현가능가치는 ₩20,000이다. ㈜한국의 기초재고자산은 ₩400,000이고 화재 발생 직전까지 재고자산 매입액은 ₩1,600,000이며 매출액은 ₩2,000,000이었다. ㈜한국의 과거 3년 평균 매출총이익률이 25%일 경우 재고자산 화재손실 추정액은?

① ₩380,000  ② ₩400,000  ③ ₩440,000
④ ₩480,000  ⑤ ₩500,000

**19** ㈜한국은 20×1년 12월 말 화재로 인하여 재고자산 중 ₩110,000을 제외한 나머지가 소실되었다. 기초재고는 ₩100,000이고, 12월 말까지의 매입액과 매출액은 각각 ₩600,000, ₩400,000이다. 과거 3년 동안의 평균 매출총이익률이 20%일 경우, 화재로 인하여 소실된 재고자산의 추정금액은?

① ₩270,000  ② ₩320,000  ③ ₩380,000
④ ₩600,000  ⑤ ₩700,000

**20** 다음의 자료를 이용하여 매출총이익법으로 추정한 기말재고액은?

| | |
|---|---|
| • 기초재고액 | ₩2,200 |
| • 당기매입액 | ₩4,300 |
| • 당기매출액 | ₩6,000 |
| • 원가에 대한 이익률 | 20% |

① ₩500  ② ₩1,200  ③ ₩1,500
④ ₩1,700  ⑤ ₩2,200

**21** 재고자산에 관한 설명으로 옳은 것은? (단, 재고자산감모손실 및 재고자산평가손실은 없다.)

① 선입선출법 적용 시 물가가 지속적으로 상승한다면, 계속기록법에 의한 기말재고자산 금액이 실지재고조사법에 의한 기말재고자산 금액보다 작다.

② 선입선출법 적용 시 물가가 지속적으로 상승한다면, 계속기록법에 의한 기말재고자산 금액이 실지재고조사법에 의한 기말재고자산 금액보다 크다.

③ 재고자산 매입 시 부담한 매입운임은 운반비로 구분하여 비용처리한다.

④ 컴퓨터제조기업이 고객관리목적으로 사용하고 있는 자사가 제조한 컴퓨터는 재고자산이다.

⑤ 부동산매매기업이 정상적인 영업과정에서 판매를 목적으로 보유하는 건물은 재고자산으로 구분한다.

**22** 재고자산의 회계처리에 관한 설명으로 옳은 것은?

① 완성될 제품이 원가 이상으로 판매될 것으로 예상하는 경우에는 그 생산에 투입하기 위해 보유하는 원재료 및 기타 소모품을 감액하지 아니한다.

② 선입선출법은 기말재고자산의 평가관점에서 현행원가를 적절히 반영하지 못한다.

③ 선입선출법은 먼저 매입 또는 생산된 재고자산이 기말에 재고로 남아 있고 가장 최근에 매입 또는 생산된 재고자산이 판매되는 것을 가정한다.

④ 통상적으로 상호 교환될 수 없는 재고자산항목의 원가와 특정 프로젝트별로 생산되고 분리되는 재화 또는 용역의 원가는 총평균법을 사용하여 결정한다.

⑤ 총평균법은 계속기록법에 의하여 평균법을 적용하는 것으로 상품의 매입 시마다 새로운 평균 단가를 계산한다.

Part
**06**

· 재고자산 ·
**객관식 문제 해답**

**01** ④ 1) 매출액 = ₩2,500,000 - ₩100,000(매출에누리) - ₩50,000(매출환입) = ₩2,350,000
2) 매출원가 = ₩500,000(기초상품재고액) + ₩1,550,000(당기매입액) - ₩300,000(기말상품재고액)
= ₩1,750,000
3) 매출총이익 = ₩2,350,000 - ₩1,750,000 = ₩600,000

**02** ③ 1) 총판매가능수량 = 100개 + 200개 + 50개 + 100개 = 450개
2) 판매수량 = 150개 + 160개 = 310개
3) 기말재고수량 = 450개 - 310개 = 140개
4) 기말재고금액 = 100개 × @110 + 40개 × @120 = ₩15,800

**03** ④ 1) 1월 15일 이동평균단가 = (150개 × ₩100 + 50개 × ₩140) ÷ 200개 = ₩110
2) 1월 20일 매출총이익 = 100개 × (₩150 - ₩110) = ₩4,000
3) 1월 25일 이동평균단가 = (100개 × ₩110 + 100개 × ₩150) ÷ 200개 = ₩130
4) 1월 28일 매출총이익 = 100개 × (₩160 - ₩130) = ₩3,000
5) 20×2년 1월의 매출총이익 = ₩4,000 + ₩3,000 = ₩7,000

**04** ③ 1) 1월 7일 평균단가 = (40개 × ₩500 + 60개 × ₩520) ÷ 100개 = ₩512
2) 1월 20일 평균단가 = (30개 × ₩512 + 60개 × ₩530) ÷ 90개 = ₩524
3) 기말재고금액 = 20개 × ₩524 = ₩10,480

**05** ② 수량계산방법으로는 실지재고조사법, 단위원가결정방법은 평균법이므로 총평균법에 의하여 기말재고
자산과 매출원가를 계산한다.
1) 총평균단가 = (1,000개 × ₩200 + 1,000개 × ₩200 + 1,000개 × ₩300 + 1,000개 × ₩400) ÷
4,000개 = ₩275
2) 기말재고자산(원가) = 1,500개 × ₩275 = ₩412,500
3) 매출원가 = ₩1,100,000 - ₩412,500 = ₩687,500
4) 매출액 = ₩687,500 × 1.2 = ₩825,000

**06** ② 1) 기말재고수량 : 1,500개(매입량) - 1,200개(판매량) = 300개
2) 이동평균법의 단가 계산
12월 7일의 단가 = ₩83,000 ÷ 800개 = ₩103.75
12월 21일의 단가 = ₩56,750 ÷ 500개 = ₩113.5
12월 28일의 단가 = ₩63,350 ÷ 500개 = ₩126.7

3) 이동평균법의 매출총이익
- 매출액 = ₩242,000
- 매출원가 = (600개 × ₩103.75) + (400개 × ₩113.5) + (200개 × ₩126.7) = ₩132,990
- 매출총이익 = ₩242,000 - ₩132,990 = ₩109,010

4) 총평균법의 평균단가 = ₩171,000 ÷ 1,500개 = ₩114
- 총평균법의 매출원가 = 1,200개 × ₩114 = ₩136,800
- 매출총이익 = ₩242,000 - ₩136,800 = ₩105,200

5) A-B = ₩109,010 - ₩105,200 = ₩3,810

**07** ③ 재고자산의 매입단가가 지속적으로 하락하는 경우 선입선출법을 적용했을 때의 매출총이익보다 평균법을 적용했을 때의 매출총이익이 더 높게 보고된다.

**08** ④ 기말재고자산

| | |
|---|---|
| 실사한 금액 | ₩200,000 |
| + 시송품(매입의사 미통보) | 30,000 |
| + 적송품(미판매된 적송품) | 60,000 |
| + 미착품(선적지인도조건) | 30,000 |
| = 수정 후 기말재고금액 | ₩320,000 |

**09** ③ 판매대금을 일정기간 걸쳐 분할하여 회수하는 것은 대금수취와 관련된 내용이며 이미 인도하여 고객이 통제하는 경우라면 판매가 성립하여 기말재고에 포함하지 않는다.

**10** ③ 기말재고자산 = ₩500,000(실사금액) + ₩20,000(미판매된 적송품) + ₩50,000(매입의사를 표시하지 않은 시송품) + ₩120,000(선적지인도조건의 매입) = ₩690,000
→ 선적지인도조건으로 판매한 경우 매출이 인식되며 재고자산에는 포함되지 않는다.

**11** ③

| 매출채권 | | 매입채무 | |
|---|---|---|---|
| 기초매출채권 ₩400,000 | 회수액 ₩1,235,000 | 지급액 ₩1,270,000 | 기초매입채무 ₩300,000 |
| **외상매출액 1,585,000** | 기말매출채권 750,000 | 기말매입채무 400,000 | **외상매입액 1,370,000** |

1) 매출원가 = ₩150,000(기초재고) + ₩1,370,000(매입액) - ₩300,000(기말재고) = ₩1,220,000
2) 매출총이익 = ₩1,585,000(매출액) - ₩1,220,000(매출원가) = ₩365,000

**12** ③ 1) 외상매입액 = ₩643,000(매입채무 현금상환) + ₩41,000(기말매입채무) - ₩43,000(기초매입채무) = ₩641,000
2) 매출원가 = ₩30,000(기초재고) + ₩641,000 - ₩27,000(기말재고) = ₩644,000

**13** ③ 1) 재고자산평가손실 = 실사기말재고금액 − 순실현가능가치 총액
   2) 장부상 단가 = ₩2,400 ÷ 80개 = ₩30
   3) 실사기말재고금액 = 75개(실사수량) × ₩30(장부상 단가) = ₩2,250
   ∴ 재고자산평가손실 = ₩2,250 − ₩1,850 = ₩400

**14** ④ 1) A상품의 감모손실 = (500개 − 460개) × ₩300 = ₩12,000
   2) A상품의 평가손실 = 460개 × (₩300 − ₩280) = ₩9,200
   3) B상품의 감모손실 = (400개 − 380개) × ₩400 = ₩8,000
      → ₩12,000 × 60% + ₩9,200 + ₩8,000 × 60% = ₩21,200

**15** ② 1) 기말재고금액=20개 × ₩100 + 40개 × ₩140 + 30개 × ₩100 = ₩10,600
   2) ₩250,000(매출원가) = 0(기초재고) + 당기매입 − ₩10,600(기말재고)
   ∴ 당기매입 = ₩260,600

**16** ② 1) 원가율 = (₩1,800 + ₩6,400) ÷ (₩2,000 + ₩8,000) = 82%
   2) 기말재고(원가) = ₩4,000(기말재고매가) × 82%(원가율) = ₩3,280
   3) 매출원가 = ₩1,800(기초재고) + ₩6,400(매입) − ₩3,280(기말재고) = ₩4,920

**17** ② 재고자산의 단위원가 결정방법은 개별법, 선입선출법, 평균법이다. 후입선출법은 인정하지 않는다.

**18** ④ 1) 기말재고 추정액 = ₩400,000(기초재고) + ₩1,600,000(당기매입액) − ₩1,500,000(매출원가 추정
      액) = ₩500,000
      * 매출원가 추정액 = ₩2,000,000(매출액) × (1 − 25%) = ₩1,500,000
   2) 화재손실 추정액 = ₩500,000 − ₩20,000(남아있는 재고) = ₩480,000

**19** ① 1) 기말재고 추정액 = ₩100,000(기초재고) + ₩600,000(매입액) − ₩320,000(매출원가 추정액)
      = ₩380,000
   2) 재해손실 = ₩380,000 − ₩110,000(소실시점의 재고가치) = ₩270,000

**20** ③ 1) 매출원가 = ₩6,000(당기매출액) × 1/1.2 = ₩5,000
   2) 기말재고액(추정) = ₩2,200(기초재고액) + ₩4,300(당기매입액) − ₩5,000(매출원가) = ₩1,500

**21** ⑤
   ①, ② 선입선출법은 계속기록법과 실지재고조사법의 기말재고자산 금액이 동일하다.
   ③ 매입운임은 매입액에 가산, 판매운임은 판매비로 비용처리한다.
   ④ 사용하고 있는 자사 제조 컴퓨터는 유형자산이다.

22  ①
②  선입선출법은 최근의 매입원가가 기말재고금액으로 대응되므로 기말재고자산의 평가관점에서 현행원가(지금 다시 산다면 지급해야 할 현금 및 현금성자산)를 적절히 반영한다.
③  선입선출법은 먼저 매입 또는 생산된 재고자산이 판매되고 최근에 매입 또는 생산된 재고자산이 기말에 재고로 남는 것을 가정한다.
④  통상적으로 상호 교환될 수 없는 재고자산항목의 원가와 특정 프로젝트별로 생산되고 분리되는 재화 또는 용역의 원가는 개별법을 사용하여 결정한다.
⑤  이동평균법은 계속기록법에 의하여 가중평균법을 적용하는 것으로 상품의 매입 시마다 새로운 평균단가를 계산한다.

· 재고자산 ·
# 주관식 문제

01 다음은 ㈜한국의 20×1년말 수정전시산표와 결산조정사항이다.

| ㈜한국 | 수정전시산표 | | 20×1.12.31 |
|---|---|---|---|
| 현금 | ₩2,200,000 | 장기차입금 | ₩4,000,000 |
| 상품 | 500,000 | 감가상각누계액 | 1,200,000 |
| 건물 | 3,000,000 | 자본금 | 1,000,000 |
| 매입 | 5,000,000 | 주식발행초과금 | 500,000 |
| 매출환입 | 300,000 | 이익잉여금 | 150,000 |
| 매출에누리 | 200,000 | 매출 | 7,000,000 |
| 임차료 | 1,200,000 | 매입에누리 | 100,000 |
| 급여 | 1,000,000 | 매입할인 | 50,000 |
| 보험료 | 600,000 | | |
| 합계 | ₩14,000,000 | 합계 | ₩14,000,000 |

〈결산조정사항〉
(1) 건물에 대한 감가상각비는 ₩600,000이다.
(2) 장기차입금은 20×1년 6월 1일에 차입한 것으로 상환시점은 20×3년 5월 31일이다. 이자율은 연 9%로 이자는 매년 5월 31일에 지급한다.
(3) 보험료는 3년치 보험료를 미리 지불한 것으로 보험기간은 20×1년 7월 1일부터 20×4년 6월 30일까지이다.
(4) ㈜한국은 실지재고조사법을 이용하고 있으며, 기말실사결과 재고금액은 ₩600,000이다.

**1. ㈜한국의 기말수정분개를 하시오.**

**2. ㈜한국의 수정후시산표를 작성하시오.**

**3. ㈜한국의 재무상태표와 포괄손익계산서를 작성하시오.**

**02** 다음은 ㈜한국의 1월 동안 발생한 재고자산 거래 내역이다. ㈜한국은 계속기록법에 의하여 재고자산 회계처리를 하고 있다.

| 일자 | 적요 | 수량 | 단가 |
|---|---|---|---|
| 1월 1일 | 전기이월 | 100개 | ₩10 |
| 1월 5일 | 현금매입 | 150개 | ₩12 |
| 1월 9일 | 매출 | 120개 | |
| 1월 15일 | 매입 | 200개 | ₩14 |
| 1월 20일 | 매출 | 210개 | |
| 1월 28일 | 매입 | 80개 | ₩16 |

1. 다음 각 방법하에서 기말재고와 매출원가를 계산하시오.
   ① 선입선출법
   ② 이동평균법

2. ㈜한국이 계속기록법이 아닌 실지재고조사법을 사용하여 재고자산 회계처리를 하고 있다고 할 때, 다음 각 방법하에서 기말재고와 매출원가를 계산하시오.
   ① 선입선출법
   ② 총평균법

**03** 다음 자료에 의하여 매출원가를 구하시오.

| 구분 | 사례1 | 사례2 | 사례3 | 사례4 |
|---|---|---|---|---|
| 기초상품재고액 | ₩20,000 | ₩4,000 | ₩13,500 | ₩23,600 |
| 당기총매입액 | 200,000 | 90,000 | 135,300 | 600,000 |
| 매입운임 | 10,000 | 6,000 | 10,600 | 38,500 |
| 매입에누리 | 5,000 | 1,000 | 3,800 | 40,000 |
| 매입환출 | 10,000 | 4,000 | 6,000 | 5,100 |
| 매입할인 | 23,000 | 4,000 | 12,300 | 8,400 |
| 기말상품재고액 | 30,000 | 8,000 | 30,300 | 35,700 |

**04** ㈜한국은 상품재고자산의 단위원가 결정방법으로 매입 시마다 평균을 계산하는 가중평균법을 채택하고 있다. ㈜한국의 20×1년 상품재고자산과 관련된 자료가 다음과 같을 때, 다음의 물음에 답하시오.

| 구분 | 수량 | 단위당 원가 |
|---|---|---|
| 기초재고(1월 1일) | 200개 | ₩100 |
| 매입(2월 10일) | 200개 | ₩200 |
| 매출(5월 1일) | 300개 | |
| 매입(12월 1일) | 100개 | ₩300 |
| 장부상 기말재고 | 200개 | |
| 실사결과 기말재고 | 150개 | |

1. ㈜한국의 재고자산감모손실을 구하시오.

2. ㈜한국의 재고자산평가손실을 구하시오(단, 20×1년 말 현재 상품재고자산의 단위당 순실현가능가치는 ₩200이다).

**05** 다음 자료를 이용하여 소매재고법에 의한 기말재고액을 계산하시오(원가율은 가중평균원가율을 적용한다).

| 구분 | 취득원가 | 판매가 |
|---|---|---|
| 기초재고 | ₩40,000 | ₩60,000 |
| 매입액 | ₩140,000 | ₩200,000 |
| 판매가인상액 | | ₩25,000 |
| 판매가인상취소액 | | ₩10,000 |
| 판매가인하액 | | ₩16,000 |
| 매출액 | | ₩190,000 |

**06** ㈜한국은 화재로 인하여 창고에 보관 중이던 재고자산의 일부가 유실되었다. 소실된 재고자산을 파악하기 위하여 아래와 같은 자료를 확인하였다고 할 때, 다음의 요구사항에 답하시오.

| | | | |
|---|---|---|---|
| 기초상품재고액 | ₩1,000,000 | 총매입액 | ₩6,000,000 |
| 매입에누리 | 200,000 | 매입할인 | 300,000 |
| 총매출액 | 7,500,000 | 매출환입 | 400,000 |
| 매출에누리 | 100,000 | | |

1. 매출원가(추정액)을 구하시오(단, ㈜한국의 매출총이익률은 20%로 일정하다고 가정한다).

2. 소실된 재고자산을 구하시오.

3. 창고의 화재 후 남아 있는 재고자산을 확인한 결과 ₩100,000의 가치가 있었다고 할 때, 재해손실을 구하시오.

**07** 다음은 ㈜한국의 수정전시산표와 결산조정사항이다.

### 수정전시산표

| | | | |
|---|---|---|---|
| 상품 | ₩2,300,000 | 매출 | ₩10,000,000 |
| 매입 | 8,350,000 | 매입환출 | 150,000 |
| 매출에누리 | 300,000 | 매입에누리 | 70,000 |
| | | | |

〈결산조정사항〉
㈜한국의 기말재고자산과 관련된 자료는 다음과 같다. ㈜한국은 재고자산감모손실 중 70%에 해당하는 금액은 매출원가에 포함시키고 나머지는 기타비용으로 분류하고 있다. 재고자산평가손실은 전액 매출원가로 포함시키며, 재고자산평가충당금이라는 차감적 평가계정을 사용하고 있다.

| 상품 | 장부수량 | 실제수량 | 취득원가 | 예상판매가 | 예상판매비용 |
|---|---|---|---|---|---|
| A | 200개 | 100개 | ₩1,000 | ₩1,200 | ₩300 |
| B | 500개 | 400개 | 2,000 | 2,500 | 400 |
| C | 700개 | 700개 | 3,000 | 4,000 | 1,300 |

1. ㈜한국의 상품 관련 기말수정분개를 하시오.

2. ㈜한국의 수정후시산표를 작성하시오.

**Part 06** · 재고자산 ·
# 주관식 문제 해답

01  1) 기말수정분개

| 순매입액 | (차) 매입에누리 | 100,000 | (대) 매입 | 150,000 |
|---|---|---|---|---|
| | 매입할인 | 50,000 | | |

| 순매출액 | (차) 매출 | 500,000 | (대) 매출환입 | 300,000 |
|---|---|---|---|---|
| | | | 매출에누리 | 200,000 |

| 매출원가 | (차) 상품(기말) | 600,000 | (대) 상품(기초) | 500,000 |
|---|---|---|---|---|
| | 매출원가 | 4,750,000 | 매입 | 4,850,000 |

| 감가상각비 | (차) 감가상각비 | 600,000 | (대) 감가상각누계액 | 600,000 |
|---|---|---|---|---|

| 이자비용 | (차) 이자비용 | 210,000 | (대) 미지급비용 | 210,000 |
|---|---|---|---|---|

→ 이자비용 = ₩4,000,000 × 9% × 7/12 = ₩210,000

| 선급비용 | (차) 선급비용 | 500,000 | (대) 보험료 | 500,000 |
|---|---|---|---|---|

→ 선급비용 = ₩600,000 × (30개월/36개월) = ₩500,000

2) 수정후시산표

| ㈜한국 | 수정후시산표 | | 20×1.12.31 |
|---|---|---|---|
| 현금 | ₩2,200,000 | 장기차입금 | ₩4,000,000 |
| 상품 | 600,000 | 감가상각누계액 | 1,800,000 |
| 건물 | 3,000,000 | 미지급비용 | 210,000 |
| 선급비용 | 500,000 | 자본금 | 1,000,000 |
| 매출원가 | 4,750,000 | 주식발행초과금 | 500,000 |
| 임차료 | 1,200,000 | 이익잉여금 | 150,000 |
| 급여 | 1,000,000 | 매출 | 6,500,000 |
| 보험료 | 100,000 | | |
| 이자비용 | 210,000 | | |
| 감가상각비 | 600,000 | | |
| 합계 | ₩14,160,000 | 합계 | ₩14,160,000 |

3) 재무상태표 및 포괄손익계산서

**재무상태표**

| ㈜한국 | | | 20×1.12.31(단위 : 원) |
|---|---|---|---|
| 자산 | | 부채 | |
| 현금 | ₩2,200,0000 | 장기차입금 | ₩4,000,000 |
| 상품 | 600,000 | 미지급비용 | 210,000 |
| 건물 | 3,000,000 | 자본 | |
| 감가상각누계액 | (1,800,000) | 자본금 | 1,000,000 |
| 선급비용 | 500,000 | 주식발행초과금 | 500,000 |
| | | 이익잉여금 | (1,210,000) |
| 합계 | ₩4,500,000 | 합계 | ₩4,500,000 |

**포괄손익계산서**

| ㈜한국 | | | 20×1.1.1~20×1.12.31(단위 : 원) |
|---|---|---|---|
| 비용 | | 수익 | |
| 매출원가 | ₩4,750,000 | 매출액 | ₩6,500,000 |
| 임차료 | 1,200,000 | | |
| 급여 | 1,000,000 | | |
| 보험료 | 100,000 | | |
| 이자비용 | 210,000 | | |
| 감가상각비 | 600,000 | | |
| 이익 | | | |
| 당기순손실 | (1,360,000) | | |
| 합계 | ₩6,500,000 | 합계 | ₩6,500,000 |

**02** 1) 계속기록법

① 선입선출법

| 일자 | 적요 | 입고 | | | 출고 | | | 잔고 | | |
|---|---|---|---|---|---|---|---|---|---|---|
| | | 수량 | 단가 | 금액 | 수량 | 단가 | 금액 | 수량 | 단가 | 금액 |
| 1/1 | 전기이월 | 100개 | ₩10 | ₩1,000 | | | | 100개 | ₩10 | ₩1,000 |
| 1/5 | 매입 | 150개 | 12 | 1,800 | | | | 100개<br>150개 | 10<br>12 | 1,000<br>1,800 |
| 1/9 | 매출 | | | | 100개<br>20개 | ₩10<br>12 | ₩1,000<br>240 | 130개 | 12 | 1,560 |
| 1/15 | 매입 | 200개 | 14 | 2,800 | | | | 130개<br>200개 | 12<br>14 | 1,560<br>2,800 |
| 1/20 | 매출 | | | | 130개<br>80개 | 12<br>14 | 1,560<br>1,120 | 120개 | 14 | 1,680 |

| 1/28 | 매입 | 80개 | 16 | 1,280 | | | | 120개 | 14 | 1,680 |
|------|------|------|----|-------|--|--|--|------|----|------|
| | | | | | | | | 80개 | 16 | 1,280 |
| | 합계 | 530개 | | 6,880 | | | | | | |

- 매출원가 = ₩1,240 + ₩2,680 = ₩3,920
- 기말재고 = ₩1,680 + ₩1,280 = ₩2,960

② 이동평균법

| 일자 | 적요 | 입고 | | | 출고 | | | 잔고 | | |
|------|------|------|------|------|------|------|------|------|------|------|
| | | 수량 | 단가 | 금액 | 수량 | 단가 | 금액 | 수량 | 단가 | 금액 |
| 1/1 | 전기이월 | 100개 | ₩10 | ₩1,000 | | | | 100개 | ₩10 | ₩1,000 |
| 1/5 | 매입 | 150개 | 12 | 1,800 | | | | 250개 | 11.2[1] | ₩2,800 |
| 1/9 | 매출 | | | | 120개 | ₩11.2 | ₩1,344 | 130개 | 11.2 | 1,456 |
| 1/15 | 매입 | 200개 | 14 | 2,800 | | | | 330개 | 12.9[2] | 4,256 |
| 1/20 | 매출 | | | | 210개 | 12.9 | 2,709 | 120개 | 12.9 | 1,547 |
| 1/28 | 매입 | 80개 | 16 | 1,280 | | | | 200개 | 14.1[3] | 2,820 |
| | 합계 | 530개 | | 6,880 | | | | | | |

1) (₩1,000 + ₩1,800) ÷ 250개 = ₩11.2
2) (₩1,456 + ₩2,800) ÷ 330개 = ₩12.9(소수점 둘째자리에서 반올림)
3) (₩1,547 + ₩1,280) ÷ 200개 = ₩14.1(소수점 둘째자리에서 반올림)
- 매출원가 = ₩1,344 + ₩2,709 = ₩4,053
- 기말재고 = ₩2,820

2) 실지재고조사법
① 선입선출법
- 기말재고수량 = 530개 - 330개 = 200개
- 기말재고액 = 80개 × ₩16 + 120개 × ₩14 = ₩2,960
- 매출원가 = ₩6,880 - ₩2,960 = ₩3,920
* 선입선출법은 계속기록법과 실지재고조사법하의 기말재고 및 매출원가가 동일하다.
② 총평균법
- 총평균단가 = ₩6,880 ÷ 530개 = ₩13
- 기말재고액 = 200개 × ₩13 = ₩2,600
- 매출원가 = ₩6,880 - ₩2,600 = ₩4,280

**03**

| 구분 | 사례1 | 사례2 | 사례3 | 사례4 |
|---|---|---|---|---|
| 기초상품재고액 | ₩20,000 | ₩4,000 | ₩13,500 | ₩23,600 |
| 당기순매입액 | 172,000 | 87,000 | 123,800 | 585,000 |
| 판매가능액 | ₩192,000 | ₩91,000 | ₩137,300 | ₩608,600 |
| 기말상품재고액 | (30,000) | (8,000) | (30,300) | (35,700) |
| **매출원가** | **₩162,000** | **₩83,000** | **₩107,000** | **₩572,900** |

\* 당기순매입액 = 당기총매입액 + 매입운임 − 매입에누리 − 매입환출 − 매입할인

**04**

1) 2월 10일의 평균단가 = ₩60,000 ÷ 400개 = ₩150
2) 12월 1일의 평균단가 = ₩45,000 ÷ 200개 = ₩225
3) 감모손실 및 평가손실
   장부상 기말재고금액 = 200개 × ₩225 = ₩45,000
   실지 기말재고금액 = 150개 × ₩225 = ₩33,750
   저가기준 기말재고금액 = 150개 × ₩200 = ₩30,000
4) 감모손실 = ₩45,000 − 33,750 = ₩11,250
5) 평가손실 = ₩33,750 − 30,000 = ₩3,750

**05**

1) 원가율의 계산

$$= \frac{₩40,000 + ₩140,000}{₩60,000 + ₩200,000 + ₩15,000 − ₩16,000} = 0.695$$

2) 기말재고금액(매가) = ₩259,000 − ₩190,000 = ₩69,000
3) 기말재고금액(원가) = ₩69,000 × 0.695 = ₩47,955

**06**

1) 매출원가(추정액) = (₩7,500,000 − ₩400,000 − ₩100,000) × (1 − 20%) = ₩5,600,000
2) 소실된 재고자산
   = 기초상품재고액 + 당기상품매입액 − 매출원가(추정액)
   = ₩1,000,000 + (₩6,000,000 − ₩200,000 − ₩300,000) − ₩5,600,000 = ₩900,000
3) 재해손실
   = 기말재고(추정액) − 소실시점의 재고가치
   = ₩900,000 − ₩100,000 = ₩800,000

**07**

1) 기말수정분개
   ① 순매입액

| (차) 매입환출 | 150,000 | (대) 매입 | 220,000 |
|---|---|---|---|
| 매입에누리 | 70,000 | | |

PART · 06

② 상품기말분개

| (차) 상품(기말) | 3,000,000 | (대) 상품(기초) | 2,300,000 |
|---|---|---|---|
| 매출원가 | 7,430,000 | 매입(순) | 8,130,000 |
| (차) 비정상감모손실 | 90,000 | (대) 매출원가 | 90,000 |
| (차) 매출원가 | 220,000 | (대) 재고자산평가충당금 | 220,000 |

→ 기말상품재고액 = 100개 × ₩1,000 + 400개 × ₩2,000 + 700개 × ₩3,000 = ₩3,000,000
→ 비정상 감모손실 = (100개 × ₩1,000 + 100개 × ₩2,000) × 30% = ₩90,000
→ 재고자산평가손실 = 100개 × (₩1,000 − ₩900) + 700개 × (₩3,000 − ₩2,700) = ₩220,000

③ 순매출액

| (차) 매출 | 300,000 | (대) 매출에누리 | 300,000 |
|---|---|---|---|

2) 수정후시산표

### 수정후시산표

| 상품 | ₩3,000,000 | 재고자산평가충당금 | ₩220,000 |
|---|---|---|---|
| 매출원가 | 7,560,000 | 매출 | 9,700,000 |
| 비정상감모손실 | 90,000 | | |

# 07

# 유형자산

- 유형자산의 최초측정과 후속측정을 학습한다.
- 감가상각의 의의와 감가상각방법을 학습한다.
- 유형자산 처분과정의 손익 및 손상에 대해 학습한다.

# 유형자산

## 1. 유형자산의 정의

유형자산(Property, Plant and Equipment : PPE)이란? 재화나 용역의 생산이나 제공, 타인에 대한 임대 또는 관리활동에 사용할 목적으로 보유하는 물리적 형태가 있는 자산으로서 한 회계기간을 초과하여 사용할 것이 예상되는 자산이다.

유형자산으로 분류되기 위해서는

첫째, 기업이 정상적인 영업활동에 사용할 목적으로 보유하고 있어야 한다.

둘째, 물리적 형태가 있는 자산이어야 한다.

셋째, 한 회계기간을 초과하여 사용할 것이 예상되는 자산이어야 한다. 회계기간은 통상적으로 1년이므로 1년을 초과하여 사용할 것이 예상되지 않는 경우는 유형자산으로 보고되지 않고 당기의 비용으로 회계처리 할 것이다.

### [1] 유형자산의 분류

| ① 토지 | 영업활동 사용 목적으로 보유하는 토지 |
|---|---|
| ② 기계장치 | 영업활동에 사용할 목적으로 보유하는 기계장치 |
| ③ 건물 | 영업활동에 사용할 목적의 건물<br>임대목적으로 보유하면 투자부동산 |
| ④ 차량운반구 | 영업활동 사용 목적으로 보유하고 있는 차량운반구 |
| ⑤ 건설 중인 자산 | 영업활동에 사용할 목적으로 건설하고 있는 자산 |

### [2] 유형자산의 회계처리

유형자산은 취득 후 사용단계를 거쳐 처분되는 일련의 단계를 거친다. 그러므로 유형자산은 크게 다음의 4가지 회계처리로 나누어 볼 수 있다.

① 유형자산의 최초 취득원가의 결정
② 유형자산의 사용에 따른 감가상각
③ 유형자산의 처분 시 유형자산처분손익의 인식
④ 유형자산의 손상 및 재평가 회계처리

이 중 유형자산의 손상은 통상적으로 매년 발생하는 회계처리가 아니기 때문에 손상이라는 회계적 이슈가 있을 때만 하게 되며, 재평가는 유형자산 중 재평가모형을 선택했을 때 하게 되는 회계처리이다. 대다수의 기업은 유형자산을 취득하고 이를 사용하다 일정기간이 지나면 처분하게 되는 과정을 거치게 되므로 가장 중요한 것은 다음 단계별로 적용되는 회계처리를 이해하는 것이다.

| 취득단계 | 사용단계(감가상각) | 처분단계 |
|---|---|---|
| 취득원가 측정 | 취득원가를 내용연수 동안 체계적이고 합리적인 방법으로 배분 | 유형자산처분손익 |

## 2. 유형자산의 최초측정

### [1] 외부구입 시

유형자산을 외부에서 구입하는 경우 인식하는 유형자산은 제공한 대가의 공정가로 측정한다. 제공한 대가의 공정가를 원가라고 칭하는데, 원가란 자산을 취득하기 위해서 자산의 취득시점에 지급한 현금 또는 현금성자산이나 제공한 기타 대가의 공정가치라고 정의한다. 이러한 원가에는 취득과정에서 직접 관련되는 취득부대비용을 포함한다. 결론적으로 유형자산을 외부에서 구입하면 순구입가격에 취득부대비용을 가산한 금액으로 정의할 수 있다.

그렇다면 취득부대비용에는 어떠한 것들이 있는가?

취득부대비용은 유형자산을 본래의 목적에 사용되기까지 지급한 수수료, 각종 제세금, 시운전비, 설치 및 조립원가 등이 그 예에 해당한다.

① 관세 및 환급불가능한 취득 관련 세금을 가산하고 매입할인과 리베이트 등을 차감
② 경영진이 의도하는 방식으로 자산을 가동하는데 필요한 장소와 상태에 이르게 하는데 직접 관련되는 원가
  ㉠ 유형자산의 매입 또는 건설과 직접적으로 관련되어 발생한 종업원급여
  ㉡ 설치장소 준비 원가
  ㉢ 최초의 운송 및 취급 관련 원가
  ㉣ 설치원가 및 조립원가
  ㉤ 유형자산이 정상적으로 작동되는지 여부를 시험하는 과정에서 발생하는 원가
  ㉥ 전문가에게 지급하는 수수료
③ 자산을 해체, 제거하거나 부지를 복구하는데 소요될 것으로 최초에 추정되는 원가(복구충당부채)

다음의 원가는 취득원가에 포함하지 않는다.

① 새로운 시설을 개설하는 데 소요되는 원가
② 새로운 상품과 서비스를 소개하는 데 소요되는 원가(예 광고 및 판촉활동과 관련된 원가)
③ 새로운 지역에서 또는 새로운 고객층을 대상으로 영업을 하는 데 소요되는 원가(예 직원교육훈련비)
④ 관리 및 기타 일반간접원가

유형자산이 경영진이 의도하는 방식으로 가동될 수 있는 장소와 상태에 이른 후에는 원가를 더 이상 인식하지 않는다.

> ① 유형자산이 경영진이 의도하는 방식으로 가동될 수 있으나 아직 실제로 사용되지는 않고 있는 경우 또는 가동수준이 완전조업도 수준에 미치지 못하는 경우에 발생하는 원가
> ② 유형자산과 관련된 산출물에 대한 수요가 형성되는 과정에서 발생하는 가동손실과 같은 초기 가동 손실
> ③ 기업의 영업 전부 또는 일부를 재배치하거나 재편성하는 과정에서 발생하는 원가

## [2] 일괄취득 시

성질이 다른 여러 종류의 유형자산을 일괄 구입하고 대금을 지불하였을 경우 각각의 유형자산의 취득원가는 취득한 자산들의 공정시장 가치비율에 따라 안분해서 결정한다.

### ◢ 예제 7-1 일괄취득

㈜한국은 건물과 구축물 토지를 총 ₩15,000,000에 취득하였고 대금은 현금으로 지불하였다. 취득 시점의 공정시장 가치비율은 3 : 2 : 5이다. 이 경우 각각의 취득원가는 어떻게 되는지 분개로 설명하시오.

#### 해답

| (차) 건물 | 4,500,000 | (대) 현금 | 15,000,000 |
|---|---|---|---|
| 구축물 | 3,000,000 | | |
| 토지 | 7,500,000 | | |

## [3] 자체 제작 시(건설 중인 자산)

기업은 직접 사용하기 위한 목적의 유형자산을 스스로 건설하는 경우도 있다. 이 경우에는 건설을 위하여 투입된 원가로 취득원가를 산정한다. 자가건설은 건물에만 국한하는 것이 아니라 기업이 자체 사용을 목적으로 기계장치를 만들고 있는 것도 건설에 포함된다. 회계는 수익과 이에 대응하는 적절한 비용을 대응시키는 것이 중요하다. 이는 유형자산을 자체 제작하는 경우에도 적용된다.

건설 중인 자산은 완공 시점 이후에 건물로 대체되어 영업활동 등에 사용함으로써 수익을 발생시킨다. 그러나 아직 유형자산이 완공되기 전에는 수익이 발생하지 않는다. 다만, 건설 중인 자산을 완공하는 과정에 비용이 먼저 소요되므로 적절한 수익·비용의 대응을 위해서는 건설 중인 단계에서 비용으로 인식하는 것이 아니라 건설 중인 자산이 완공되어 건물로 대체될 때까지 비용처리를 이연할 필요가 있다.

이에 따라 자가건설 중인 자산은 완성되어 실제 영업활동에 사용되기 전까지 발생한 각종 원가들을 '건설 중인 자산'이라는 계정에 집계하였다가 건물로 완공되어 사용하기 시작하는 때부터 감가상각을 통하여 비용처리하고 있다.

즉, 유형자산을 건설하기 위해 소요된 재료비, 노무비 등의 비용 발생액은 건설기간 동안에는 건설 중인 자산에 집계하여 유형자산의 원가를 누적관리하다가 완공이 되면 유형자산이라는 계정으로 대체하는 것이다.

### 예제 7-2 건설 중인 자산

㈜한국은 본사 사옥으로 사용하기 위해서 건물을 직접 건설하고 있다. 건설기간 중에 다음과 같은 지출을 하였을 때 건물건설과 관련하여 회계처리를 하시오.

> 20×1년 1월 20일 건설에 사용할 목적으로 원재료 ₩3,000,000을 현금으로 지급하였다.
> 20×1년 1월 30일 건물을 설계하기 위한 설계비로 ₩1,500,000을 현금으로 지급하였다.
> 20×1년 4월 25일 건물 골조공사비로 ₩2,500,000을 현금으로 지급하였다.
> 20×1년 7월 10일 건물 내부 인테리어 공사비로 ₩1,800,000을 현금으로 지급하였다.
> 20×1년 9월 5일  건물이 완공되어 본사 건물로 사용을 시작하였다.

**해답**

| 20×1.1.20 | (차) 건설 중인 자산 | 3,000,000 | (대) 현금 | 3,000,000 |
|---|---|---|---|---|
| 20×1.1.30 | (차) 건설 중인 자산 | 1,500,000 | (대) 현금 | 1,500,000 |
| 20×1.4.25 | (차) 건설 중인 자산 | 2,500,000 | (대) 현금 | 2,500,000 |
| 20×1.7.10 | (차) 건설 중인 자산 | 1,800,000 | (대) 현금 | 1,800,000 |
| 20×1.9.5 | (차) 건물 | 8,800,000 | (대) 건설 중인 자산 | 8,800,000 |

## [4] 토지원가

토지와 건물을 취득 후 건물을 즉시 철거하고 토지만 사용하는 경우가 있다. 이 경우 취득가액은 전액 토지의 원가로 하며, 건물을 즉시철거하는 과정에서 발생하는 즉시철거비는 토지원가에 가산한다. 즉시철거 과정에서 고철을 매각하여 회수한 금액은 토지원가에서 차감한다.

더불어 토지를 사용가능한 상태로 만들기 위해 정지비용, 측량비용을 지출하였다면 해당 금액을 토지원가에 가산한다. 또한, 상하수도 공사나 조경공사 등을 수행하는 경우 해당 지출로 인해 내용연수가 영구적이거나 내용연수가 제한적이지만 이에 대한 유지보수를 지자체 등이 부담하는 경우 이를 토지원가에 가산하며, 그 외 내용연수가 제한적이거나 기업이 유지보수를 수행하는 경우에는 별도 자산인 구축물로 회계처리한다.

## [5] 유형자산에 대한 취득 이후의 지출

유형자산은 취득 이후에도 다양한 후속 지출이 발생하게 된다. 이처럼 취득 이후에 영업활동에 계속적으로 사용하는 과정에서 발생하는 다양한 지출은 지출시점에 이를 비용으로 처리할 것인지 혹은 당해 자산의 원가에 가산할 것인지 결정하여야 한다.

이 중 유형자산의 원가에 가산하는 지출을 자본적 지출(capital expenditure)이라고 하고, 당기 비용으로 처리하는 지출을 수익적 지출(revenue expenditure)이라 한다.

자본적 지출이란? 해당 지출의 결과로 인해 유형자산으로부터 기대되는 효익이 차기 이후까지 지속적으로 발생하는 것을 말한다. 이러한 지출은 수익·비용 대응의 관점에서 수익을 발생시키는 기간 동안 비용처리하는 것이 합리적이므로 지출금액을 즉시 비용처리하지 않고 자산의 장부금액에 가산한 뒤 잔여내용연수 동안 감가상각으로 비용처리된다.

>> 자본적 지출의 예

① 내용연수를 증가시키는 지출
② 해당 지출의 결과 산출되는 자산의 양과 질이 개선되는 지출
③ 원가절감에 기여하는 지출
④ 유형자산의 실질적인 가치를 증대시키는 지출

한편, 수익적 지출은 유형자산에 대한 지출의 효익이 당기에만 영향을 미치는 것으로 차기 이후에는 효익 창출에 기여하지 않기 때문에 지출 즉시 전액을 당기 비용으로 처리하는 것을 말한다. 대표적인 수익적 지출의 예는 수선·유지를 위한 비용을 들 수 있다. 기존 생산설비의 현상유지만을 위한 수선비, 보수비 등은 대표적인 수익적 지출의 예라고 할 수 있다.

## 3. 유형자산의 후속측정

### [1] 감가상각

#### (1) 감가상각이란?

유형자산은 영업활동 과정 중에 사용할 목적으로 보유중인 자산으로서 취득시점 이후부터 영업활동에 사용됨으로 인해 기업의 수익창출 활동에 공헌하게 된다. 이에 따라 유형자산의 경제적 효익은 시간이 경과함에 따라 점차 소멸하게 되며, 유형자산의 경제적 효익의 감소를 비용으로 인식하는 것을 감가상각(depreciation)이라고 한다.

감가상각은 이처럼 수익을 인식할 때 수익과 관련되는 비용을 인식하여야 한다는 '수익·비용 대응'에 근거한 회계처리다.

가장 정확한 수익·비용 대응을 위해서는 유형자산을 사용함으로써 벌어들인 수익과 이를 위한 비용을 직접 산출하여 대응시키는 것이다. 그러나 현실적으로 유형자산의 경제적 효익 감소분을 정확하게 산출하는 것은 불가능하므로 체계적이고 합리적인 방법을 이용하여 유형자산의 경제적 효익의 감소액을 추정하게 된다.

즉, 감가상각의 인식은 유형자산의 취득원가에서 잔존가치를 차감한 감가상각대상금액을 내용연수 동안 체계적인 방법에 근거하여 기간별로 배분함으로써 수익·비용 대응의 원칙을 실현하는 원가배분과정(cost allocation)이다.

**(2) 감가상각의 3요소**

감가상각비를 결정하기 위해서는 취득원가, 잔존가치, 내용연수의 3요소를 정해야 한다.

① **감가상각대상금액**

감가상각대상금액은 유형자산의 취득시점부터 내용연수의 종료시점까지 인식할 감가상각비의 총액을 의미한다. 즉, 감가상각대상금액은 취득원가에서 잔존가액을 차감한 금액이다.

**≫ 감가상각대상금액**

감가상각대상금액 = 취득원가 – 잔존가치

취득원가는 유형자산의 최초측정 시 장부에 기록한 금액으로 매입가액에 의도된 용도로 사용 가능한 상태에 도달하는 데 소요된 부대비용을 가산한 금액이다.

잔존가액은 내용연수가 모두 경과한 후 해당 자산을 처분하였을 때 받을 것으로 예상하는 추정 처분가액에서 처분과 관련된 비용을 차감한 순처분가치를 의미한다.

실무적으로 잔존가액은 추정이 어렵고, 중요한 금액도 아니기 때문에 통상적으로 0원으로 보는 경우가 많다.

② **내용연수**

유형자산의 내용연수는 자산을 사용하면서 경제적 효익을 얻을 것으로 기대하는 기간으로 측정한다. 즉, 유형자산을 사용할 수 있을 것으로 기대되는 기간, 감가상각대상금액을 비용화하는 기간을 내용연수(useful life)라 한다. 내용연수는 법적 내용연수와 경제적 내용연수 중 이른 기간으로 한다.

③ **감가상각방법**

㉠ **정액법**(straight-line method)

정액법은 자산의 내용연수 동안 일정액을 감가상각비로 인식하는 방법이다.

$$\text{연 감가상각비} = \frac{\text{취득원가 – 잔존가치}}{\text{내용연수}} = \frac{\text{감가상각대상금액}}{\text{내용연수}}$$

**예제 7-3 정액법**

20×1년 1월 1일 취득원가가 ₩1,000,000이며 잔존가치가 ₩100,000인 기계장치를 취득하였다. 해당 기계장치의 내용연수는 4년이다.

**물음**

1. 정액법에 따른 각 연도 말 감가상각비를 계산하시오.

| 연도 | 계산식 | 감가상각비 | 감가상각누계액 | 기말장부금액 |
|---|---|---|---|---|
| 20×1년 | (₩1,000,000 − ₩100,000) × 1/4 | ₩225,000 | ₩225,000 | ₩775,000 |
| 20×2년 | (₩1,000,000 − ₩100,000) × 1/4 | 225,000 | 450,000 | 550,000 |
| 20×3년 | (₩1,000,000 − ₩100,000) × 1/4 | 225,000 | 675,000 | 325,000 |
| 20×4년 | (₩1,000,000 − ₩100,000) × 1/4 | 225,000 | 900,000 | 100,000 |
| 합계 | | 900,000 | | |

2. 각 회계연도의 감가상각비 인식에 따른 회계처리를 하시오.

| | | | | |
|---|---|---|---|---|
| 20×1.12.31 | (차) 감가상각비 | 225,000 | (대) 감가상각누계액 | 225,000 |
| 20×2.12.31 | (차) 감가상각비 | 225,000 | (대) 감가상각누계액 | 225,000 |
| 20×3.12.31 | (차) 감가상각비 | 225,000 | (대) 감가상각누계액 | 225,000 |
| 20×4.12.31 | (차) 감가상각비 | 225,000 | (대) 감가상각누계액 | 225,000 |

3. 20×1년 12월 31일 현재 기계장치만의 부분재무상태표를 작성하시오.

부분재무상태표

20×1.12.31(단위 : 원)

| 유형자산 | | |
|---|---|---|
| 기계장치 | ₩1,000,000 | |
| 감가상각누계액 | (225,000) | |

© 정률법(fixed-rate method)

정률법은 자산의 내용연수 동안 기초장부금액에 동일한 감가상각률을 곱하여 감가상각비를 인식하는 방법이다. 정률법은 기초 유형자산의 미래 경제적 효익의 가치를 반영하는 기초장부가액이 매 회계기간 일정 상각률로 소멸된다고 보는 방법이다.

정률법을 적용하게 되면 회계기간이 경과할수록 감가상각누계액이 증가하기 때문에 기초장부가액은 감소하게 되며 이에 따라 자산의 내용연수 동안 감가상각액이 매기 감소하는 방법이다. 즉, 내용연수의 초기에 더 많은 감가상각비를 인식하게 된다.

$$연\ 감가상각비 = 기초장부금액 \times 감가상각률$$
$$= (취득원가 - 감가상각누계액) \times 감가상각률$$

#### 예제 7-4 정률법

20×1년 1월 1일 취득원가가 ₩1,000,000이며 잔존가치가 ₩100,000인 기계장치를 취득하였다. 해당 기계장치의 내용연수는 4년이다.

**물음**

1. 정률법에 따른 각 연도 말 감가상각비를 계산하시오(단, 감가상각률은 0.438이다).

| 연도 | 계산식 | 감가상각비 | 감가상각누계액 | 기말장부금액 |
|---|---|---|---|---|
| 20×1년 | ₩1,000,000 × 0.438 | ₩438,000 | ₩438,000 | ₩562,000 |
| 20×2년 | ₩562,000 × 0.438 | 246,156 | 684,156 | 315,844 |
| 20×3년 | ₩315,844 × 0.438 | 138,339 | 822,495 | 177,505 |
| 20×4년 | ₩177,505 × 0.438 | 77,505* | 900,000 | 100,000 |
| 합계 | | 900,000 | | |

\* 단수차이조정

2. 각 회계연도의 감가상각비 인식에 따른 회계처리를 하시오.

| 20×1.12.31 | (차) 감가상각비 | 438,000 | (대) 감가상각누계액 | 438,000 |
|---|---|---|---|---|
| 20×2.12.31 | (차) 감가상각비 | 246,156 | (대) 감가상각누계액 | 246,156 |
| 20×3.12.31 | (차) 감가상각비 | 138,339 | (대) 감가상각누계액 | 138,339 |
| 20×4.12.31 | (차) 감가상각비 | 77,505 | (대) 감가상각누계액 | 77,505 |

3. 20×1년 12월 31일 현재 기계장치만의 부분재무상태표를 작성하시오.

부분재무상태표

20×1.12.31(단위 : 원)

| 유형자산 | |
|---|---|
| 기계장치 | ₩1,000,000 |
| 감가상각누계액 | (438,000) |

ⓒ 이중체감법

이중체감법은 정액법의 배법이라고도 하며 기초장부금액에 정액법에 의한 상각률의 2배를 적용하여 감가상각비를 계산하는 방법이다.

$$연\ 감가상각비 = 기초장부금액 \times \frac{2}{내용연수}$$

✏ **예제 7-5 이중체감법**

20×1년 1월 1일 취득원가가 ₩1,000,000이며 잔존가치가 ₩100,000인 기계장치를 취득하였다. 해당 기계장치의 내용연수는 4년이다.

**물음**

1. 이중체감법에 따른 각 연도 말 감가상각비를 계산하시오.

| 연도 | 계산식 | 감가상각비 | 감가상각누계액 | 기말장부금액 |
|---|---|---|---|---|
| 20×1년 | ₩1,000,000 × 2/4 | ₩500,000 | ₩500,000 | ₩500,000 |
| 20×2년 | ₩500,000 × 2/4 | 250,000 | 750,000 | 250,000 |
| 20×3년 | ₩250,000 × 2/4 | 125,000 | 875,000 | 125,000 |
| 20×4년 | ₩125,000 × 2/4 | 25,000* | 900,000 | 100,000 |
| 합계 | | 900,000 | | |

*단수차이조정

2. 각 회계연도의 감가상각비 인식에 따른 회계처리를 하시오.

| | | | | | |
|---|---|---|---|---|---|
| 20×1.12.31 | (차) 감가상각비 | 500,000 | (대) 감가상각누계액 | 500,000 |
| 20×2.12.31 | (차) 감가상각비 | 250,000 | (대) 감가상각누계액 | 250,000 |
| 20×3.12.31 | (차) 감가상각비 | 125,000 | (대) 감가상각누계액 | 125,000 |
| 20×4.12.31 | (차) 감가상각비 | 25,000 | (대) 감가상각누계액 | 25,000 |

3. 20×1년 12월 31일 현재 기계장치만의 부분재무상태표를 작성하시오.

**부분재무상태표**

20×1.12.31(단위 : 원)

| 유형자산 | | | |
|---|---|---|---|
| 기계장치 | ₩1,000,000 | | |
| 감가상각누계액 | (500,000) | | |

ⓔ **연수합계법(sum-of-the-years-digit method)**

연수합계법은 취득원가에서 잔존가치를 차감한 금액을 내용연수의 합계에 대한 잔여내용연수(내용연수의 역순)의 비율을 곱하여 감가상각비를 계산하는 방법이다.

연수합계법은 미상각내용연수가 내용연수 경과에 따라 감소하기 때문에 내용연수 초기에 감가상각비가 많이 계상되고, 시간이 지날수록 감가상각비가 감소하게 된다.

$$연\ 감가상각비 = (취득원가 - 잔존가치) \times \frac{잔여내용연수}{내용연수합계}$$

$$* \ 내용연수합계 = \frac{n(n+1)}{2} \ 또는 \ 1+2+3+4+\cdots\cdots$$

앞서, 정률법, 이중체감법 그리고 연수합계법은 초기에 감가상각비가 많이 계상되고 내용연수가 경과함에 따라 점차 감소하는 특징을 가진다. 이렇게 내용연수가 경과함에 따라 연도별 감가상각비가 감소하는 감가상각방법을 가속상각법(체감잔액법, declining balance method)이라고 한다.

체감잔액법은 내용연수의 초기에 유형자산으로부터 발생되는 수익이 많기 때문에 감가상각비를 많이 인식하고, 내용연수가 경과함에 따라 관련 수익의 발생 또한 줄어들게 되기 때문에 감가상각비를 적게 인식하는 논리는 수익·비용 대응에는 보다 바람직하다고 할 수 있다.

---

✏️ **예제 7-6 연수합계법**

20×1년 1월 1일 취득원가가 ₩1,000,000이며 잔존가치가 ₩100,000인 기계장치를 취득하였다. 해당 기계장치의 내용연수는 4년이다.

**물음**

1. 연수합계법에 따른 각 연도 말 감가상각비를 계산하시오.

| 연도 | 계산식 | 감가상각비 | 감가상각누계액 | 기말장부금액 |
|------|--------|-----------|--------------|------------|
| 20×1년 | (₩1,000,000 − ₩100,000) × 4/10 | ₩360,000 | ₩360,000 | ₩640,000 |
| 20×2년 | (₩1,000,000 − ₩100,000) × 3/10 | 270,000 | 630,000 | 370,000 |
| 20×3년 | (₩1,000,000 − ₩100,000) × 2/10 | 180,000 | 810,000 | 190,000 |
| 20×4년 | (₩1,000,000 − ₩100,000) × 1/10 | 90,000 | 900,000 | 100,000 |
| 합계 | | 900,000 | | |

2. 각 회계연도의 감가상각비 인식에 따른 회계처리를 하시오.

| 20×1.12.31 | (차) 감가상각비 | 360,000 | (대) 감가상각누계액 | 360,000 |
|------------|--------------|---------|-----------------|---------|
| 20×2.12.31 | (차) 감가상각비 | 270,000 | (대) 감가상각누계액 | 270,000 |
| 20×3.12.31 | (차) 감가상각비 | 180,000 | (대) 감가상각누계액 | 180,000 |
| 20×4.12.31 | (차) 감가상각비 | 90,000 | (대) 감가상각누계액 | 90,000 |

3. 20×1년 12월 31일 현재 기계장치만의 부분재무상태표를 작성하시오.

**부분재무상태표**

20×1.12.31(단위 : 원)

| 유형자산 | | |
|---------|---|---|
| 기계장치 | ₩1,000,000 | |
| 감가상각누계액 | (360,000) | |

㉤ 생산량비례법(activity method)

생산량비례법은 취득원가에서 잔존가치를 차감한 금액을 총 예상생산량에 대한 당기실제 생산량을 기준으로 감가상각비를 계산하는 방법이다.

이 방법은 실제 생산량에 근거하여 감가상각을 하기 때문에 수익·비용 대응에는 가장 적합한 방법이라 할 수 있다.

$$\text{연 감가상각비} = (\text{취득원가} - \text{잔존가치}) \times \frac{\text{당기실제생산량}}{\text{추정총생산량}}$$

✏️ **예제 7-7 생산량비례법**

20×1년 1월 1일 취득원가가 ₩1,000,000이며 잔존가치가 ₩100,000인 기계장치를 취득하였다. 해당 기계장치의 내용연수는 4년이며 총추정생산량은 1,000개로 추정된다.

**물음**

1. 내용연수 동안 실제생산량은 다음과 같을 때 생산량비례법에 따른 각 연도의 감가상각비를 계산하시오(20×1년 : 400개, 20×2년 : 300개, 20×3년 : 200개, 20×4년 : 100개).

| 연도 | 계산식 | 감가상각비 | 감가상각누계액 | 기말장부금액 |
|---|---|---|---|---|
| 20×1년 | (₩1,000,000 − ₩100,000) × (400개/1,000개) | ₩360,000 | ₩360,000 | ₩640,000 |
| 20×2년 | (₩1,000,000 − ₩100,000) × (300개/1,000개) | 270,000 | 630,000 | 370,000 |
| 20×3년 | (₩1,000,000 − ₩100,000) × (200개/1,000개) | 180,000 | 810,000 | 190,000 |
| 20×4년 | (₩1,000,000 − ₩100,000) × (100개/1,000개) | 90,000 | 900,000 | 100,000 |
| 합계 | | 900,000 | | |

2. 각 회계연도의 감가상각비 인식에 따른 회계처리를 하시오.

| | | | | |
|---|---|---|---|---|
| 20×1.12.31 | (차) 감가상각비 | 360,000 | (대) 감가상각누계액 | 360,000 |
| 20×2.12.31 | (차) 감가상각비 | 270,000 | (대) 감가상각누계액 | 270,000 |
| 20×3.12.31 | (차) 감가상각비 | 180,000 | (대) 감가상각누계액 | 180,000 |
| 20×4.12.31 | (차) 감가상각비 | 90,000 | (대) 감가상각누계액 | 90,000 |

3. 20×1년 12월 31일 현재 기계장치만의 부분재무상태표를 작성하시오.

### 부분재무상태표

20×1.12.31(단위 : 원)

| 유형자산 | | |
|---|---|---|
| 기계장치 | ₩1,000,000 | |
| 감가상각누계액 | (360,000) | |

## ≫ 감가상각방법의 비교

| 구분 | 내용연수 동안 인식한 감가상각비 총액<br>= 취득원가 − 잔존가치 = 감가상각대상금액 | 내용연수 종료시점의 장부가액 |
|---|---|---|
| 정액법 | ₩900,000 | ₩100,000 |
| 정률법 | ₩900,000 | ₩100,000 |
| 이중체감법 | ₩900,000 | ₩100,000 |
| 연수합계법 | ₩900,000 | ₩100,000 |
| 비례법 | ₩900,000 | ₩100,000 |

동일한 취득원가와 내용연수를 가진 기계장치를 대상으로 다양한 감가상각방법에 따른 감가상각비를 계산한 결과 각 연도에 비용처리되는 감가상각비는 달라도 내용연수 동안의 감가상각비 총액은 감가상각대상금액으로 동일하다. 그리고 내용연수 종료시점에는 어떤 감가상각방법을 선택하든 잔존가치로 동일하다.

## [2] 회계추정치 변경

유형자산의 잔존가치와 내용연수는 적어도 매 회계연도 말에 재검토하고, 재검토 결과 추정치가 종전 추정치와 다르다면 회계추정치 변경으로 회계처리한다. 감가상각방법은 적어도 매 회계연도 말에 재검토하고, 재검토 결과 자산에 내재된 미래경제적효익의 예상되는 소비형태에 유의적인 변동이 있다면 감가상각방법을 변경하고, 회계추정치 변경으로 전진적용한다.

## [3] 유형자산의 처분

유형자산을 사용하던 중 처분을 하거나 내용연수가 종료된 자산을 처분하게 되면 해당 유형자산을 장부에서 제거하는 회계처리를 해야 한다. 장부금액은 취득원가에서 감가상각누계액을 차감한 값이며, 유형자산을 제거하기 위해서는 취득원가와 감가상각누계액을 전부 제거한다.

이때, 유형자산을 처분하면서 수령한 순매각금액과 장부금액의 차이가 유형자산처분손익이 되며, 이는 당기손익으로 회계처리한다.

유형자산의 처분 회계처리를 하기 전에 처분시점까지 인식하지 않은 감가상각비가 있다면 이를 먼저 인식한 후의 장부금액과 순매각금액으로 처분손익을 산출하여야 한다.

**≫ 유형자산처분손익**

> • 순매각금액 > 장부금액(감가상각 완료 후) : 유형자산처분이익
> • 순매각금액 < 장부금액(감가상각 완료 후) : 유형자산처분손실

◆ **예제 7-8 유형자산의 처분**

㈜한국은 20×1년 1월 1일 ₩3,000,000에 건물을 취득하였다. 잔존가치는 없으며, 내용연수는 6년으로 추정되었다. 감가상각방법은 정액법을 사용한다. ㈜한국은 더 이상 건물을 사용하지 않게 되어 20×2년 10월 1일 ₩2,000,000에 처분하였을 경우 처분손익을 계산하고 처분 시 회계처리를 하시오.

**해답**

| | | | | | | |
|---|---|---|---|---|---|---|
| 20×1.1.1 | (차) | 건물 | 3,000,000 | (대) | 현금 | 3,000,000 |
| 20×2.12.31 | (차) | 감가상각비 | 500,000 | (대) | 감가상각누계액 | 500,000 |
| 20×2.10.1 | (차) | 감가상각비 | 375,000 | (대) | 감가상각누계액 | 375,000 |
| | (차) | 감가상각누계액 | 875,000 | (대) | 건물 | 3,000,000 |
| | | 현금 | 2,000,000 | | | |
| | | 유형자산처분손실 | 125,000 | | | |

① 20×2년 10월 1일 장부금액 = ₩3,000,000 − ₩875,000(감가상각누계액) = ₩2,125,000
② 유형자산처분손실 = ₩2,000,000(순매각금액) − ₩2,125,000(장부금액)
= (₩125,000) 처분손실

## 4. 유형자산의 손상

### [1] 원가모형의 손상

> ① 자산손상에 대한 여부는 매 회계연도 말에 검토하며, 자산손상의 징후가 있으면 자산의 회수가능액을 추정하여 회수가능액이 장부금액에 미달하는 경우 손상차손을 인식한다.
> ② 회수가능액 = max(순공정가치, 사용가치)
> ③ 손상차손 = 유형자산 장부금액 − 회수가능액

### [2] 손상 회계처리

| (차) 손상차손 | ××× | (대) 손상차손누계액 | ××× |
|---|---|---|---|

## [3] 손상 인식 후 감가상각비

> 손상 인식 후 감가상각비 = 전기 말 회수가능액 ÷ 기초현재 잔존내용연수

## [4] 손상의 환입

자산손상이 발생한 이후에도 매년 회수가능액을 재검토한다. 재검토 결과 손상이 회복되었다는 증거가 있는 경우 손상이 발생하지 않았을 경우의 감가상각 후 장부금액을 한도로 손상차손을 환입한다.

> ① 손상차손환입 한도 = 손상이 발생하지 않았을 경우 해당 유형자산 장부금액
> ② 손상차손환입 = min(손상이 발생하지 않았을 경우의 장부금액, 회수가능액) − 유형자산의 장부금액

**학습정리**

1. 유형자산은 기업이 재화나 용역의 생산이나 제공, 타인에 대한 임대 또는 관리활동에 사용할 목적으로 보유하는 물리적 형태가 있는 자산으로서 한 회계기간을 초과하여 사용할 것이 예상되는 자산을 말한다.

2. 유형자산을 취득한 이후에도 후속적인 지출이 있을 수 있는데 해당 지출액 중 장기간에 걸쳐 경제적 효익을 얻을 수 있을 것으로 기대되는 지출을 자본적 지출이라고 한다.

3. 유형자산의 취득원가에는 구입가격과 해당 자산을 사용하는데 필요한 장소와 상태에 이르게 하는데 직접 관련되는 원가를 가산한다.

4. 감가상각은 비용배분과정이지 공정가치 평가과정이 아니다.

5. 감가상각이란 내용연수 동안 취득원가에서 잔존가치를 차감한 감가상각대상금액을 체계적이고 합리적인 방법에 근거하여 배분하는 원가배분과정이다.

6. 감가상각방법에는 정액법, 정률법, 이중체감법, 연수합계법, 비례법 등이 있다.

7. 정률법, 이중체감법, 연수합계법은 내용연수 초기에 감가상각비를 많이 계상하게 되며, 이를 가리켜 가속상각법 또는 체감잔액법이라고도 한다.

8. 유형자산을 처분하게 되면 처분 시까지 감가상각을 완료한 장부금액과 순매각금액을 비교하여 유형자산처분손익을 인식하게 된다.

9. 내용연수, 잔존가치, 감가상각방법은 매 회계연도 말 재검토하고, 재검토 결과 추정치에 변동이 생겼다면 회계추정의 변경으로 회계처리한다.

10. 감가상각 후 장부금액으로 표시된 유형자산에 손상의 징후가 확인되고 장부금액이 회수가능액을 초과하는 경우 손상차손의 회계처리를 수행한다.

**01** 다음은 유형자산에 대한 설명이다. 옳지 않은 것은?

① 영업활동을 위하여 보유하고 있는 자산이다.

② 물리적인 형체가 있는 자산이다.

③ 한 회계기간을 초과하여 사용할 것이 예상되는 자산이다.

④ 판매를 목적으로 보유하고 있는 자산이다.

⑤ 내구적인 사용이 가능한 자산이다.

**02** 유형자산의 취득원가 결정에 관한 사항 중 옳지 않은 것은?

① 토지를 취득하는 과정에서 발생하는 취득세 등은 토지의 취득원가를 구성한다.

② 기계장치를 구입하는 과정에서 발생한 보험료는 판매비와 관리비에 포함된다.

③ 사용 중인 건물의 철거비용은 취득원가를 구성하지 않는다.

④ 기계장치 구입 시 발생한 설치비는 기계장치 취득원가이다.

⑤ 자산을 일괄구입 시 각 자산의 취득원가는 시가를 기준으로 안분계산한다.

**03** 다음 중 취득원가에 포함되지 않는 것은 무엇인가?

① 기계장치의 시운전비

② 토지 구입 시 중개수수료

③ 건물 구입 후 가입한 보험료

④ 토지 취득 시 부담한 취득세

⑤ 상품을 수입해 오는 과정에서 부담한 운송보험료

**04**    유형자산의 취득원가에 포함되지 않는 것은?

① 관세 및 환급 불가능한 취득 관련 세금

② 유형자산을 해체, 제거하거나 부지를 복구하는 데 소요될 것으로 최초에 추정되는 원가

③ 새로운 상품과 서비스를 소개하는 데 소요되는 원가

④ 설치원가 및 조립원가

⑤ 유형자산의 매입 또는 건설과 직접적으로 관련되어 발생한 종업원 급여

**05**    ㈜한국은 본사 신축을 위해 기존 건물이 있는 토지를 ₩500,000에 구입하였으며, 기타 발생한 원가는 다음과 같다. ㈜한국의 토지와 건물의 취득원가는?

- 구건물이 있는 토지를 취득하면서 중개수수료 ₩4,000을 지급하였다.
- 구건물 철거비용으로 ₩5,000을 지급하였으며, 철거 시 발생한 폐자재를 ₩1,000에 처분하였다.
- 토지 측량비와 정지비용으로 ₩2,000과 ₩3,000이 각각 발생하였다.
- 신축건물 설계비로 ₩50,000을 지급하였다.
- 신축건물 공사비로 ₩1,000,000을 지급하였다.
- 야외 주차장(내용연수 10년) 공사비로 ₩100,000을 지출하였다.

|     | 토지 | 건물 |
|-----|------|------|
| ①   | ₩509,000 | ₩1,000,000 |
| ②   | ₩509,000 | ₩1,050,000 |
| ③   | ₩513,000 | ₩1,050,000 |
| ④   | ₩513,000 | ₩1,150,000 |
| ⑤   | ₩514,000 | ₩1,150,000 |

**06** ㈜한국은 20×2년 7월 1일 토지와 건물을 ₩2,000,000에 일괄취득하였으며, 취득 당시 토지의 공정가치는 ₩1,000,000, 건물의 공정가치는 ₩1,500,000이었다. 건물의 경우 원가모형을 적용하며, 연수합계법(내용연수 3년, 잔존가치 ₩0)으로 상각한다. 건물에 대해 20×3년에 인식할 감가상각비는? (단, 감가상각비는 월할 상각한다.)

① ₩450,000  ② ₩500,000  ③ ₩600,000

④ ₩625,000  ⑤ ₩750,000

**07** 유형자산의 감가상각에 관한 설명으로 옳지 않은 것은?

① 감가상각은 자산이 사용가능한 때부터 시작한다.

② 감가상각방법은 자산의 미래 경제적 효익이 소비될 것으로 예상되는 형태를 반영한다.

③ 감가상각방법의 변경은 회계정책의 변경으로 회계처리한다.

④ 감가상각대상금액을 내용연수 동안 체계적으로 배부하기 위해 다양한 방법을 사용할 수 있다.

⑤ 잔존가치와 내용연수의 변경은 회계추정의 변경으로 회계처리한다.

**08** 유형자산에 대한 감가상각을 하는 가장 중요한 목적으로 알맞은 것은 무엇인가?

① 자산의 취득원가를 체계적인 방법으로 기간배분하기 위해서

② 유형자산의 정확한 가치평가를 하기 위해서

③ 현재 판매할 경우 예상되는 현금흐름을 측정하기 위해서

④ 사용가능한 내용연수를 매년 확인하기 위해서

⑤ 유형자산의 공정가치 변동을 반영하기 위해서

**09** 20×1년 1월 1일에 취득한 ₩1,000,000의 건물에 대하여 20×2년 12월 31일에 인식할 감가상각비는 얼마인가? (감가상각방법은 연수합계법, 내용연수는 5년, 결산일은 12월 31일이며 잔존가치는 ₩100,000이다.)

① ₩120,000   ② ₩160,000   ③ ₩200,000
④ ₩240,000   ⑤ ₩280,000

**10** ㈜한국은 20×1년 초에 총 100톤의 철근을 생산할 수 있는 기계장치(내용연수 4년, 잔존가치 ₩200,000)를 ₩2,000,000에 취득하였다. 정률은 0.44이고, 1차 년도부터 4차 년도까지 기계장치의 철근생산량은 10톤, 20톤, 30톤, 40톤인 경우 1차 년도에 인식할 감가상각비가 가장 크게 계상되는 방법은?

① 정액법   ② 정률법   ③ 연수합계법
④ 생산량비례법   ⑤ 모두 동일함

**11** 다음 자료를 보고 정률법으로 감가상각할 경우 2차 회계연도에 계상될 감가상각비는 얼마인가?

| 취득원가 | ₩10,000,000 | 잔존가치 | ₩1,000,000 |
|---|---|---|---|
| 내용연수 | 5년 | 상각률 | 0.45(가정) |

① ₩1,550,000   ② ₩1,750,000   ③ ₩2,175,000
④ ₩2,375,000   ⑤ ₩2,475,000

**12** 기계장치의 취득가액은 ₩1,000,000이며 잔존가치는 ₩100,000, 내용연수는 10년인 기계장치를 3년이 되는 연도말에 ₩800,000에 처분하였을 때, 처분손익은 얼마인가? (단, 감가상각방법은 정액법을 사용한다.)

① ₩70,000 이익   ② ₩70,000 손실   ③ ₩100,000 이익
④ ₩100,000 손실   ⑤ ₩150,000 이익

**13** 다음 중 수익·비용 대응의 관점에서 가장 바람직한 감가상각방법은 무엇인가?

① 정액법      ② 연수합계법      ③ 생산량비례법
④ 정률법      ⑤ 이중체감법

**14** ㈜한국은 20×1년 1월 1일 ₩1,000,000의 기계장치를 구입하였다. 해당 기계장치의 내용연수는 5년, 잔존가치는 10%로 추정된다. 해당 기계장치는 20×1년에 총 10,000개의 제품을 생산할 것으로 기대하며, 그 후 매년 1,000개씩 생산량이 감소한다. 해당 기계장치를 정액법, 정률법(상각률 : 0.369), 생산량비례법, 연수합계법, 이중체감법에 따라 각각 감가상각한다고 할 때, 20×2년도 감가상각비를 가장 작게 하는 방법은 무엇인가?

① 정액법      ② 연수합계법      ③ 생산량비례법
④ 정률법      ⑤ 이중체감법

**15** ㈜한국은 20×1년 초에 업무용 차량운반구를 ₩10,000(내용연수 5년, 잔존가치 ₩0)에 취득하여 정액법으로 감가상각하여 오다가 20×2년부터 감가상각방법을 연수합계법으로 변경하였다. 이와 관련하여 20×2년도 말 재무상태표에 표시되는 동 차량운반구의 장부금액은? (단, 원가모형을 적용한다.)

① ₩2,000      ② ₩3,200      ③ ₩4,000
④ ₩4,800      ⑤ ₩6,000

**16** ㈜한국은 20×1년 초 기계장치(취득원가 ₩200,000, 내용연수 5년, 잔존가치 ₩20,000, 정액법 적용)를 취득하였다. 20×3년 초 ㈜한국은 20×3년을 포함한 잔존내용연수를 4년으로 변경하고, 잔존가치는 ₩30,000으로 변경하였다. 이러한 내용연수 및 잔존가치의 변경은 정당한 회계변경으로 인정된다. ㈜한국의 20×3년 동 기계장치에 대한 감가상각비는? (단, 원가모형을 적용하며, 감가상각비는 월할 계산한다.)

① ₩23,000      ② ₩24,500      ③ ₩28,333
④ ₩30,000      ⑤ ₩32,000

**17** ㈜한국은 20×1년 말 사용 중인 기계장치에 대하여 자산손상을 시사하는 징후가 있는지 검토한 결과, 자산손상 징후를 발견하였다. 다음 자료를 이용하여 계산한 기계장치의 손상차손은? (단, 원가모형을 적용한다.)

| 감가상각 후 장부금액 | ₩225,000 | 사용가치 | ₩135,000 |
|---|---|---|---|
| 공정가치 | ₩155,000 | 처분부대원가 | ₩5,000 |

① ₩65,000  ② ₩70,000  ③ ₩75,000
④ ₩90,000  ⑤ ₩95,000

**18** ㈜한국은 20×1년 초 기계장치(취득원가 ₩180,000, 내용연수 3년, 잔존가치 없음, 연수합계법 적용)를 취득하였다. ㈜한국은 기계장치에 대하여 원가모형을 적용하고 있다. 20×1년 말 기계장치의 순공정가치는 ₩74,000이고 사용가치는 ₩70,000이다. ㈜한국이 20×1년 말 기계장치와 관련하여 인식해야 할 손상차손은? (단, 20×1년 말 기계장치에 대해 자산손상을 시사하는 징후가 있다.)

① ₩4,000  ② ₩16,000  ③ ₩20,000
④ ₩46,000  ⑤ ₩50,000

**19** 20×1년 4월 1일 기계장치를 구입하였고 취득원가는 ₩5,000,000이다. 내용연수는 4년, 감가상각방법은 연수합계법, 잔존가치는 취득원가의 10%이다. 이 기계장치를 20×2년 7월 1일에 ₩3,000,000에 처분하였다고 할 때 처분손익은 얼마인가?

① ₩120,000  ② ₩127,500  ③ ₩130,000
④ ₩137,500  ⑤ ₩140,000

01  ④ 판매를 목적으로 보유하고 있는 자산은 재고자산이다.

02  ② 기계장치 취득과정에서 발생한 보험료는 취득부대비용의 일종으로 기계장치의 취득원가에 가산한다.

03  ③ 건물을 구입한 후의 보험료는 취득 이후의 지출이므로 발생시점의 비용으로 인식한다.

04  ③ 새로운 상품과 서비스를 소개하는 데 소요되는 원가는 유형자산의 취득원가에 포함되지 않는다.

05  ③ 1) 토지원가 = ₩500,000(구입가격) + ₩4,000(중개수수료) + ₩4,000(순철거비용) + ₩2,000(측량비)
  + ₩3,000(정지비용) = ₩513,000
  2) 건물 원가 = ₩50,000(설계비) + ₩1,000,000(공사비) = ₩1,050,000
    • 내용연수가 제한적인 야외 주차장 공사비는 별도 구축물로 회계처리한다.

06  ② 1) 20×2년 7월 1일 건물의 취득원가 = ₩2,000,000 × (₩1,500,000/₩2,500,000) = ₩1,200,000
  2) 20×3년 건물의 감가상각비 = (₩1,200,000 − ₩0) × 3/6 × 6/12 + (₩1,200,000 − ₩0) × 2/6
    × 6/12 = ₩500,000

07  ③ 감가상각방법의 변경은 회계추정의 변경으로 회계처리한다.

08  ① 감가상각은 취득시점에 즉시 비용으로 인식하지 않고 수익을 발생시키는 기간에 취득원가를 비용으로
  배분하는 과정으로 평가과정이 아니다. 즉, 감가상각은 비용의 기간배분이라고 할 수 있다.

09  ④ 20×2년의 감가상각비 = (₩1,000,000 − ₩100,000) × 4/15 = ₩240,000

10  ② 정률법 = ₩2,000,000 × 0.44 = ₩880,000
  ① 정액법 = (₩2,000,000 − ₩200,000) × 1/4 = ₩450,000
  ③ 연수합계법 = (₩2,000,000 − ₩200,000) × 4/10 = ₩720,000
  ④ 생산량비례법 = (₩2,000,000 − ₩200,000) × (10톤/100톤) = ₩180,000

11  ⑤ 1차 회계연도의 감가상각비 = ₩10,000,000(기초장부금액) × 0.45 = ₩4,500,000
  2차 회계연도의 감가상각비 = (₩10,000,000 − ₩4,500,000) × 0.45 = ₩2,475,000

**12** ① 1) 3차연도 말 장부금액 = ₩1,000,000 − ₩270,000(감가상각누계액) = ₩730,000
2) 3년간 감가상각누계액 = (₩1,000,000 − ₩100,000) × 3/10 = ₩270,000
3) 유형자산처분손익 = ₩800,000(처분가액) − ₩730,000(장부가액) = ₩70,000 이익

**13** ③ 생산량비례법은 감가상각대상금액에 (당기실제생산량/총예상생산량)을 곱하여 감가상각비를 계산하는
방법으로 실제생산량에 근거하여 감가상각비라는 비용을 계상하기 때문에 수익·비용 대응이라는 관점
에서 가장 적합한 감가상각방법이다.

**14** ① 〈정액법〉 20×1년도 = (₩1,000,000 − ₩100,000) × 1/5 = ₩180,000
20×2년도 = (₩1,000,000 − ₩100,000) × 1/5 = ₩180,000

〈정률법〉 20×1년도 = ₩1,000,000 × 0.369 = ₩369,000
20×2년도 = (₩1,000,000 − ₩369,000) × 0.369 = ₩232,839

〈생산량비례법〉 20×1년도 = (₩1,000,000 − ₩100,000) × 10,000개/40,000개 = ₩225,000
20×2년도 = (₩1,000,000 − ₩100,000) × 9,000개/40,000개 = ₩202,500

〈연수합계법〉 20×1년도 = (₩1,000,000 − ₩100,000) × 5/15 = ₩300,000
20×2년도 = (₩1,000,000 − ₩100,000) × 4/15 = ₩240,000

〈이중체감법〉 20×1년도 = ₩1,000,000 × 2/5 = ₩400,000
20×2년도 = (₩1,000,000 − ₩400,000) × 2/5 = ₩240,000

**15** ④ 1) 20×2년 1월 1일 장부금액 = ₩10,000 − [(₩10,000 − ₩0) × 1/5] = ₩8,000
2) 20×2년 감가상각비 = (₩8,000 − ₩0) × 4/10 = ₩3,200
3) 20×2년 말 장부금액 = ₩10,000 − ₩2,000 − ₩3,200 = ₩4,800

**16** ② 1) 20×3년 초 장부금액 = ₩200,000 − [(₩200,000 − ₩20,000) × 2/5] = ₩128,000
2) 20×3년도 감가상각비 = (₩128,000 − ₩30,000) × 1/4 = ₩24,500

**17** ③ 회수가능액 = max(순공정가치, 사용가치)
1) 순공정가치 = ₩155,000(공정가치) − ₩5,000(처분부대원가) = ₩150,000
2) 손상차손 = ₩225,000(감가상각 후 장부금액) − ₩150,000(회수가능액) = ₩75,000

**18** ② 1) 20×1년 말 장부금액 = ₩180,000 − [(₩180,000 − ₩0) × 3/6] = ₩90,000
2) 20×1년 손상차손 = ₩90,000(장부금액) − ₩74,000(회수가능액) = ₩16,000
* 회수가능액 = max[₩74,000(순공정가치), ₩70,000(사용가치)] = ₩74,000

19    ④

| 20×1.4.1 | (차) 기계장치 | 5,000,000 | (대) 현금 | 5,000,000 |
|---|---|---|---|---|
| 20×1.12.31 | (차) 감가상각비 | 1,350,000 | (대) 감가상각누계액 | 1,350,000 |
| 20×2.7.1 | (차) 감가상각비 | 787,500 | (대) 감가상각누계액 | 787,500 |
| | (차) 감가상각누계액 | 2,137,500 | (대) 기계장치 | 5,000,000 |
| | 현금 | 3,000,000 | 기계장치처분이익 | 137,500 |

- 20×1년 감가상각비 = (₩5,000,000 − ₩500,000) × 4/10 × 9/12 = ₩1,350,000
- 20×2년 감가상각비 = (₩5,000,000 − ₩500,000) × 4/10 × 3/12 + (₩5,000,000 − ₩500,000) × 3/10 × 3/12 = ₩787,500

01 ㈜한국은 20×1년 1월 1일 ₩10,000,000의 건물을 구입하였다. 해당 건물의 내용연수는 5년, 잔존가치는 ₩1,000,000이라고 할 때 정액법, 이중체감법, 연수합계법에 따른 감가상각비를 계산하시오.

02 ㈜한국은 20×1년 1월 1일에 기계장치를 ₩5,000,000에 구입하였다. 해당 기계장치의 내용연수는 5년이며, 내용연수 종료 후 잔존가치는 취득원가의 10%로 추정된다. 또한 해당 기계장치의 총생산량은 10,000개로 추정되며, 내용연수 동안 실제 생산량은 다음과 같다.

| 20×1년 | 3,000개 | 20×2년 | 2,500개 | 20×3년 | 2,500개 |
|---|---|---|---|---|---|
| 20×4년 | 1,500개 | 20×5년 | 500개 | | |

다음 내용에 근거하여 다음 각각의 방법에 따른 연도별 감가상각비를 구하시오.

1. 정액법

2. 이중체감법

3. 연수합계법

4. 생산량비례법

03  20×1년 10월 1일 ㈜한국은 ₩5,000,000의 기계장치를 취득하였다. 해당 기계장치의 내용연수는 5년, 추정 잔존가치는 ₩500,000이다. 연도별 추정생산량이 다음과 같을 때 요구사항에 답하시오.

| 20×1년 | 1,000개 | 20×2년 | 4,500개 | 20×3년 | 1,000개 |
|---|---|---|---|---|---|
| 20×4년 | 3,000개 | 20×5년 | 500개 | | |

요구사항 : 다음 각각의 방법에 의하여 연도별 감가상각비를 구하시오.

1. 정액법
2. 정률법(상각률 0.35)
3. 연수합계법
4. 생산량비례법

04  ㈜한국은 20×1년 1월 1일 기계장치를 취득하고 내용연수 10년, 잔존가치는 ₩250,000으로 추정하며 연수합계법을 적용하여 감가상각하고 있다. ㈜한국이 20×3년 이 기계장치에 대한 감가상각비를 ₩1,200,000 계상했다고 할 때, 해당 기계장치의 취득원가는 얼마인지 계산하시오.

**Part 07**

· 유형자산 ·

# 주관식 문제 해답

**01** 〈정액법〉

| 구분 | 감가상각비 |
|---|---|
| 20×1년 감가상각비 = (₩10,000,000 – ₩1,000,000) × 1/5 | ₩1,800,000 |
| 20×2년 감가상각비 = (₩10,000,000 – ₩1,000,000) × 1/5 | ₩1,800,000 |
| 20×3년 감가상각비 = (₩10,000,000 – ₩1,000,000) × 1/5 | ₩1,800,000 |
| 20×4년 감가상각비 = (₩10,000,000 – ₩1,000,000) × 1/5 | ₩1,800,000 |
| 20×5년 감가상각비 = (₩10,000,000 – ₩1,000,000) × 1/5 | ₩1,800,000 |

〈이중체감법〉

| 구분 | 감가상각비 |
|---|---|
| 20×1년 감가상각비 = ₩10,000,000 × 2/5 | ₩4,000,000 |
| 20×2년 감가상각비 = (₩10,000,000 – ₩4,000,000) × 2/5 | ₩2,400,000 |
| 20×3년 감가상각비 = (₩10,000,000 – ₩6,400,000) × 2/5 | ₩1,440,000 |
| 20×4년 감가상각비 = (₩10,000,000 – ₩7,840,000) × 2/5 | ₩864,000 |
| 20×5년 감가상각비 = (₩10,000,000 – ₩8,704,000) × 2/5 | ₩296,000(단수차이 조정) |

〈연수합계법〉

| 구분 | 감가상각비 |
|---|---|
| 20×1년 감가상각비 = (₩10,000,000 – ₩1,000,000) × 5/15 | ₩3,000,000 |
| 20×2년 감가상각비 = (₩10,000,000 – ₩1,000,000) × 4/15 | ₩2,400,000 |
| 20×3년 감가상각비 = (₩10,000,000 – ₩1,000,000) × 3/15 | ₩1,800,000 |
| 20×4년 감가상각비 = (₩10,000,000 – ₩1,000,000) × 2/15 | ₩1,200,000 |
| 20×5년 감가상각비 = (₩10,000,000 – ₩1,000,000) × 1/15 | ₩600,000 |

**02** 1) 정액법

| 구분 | 감가상각비 |
|---|---|
| 20×1년 감가상각비 = (₩5,000,000 – ₩500,000) × 1/5 | ₩900,000 |
| 20×2년 감가상각비 = (₩5,000,000 – ₩500,000) × 1/5 | ₩900,000 |
| 20×3년 감가상각비 = (₩5,000,000 – ₩500,000) × 1/5 | ₩900,000 |
| 20×4년 감가상각비 = (₩5,000,000 – ₩500,000) × 1/5 | ₩900,000 |
| 20×5년 감가상각비 = (₩5,000,000 – ₩500,000) × 1/5 | ₩900,000 |

2) 이중체감법

| 구분 | 감가상각비 |
|---|---|
| 20×1년 감가상각비 = ₩5,000,000 × 2/5 | ₩2,000,000 |
| 20×2년 감가상각비 = (₩5,000,000 - ₩2,000,000) × 2/5 | ₩1,200,000 |
| 20×3년 감가상각비 = (₩5,000,000 - ₩3,200,000) × 2/5 | ₩720,000 |
| 20×4년 감가상각비 = (₩5,000,000 - ₩3,920,000) × 2/5 | ₩432,000 |
| 20×5년 감가상각비 = (₩5,000,000 - ₩4,352,000) × 2/5 | ₩148,000(단수차이 조정) |

3) 연수합계법

| 구분 | 감가상각비 |
|---|---|
| 20×1년 감가상각비 = (₩5,000,000 - ₩500,000) × 5/15 | ₩1,500,000 |
| 20×2년 감가상각비 = (₩5,000,000 - ₩500,000) × 4/15 | ₩1,200,000 |
| 20×3년 감가상각비 = (₩5,000,000 - ₩500,000) × 3/15 | ₩900,000 |
| 20×4년 감가상각비 = (₩5,000,000 - ₩500,000) × 2/15 | ₩600,000 |
| 20×5년 감가상각비 = (₩5,000,000 - ₩500,000) × 1/15 | ₩300,000 |

4) 생산량비례법

| 구분 | 감가상각비 |
|---|---|
| 20×1년 감가상각비 = (₩5,000,000 - ₩500,000) × 3,000개/10,000개 | ₩1,350,000 |
| 20×2년 감가상각비 = (₩5,000,000 - ₩500,000) × 2,500개/10,000개 | ₩1,125,000 |
| 20×3년 감가상각비 = (₩5,000,000 - ₩500,000) × 2,500개/10,000개 | ₩1,125,000 |
| 20×4년 감가상각비 = (₩5,000,000 - ₩500,000) × 1,500개/10,000개 | ₩675,000 |
| 20×5년 감가상각비 = (₩5,000,000 - ₩500,000) × 500개/10,000개 | ₩225,000 |

03

1) 정액법

| 구분 | 감가상각비 |
|---|---|
| 20×1년 감가상각비 = (₩5,000,000 - ₩500,000) × 1/5 × 3/12 | ₩225,000 |
| 20×2년 감가상각비 = (₩5,000,000 - ₩500,000) × 1/5 × 12/12 | ₩900,000 |
| 20×3년 감가상각비 = (₩5,000,000 - ₩500,000) × 1/5 × 12/12 | ₩900,000 |
| 20×4년 감가상각비 = (₩5,000,000 - ₩500,000) × 1/5 × 12/12 | ₩900,000 |
| 20×5년 감가상각비 = (₩5,000,000 - ₩500,000) × 1/5 × 12/12 | ₩900,000 |
| 20×6년 감가상각비 = (₩5,000,000 - ₩500,000) × 1/5 × 9/12 | ₩675,000 |

2) 정률법(상각률 0.35)

| 구분 | 감가상각비 |
|---|---|
| 20×1년 감가상각비 = ₩5,000,000 × 0.35 × 3/12 | ₩437,500 |
| 20×2년 감가상각비 = (₩5,000,000 − ₩437,500) × 0.35 × 12/12 | ₩1,596,875 |
| 20×3년 감가상각비 = (₩5,000,000 − ₩2,034,375) × 0.35 × 12/12 | ₩1,037,969 |
| 20×4년 감가상각비 = (₩5,000,000 − ₩3,072,344) × 0.35 × 12/12 | ₩674,680 |
| 20×5년 감가상각비 = (₩5,000,000 − ₩3,747,024) × 0.35 × 12/12 | ₩438,542 |
| 20×6년 감가상각비 = (₩5,000,000 − ₩4,185,556) × 0.35 × 9/12 | ₩314,436 |

3) 연수합계법

| 구분 | 감가상각비 |
|---|---|
| 20×1년 감가상각비 = (₩5,000,000 − ₩500,000) × 5/15 × 3/12 | ₩375,000 |
| 20×2년 감가상각비 = (₩5,000,000 − ₩500,000) × 5/15 × 9/12 <br> + (₩5,000,000 − ₩500,000) × 4/15 × 3/12 | ₩1,425,000 |
| 20×3년 감가상각비 = (₩5,000,000 − ₩500,000) × 4/15 × 9/12 <br> + (₩5,000,000 − ₩500,000) × 3/15 × 3/12 | ₩1,125,000 |
| 20×4년 감가상각비 = (₩5,000,000 − ₩500,000) × 3/15 × 9/12 <br> + (₩5,000,000 − ₩500,000) × 2/15 × 3/12 | ₩825,000 |
| 20×5년 감가상각비 = (₩5,000,000 − ₩500,000) × 2/15 × 9/12 <br> + (₩5,000,000 − ₩500,000) × 1/15 × 3/12 | ₩525,000 |
| 20×6년 감가상각비 = (₩5,000,000 − ₩500,000) × 1/15 × 9/12 | ₩225,000 |

4) 생산량비례법

| 구분 | 감가상각비 |
|---|---|
| 20×1년 감가상각비 = (₩5,000,000 − ₩500,000) × 1,000개/10,000개 | ₩450,000 |
| 20×2년 감가상각비 = (₩5,000,000 − ₩500,000) × 4,500개/10,000개 | ₩2,025,000 |
| 20×3년 감가상각비 = (₩5,000,000 − ₩500,000) × 1,000개/10,000개 | ₩450,000 |
| 20×4년 감가상각비 = (₩5,000,000 − ₩500,000) × 3,000개/10,000개 | ₩1,350,000 |
| 20×5년 감가상각비 = (₩5,000,000 − ₩500,000) × 500개/10,000개 | ₩225,000 |

**04** 취득원가를 X라고 할 때,

20×3년 감가상각비 = (X − ₩250,000) × 8/55 = ₩1,200,000

→ 취득원가(X) = ₩8,500,000

# 08

# 무형자산

- 무형자산으로 정의되기 위한 요건을 학습한다.
- 무형자산의 최초측정과 후속측정을 학습한다.
- 무형자산 중 내부적으로 창출한 무형자산을 구분한다.
- 무형자산과 유형자산의 후속측정을 비교한다.

# 무형자산

## 1. 무형자산의 정의

무형자산(intangible assets)은 물리적 실체는 없지만 식별가능한 비화폐성자산이다. K-IFRS에서는 무형자산의 보유목적을 특정하지 않고 있어 무형자산으로 분류될 가능성을 제한하지 않았다.

그러나 유형자산과는 달리 무형자산은 물리적 실체가 없기 때문에 무형자산으로 인식되기 위해서는 보다 엄격한 조건이 요구된다고 하겠다.

K-IFRS에서는 무형자산으로 정의되기 위해서 ① 식별가능성, ② 통제, ③ 미래 경제적 효익이라는 세 가지 조건을 모두 충족해야 한다고 규정하고 있다.

### [1] 무형자산으로 정의되기 위한 요건

#### (1) 식별가능성

내부창출 영업권과 구분하기 위해 한국채택국제회계기준은 무형자산의 식별가능성을 요구한다. 식별가능성을 만족하기 위해서는 다음의 두 가지 요건 중 하나를 충족하면 식별가능한 자원으로 본다.

> ① 분리가능하다. 해당 자산을 따로 떼어내어 분리, 매각, 교환, 라이선스, 임대가 가능하다.
> ② 법/계약으로부터의 권리이다. 법이나 계약상의 권리라고 한다면 분리가능 요건은 불문한다.

#### (2) 통제

통제는 자원에서 유입되는 미래 경제적 효익을 확보할 수 있고, 그 효익에 대한 제3자의 접근을 제한할 수 있을 때 기업이 그 자산을 통제하고 있는 것으로 본다.

자원에 대한 통제를 가장 쉽고 명확하게 할 수 있는 것은 바로 법적인 통제다. 일반적으로 무형자산의 미래 경제적 효익에 대한 통제능력은 법적인 권리를 보유하고 있음에 따라 발생하는 경우가 많다. 하지만, 법적인 통제 외에도 실질적으로 통제하는 경우도 존재하므로 권리의 법적 집행가능성이 통제의 필요조건은 아니다.

또한 무형자산은 많은 면에서 인적자원을 떠올리게 하는데 인적자원은 통제여부를 보다 엄격하게 따져봐야 한다. 시장에 대한 지식이나 기술적 지식은 계약상의 제약이나 법에 의해 법적 권리로 보호된다면 기업은 그러한 지식으로부터 얻을 수 있는 미래 경제적 효익을 통제하고 있는 것이다.

그러나 기업이 숙련된 종업원을 보유하고 있고, 그러한 숙련된 기술을 계속하여 사용할 수 있을 것으로 기대한다고 하더라도 그러한 종업원으로부터 발생하는 미래 경제적 효익에 대해 충분한 통제능력을 가지고 있지 않기 때문에 무형자산의 정의를 충족할 수 없다.

### (3) 미래 경제적 효익

미래 경제적 효익은 해당 무형자산을 통하여 유입이 증대되거나 원가가 절감되는 등의 효익을 얻는 것을 의미한다. 미래 경제적 효익은 직접적인 효익도 포함되지만 간접적으로 효익을 창출하는 것도 포함된다.

## 2. 무형자산의 인식 및 최초측정

무형자산의 인식(recognition)이란 무형자산의 정의를 충족한 자원 중 다음의 두 가지 인식조건을 모두 충족하여 재무상태표에 무형자산으로 계상하는 것을 말한다.

인식조건은 확률조건과 금액조건 두 가지로 이루어져 있다.

> **» 인식조건**
>
> ① 자산에서 발생하는 미래 경제적 효익이 기업에 유입될 가능성이 높다.
> ② 금액을 신뢰성 있게 측정할 수 있다.

미래 경제적 효익을 가져오는 지출이 발생하였더라도 다음과 같은 인식조건을 충족하지 못한다면 해당 지출은 자산이 아닌 발생한 기간의 비용으로 인식한다. 내부적으로 창출한 브랜드, 제호, 출판표제, 고객목록은 사업을 전체적으로 개발하는 데 발생한 원가와 구별할 수 없으므로 무형자산으로 인식하지 아니한다.

한국채택국제회계기준에서는 무형자산으로 인식될 수 있는 예를 다음과 같이 예시하고 있다. 그러나 이는 예시이며, 무형자산이 되기 위한 요건을 모두 충족한 것만 기업의 재무상태표에 무형자산으로 인식할 수 있다.

컴퓨터 소프트웨어, 특허권, 개발비, 웹사이트원가, 어업권, 산업재산권 등

### [1] 개별 취득

무형자산은 최초에 원가로 측정한다. 원가는 전술한 유형자산과 동일하다.

### [2] 내부적으로 창출한 무형자산

기업은 무형자산을 스스로 창출하기도 한다. 무형자산을 창출하기 위해서는 연구 및 개발활동을 수행하며 해당 과정을 거쳐 최종적인 자산인식요건을 충족한 경우 개발비(무형자산)라는 자산을 인식한다. 단, 내부적으로 무형자산을 창출하기 위해서는 연구단계 및 개발단계의 과정을 거치므로 이를 구분할 수 있어야 한다.

#### (1) 연구단계

연구단계는 주로 새로운 지식이나 기술을 얻기 위한 활동을 말하며, 연구비라는 과목으로 발생한 기간에 비용으로 인식한다.

| 구분 | 내용 |
|---|---|
| 연구단계 | ① 새로운 지식을 얻고자 하는 활동<br>② 연구결과 또는 기타 지식을 탐색, 평가, 최종 선택 및 응용하는 활동<br>③ 재료, 장치, 제품, 공정, 시스템, 용역 등에 대한 여러 가지 대체안을 탐색하는 활동<br>④ 새롭거나 개선된 재료, 장치, 제품, 공정, 시스템, 용역 등에 대한 여러 가지 대체안을 제안, 설계, 평가 및 최종 선택하는 활동 |

## (2) 개발단계

개발단계는 연구단계보다 진척되어 있는 단계로 6가지 자산 인식 요건을 모두 충족한 이후의 금액은 개발비라는 자산으로 인식한다. 단, 개발단계에서 발생한 지출이라도 6가지 인식요건을 모두 충족하지 못한 경우 경상개발비로 비용처리한다.

| 구분 | 내용 |
|---|---|
| 개발활동 | ① 생산 전 또는 사용 전의 시제품과 모형을 설계, 제작 및 시험하는 활동<br>② 새로운 기술과 관련된 공구, 금형, 주형 등을 설계하는 활동<br>③ 상업적 생산목적이 아닌 소규모의 시험공장을 설계, 건설 및 가동하는 활동<br>④ 새롭거나 개선된 재료, 제품, 공정, 시스템 및 용역 등에 대하여 최종적으로 선정된 안을 설계, 제작 및 시험하는 활동 |

단, 연구단계와 개발단계의 구분이 어려운 경우 해당 지출액은 연구단계에서 발생한 것으로 본다. 또한, 이미 비용으로 인식한 지출은 추후 자산인식요건을 충족하게 되더라도 자산으로 인식하지 아니한다.

### 예제 8-1 내부창출 무형자산

다음은 당기 중 ㈜한국전자가 내부 개발 프로젝트의 수행과 관련하여 발생시킨 지출내역이다.

| 구분 | 연구단계 | 개발단계 | 기타 |
|---|---|---|---|
| 연구직원급여 | ₩50,000 | ₩100,000 | ₩20,000 |
| 재료구입액 | 30,000 | 250,000 | |
| 감가상각비 | 20,000 | 50,000 | |
| 위탁용역비 | 15,000 | 60,000 | 30,000 |
| 이자비용 | 10,000 | 20,000 | 15,000 |

이 중 기타비용은 연구단계인지 개발단계인지 구분이 곤란한 항목이다.

**물음**

다음 중 ㈜한국전자가 무형자산으로 인식해야 할 금액은 얼마인지 계산하시오(단, 개발단계에서 발생한 지출은 무형자산의 인식조건을 충족한다).

**해답**

개발비 = 인식조건을 충족한 이후 개발단계 지출액 = ₩480,000
(기타비용은 연구단계로 구분하며 연구단계에서 발생한 금액은 당기비용으로 인식한다.)

## [3] 무형자산의 후속 지출

무형자산의 취득 이후 지출도 해당 요건을 모두 충족하면 자산으로 처리하고, 그렇지 않은 경우에는 발생한 기간의 비용으로 인식한다.

> ① 미래 경제적 효익을 증가시킬 가능성이 높다.
> ② 관련 지출을 신뢰성 있게 측정할 수 있다.

그러나 무형자산은 취득 후의 추가 지출이 무형자산으로부터의 경제적 효익이 증가될 것인지의 여부를 판단하는 것이 매우 어렵고, 그러한 지출을 특정 무형자산에 귀속시키는 것도 어렵다. 따라서 취득 또는 완성 후의 지출을 무형자산의 자본적 지출로 처리하는 것은 매우 제한적인 경우에만 허용되어야 한다.

## 3. 무형자산의 후속측정

무형자산은 원가모형과 재평가모형 중 하나를 선택하여 후속측정한다. 원가모형은 무형자산을 내용연수 동안 체계적이고 합리적인 방법으로 상각하여 표시하는 방법이다. 유형자산의 경우는 감가상각(depreciation)이라는 용어를 사용하지만 무형자산은 상각(amortization)으로 표시한다.

### [1] 상각대상금액

상각대상금액은 무형자산의 취득원가에서 잔존가치를 차감한 금액이다. 무형자산의 잔존가치는 내용연수 종료 시점에 순처분가액으로 계산한다. 그러나 통상적으로 무형자산의 잔존가치는 없는 경우가 대부분이다. 따라서 내용연수 종료시점에 무형자산의 잔존가치가 ₩0이 아니라는 증거가 없는 한 특별한 언급이 없더라도 무형자산의 잔존가액은 ₩0으로 한다.

### [2] 내용연수

무형자산은 물리적 실체가 없기 때문에 내용연수가 비한정인 자산도 존재한다. 무형자산은 가장 먼저 내용연수를 한정지을 수 있는 자산인지 한정지을 수 없는 자산인지를 판단해야 한다.
만약 내용연수를 한정할 수 없는 비한정 무형자산이라면 상각할 수 없고 매년 손상여부와 관계없이 손상검사를 수행한다. 내용연수가 한정인 무형자산은 유형자산과 마찬가지로 무형자산의 상각대상금액을 그 자산의 내용연수 동안 체계적인 방법으로 배분한다.
무형자산의 추정내용연수는 계약상 권리 또는 법적 권리의 기간과 자산의 예상사용기간 중 짧은 기간으로 한다. 무형자산의 내용연수는 경제적 요인과 법적 요인의 영향을 받는데 내용연수는 이러한 요인에 의하여 결정된 기간 중 짧은 기간으로 한다.

### [3] 상각방법

무형자산은 해당 자산을 사용 가능한 시점부터 상각한다. 상각방법은 무형자산의 경제적 효익이 소비되는 형태를 반영한 방법이어야 한다. 그러나 다른 합리적인 방법을 정할 수 없다면 무형자산은 정액법으로 상각한다.

무형자산의 상각이 다른 자산의 제조와 관련된 경우라면 관련자산의 제조원가로, 그 밖의 경우에는 판매비와 관리비로 계상한다. 예를 들어, 제조공정 개발과 관련된 개발비의 상각은 제조원가로 하여 재고자산의 원가에 포함시키며, 산업재산권에 포함되어 있는 상표권의 상각은 제조와 관련이 없으므로 판매비와 관리비로 처리한다.

### 📖 예제 8-2 무형자산의 상각

㈜한국은 20×1년 1월 1일 ₩7,000,000을 지급하고 특허권을 구입하였다. 특허권의 등록을 위해 ₩500,000의 수수료를 지급하고 특허권을 취득, 등록하였다. 특허권의 법적 유효기간은 10년이나 경쟁사들의 기술 개발 등을 고려하면 해당 특허권은 5년 이후에는 사용하기 어려울 것으로 예측된다. 해당 특허권의 취득시점과 20×1년 12월 31일 상각시점의 회계처리를 하시오.

**해답**

| 20×1.1.1 | (차) 특허권 | 7,500,000 | (대) 현금 | 7,500,000 |
|---|---|---|---|---|
| 20×1.12.31 | (차) 상각비 | 1,500,000 | (대) 특허권 | 1,500,000 |

→ 20×1년 특허권 상각비 = (₩7,500,000 - ₩0) × 1/5 = ₩1,500,000
특허권의 상각방법과 잔존가치가 주어지지 않았지만 무형자산은 특별한 언급이 없다면 정액법으로 잔존가치는 ₩0으로 상각한다.

## [4] 무형자산의 손상

무형자산의 손상 회계처리는 전술한 유형자산과 동일하다. 단, 손상의 징후와 관계없이 매년 손상검사를 수행하는 예외가 있다.

### ≫ 손상의 징후에 관계없이 매년 손상검사 수행

① 내용연수가 비한정인 무형자산
② 아직 사용할 수 없는 무형자산
③ 사업결합으로 취득한 영업권

## 학습정리

1. 무형자산은 물리적 실체는 없지만 식별가능한 비화폐성 자산이다.

2. 무형자산의 정의를 충족하기 위해서는 ① 식별가능성, ② 통제, ③ 미래 경제적 효익의 3가지 조건을 모두 충족해야 한다.

3. 내부적으로 창출한 무형자산은 연구단계와 개발단계로 구분된다. 연구단계에서 발생한 금액은 전부 발생한 기간의 비용으로 처리하며, 개발활동 관련 금액은 자산의 인식요건을 충족한 경우 개발비로 자산처리하고, 인식요건을 충족하지 못한 경우는 발생기간의 비용으로 처리한다.

4. 연구단계인지 개발단계인지 구분이 불확실한 경우 연구단계에서 발생한 것으로 본다.

5. 무형자산은 경제적 내용연수에 걸쳐 체계적이고 합리적인 방법으로 상각한다. 그러나 특별한 언급이 없다면 정액법으로 상각하며 잔존가치는 없는 것으로 본다.

6. 내용연수가 비한정인 무형자산은 상각하지 않고, 손상의 징후에 관계없이 매년 손상검사를 수행한다.

01 **다음 중 무형자산에 대한 설명으로 옳지 않은 것은?**

① 무형자산의 잔존가치는 특별한 경우를 제외하고는 없는 것으로 본다.

② 무형자산의 상각방법은 특별한 언급이 없으면 정액법으로 한다.

③ 무형자산으로 인식되기 위해서는 식별가능성, 통제, 미래 경제적 효익이라는 요건 중 하나만 갖추어도 된다.

④ 내부적으로 창출한 영업권은 인정하지 않는다.

⑤ 연구단계에서 발생한 지출액은 발생시점에 비용으로 인식한다.

02 **다음 중 연구활동이 아닌 것은 무엇인가?**

① 새로운 지식을 얻고자 하는 활동

② 연구결과나 기타 지식을 탐색, 응용하는 활동

③ 새롭거나 개선된 재료, 시스템이나 용역에 대한 여러 가지 대체안을 제안, 설계, 평가, 최종 선택하는 활동

④ 신규 또는 개선된 재료에 대하여 최종적으로 선정된 안을 설계, 제작, 시험하는 활동

⑤ 재료, 장치, 제품, 공정, 시스템이나 용역에 대한 여러 가지 대체안을 탐색하는 활동

03 **다음 중 무형자산에 대한 설명으로 옳지 않은 것은?**

① 무형자산은 해당 자산으로부터 발생하는 미래의 경제적 효익이 기업에 유입될 가능성이 높고 자산의 원가를 신뢰성 있게 측정할 수 있을 때 인식한다.

② 프로젝트의 연구단계에서 발생한 지출은 항상 발생한 기간의 비용으로 처리한다.

③ 내부적으로 창출된 브랜드, 고객목록 및 이와 유사한 항목에 대한 지출은 무형자산으로 인식하지 않는다.

④ 생산 전 또는 사용 전의 시제품과 모형을 설계, 제작 및 시험하는 활동은 연구단계로 구분한다.

⑤ 무형자산에 대한 지출로서 과거 회계연도의 재무제표나 중간재무제표에서 비용으로 인식한 지출은 그 후의 기간에 무형자산의 취득원가로 인식할 수 없다.

**04** 다음 자료에 근거하여 20×1년 무형자산 상각비를 계산하면 얼마인가?

> • 무형자산의 취득일 : 20×1년 6월 1일
> • 무형자산 취득금액 : ₩3,000,000
> • 무형자산 내용연수 : 5년

① ₩350,000         ② ₩400,000         ③ ₩450,000
④ ₩500,000         ⑤ ₩600,000

**05** 20×1년 1월 1일 ₩600,000에 취득한 상표권의 20×2년 상각비를 계산하면 얼마인가? (단, 상표권은 연수합계법으로 상각하며, 잔존가치는 없고, 내용연수는 5년이다.)

① ₩100,000         ② ₩140,000         ③ ₩160,000
④ ₩200,000         ⑤ ₩300,000

**06** 다음 중 무형자산 회계처리에 관한 설명으로 옳지 않은 것은?

① 내용연수가 비한정인 무형자산은 최소한 1년에 1회 이상의 손상검사가 이루어져야 한다.
② 무형자산의 경제적 효익이 소비되는 형태를 신뢰성 있게 결정할 수 없는 경우 정액법으로 상각한다.
③ 무형자산의 잔존가치, 상각기간 및 상각방법의 적정성에 대하여 매 보고기간 말에 재검토하여야 한다.
④ 사업결합으로 취득하는 무형자산은 식별가능한 경우 항상 인식기준을 충족하는 것으로 보며, 원가는 취득일의 공정가치로 한다.
⑤ 내부적으로 창출한 브랜드, 고객목록 및 이와 유사한 항목에 대한 지출은 무형자산으로 인식한다.

**07**  12월 결산법인인 ㈜한국은 신제품 개발을 위한 활동을 수행하고 있으며 20×1년 중에 연구 및 개발활동과 관련하여 지출한 내역은 다음과 같다.

> (1) 연구활동관련 : ₩100,000
> (2) 개발활동관련 : ₩120,000

개발활동과 관련된 지출금액은 모두 무형자산의 인식기준을 충족한 것이며, 10월 1일부터 개발비의 사용이 가능하다. 개발비는 5년 동안 정액법으로 상각할 때, 20×1년 12월 31일 ㈜한국의 재무상태표에 보고되어야 할 개발비는 얼마인가?

① ₩114,000    ② ₩120,000    ③ ₩90,000
④ ₩87,000     ⑤ ₩75,000

**08**  ㈜한국은 차세대 통신기술 연구개발을 위해 다음과 같이 지출하였다.

| 구분 | 20×1년 | 20×2년 |
|------|--------|--------|
| 연구단계 | ₩100,000 | ₩100,000 |
| 개발단계 | – | ₩600,000 |

20×2년 개발단계 지출액 ₩600,000은 무형자산 인식기준을 충족하였으며, 동년 7월 1일에 개발이 완료되어 사용하기 시작하였다. 동 무형자산은 원가모형을 적용하며, 정액법(내용연수 10년, 잔존가치 ₩0)으로 상각한다. 20×2년 무형자산 상각비는? (단, 상각비는 월할 계산한다.)

① ₩0          ② ₩30,000    ③ ₩60,000
④ ₩100,000    ⑤ ₩130,000

01 ③ 무형자산으로 인식되기 위해서는 식별가능성, 자원에 대한 통제, 미래 경제적 효익이라는 3가지 조건을
모두 충족해야 한다.

02 ④ 신규 또는 개선된 재료에 대하여 최종적으로 선정된 안을 설계, 제작, 시험하는 활동은 개발활동의
예이다.

03 ④ 생산 전 또는 사용 전의 시제품과 모형을 설계, 제작 및 시험하는 활동은 개발단계로 구분한다.

04 ① 무형자산은 특별한 언급이 없으면 잔존가치는 ₩0, 정액법으로 상각한다.
20×1년 상각비 = (₩3,000,000 − ₩0) × 1/5 × 7/12 = ₩350,000

05 ③ 20×2년 상각비 = (₩600,000 − ₩0) × 4/15 = ₩160,000

06 ⑤ 내부적으로 창출한 브랜드, 고객목록 및 이와 유사한 항목에 대한 지출은 무형자산으로 인식하지
아니한다.

07 ① 1) 20×1년 개발비 상각비 = ₩120,000 × 1/5 × 3/12 = ₩6,000
2) 20×1년 말 개발비 장부금액 = ₩120,000 − ₩6,000 = ₩114,000

08 ② 20×2년 무형자산 상각비 = (₩600,000 − ₩0) × 1/10 × 6/12 = ₩30,000

# 09

# 금융자산

- 금융상품에 대해 학습한다.
- 금융자산의 분류기준을 학습한다.
- 투자지분상품으로 분류되는 금융자산 범주에 따른 최초측정 및 후속측정에 대해 학습한다.
- 현금 및 현금성자산, 대여금 및 수취채권의 회계처리에 대해 학습한다.

# 금융자산

## 1. 화폐의 시간가치

화폐는 시간의 흐름에 따라 그 가치가 변화한다. 물가의 변동과 이자율의 적용으로 인해 오늘 100원의 가치는 1년 뒤 100원의 가치와는 다르다. 이렇게 화폐가 시간에 따라서 다른 가치를 가지는 것을 화폐의 시간가치(Time Value of Money)라고 한다. 현재 보유하고 있는 100원은 적절한 투자를 통해 그 가치를 증가시킬 수 있기 때문에 미래 일정 시점의 100원보다는 높이 평가될 수 있다.

### [1] 화폐의 시간가치의 중요성

화폐의 시간가치가 중요한 의미를 가지는 이유는 일반적으로 개인이 미래의 현금보다 현재의 현금을 선호하기 때문이다. 이러한 경향을 '유동성 선호'라고 한다.

① 개인은 미래의 불확실성으로 인해 현재의 소비를 선호하는 경향이 있다.

② 미래의 현금흐름은 인플레이션에 따르는 구매력 감소의 위험이 존재한다.

③ 현재의 현금흐름은 투자 활동을 통해 더 많은 이익을 얻을 수도 있다.

### [2] 화폐의 시간가치에 관한 기초개념

#### (1) 현재가치(Present Value : PV)

현재가치는 현재 시점의 화폐의 가치를 의미한다. 미래 시점의 가치를 일정 기간동안 할인율로 할인하여 표현한다.

>> 복리계산식(현재가치)

$$PV = \frac{FV}{(1+r)^n}$$

#### (2) 미래가치(Future Value : FV)

미래가치는 미래 시점의 화폐 가치를 의미한다. 현재 시점의 가치를 일정기간 동안 이자율로 증가시켜 표현한다.

>> 복리계산식(미래가치)

$$FV = PV \times (1+r)^n$$
PV = 현재가치, FV = 미래가치, r = 할인율, n = 기간

### (3) 기간(n)

기간은 화폐의 현재가치나 미래가치를 계산하는 횟수를 의미한다. 화폐의 시간가치를 계산할 때 현금흐름의 기간과 복리횟수가 일치해야 한다. 특히 현재가치와 미래가치 사이에 기간이 증가함에 따라서 화폐의 가치가 크게 변화한다.

### (4) 이자율(r)

이자율은 현재의 금액이 일정 기간 동안 늘어나는 비율을 나타낸다. 화폐의 시간가치를 계산할 때에는 현재가치와 미래가치를 연결시키는 역할을 한다. 현재가치를 미래가치로 증가시키는 비율을 의미하기도 하며, 미래가치를 현재가치로 계산할 때에는 할인율로도 사용된다.

이자가 붙는 방식은 단리와 복리가 있다.

**》 단리방식 : 원금에만 이자가 붙는 방식**

이자를 계산할 때 원금에 대해서만 일정한 시기에 약정한 이율을 적용하여 계산하는 방법이다. 단리방식은 이자에 대한 이자는 발생하지 않으며, 만기까지 원금과 이율의 변동이 없으면 일정한 기간 중에 발생하는 이자는 언제나 같다.

$$FV = PV \times (1 + r \times n)$$
PV = 현재가치, FV = 미래가치, r = 할인율, n = 기간

**》 복리방식 : 원금과 이자에 이자가 붙는 방식**

복리방식은 기간 중 발생한 이자를 원금에 더하여 새로운 장부금액을 계산하고 이 장부금액에 이자율을 적용하여 이자를 계산하는 방식이다. 즉, 복리 방식은 이자를 다시 재투자하여 이자가 또 이자를 낳게 되는데 그것까지 장부금액에 가산하여 금액을 계산하는 방법이다.

$$FV = PV \times (1 + r)^n$$
PV = 현재가치, FV = 미래가치, r = 할인율, n = 기간

---

✎ **예제 9-1 복리**

20×1년 1월 1일 은행에 ₩1,000,000을 예금하였다. 해당 예금의 만기는 3년이며, 이자율은 연 5%라고 할 때 3년 뒤 수령할 수 있는 금액은 얼마인가? (단, 이자는 복리방식이다.)

**해답**

$FV = PV \times (1+r)^n = ₩1,000,000 \times (1+0.05)^3 = ₩1,157,625$

## [3] 화폐의 시간가치 계산 유형

### (1) 일시금의 미래가치

일시금의 미래가치는 일반적으로 현재의 자금이 일정한 이자율로 상승하여 미래에 얼마만한 가치를 가지는지를 계산할 때 사용한다.

**예제 9-2 일시금의 미래가치**

㈜한국은 20×1년 1월 1일 현금 ₩5,000,000을 5년 동안 은행에 예금할 예정이다. 이자율이 연 8%이며, 복리라고 할 때, 5년 후 ㈜한국이 수령할 수 있는 금액은 얼마인가?

**해답**

$FV = PV \times (1+r)^n = ₩5,000,000 \times (1+0.08)^5 = ₩7,346,650$

미래가치를 위와 같은 복리발생식에 기초하여 금액을 계산할 수도 있지만 현재일시금(PV) ₩1에 대하여 다양한 기간과 이자율을 적용해서 일일이 미래가치를 계산해서 표로 만들어 계산한 표가 있다면 미래가치를 보다 쉽게 계산할 수 있을 것이다.

이에 현재가치 ₩1에 대한 미래가치를 표로 만들어 기재한 것을 '₩1의 복리이자표'라고 하며 복리이자표는 아래와 같다.

| 기간(n) \ 이자율(r) | 5% | 6% | 7% | 8% | 9% | 10% |
|---|---|---|---|---|---|---|
| 1 | 1.05000 | 1.06000 | 1.07000 | 1.08000 | 1.09000 | 1.10000 |
| 2 | 1.10250 | 1.12360 | 1.14490 | 1.16640 | 1.18810 | 1.21000 |
| 3 | 1.15762 | 1.19102 | 1.22504 | 1.25971 | 1.29503 | 1.33100 |
| 4 | 1.21551 | 1.26248 | 1.31080 | 1.36049 | 1.41158 | 1.46410 |
| 5 | 1.27628 | 1.33823 | 1.40255 | 1.46933 | 1.53862 | 1.61051 |

위의 예제를 복리이자표에 근거하여 계산하면 ₩5,000,000 × 1.46933 = ₩7,346,650으로 계산할 수 있다.

- 미래가치 = ₩5,000,000 × $(1+0.08)^5$ = ₩7,346,650
- 미래가치 = ₩5,000,000 × 1.46933(5기간, 8%, 미래가치) = ₩7,346,650

### (2) 일시금의 현재가치

일시금의 현재가치는 미래가치의 반대개념으로 미래 일시에 받을 금액을 복리를 적용한 이자로 할인하여 현시점의 가치로 환산한 금액을 말한다.

### 📝 예제 9-3 일시금의 현재가치

㈜ 한국은 3년 후 ₩1,331,000을 수령할 수 있는 예금에 가입하려고 한다. 이자율은 10%, 복리방식이라고 할 때 현재 얼마의 금액을 예치하면 되는가?

### 해답

$PV = FV/(1+r)^n = ₩1,331,000 \div (1.1)^3 = ₩1,000,000$

현재가치의 계산 또한 현재가치 계산식에 따라 금액을 측정할 수 있지만 미래일시금(FV) ₩1에 대하여 다양한 기간과 이자율을 적용해서 계산된 현가계수가 있다면 현재가치 계산이 보다 편리할 것이다. 이처럼 미래일시금 ₩1에 대한 현재가치를 계산하여 표로 만들어 놓은 것이 '₩1의 현가표'라고 하며, 현가계수표는 아래와 같다.

| 이자율(r)<br>기간(n) | 5% | 6% | 7% | 8% | 9% | 10% |
|---|---|---|---|---|---|---|
| 1 | 0.95238 | 0.94340 | 0.93458 | 0.92593 | 0.91743 | 0.90909 |
| 2 | 0.90703 | 0.89000 | 0.87344 | 0.85734 | 0.84168 | 0.82645 |
| 3 | 0.86384 | 0.83962 | 0.81630 | 0.79383 | 0.77218 | 0.75131 |
| 4 | 0.82270 | 0.79209 | 0.76290 | 0.73503 | 0.70843 | 0.68301 |
| 5 | 0.78353 | 0.74726 | 0.71299 | 0.68058 | 0.64993 | 0.62092 |

위의 예제를 현재가치계수표에 근거하여 계산하면 ₩1,331,000 × 0.75131 = ₩1,000,000으로 계산할 수 있다.

- 현재가치 = $₩1,331,000 × 1/(1+0.1)^3 = ₩1,000,000$
- 현재가치 = ₩1,331,000 × 0.75131(3기간, 10%, 현가계수) = ₩1,000,000

## (3) 연금의 현재가치

연금이란? 매기 일정한 금액의 현금을 지급하거나 받는 것을 의미한다. 동일한 현금흐름이 매기 반복적으로 나타날 때 연금이라고 한다. 연금 형태의 현금흐름이 발생하는 가장 대표적인 것은 채권의 이자를 떠올릴 수 있다. 매기 일정한 이자를 지급하기로 약정한 채권은 채권의 만기까지 매 이자를 지급하는 시기마다 같은 현금흐름이 발생하게 된다. 이를 가리켜 연금이라고 한다. 만약 이자율이 10%이며, 1년 후부터 3년간 매년 ₩100,000씩 유입되는 현재가치를 계산해 보면 아래와 같다.

| 수령시점 | 현재가치 | 현재가치(현가표) |
|---|---|---|
| 1년 후<br>2년 후<br>3년 후 | ₩100,000 ÷ 1.1 = ₩90,909<br>₩100,000 ÷ (1.1)² = ₩82,645<br>₩100,000 ÷ (1.1)³ = ₩75,131 | ₩100,000 × 0.90909 = ₩90,909<br>₩100,000 × 0.82645 = ₩82,645<br>₩100,000 × 0.75131 = ₩75,131 |
| 현재가치 합계 | ₩248,685 | ₩100,000 × (0.90909 + 0.82645 + 0.75131) = ₩248,685 |

현가계수표를 이용하여 계산한 연금의 현재가치를 보면 결국 연금의 현재가치는 매기 반복되는 현금흐름에 해당 기간의 현재가치계수를 누적 합계한 금액과의 곱으로 계산되는 점을 확인할 수 있다. 즉, 연금의 현재가치는 각 기마다의 수령액의 현재가치를 찾아서 합계한 금액에 해당하므로 매기 수령하는 금액에 현가표상의 현가를 더한 연금현가를 곱하여 보다 간단하게 계산할 수도 있다.

이처럼 연금 ₩1에 대해 다양한 기간과 이자율을 적용해서 일일이 연금의 현재가치를 계산하여 작성한 표를 '₩1의 연금현가표'라고 한다.

| 이자율(r)<br>기간(n) | 5% | 6% | 7% | 8% | 9% | 10% |
|---|---|---|---|---|---|---|
| 1 | 0.95238 | 0.94340 | 0.93458 | 0.92593 | 0.91743 | 0.90909 |
| 2 | 1.85941 | 1.83339 | 1.80802 | 1.78326 | 1.75911 | 1.73554 |
| 3 | 2.72325 | 2.67301 | 2.62432 | 2.57710 | 2.53129 | 2.48685 |
| 4 | 3.54595 | 3.46511 | 3.38721 | 3.31213 | 3.23972 | 3.16987 |
| 5 | 4.32948 | 4.21236 | 4.10020 | 3.99271 | 3.88965 | 3.79079 |

위의 예제를 연금현가표에 근거하여 계산하면 ₩100,000 × 2.48685 = ₩248,685으로 계산할 수 있다.

- 연금현재가치 = $₩100,000 \times [\dfrac{1}{(1+0.1)} + \dfrac{1}{(1+0.1)^2} + \dfrac{1}{(1+0.1)^3}]$
- 연금현재가치 = ₩100,000 × 2.48685(3기간, 10%, 연금현가계수) = ₩248,685

## [4] 화폐의 시간가치 회계처리

### (1) 표시(액면)이자율 = 시장이자율

📝 **예제 9-4 표시(액면)이자율 = 시장이자율**

㈜한국은 20×1년 1월 1일 ㈜민국에 자금을 대여하기로 하였다. 대여금액은 대여시점의 공정가치에 의한다. 대여금의 액면금액은 ₩1,000,000, 만기는 20×3년 12월 31일이며, 매년 말 10%의 이자를 수령하기로 하였다. 20×1년 초 시장이자율은 10%이다.

**물음**

1. 20×1년 1월 1일의 장기대여금의 현재가치를 계산하시오.
2. 20×1년 1월 1일부터 20×3년 12월 31일까지 장기대여금의 회계처리를 하시오.

**해답**

1. 장기대여금의 현재가치
   = ₩1,000,000 × (3년, 10%, 현가계수) + ₩100,000 × (3년, 10%, 연금현가계수)
   = ₩1,000,000 × 0.75131 + ₩100,000 × 2.48685
   = ₩1,000,000

2. 장기대여금 회계처리

| 20×1.1.1 | (차) 장기대여금 | 1,000,000 | (대) 현금 | 1,000,000 |
|---|---|---|---|---|
| 20×1.12.31 | (차) 현금 | 100,000 | (대) 이자수익 | 100,000 |
| 20×2.12.31 | (차) 현금 | 100,000 | (대) 이자수익 | 100,000 |
| 20×3.12.31 | (차) 현금 | 100,000 | (대) 이자수익 | 100,000 |
| | (차) 현금 | 1,000,000 | (대) 장기대여금 | 1,000,000 |

### (2) 표시(액면)이자율 < 시장이자율

📝 **예제 9-5 표시(액면)이자율 < 시장이자율**

㈜한국은 20×1년 1월 1일 ㈜민국에 3년 후 ₩1,000,000을 수령하기로 하고 자금을 대여하였다. 대여금액은 대여시점의 공정가치에 의한다. 대여금의 만기는 20×3년 12월 31일이며, 매년 말 8%의 이자를 수령하기로 하였다. 20×1년 초 시장이자율은 10%이다.

**물음**

1. 20×1년 1월 1일의 장기대여금의 현재가치를 계산하시오.
2. 20×1년 1월 1일부터 20×3년 12월 31일까지 장기대여금의 회계처리를 하시오.

## 해답

1. 장기대여금의 현재가치

= ₩1,000,000 × (3년, 10%, 현가계수) + ₩80,000 × (3년, 10%, 연금현가계수)

= ₩1,000,000 × 0.75131 + ₩80,000 × 2.48685

= ₩950,258

| 상각표 | | | | |
|---|---|---|---|---|
| 일자 | 유효이자(10%) | 표시이자(8%) | 상각액 | 장부금액 |
| 20×1.1.1 | | | | ₩950,258 |
| 20×1.12.31 | ₩95,026 | ₩80,000 | ₩15,026 | 965,284 |
| 20×2.12.31 | 96,528 | 80,000 | 16,528 | 981,812 |
| 20×3.12.31 | 98,188 | 80,000 | 18,188 | 1,000,000 |
| | ₩289,742 | ₩240,000 | ₩49,742 | |

2. 장기대여금 회계처리

| | | | | | | |
|---|---|---|---|---|---|---|
| 20×1.1.1 | (차) 장기대여금 | 950,258 | (대) 현금 | 950,258 |
| 20×1.12.31 | (차) 현금 | 80,000 | (대) 이자수익 | 95,026 |
| | 장기대여금 | 15,026 | | |
| 20×2.12.31 | (차) 현금 | 80,000 | (대) 이자수익 | 96,528 |
| | 장기대여금 | 16,528 | | |
| 20×3.12.31 | (차) 현금 | 80,000 | (대) 이자수익 | 98,188 |
| | 장기대여금 | 18,188 | | |
| | (차) 현금 | 1,000,000 | (대) 장기대여금 | 1,000,000 |

[예제 9-5]의 사례를 보면 장기대여를 하는 20×1년 1월 1일의 시장이자율은 10%이다. 그러나 표시이자율은 8%로 시장이자율보다 낮은 이자율로 결정되었다고 할 때, 20×1년 1월 1일 해당 장기대여금의 가치를 더 잘 반영해주는 이자율은 시장이자율이라고 할 수 있다.

그러므로 장기대여금은 20×1년 초 시장이자율인 10%로 할인하며, 이에 따라 ₩950,258원을 대여하게 된다.

이후 시간이 경과함에 따라 시간을 대여해 준 대여자에게는 이자수익이 발생하고, 시간을 차입한 차입자는 이자비용이 발생하게 되는데 이때의 이자수익과 이자비용은 시간에 대한 가치를 반영해야 하며 10%의 이자율이 시간에 대한 가치가 될 것이다.

그러나 실제 20×1년도 말에 받게 되는 현금수령액은 ₩80,000으로 시간에 대한 공정한 가치만큼 금액을 수령하지 못했기 때문에 해당 금액의 차이만큼 장기대여금의 장부금액을 증가시켜 만기에 돌려받게 되는 ₩1,000,000의 금액으로 증가시켜 나가는 것이다.

이처럼 시간의 가치와 현금수령액의 차이만큼 장부금액을 증감시켜 나가는 방식을 유효이자율법이라고 하며, K-IFRS는 이자에 대한 회계처리로 유효이자율법만 인정하고 있다.

## (3) 표시(액면)이자율 > 시장이자율

### 📌 예제 9-6 표시(액면)이자율 > 시장이자율

㈜한국은 20×1년 1월 1일 ㈜민국에 3년 후 ₩1,000,000을 수령하기로 하고 자금을 대여하였다. 대여금액은 대여시점의 공정가치에 의한다. 대여금의 만기는 20×3년 12월 31일이며, 매년 말 12%의 이자를 수령하기로 하였다. 20×1년 초 시장이자율은 10%이다.

**물음**

1. 20×1년 1월 1일의 장기대여금의 현재가치를 계산하시오.
2. 20×1년 1월 1일부터 20×3년 12월 31일까지 장기대여금의 회계처리를 하시오.

**해답**

1. 장기대여금의 현재가치

    = ₩1,000,000 × (3년, 10%, 현가계수) + ₩120,000 × (3년, 10%, 연금현가계수)

    = ₩1,000,000 × 0.75131 + ₩120,000 × 2.48685

    = ₩1,049,732

| 상각표 | | | | |
|---|---|---|---|---|
| 일자 | 유효이자(10%) | 표시이자(12%) | 상각액 | 장부금액 |
| 20×1.1.1 | | | | ₩1,049,732 |
| 20×1.12.31 | ₩104,973 | ₩120,000 | ₩15,027 | 1,034,705 |
| 20×2.12.31 | 103,471 | 120,000 | 16,529 | 1,018,176 |
| 20×3.12.31 | 101,824 | 120,000 | 18,176 | 1,000,000 |
| | ₩310,268 | ₩360,000 | ₩49,732 | |

2. 장기대여금 회계처리

| | | | | | |
|---|---|---|---|---|---|
| 20×1.1.1 | (차) 장기대여금 | 1,049,732 | (대) 현금 | | 1,049,732 |
| 20×1.12.31 | (차) 현금 | 120,000 | (대) 이자수익 | | 104,973 |
| | | | 장기대여금 | | 15,027 |
| 20×2.12.31 | (차) 현금 | 120,000 | (대) 이자수익 | | 103,471 |
| | | | 장기대여금 | | 16,529 |
| 20×3.12.31 | (차) 현금 | 120,000 | (대) 이자수익 | | 101,824 |
| | | | 장기대여금 | | 18,176 |
| | (차) 현금 | 1,000,000 | (대) 장기대여금 | | 1,000,000 |

[예제 9-6]은 시간에 대한 가치인 10%보다 표시이자율이 더 큰 경우로 이 경우에는 시간에 대한 가치와의 차이분만큼 장기대여금의 장부금액을 줄여 만기 때 회수하는 금액으로 조정하는 회계처리를 한다.

## 2. 금융상품

회계에서 금융상품이란 금융기관에서 취급하는 상품을 의미하는 것이 아니다. 한국채택국제회계기준은 금융상품을 거래당사자 일방에게 금융자산을 발생시키고, 동시에 다른 거래상대방에게는 금융부채나 지분상품을 발생시키는 모든 계약으로 정의하고 있다. 즉, 금융상품은 계약으로 구성되어 있는 금융자산, 금융부채, 지분상품을 총칭하는 포괄적인 개념이다.

### [1] 금융상품의 분류

#### (1) 금융자산

- 현금
- 다른 기업의 지분상품
- 거래상대방에게서 현금 등 금융자산을 수취할 계약상 권리

#### (2) 금융부채

거래상대방에게서 현금 등 금융자산을 인도할 계약상 의무

#### (3) 지분상품

기업의 자산에서 모든 부채를 차감한 후의 잔여지분을 나타내는 모든 계약

### [2] 금융항목과 비금융항목의 사례

| 구분 | 자산 | 부채 |
|---|---|---|
| 금융항목 | 현금 및 현금성자산, 매출채권, 대여금, 투자지분상품, 투자채무상품 등 | 매입채무, 미지급금, 차입금, 사채 |
| 비금융항목 | 선급금, 선급비용, 재고자산, 유형자산, 무형자산 등 | 선수금, 선수수익, 미지급법인세, 충당부채 |

### [3] 금융자산의 분류

금융자산은 현금 및 현금성자산을 제외하고 금융자산의 성격과 보유목적에 따라 분류하고 있다. 금융자산의 성격에 따라 투자지분상품과 투자채무상품으로 구분하며, 보유목적에 따라 상각후원가 측정 금융자산, 기타포괄손익 – 공정가치 측정 금융자산, 당기손익 – 공정가치 측정 금융자산으로 분류한다.

## 3. 현금 및 현금성자산

### [1] 현금 및 현금성자산의 구성

#### (1) 현금

일상생활에서도 현금이라는 용어는 자주 사용한다. 하지만 회계에서는 현금을 단순히 일상생활에서 통용하는 지폐, 주화로만 설명하지 않고 기타 통화대용증권, 요구불 예금을 포함한다. 현금은 유동성이 가장 뛰어난 자산이기 때문에 현금처럼 통용될 수 있는 것이라면 따로 분류하는 것보다는 현금이라는 분류 체계 내에서 합산하여 보여주는 것이 정보이용자에게 보다 유용하기 때문이다.

그렇다면 현금의 분류 내에 포함되는 통화대용증권과 요구불예금은 무엇인가?

#### (2) 통화대용증권

통화대용증권은 현금처럼 통용되는 것으로 자기앞수표, 타인발행수표, 송금환, 우편환증서, 배당금지급통지표, 지급일이 도래한 공사채 이자표, 기한이 도래한 받을어음 등이 그 예이다. 그러나 이와 용어가 유사한 우표, 수입인지는 통화대용증권이 아니라 기업의 중요성 판단에 따라 자산 또는 비용처리되며, 선일자수표는 매출채권으로 분류한다. 또한 직원에게 대여한 가불금은 대여금으로 회계처리하는 점을 유의하여야 한다.

즉, 통화대용증권은 현금처럼 통용되는 것을 일컫는 것이기에 이를 주의하여 분류할 수 있어야 한다.

#### (3) 요구불예금

요구불예금은 다시 당좌예금과 보통예금으로 구분한다. 보통예금은 수시 입출금이 자유로운 금융상품을 의미하며, 당좌예금은 기업이 자유롭게 당좌수표 등을 발행할 수 있는 계좌로 유동성이 높다는 점에서 현금으로 분류한다.

#### (4) 현금성자산

현금은 유동성이 굉장히 뛰어나지만 단점도 있다. 기업이 현금을 보유하게 되면 유실이나 도난의 우려가 있고 현금으로 보유할 경우 이자수익이 발생하지 않기 때문에 기간의 경과에 따른 기회비용이 발생할 수 있는 것이다.

그리하여 기업들은 단기 자금을 활용하기 위해서 각종 단기 투자자산에 예치하는 경우가 많다. 이들 중 유동성이 매우 높은 단기 투자자산은 확정된 금액의 현금으로 전환이 용이하며, 가치변동의 위험이 경미한 자산이 있는데 이를 가리켜 현금성자산(cash equivalents)으로 분류한다.

## >> 현금성자산 특징

- 가치변동의 위험이 경미하다.
- 확정된 금액의 현금으로 전환이 용이하다.
- 취득일로부터 만기일이 3개월 이내에 도래한다.

다음과 같은 세 가지 요건을 충족하는 경우 현금성자산으로 분류하며 가장 대표적인 현금성자산의 예로는 만기가 3개월 이내에 도래하는 채권, 취득 당시 상환일이 3개월 내에 도달하는 상환우선주, 취득 당시 만기가 3개월 내에 도달하는 양도성 예금 증서(CD), 3개월 이내에 환매조건을 가진 환매채(RP), 초단기 금융상품(MMF) 등이 있다.

이러한 현금 및 현금성자산은 기업들이 관리할 때는 별도의 계정을 설정하여 관리하지만 재무상태표에 보고할 때는 현금 및 현금성자산(cash and cash equivalents)이라는 단일의 계정으로 보고한다.

### ✎ 예제 9-7 현금 및 현금성자산

㈜한국의 20×1년 12월 31일 금고에는 다음과 같은 자산이 있었다. 이 중 재무상태표에 현금 및 현금성자산으로 표시될 금액은 얼마인가?

| | |
|---|---|
| • 현금 | ₩700,000 |
| • 타인발행수표 | ₩2,000,000 |
| • 만기가 도래한 공사채 이자표 | ₩500,000 |
| • 선일자수표 | ₩500,000 |
| • 취득 시 만기가 2개월인 환매채 | ₩800,000 |
| • 송금환 | ₩100,000 |
| • 우표 | ₩200,000 |
| • 배당금지급통지표 | ₩300,000 |
| • 취득 당시 만기가 4개월인 사채 | ₩500,000 |

### 해답

현금 및 현금성자산 = ₩700,000(현금) + ₩2,000,000(타인발행수표) + ₩500,000(만기가 도래한 공사채이자표) + ₩800,000(취득 시 만기가 2개월인 환매채) + ₩100,000(송금환) + ₩300,000(배당금지급통지표) = ₩4,400,000

## [2] 은행계정조정표

### (1) 은행계정조정표란?

기업은 정기적으로 당좌예금의 정확한 금액을 파악한다. 이를 위해 기업들은 회계상의 장부와 은행의 잔액증명서를 대조하게 되는데, 이때 이 둘의 잔액이 같지 않다면 어떠한 원인에 의해 잔액 차이가 발생하였는지 설명하고 이를 회계장부에 반영할 필요가 있다.

이때 작성하는 표를 은행계정조정표(bank reconciliation)라고 한다. 잔액이 불일치하는 원인은 기업과 은행 쪽에서 각각 발생할 수 있기 때문에 해당 원인을 찾아 잔액을 일치하도록 조정하는 작업을 하게 된다.

### (2) 기업의 불일치 원인

① 추심어음

추심이란 기업이 만기가 도래한 어음에 대하여 금액을 지급해 달라는 의사를 표시하는 것을 의미한다. 어음이 만기가 되고 정상적으로 추심이 되었다면 해당 금액은 기업의 당좌예금 계좌로 입금이 되었을 것이다. 그러나 은행에서 기업에게 추심어음의 입금결과를 통지하지 않았다면 기업은 추심어음의 입금 여부를 파악하지 못하였을 것이다. 그러므로 기업은 추심어음의 입금 사실을 확인한 후에 당좌예금 잔액을 증가시키는 회계처리를 한다.

② 부도수표, 부도어음

기업은 타사로부터 받은 수표 등을 은행에 예입하고 이와 동시에 당좌예금을 증가하는 기록을 한다. 그러나 타사의 수표가 부도수표로 판명이 되면 은행에서는 부도수표 금액만큼 당좌예금이 감소하지만 기업은 이를 통보받지 못하였다면 당좌예금 계좌가 과대계상되어 있다. 이런 경우 회사는 이를 알게 된 시점에 당좌예금 잔액을 감소시킨다.

부도어음도 마찬가지이다. 어음을 추심하였으나 부도로 판명난 경우 기업의 당좌예금은 과대계상되어 있다. 이런 경우 회사는 부도어음으로 통지받은 때에 당좌예금 잔액을 감소시킨다.

③ 각종 수수료(은행수수료 등)

당좌차월에 대한 이자와 같은 은행서비스에 대한 수수료는 은행 계좌에서는 차감되었으나 기업들은 통보를 받지 못한 경우 계좌에서 차감하지 않는 경우가 있다. 이처럼 수수료가 은행 당좌계좌에서는 차감되었으나 기업은 통보를 받지 않은 경우 회사 측 잔액이 과대계상되어 있기 때문에 회사 측 잔액을 감소시킨다.

④ 이자수익(추심이자 등)

당좌예금 잔액에 대하여 이자수익이 발생한 경우 은행 측은 당좌예금 잔액을 늘리지만 기업들은 통지를 받지 못하여 이자수익의 발생여부를 반영하지 못한 경우가 있다. 추심 과정에서도 추심이자 등이 발생할 수 있으나 기업들은 통지를 받지 못한 경우 당좌예금 잔액이 과소기재될 수 있다. 이처럼 발생된 이자수익 등이 은행 당좌계좌에서는 증가되었으나 기업은 통보를 받지 않은 경우 회사 측 잔액이 과소계상되어 있기 때문에 회사 측 잔액을 증가시킨다.

⑤ 미통지예금(미통지입금)

미통지예금은 거래처에서 대금결제를 위해 기업의 당좌예금계좌에 직접 입금하였으나 회사 측에는 통지를 하지 않아서 회사 측의 잔액이 과소계상된 경우이다. 이 경우에는 회사 측이 해당 금액만큼 당좌예금 잔액을 증가시킨다.

⑥ 기장오류

기업과 은행이 기장 중 오류가 발생하게 되면 오류가 발생한 측에서 조정한다. 오류가 발생한 원인을 찾아 그에 맞는 조정을 한다.

**(3) 은행의 불일치 원인**

① 미기입예금(미기록예금)

타사 발행수표를 은행에 입금하여 회사 측은 당좌예금 계정에 기록하였으나 은행에는 업무마감시간 이후에 도착하였거나 기타 사유로 은행의 당좌예금계정에 아직 기록되지 않은 경우를 의미한다. 이 경우에는 은행 측 잔액이 과소계상되어 있으므로 은행 측 잔액을 증가시킨다.

② 기발행미인출수표

기업이 당좌수표를 발행하였으나 수표 수취인이 아직 은행에 대금 지급을 요구하지 않은 경우에는 은행은 기업이 수표를 발행했다는 사실을 알지 못하여 은행 측 당좌예금계정 잔액이 과대계상된다. 이 경우에는 은행 측 잔액을 감소시킨다.

③ 기장오류

기업과 은행이 기장 중 오류가 발생하게 되면 오류가 발생한 측에서 조정한다. 오류가 발생한 원인을 찾아 그에 맞는 조정을 한다.

---

🖊 **예제 9-8 은행계정조정표**

20×1년 12월 31일 현재 ㈜한국의 당좌예금 잔액은 ₩55,000,000이며, 주거래 은행인 K은행에서 통보받은 당좌예금 잔액은 ₩56,500,000으로 잔액 차이가 있음을 알게 되었다. 잔액 차이가 발생한 원인을 살펴보니 다음과 같을 때 정확한 당좌예금 잔액을 확인하고 수정분개를 하시오.

- 12월 30일 ㈜한국은 거래처에서 발행한 수표 ₩8,500,000을 은행에 예금하였으나, 은행은 마감 후 입금되어 아직 입금처리하지 않았다.
- 12월 30일 K은행은 직원의 실수로 타 기업의 당좌예금에서 차감해야 하는 금액 ₩1,000,000을 ㈜한국의 당좌예금 계좌에서 인출하였다.
- 12월에 ㈜한국이 발행한 수표 중에서 현재까지 인출되지 않은 금액은 ₩12,000,000이다.
- 은행에서는 예금에 대한 이자수익 ₩500,000을 당좌예금에 가산하였으나 ㈜한국은 현재까지 회사장부에 반영하지 않았다.
- 거래처에서 은행계좌에는 입금하였으나 아직 통지하지 않은 예금이 ₩1,500,000이다.
- 12월 중에 ㈜한국이 은행으로부터 통지받지 못한 은행수수료는 ₩3,000,000이다.

## 해답

**은행계정조정표**

20×1년 12월 31일 현재

| 조정 전 은행잔액 | ₩56,500,000 | 조정 전 회사잔액 | ₩55,000,000 |
|---|---|---|---|
| 미기입예금 | 8,500,000 | 이자수익 | 500,000 |
| 기장오류 | 1,000,000 | 미통지예금 | 1,500,000 |
| 기발행미인출수표 | (12,000,000) | 이자비용 | (3,000,000) |
| 조정 후 은행잔액 | ₩54,000,000 | 조정 후 회사잔액 | ₩54,000,000 |

**㈜한국의 결산수정분개**

| (차) 당좌예금 | 500,000 | (대) 이자수익 | 500,000 |
|---|---|---|---|
| (차) 당좌예금 | 1,500,000 | (대) 매출채권 | 1,500,000 |
| (차) 지급수수료 | 3,000,000 | (대) 당좌예금 | 3,000,000 |

## 4. 금융자산의 성격과 보유목적에 따른 분류

### [1] 금융자산의 성격에 따른 분류

기업이 보유하고 있는 금융자산은 해당 금융자산의 성격에 따라 투자지분상품과 투자채무상품으로 분류할 수 있다.

#### (1) 투자지분상품 : 배당 현금흐름의 창출

투자지분상품은 다른 회사의 순자산에 대한 소유권을 나타내는 지분상품인 주식에 대한 투자와 일정금액으로 소유지분을 취득할 수 있는 권리를 나타내는 지분상품인 지분옵션에 대한 투자를 말한다.

투자자는 지분상품의 보유기간 중 피투자회사로부터 수령하는 배당과 투자지분상품의 매각 시 시세차익을 통해서 투자원금과 투자이익을 회수한다.

#### (2) 투자채무상품 : 이자 현금흐름의 창출

투자채무상품은 다른 회사에 대하여 금전을 청구할 수 있는 권리를 표시하는 상품에 대한 투자를 말한다.

투자자는 채무상품의 보유기간 중에 피투자회사로부터 수령하는 이자와 투자채무상품의 매각 시의 시세차익을 통해서 투자원금과 투자이익을 회수한다.

### [2] 보유목적에 의한 금융자산 분류 시 판단기준

기업이 취득한 금융자산은 '금융자산의 계약상 현금흐름의 특성'과 '금융자산관리를 위한 사업모형'이라는 두 가지 판단기준에 근거하여 분류한다.

**(1) 금융자산의 계약상 현금흐름 : 금융자산 자체의 특성**

금융자산의 계약상 현금흐름은 해당 금융자산으로부터 발생하는 현금흐름의 특성을 말한다. 금융자산의 계약상 현금흐름은 두 가지 특성으로 구분한다.

> ① 원리금만으로 구성 : 원금과 원금잔액에 대한 이자지급만으로 구성된 계약상 현금흐름
> ② 원리금 이외로 구성 : 원리금 지급만으로 구성되지 않은 기타의 계약상 현금흐름

**(2) 금융자산관리를 위한 사업모형 : 금융자산 보유의도**

금융자산관리를 위한 사업모형은 현금흐름을 창출하기 위해 금융자산을 관리하는 방식을 말하는 것으로 다음의 세 가지 사업모형으로 구분한다.

> ① 수취목적 사업모형 : 금융자산을 계약상 현금흐름을 수취하기 위해 보유함
> ② 수취와 매도목적 사업모형 : 금융자산을 계약상 현금흐름의 수취와 매도를 위해 보유함
> ③ 기타목적 사업모형 : 금융자산을 매도 등 기타 목적을 위해 보유함

## [3] 금융자산의 보유목적에 따른 분류

취득한 금융자산은 해당 금융자산의 계약상 현금흐름의 특성과 금융자산관리를 위한 사업모형에 따라 세 가지 범주로 구분하여 최초인식과 후속측정을 수행한다.

**(1) 상각후원가 측정 금융자산(AC 금융자산)**

금융자산을 보유하는 기간 동안 원리금 지급만으로 구성되어 있는 현금흐름이 발생하며, 계약상 현금흐름을 수취하는 것을 목적으로 하는 사업모형 하에서 해당 금융자산을 보유하는 경우에는 상각후원가 측정 금융자산으로 분류한다.

**(2) 기타포괄손익 – 공정가치 측정 금융자산(FVOCI 금융자산)**

금융자산을 보유하는 기간 동안 원리금 지급만으로 구성되어 있는 현금흐름이 발생하며, 계약상 현금흐름을 수취하면서, 동시에 매도하는 것을 목적으로 하는 사업모형 하에서 해당 금융자산을 보유하는 경우에는 해당 금융자산을 기타포괄손익 – 공정가치 측정 금융자산으로 분류한다.

**(3) 당기손익 – 공정가치 측정 금융자산(FVPL 금융자산)**

금융자산을 상각후원가로 측정하거나 기타포괄손익–공정가치로 측정하는 경우가 아니라면, 당기손익 – 공정가치로 측정하는 금융자산으로 분류한다.

위의 분류기준에 따라 원리금을 수취하는 금융자산인 채무상품은 상각후원가 측정 금융자산, 기타포괄손익 – 공정가치 측정 금융자산과 당기손익 – 공정가치 측정 금융자산으로 분류하며, 원리금을 수취하지 않는 금융자산인 지분상품은 당기손익 – 공정가치 측정 금융자산으로만 분류하는 것이 원칙이다.

## 5. 투자지분상품

투자목적으로 취득한 지분상품은 모두 당기손익 - 공정가치 측정 금융자산으로 분류하는 것이 원칙이다. 다만, 당기손익 이외의 목적으로 취득한 지분상품 중 후속적인 공정가치변동을 기타포괄손익으로 인식하기로 선택을 한 경우에는 기타포괄손익 - 공정가치 선택 지분상품으로 분류할 수 있다. 이러 한 선택은 최초 인식시점에만 가능하며 이후에 취소할 수 없다.

### [1] 당기손익 - 공정가치 측정 금융자산 (FVPL 금융자산)

#### (1) 최초인식과 측정

당기손익 - 공정가치 측정 금융자산은 계약당사자가 되는 때 재무상태표에 인식하며 최초 인식시 공정가치로 측정한다. 당기손익 - 공정가치 측정 금융자산 취득과정에서 소요되는 각종의 부대비 용을 거래원가라고 하는데 당기손익 - 공정가치 측정 금융자산은 거래원가를 당기 비용으로 인식한다. 최초 인식시점의 공정가치는 일반적으로 거래가격(제공한 대가의 공정가치)이다.

> **예제 9-9 당기손익-공정가치 측정 금융자산**
>
> 다음의 상황을 보고 회계처리를 하시오.
>
> (1) 단기시세차익을 목적으로 A의 주식 10주(액면 ₩5,000)를 주당 ₩6,000에 현금으로 매입하였다.
> (2) 단기시세차익을 목적으로 B회사의 사채 10좌(액면 ₩10,000)를 1좌당 ₩9,000에 현금 으로 매입하였다.
> (3) 단기시세차익을 목적으로 C회사의 주식 10주(액면 ₩1,000)를 주당 ₩80,000에 매입하 였다. 매입수수료는 ₩4,000이 발생하였고 수수료와 함께 현금으로 매입하였다.

**해답**

| | | | | | |
|---|---|---|---|---|---|
| (1) | (차) FVPL 금융자산 | 60,000 | (대) 현금 | | 60,000 |
| (2) | (차) FVPL 금융자산 | 90,000 | (대) 현금 | | 90,000 |
| (3) | (차) FVPL 금융자산 | 80,000 | (대) 현금 | | 84,000 |
| | 수수료(비용) | 4,000 | | | |

#### (2) 배당금수익과 이자수익

지분증권에 투자한 경우에는 배당금수익을 얻을 수 있으며 사채나 국공채 등 채무증권에 투자한 경우에는 이자수익을 얻게 된다. 현금배당의 경우에는 배당을 받을 권리와 금액이 확정되는 시점 (피투자회사의 주주총회일)에 배당금수익(영업외수익)을 인식하게 되며, 이자수익은 기간의 경 과에 따른 유효이자율법에 따라 이자수익(영업외수익)으로 인식한다.

### 예제 9-10 배당금수익

㈜한국은 A회사의 주식을 취득하여 당기손익-공정가치 측정 금융자산으로 분류하였다. A회사는 배당을 결의하였고 그 결과 ₩50,000의 현금배당을 수령하였다. 다음의 거래를 분개하시오.

**해답**

| (차) 현금 | 50,000 | (대) 배당금수익 | 50,000 |
|---|---|---|---|

### (3) 후속측정(기말평가)

당기손익-공정가치 측정 금융자산을 취득하여 결산일 현재 보유하고 있는 경우에는 이를 공정가치로 평가하여야 한다. 공정가치로 평가한 결과 장부금액과 공정가치에 차이가 발생하면 이러한 공정가치의 변동분은 당기손익항목(당기손익-공정가치 측정 금융자산평가손익)으로 회계처리한다.

공정가치는 시장성이 있는 유가증권이라면 시장가격을 공정가치로 보며, 시장가격은 보고기간 말 현재의 종가로 한다. 다만, 보고기간 말 현재의 종가가 없으며 보고기간 말과 해당 유가증권의 직전 거래일 사이에 중요한 경제적 상황의 변화가 없는 경우에는 직전거래일의 종가로 할 수 있다.

### 예제 9-11 당기손익-공정가치 측정 금융자산의 기말평가

(1) 보유 중인 FVPL 금융자산의 장부금액은 ₩1,000,000이고 기말의 공정가치는 ₩1,200,000이라고 할 때, 기말평가에 관한 회계처리를 하시오.
(2) 보유 중인 FVPL 금융자산의 취득금액은 ₩500,000이며 현재의 장부금액은 ₩550,000이다. 기말의 공정가치가 ₩450,000이라고 할 때 기말평가에 관한 회계처리를 하시오.

**해답**

| (1) | (차) FVPL 금융자산 | 200,000 | (대) FVPL 금융자산 평가이익 | 200,000 |
|---|---|---|---|---|
| (2) | (차) FVPL 금융자산 평가손실 | 100,000 | (대) FVPL 금융자산 | 100,000 |

### (4) 후속측정(처분)

당기손익-공정가치 측정 금융자산을 처분하게 되면 처분하는 금액과 장부금액을 비교하여 그 차액을 당기손익-공정가치 측정 금융자산처분손익(당기손익)으로 인식한다. 이때 처분금액은 각종 수수료 등을 차감한 후의 금액인 순매각금액이다.

만약, 동일한 유가증권을 여러 번에 걸쳐 각기 다른 금액으로 취득하였을 경우에는 처분시점에 어떠한 유가증권이 먼저 처분된 것인지를 결정해야 할 필요성이 있다. 이때에는 원가흐름의 가정에 따라 선입선출법, 평균법 등 합리적인 방법을 선택하고 매기 동일하게 적용한다.

**예제 9-12 당기손익-공정가치 측정 금융자산의 처분**

다음의 상황을 보고 회계처리를 하시오.

(1) FVPL 금융자산(장부금액 ₩1,800,000)을 ₩2,000,000에 처분하고 매각수수료 ₩50,000을 차감한 잔액 ₩1,950,000을 현금으로 수령하였다.

(2) FVPL 금융자산 100주는 2월 1일에 주당 ₩5,000에 취득하였고, 2월 5일에는 같은 주식을 주당 ₩6,500에 200주 취득하였다. 그리고 2월 20일에는 해당 주식 150주를 주당 ₩5,500에 처분하였으며 매각대금은 전액 현금으로 수령하였다(단, 원가흐름의 가정은 이동평균법을 적용한다).

**해답**

| (1) | (차) 현금 | 1,950,000 | (대) FVPL 금융자산 | 1,800,000 |
|---|---|---|---|---|
| | | | FVPL 금융자산처분이익 | 150,000 |
| (2) | (차) 현금 | 825,000 | (대) FVPL 금융자산 | 900,000 |
| | FVPL 금융자산처분손실 | 75,000 | | |

## [2] 기타포괄손익 – 공정가치 선택 지분상품(FVOCI 선택 금융자산)

당기손익 이외의 목적으로 취득한 지분상품 중 최초인식시점에 후속적인 공정가치변동을 기타포괄손익으로 인식하기로 취소 불가능한 선택을 한 경우에는 기타포괄손익 – 공정가치 선택 지분상품으로 분류할 수 있다.

### (1) 최초측정

기타포괄손익-공정가치 측정 금융자산은 최초인식 시 공정가치로 측정한다. 기타포괄손익-공정가치 측정 금융자산의 취득과 직접 관련되는 거래원가는 최초 인식하는 공정가치에 가산하여 측정한다.

### (2) 후속측정

기타포괄손익-공정가치 측정 금융자산은 매년 공정가치로 평가한다. 기타포괄손익-공정가치 측정 금융자산의 공정가치 변동에 따른 손익은 기타포괄손익으로 인식한다. 당해 누적된 기타포괄손익은 관련된 금융자산이 제거되는 시점에 당기손익으로의 재분류는 금지되며 이익잉여금으로 대체할 수 있다.

≫ 처분 시 회계처리(잔액이 기타포괄손익-공정가치 측정 금융자산평가이익인 경우)

| (차) 현금 | ××× | (대) FVOCI 금융자산 | ××× |
|---|---|---|---|
| | | FVOCI 금융자산평가이익 | ××× |
| (차) FVOCI 금융자산평가이익 | ××× | (대) 미처분이익잉여금 | ××× |

### 예제 9-13 기타포괄손익-공정가치 측정 금융자산

㈜한국은 20×1년 초 ㈜민국의 주식을 ₩1,000에 취득하였다. ㈜한국은 취득한 주식을 기타포괄손익-공정가치 측정 금융자산으로 분류되도록 선택하였다. 20×1년 말 ㈜민국의 주당 공정가치는 ₩1,100, 20×2년 공정가치는 ₩800이다. ㈜한국은 20×3년 3월 10일에 해당 주식을 ₩1,200에 처분하였다고 할 때 일자별 회계처리를 하시오(단, 주식을 처분한 경우 이익잉여금으로 대체한다고 가정한다).

**해답**

|  |  | |  | |
|---|---|---|---|---|
| 20×1.1.1 | (차) FVOCI 금융자산 | 1,000 | (대) 현금 | 1,000 |
| 20×1.12.31 | (차) FVOCI 금융자산 | 100 | (대) FVOCI 금융자산평가이익 | 100 |
| 20×2.12.31 | (차) FVOCI 금융자산평가이익 | 100 | (대) FVOCI 금융자산 | 300 |
| | FVOCI금융자산평가손실 | 200 | | |
| 20×3.3.10 | (차) 현금 | 1,200 | (대) FVOCI 금융자산 | 800 |
| | | | FVOCI 금융자산평가손실 | 200 |
| | | | FVOCI 금융자산평가이익 | 200 |
| | (차) FVOCI 금융자산평가이익 | 200 | (대) 미처분이익잉여금 | 200 |

### 예제 9-14 기타포괄손익-공정가치 측정 금융자산

㈜한국은 A주식을 취득하고 이를 FVOCI 금융자산으로 분류하였다. FVOCI 금융자산과 관련된 거래가 다음과 같을 때 일자별 회계처리를 하시오.

| | |
|---|---|
| 20×1.4.30 | ㈜한국은 A주식을 ₩1,000,000에 취득하였다. |
| 20×1.12.31 | A주식의 공정가치는 ₩800,000이다. |
| 20×2.12.31 | A주식의 공정가치는 ₩700,000이다. |
| 20×3.12.31 | A주식의 공정가치는 ₩1,200,000이다. |
| 20×4.2.10 | ㈜한국은 A주식을 ₩1,300,000에 처분하였다. |

**해답**

|  |  | |  | |
|---|---|---|---|---|
| 20×1.4.30 | (차) FVOCI 금융자산 | 1,000,000 | (대) 현금 | 1,000,000 |
| 20×1.12.31 | (차) FVOCI 금융자산평가손실 | 200,000 | (대) FVOCI 금융자산 | 200,000 |
| 20×2.12.31 | (차) FVOCI 금융자산평가손실 | 100,000 | (대) FVOCI 금융자산 | 100,000 |
| 20×3.12.31 | (차) FVOCI 금융자산 | 500,000 | (대) FVOCI 금융자산평가손실 | 300,000 |
| | | | FVOCI 금융자산평가이익 | 200,000 |
| 20×4.2.10 | (차) 현금 | 1,300,000 | (대) FVOCI 금융자산 | 1,200,000 |
| | | | FVOCI 금융자산평가이익 | 100,000 |

#### 📝 예제 9-15 기타포괄손익-공정가치 측정 금융자산

㈜한국은 A주식을 취득하고 이를 FVOCI 금융자산으로 분류하였다. FVOCI 금융자산과 관련된 거래가 다음과 같을 때 일자별 회계처리를 하시오.

| | |
|---|---|
| 20×1.8.20 | ㈜한국은 A주식을 ₩1,000,000에 취득하였다. |
| 20×1.12.31 | A주식의 공정가치는 ₩1,200,000이다. |
| 20×2.12.31 | A주식의 공정가치는 ₩1,500,000이다. |
| 20×3.12.31 | A주식의 공정가치는 ₩1,100,000이다. |
| 20×4.12.31 | A주식의 공정가치는 ₩700,000이다. |
| 20×5.4.20 | ㈜한국은 A주식을 ₩1,300,000에 처분하였다. |

#### 해답

| 일자 | 차변 | 금액 | 대변 | 금액 |
|---|---|---|---|---|
| 20×1.8.20 | (차) FVOCI 금융자산 | 1,000,000 | (대) 현금 | 1,000,000 |
| 20×1.12.31 | (차) FVOCI 금융자산 | 200,000 | (대) FVOCI 금융자산평가이익 | 200,000 |
| 20×2.12.31 | (차) FVOCI 금융자산 | 300,000 | (대) FVOCI 금융자산평가이익 | 300,000 |
| 20×3.12.31 | (차) FVOCI 금융자산평가이익 | 400,000 | (대) FVOCI 금융자산 | 400,000 |
| 20×4.12.31 | (차) FVOCI 금융자산평가이익 | 100,000 | (대) FVOCI 금융자산 | 400,000 |
| | FVOCI 금융자산평가손실 | 300,000 | | |
| 20×5.4.20 | (차) 현금 | 1,300,000 | (대) FVOCI 금융자산 | 700,000 |
| | | | FVOCI 금융자산평가손실 | 300,000 |
| | | | FVOCI 금융자산평가이익 | 300,000 |

#### ≫ 금융자산의 후속측정

| 계정과목 | 평가방법 | 평가손익 인식 |
|---|---|---|
| (1) 당기손익-공정가치 측정 금융자산(FVPL 금융자산) | 공정가치 | 당기손익 |
| (2) 상각후원가 측정 금융자산(AC 금융자산) | 상각후원가 | 평가손익 없음 |
| (3) 기타포괄손익-공정가치 측정 금융자산 | | |
| ① 지분상품(FVOCI 선택 금융자산) | 공정가치 | 기타포괄손익 |
| ② 채무상품(FVOCI 금융자산) | 공정가치 | 기타포괄손익 |

## 6. 관계기업투자주식

기업은 투자 목적으로 다른 회사의 지분상품을 취득하기도 하지만 다른 회사에 유의적인 영향력을 행사할 목적으로 주식을 취득하기도 한다. 이 경우 투자목적으로 취득한 투자지분상품과 다른 회계처리가 요구된다. 관계기업투자주식은 유의적인 영향력을 행사하기 위해 직·간접적으로 취득한 주식을 의미하며, 관계기업에 해당하는 경우 지분법 회계처리를 수행한다.

## [1] 유의적인 영향력

① 투자자가 직접 또는 간접으로 피투자자에 대한 의결권의 20% 이상 소유하는 경우 유의적인 영향력이 있는 것으로 본다.

② 의결권의 20% 여부를 판단할 때에는 잠재적인 의결권도 고려한다.

③ 지분율이 20% 미만이라고 하더라도 다음의 경우에는 유의적인 영향력이 있다.

> ㉠ 피투자회사의 이사회나 이에 준하는 의사결정기구에의 참여
> ㉡ 배당이나 다른 분배에 관한 의사결정에 참여하는 것을 포함하여 정책결정과정에 참여
> ㉢ 투자자와 피투자자 사이의 중요한 거래
> ㉣ 경영진의 상호 교류
> ㉤ 필수적 기술정보의 제공

## [2] 지분법 회계처리

| 취득 시 | (차) 관계기업투자주식 | ××× | (대) 현금 | ××× |
|---|---|---|---|---|
| 결산 시 | (차) 관계기업투자주식 | ××× | (대) 지분법이익 | ××× |
| 결산 시 | (차) 관계기업투자주식 | ××× | (대) 지분법자본변동 | ××× |
| 현금배당 시 | (차) 현금 | ××× | (대) 관계기업투자주식 | ××× |

① 지분법손익(당기손익) = 피투자회사의 당기순손익 × 지분율

② 지분법자본변동(기타포괄손익) = 피투자회사의 기타포괄손익 × 지분율

③ 현금배당금 = 피투자회사의 배당금총액 × 지분율

## 7. 투자채무상품

투자채무상품은 원리금을 수취할 목적으로만 채무상품을 취득하는 경우에는 상각후원가 측정 금융자산으로 분류한다. 그러나 원리금을 수취하면서 동시에 해당 채무상품을 매도할 목적으로 취득하는 경우에는 기타포괄손익 – 공정가치 측정 금융자산으로 분류한다. 이를 제외한 채무상품의 취득은 당기손익 – 공정가치 측정 금융자산으로 분류한다.

### [1] 상각후원가 측정 금융자산(AC 금융자산)

#### (1) 최초측정

상각후원가 측정 금융자산은 최초인식 시 공정가치로 측정한다. 상각후원가 측정 금융자산의 취득과 직접 관련되는 거래원가는 최초 인식하는 공정가치에 가산하여 측정한다.

#### (2) 후속측정

상각후원가 측정 금융자산은 유효이자율법을 사용하여 상각후원가로 측정한다.

✎ **예제 9-16 상각후원가 측정 금융자산**

㈜한국은 20×1년 초 액면가액 ₩100,000, 액면이자율 8%(연 1회 지급), 만기 3년인 회사채를 현금흐름 수취 목적으로 ₩95,026(유효이자율 10%)에 취득하였다. ㈜한국의 취득시점부터 만기 시점까지 연도별 회계처리를 하시오.

**해답**

1) 상각표

| 일자 | 유효이자(10%) | 액면이자(8%) | 상각액 | 기말장부금액 |
|---|---|---|---|---|
| 20×1.1.1 | | | | ₩95,026 |
| 20×1.12.31 | ₩9,503 | ₩8,000 | ₩1,503 | 96,529 |
| 20×2.12.31 | 9,653 | 8,000 | 1,653 | 98,182 |
| 20×3.12.31 | 9,818 | 8,000 | 1,818 | 100,000 |
| 합계 | ₩28,974 | ₩24,000 | ₩4,974 | |

2) 일자별 회계처리

| | | | | | | |
|---|---|---|---|---|---|---|
| 20×1.1.1 | (차) | AC 금융자산 | 95,026 | (대) 현금 | | 95,026 |
| 20×1.12.31 | (차) | 현금 | 8,000 | (대) 이자수익 | | 9,503 |
| | | AC 금융자산 | 1,503 | | | |
| 20×2.12.31 | (차) | 현금 | 8,000 | (대) 이자수익 | | 9,653 |
| | | AC 금융자산 | 1,653 | | | |
| 20×3.12.31 | (차) | 현금 | 8,000 | (대) 이자수익 | | 9,818 |
| | | AC 금융자산 | 1,818 | | | |
| | (차) | 현금 | 100,000 | (대) AC 금융자산 | | 100,000 |

## 8. 대여금 및 수취채권

### [1] 대여금 및 수취채권

대여금 및 수취채권은 지급금액이 확정되었거나 확정될 수 있으며, 활성시장에서 가격이 공시되지 않는 금융자산을 대여금 및 수취채권이라고 한다.

이 중 수취채권은(receivables)은 기업이 고객에게 상품을 판매하거나 거래상대방에게 자금을 대여하고 나중에 대금을 받기로 한 권리를 말하며, 수취채권은 매출채권과 비매출채권으로 구분된다. 비매출채권은 미수금, 단기대여금, 미수수익 등이 있다.

### (1) 매출채권

기업은 상품을 판매하는 등의 영업활동 중 현금거래가 아닌 외상거래를 하는 경우도 많다. 이 경우 외상판매 과정에서 추후 현금을 수취할 수 있는 계약상 권리인 수취채권이 발생하게 된다. 수취채권 중에서 재고자산의 판매나 용역의 제공 등 기업의 주된 영업활동에서 발생하는 채권을 매출채권(trade receivable)이라 칭한다. 매출채권은 다시 일반적인 외상거래 채권인 외상 매출금(account receivable)과 어음을 수취하는 경우의 받을어음(note receivable)으로 나뉜다. 그러나 통상적으로 외상매출금과 받을어음을 구분하는 경우보다는 매출채권으로 통칭해서 부르는 경우가 많다. 그리하여 기중에는 외상매출금과 받을어음 계정을 분리하여 회계처리하는데, 재무상태표를 작성할 때에는 외상매출금과 받을어음의 금액을 통합하여 매출채권이라는 단일계정을 이용하여 표시한다.

### (2) 비매출채권

비매출채권은 주요 수익창출활동이 아닌 기타 거래과정에서 발생한 수취채권을 말한다.

#### ① 미수금

미수금은 기업 본래의 주요 영업활동 이외에서 발생한 수취채권으로 상기업이 비품 등을 외상으로 판매하였을 때 미수금이라는 계정과목을 사용한다. 이와 같은 거래에서 어음으로 대금을 수령하였다고 하더라도 미수금계정에 기록해야 한다.

#### ② 대여금

대여금은 거래 상대방에게 차용증서나 어음을 받고 금전을 빌려 주는 경우를 의미한다. 만기가 1년 이내에 도래하면 단기대여금, 만기가 1년을 초과하게 되면 장기대여금으로 구분한다.

### (3) 손상(대손) 회계처리

위와 같은 수취채권은 신용으로 한 거래이기 때문에 거래처가 파산하거나 재무적 어려움으로 지급기일을 조정하는 등의 회수불능위험이 존재한다. 거래처가 지급능력을 상실하여 더 이상 수취채권의 자산성을 인정할 수 없을 때 대손회계처리를 수행한다. 대손(bad debt)이란 매출채권이 회수할 수 없는 상태가 된 것을 의미하는데, 단지 회수가능성이 낮다는 것만으로는 대손이라고 할 수 없고 매출채권의 회수불능이 객관적으로 입증되었을 때 매출채권을 제거하는 회계처리를 대손확정이라 한다.

#### ① 매출채권의 손상이란?

매출채권은 수취채권으로 이후 현금을 회수하는 경우 장부에서 제거된다. 단, 매출채권을 현금으로 회수하기 전 거래상대방의 재무적 어려움 등의 사유로 매출채권의 명목상 금액보다 실제 회수할 것으로 예상하는 금액은 더 적을 수 있다. 단, 거래상대방의 재무적위험이 확정되어 매출채권을 제거하게 되는 대손의 확정시점은 실제 위험이 예상되는 시점보다 훨씬 늦다. 대손의 확정시점에 매출채권의 제거 회계처리를 수행하면 재무상태표에 계상된 매출채권은 과대계상될 수 있다. 이에 따라, 대손의 확정시점 이전에 회수불가능할 것으로 예상되는 금액을 합리적으로 추정하여 매출채권에서 차감하는 형식으로 표시하는 경우 이러한 매출채권의 과대계상 위험을 방지할 수 있다.

따라서 해당 매출채권에서 발생할 것으로 예상되는 금액을 기말시점에 추정하여 손실충당금을 설정하고 이와 관련된 비용을 손상차손으로 계상하는 것을 보충법이라고 하며, 회계에서는 매 보고기간 말 매출채권에 대한 합리적인 대손(손상)예상액을 계상하여 손실충당금으로 매출채권에서 차감하는 형식으로 기재한다.

이러한 대손회계처리는 매출채권으로 인한 수익과 비용을 동일연도에 반영함으로써 수익·비용 대응을 이루고 매출채권을 회수가능금액으로 추정하여 과대평가를 방지한다는 장점이 있다. 그러나 기말에 대손예상금액을 주관적으로 추정한다는 점은 문제점으로 볼 수 있다. 재무상태표상 손실충당금은 매출채권에 대한 차감계정으로 표시되며 재무상태표에 표시되는 매출채권의 순액(매출채권-손실충당금)은 기업이 추정한 회수가능금액을 나타낸다.

② 손상확정 시

거래처의 파산 등이 확정되어 더 이상 매출채권을 회수할 수 없을 것이라고 확정이 되면 기업은 재무상태표에서 매출채권을 제거한다. 매출채권 제거 시 차변에는 전기말에 설정한 손실충당금을 먼저 제거하게 되며, 만약 매출채권 제거금액이 손실충당금계정의 잔액을 초과하는 경우 그 초과금액은 손상차손(대손상각비)으로 하여 당기비용으로 처리한다.

✎ 예제 9-17 손상의 확정

㈜한국의 20×1년 매출채권의 기초금액은 ₩500,000(손실충당금 ₩50,000)이다. 기중에 다음과 같은 사건이 발생하였을 경우 이에 해당하는 회계처리를 하시오.

> 20×1년 5월 10일 거래처 중 한 곳이 파산하여 매출채권 ₩100,000이 손상이 확정되었다.

**해답**

| 20×1.5.10 | (차) 손실충당금 | 50,000 | (대) 매출채권 | 100,000 |
|---|---|---|---|---|
| | 손상차손 | 50,000 | | |

③ 손상처리한 채권의 회수

손상이 확정되어 장부상에서 제거하였던 매출채권이 다시 회수되는 경우는 우선 손상발생 시 분개하였던 계정과목을 회복시키는 회계처리를 한 후 정상적으로 매출채권을 회수한 회계처리를 수행한다.

✎ 예제 9-18 손상채권의 회수

㈜한국이 20×1년 손상처리한 매출채권 중 ₩100,000이 20×2년 1월 10일 회수되었다.

**해답**

| 20×2.1.10 | (차) 매출채권 | 100,000 | (대) 손실충당금 | 100,000 |
|---|---|---|---|---|
| | (차) 현금 | 100,000 | (대) 매출채권 | 100,000 |

해당 분개는 아래와 같이 표시할 수 있다.

| 20×2.1.10 | (차) 현금 | 100,000 | (대) 손실충당금 | 100,000 |
|---|---|---|---|---|

④ 대손의 예상

기말 결산시점이 되면 기업은 매출채권의 잔액에 일정한 설정률을 고려하여 손실충당금을 설정하게 된다. 이때 유의할 점은 기말 매출채권 잔액에 설정률을 곱하여 계산된 금액은 기말시점에 재무상태표상에 남아 있어야 하는 충당금을 의미한다는 것이다.

만약 기말에 예상된 손실충당금이 현재 남아 있는 손실충당금 잔액보다 많다면 추가로 손실충당금을 설정하지만, 현재 남아 있는 손실충당금 잔액이 예상된 손실충당금보다 많다면 그 차이 금액을 환입하는 회계처리를 수행하게 된다.

>> 손실충당금 잔액 < 매출채권 잔액 × 설정률

| (차) 손상차손(대손상각비) | ××× | (대) 손실충당금 | ××× |
|---|---|---|---|

>> 손실충당금 잔액 > 매출채권 잔액 × 설정률

| (차) 손실충당금 | ××× | (대) 손상차손환입 | ××× |
|---|---|---|---|

#### 예제 9-19 손상회계

㈜한국의 20×1년 초 부분재무상태표는 다음과 같다.

부분재무상태표

20×1.1.1(단위 : 원)

| 매출채권 | ₩500,000 | |
|---|---|---|
| 손실충당금 | (40,000) | 460,000 |

20×1년 중 ㈜한국의 거래는 다음과 같다.

| 3월 10일 | 전기에 매출한 ₩20,000의 매출채권이 손상되었다. |
|---|---|
| 4월 18일 | 당기에 매출한 ₩7,000의 매출채권이 손상되었다. |
| 8월 10일 | 전기에 손상처리한 매출채권 ₩5,000이 회수되었다. |
| 9월 20일 | 3월 10일에 손상처리한 매출채권 중 ₩10,000이 회수되었다. |
| 12월 31일 | 기말 현재 매출채권 잔액은 ₩700,000이며, 매출채권의 미래 현금회수 예상금액은 ₩650,000이다. |

**물음**

위의 거래를 참고하여 20×1년 ㈜한국의 회계처리를 수행하시오.

**해답**

| | | | | |
|---|---|---|---|---|
| 20×1.3.10 | (차) 손실충당금 | 20,000 | (대) 매출채권 | 20,000 |
| 20×1.4.18 | (차) 손실충당금 | 7,000 | (대) 매출채권 | 7,000 |
| 20×1.8.10 | (차) 현금 | 5,000 | (대) 손실충당금 | 5,000 |
| 20×1.9.20 | (차) 현금 | 10,000 | (대) 손실충당금 | 10,000 |
| 20×1.12.31 | (차) 손상차손 | 22,000 | (대) 손실충당금 | 22,000 |

## (4) 받을어음의 할인

기업에서 상품대금으로 받는 어음은 그 결제가 몇 개월 후에 이루어지는 것이 대부분이다. 그러므로 어음거래를 주로 하는 기업에서는 자금 조달에 어려움을 겪는 경우가 종종 있다.

이런 경우 기업에서는 어음을 만기일이 되기 전에 은행 또는 그 밖의 금융기관에 양도하고 일정한 이자 및 수수료를 차감한 잔액을 받는 경우가 있는데 이를 어음의 할인(discounting of notes receivable)이라고 한다.

이 경우 어음할인은 어음을 할인할 당시 실질적으로 매출채권에 대한 위험과 보상을 대부분 이전하였는지 아니면 여전히 보유하고 있는지에 따라 회계처리가 달라진다.

만약 매출채권에 대한 위험과 보상을 대부분 금융기관에 이전한 경우에는 매출채권을 매각한 것으로 본다. 그러므로 이 경우에는 매출채권을 장부에서 제거하게 된다. 반면, 매출채권에 대한 위험과 보상이 이전되지 않은 경우에는 실질적으로 매출채권을 담보로 자금을 차입한 것과 동일하다. 이에 해당 경우에는 매출채권을 장부상 제거할 수 없으며 차입금으로 회계처리한다.

---

✎ **예제 9-20 받을어음의 할인**

㈜한국은 6개월부 무이자부 어음 ₩3,000,000을 20×1년 3월 1일 수령하였다. 그러나 2개월이 지난 후 자금사정이 여의치 않아 K은행을 찾아가 5%의 할인율을 적용받고 현금을 수령하였다.

**물음**

1. 위의 어음할인이 매출채권에 대한 위험과 보상을 대부분 이전한 경우일 때
2. 위의 어음할인이 매출채권에 대한 위험과 보상을 대부분 이전하지 않은 경우일 때 각 상황별로 이에 해당하는 회계처리를 하시오.

**해답**

1. 매각거래 해당 시

| | | | | |
|---|---|---|---|---|
| 20×1.5.1 | (차) 현금 | 2,950,000 | (대) 매출채권 | 3,000,000 |
| | 매출채권처분손실 | 50,000 | | |

2. 매각거래에 해당하지 않을 경우

| | | | | |
|---|---|---|---|---|
| 20×1.5.1 | (차) 현금 | 2,950,000 | (대) 단기차입금 | 3,000,000 |
| | 이자비용 | 50,000 | | |

**학습정리**

1. 금융상품은 거래 당사자 중 일방에게는 금융자산을 다른 상대방에게는 금융부채 또는 지분상품을 발생시키는 모든 계약이다.

2. 금융상품은 금융자산, 금융부채, 지분상품으로 구성되는 포괄적인 개념이다.

3. 금융자산은 현금 및 현금성자산, 대여금 및 수취채권을 제외하고 금융자산의 성격과 보유목적에 따라 구분한다.

4. 금융자산의 성격에 따라 투자지분상품, 투자채무상품으로 분류하며, 금융자산 보유목적에 따라 당기손익-공정가치 측정 금융자산, 기타포괄손익-공정가치 측정 금융자산, 상각후원가 측정 금융자산으로 분류한다.

5. 금융자산은 최초 측정 시 공정가치로 측정한다. 다만, 당기손익-공정가치 측정 금융자산은 취득시 거래원가를 당기비용으로 인식한다.

6. 금융자산의 후속측정은 당기손익-공정가치 측정 금융자산은 매년 공정가치를 평가하여 당기손익으로 인식하고, 기타포괄손익-공정가치 측정 금융자산은 매년 공정가치 평가에 따른 평가손익을 기타포괄손익으로 인식한다.

7. 투자지분상품의 배당금수익은 당기손익으로 인식한다.

8. 기타포괄손익-공정가치 측정 금융자산은 제거하는 경우 누적된 기타포괄손익누계액을 이익잉여금으로 대체할 수 있다.

9. 현금 및 현금성자산은 현금과 현금성자산을 합산하여 단일금액으로 보고한다.

10. 현금은 통화, 통화대용증권, 요구불예금, 당좌예금 등으로 구성되며, 현금성자산은 가치변동의 위험이 경미한 취득일로부터 90일 내 만기가 도래하는 금융자산을 말한다.

11. 은행계정조정표는 기업의 당좌예금 잔액과 은행의 당좌예금 잔액의 차이원인을 살펴보고 이를 바로잡는 양식이다.

12. 대여금 및 수취채권은 매년 손상가능성을 검토하여 손실충당금을 설정하고 이에 따른 손상(대손)회계처리가 중요하다.

13. 받을어음의 할인이란 수취채권 중에서 지급상대방이 아닌 금융기관을 통해 어음을 할인받아 수취한 경우의 회계처리로 제거요건 충족 시는 매출채권처분손실로, 제거요건 미충족 시는 이자비용으로 인식한다.

01 12월 말 결산법인인 대한상사의 20×6년 12월 말 현재 은행 측 당좌예금 잔액은 ₩2,850,000
이며, 은행계정조정표 작성과정에 나타난 다음 자료를 활용하여 20×6년 12월 31일 현재 재무
상태표에 계상하여야 할 정확한 당좌예금잔액(= A)과 조정 전 회사 장부상 당좌예금 잔액(=B)
을 추정하면 얼마인가?

> (1) 거래처에 지급한 수표 중 2장(수표번호 133: ₩320,000, 수표번호 134: ₩440,000)이 은행
> 에서 아직까지 결제되지 않고 있다.
> (2) 매출처인 부산상사에서 외상대금 ₩330,000을 은행에 입금하였으나, 대한상사에는 아직 통
> 보되지 않았다.
> (3) 다른 회사의 당좌차월이자 ₩17,000을 은행의 오류로 대한상사의 당좌예금 계좌에서 차감하
> 였으나, 대한상사에는 이 사실이 아직 통보되지 않았다.
> (4) 대한상사의 정기예금에 대한 이자 ₩24,000이 당좌예금 계좌에 입금되었으나, 대한상사에는
> 아직 통보되지 않았다.
> (5) 거래처로부터 받은 당좌수표 ₩700,000을 회사 장부에 입금으로 기록하였으나, 은행업무 마
> 감으로 다음 연도 초에 은행에서 입금처리되었다.
> (6) 추심의뢰한 받을어음 ₩550,000이 추심되어 당좌예금 계좌로 입금되었으나, 대한상사에 아
> 직 통보되지 않았다.
> (7) 현금 ₩450,000을 은행의 당좌예금 계좌로 입금하면서 회사 장부상에는 ₩540,000이 입금
> 된 것으로 잘못 기재하였다.

|   | A | B |
|---|---|---|
| ① | ₩2,807,000 | ₩1,951,000 |
| ② | ₩2,841,000 | ₩2,024,000 |
| ③ | ₩2,807,000 | ₩1,993,000 |
| ④ | ₩2,807,000 | ₩2,041,000 |
| ⑤ | ₩2,841,000 | ₩2,255,000 |

**02** ㈜민국의 다음 20×1년 12월 31일 은행계정조정표에서 미기입예금은 얼마인가?

| | |
|---|---|
| (1) 은행 측 잔액 | ₩29,000 |
| 회사 측 잔액 | ₩32,000 |
| (2) 은행 측 잔액증명서에는 반영되어 있으나 ㈜민국의 장부에 반영되지 않은 금액 | |
| 예금이자 | ₩2,000 |
| 부도수표 | ₩14,000 |
| (3) ㈜민국에 통보되지 않은 매출채권 추심액 | ₩8,000 |
| (4) 기발행미인출수표 | ₩3,000 |
| (5) 미기입예금 | (?) |

① ₩1,000     ② ₩2,000     ③ ₩3,000
④ ₩4,000     ⑤ ₩5,000

**03** 다음 자료를 이용할 경우 재무상태표에 표시될 현금 및 현금성자산은?

| 당좌예금 | ₩1,000 | 당좌개설보증금 | ₩350 |
|---|---|---|---|
| 배당금지급통지표 | ₩455 | 수입인지 | ₩25 |
| 임차보증금 | ₩405 | 우편환증서 | ₩315 |
| 차용증서 | ₩950 | 타인발행수표 | ₩200 |

① ₩1,655     ② ₩1,970     ③ ₩2,375
④ ₩2,400     ⑤ ₩2,725

**04** 다음 ㈜한국의 20×1년 말 항목 중 재무상태표상 현금및현금성자산의 합계액은? (단, 외국환 통화에 적용될 환율은 $1 = ₩1,100이다.)

| | | | |
|---|---|---|---|
| 자기앞수표 | ₩10,000 | 차용증서 | ₩6,000 |
| 약속어음 | ₩15,000 | 만기가 도래한 공사채이자표 | ₩2,000 |
| 우편환증서 | ₩40,000 | 외국환 통화 | $10 |
| 양도성예금증서(취득 : 20×1년 10월 1일, 만기 : 20×2년 1월 31일) | | | ₩1,000 |

① ₩53,000　　　　② ₩63,000　　　　③ ₩64,000
④ ₩70,000　　　　⑤ ₩78,000

**05** 당기손익 – 공정가치 측정 금융자산에 관한 설명으로 옳지 않은 것은?
① 당기손익 – 공정가치 측정 금융자산의 취득과 직접 관련되는 거래원가는 최초 인식하는 공정가치에 가산한다.
② 당기손익 – 공정가치 측정 금융자산의 처분에 따른 손익은 포괄손익계산서에 당기손익으로 인식한다.
③ 당기손익 – 공정가치 측정 금융자산은 재무상태표에 공정가치로 표시한다.
④ 당기손익 – 공정가치 측정 금융자산의 장부금액이 처분금액보다 작으면 처분이익이 발생한다.
⑤ 당기손익 – 공정가치 측정 금융자산의 평가에 따른 손익은 포괄손익계산서에 당기손익으로 인식한다.

**06** ㈜한국은 20×1년 7월 초 ㈜대한의 주식 1,000주(액면가액 ₩7,000)를 주당 ₩7,500에 매입하여 공정가치 변동을 당기손익으로 인식하는 금융자산으로 분류하였다. ㈜한국은 20×1년 9월 초 ㈜대한의 주식 400주를 주당 ₩8,500에 처분하였고, 20×1년 말 ㈜대한 주식의 주당 공정가치는 ₩8,000이다. 동 주식과 관련하여 ㈜한국이 20×1년 포괄손익계산서에 인식할 당기이익은?

① ₩500,000　　　　② ₩700,000　　　　③ ₩1,000,000
④ ₩1,200,000　　　　⑤ ₩1,500,000

07  ㈜대한의 주식 500주를 주당 ₩10,000에 매입하고 매입수수료 ₩100,000을 포함하여 현금으로
    대금을 지불한 경우 올바른 분개는 무엇인가? (단, ㈜대한은 해당 주식을 당기손익-공정가치
    측정 금융자산으로 분류한다.)

| | | | | | |
|---|---|---|---|---|---|
| ① | (차) FVPL 금융자산 | 5,100,000 | (대) 현금 | 5,100,000 |
| ② | (차) FVPL 금융자산 | 5,100,000 | (대) 현금 | 5,000,000 |
| | | | 수수료 | 100,000 |
| ③ | (차) FVPL 금융자산 | 5,000,000 | (대) 현금 | 5,100,000 |
| | 수수료 | 100,000 | | |
| ④ | (차) 현금 | 5,100,000 | (대) FVPL 금융자산 | 5,000,000 |
| | | | 수수료 | 100,000 |
| ⑤ | (차) 현금 | 5,000,000 | (대) FVPL 금융자산 | 5,100,000 |
| | 수수료 | 100,000 | | |

08  20×1년 9월 8일에 주식 200주를 주당 1,000원에 취득하였으며 20×1년 10월 5일에 주식 150
    주를 주당 1,100원에 처분하였을 경우 올바른 분개는 무엇인가? (단, 주식은 당기손익-공정가
    치 측정 금융자산으로 분류하였다.)

| | | | | | |
|---|---|---|---|---|---|
| ① | (차) FVPL 금융자산 | 165,000 | (대) 현금 | 165,000 |
| ② | (차) FVPL 금융자산 | 150,000 | (대) 현금 | 150,000 |
| ③ | (차) 현금 | 150,000 | (대) FVPL 금융자산 | 150,000 |
| ④ | (차) 현금 | 165,000 | (대) FVPL 금융자산 | 150,000 |
| | | | FVPL 금융자산처분이익 | 15,000 |
| ⑤ | (차) 현금 | 150,000 | (대) FVPL 금융자산 | 165,000 |
| | FVPL 금융자산처분손실 | 15,000 | | |

09  단기매매차익을 획득할 목적으로 보유하고 있던 A회사의 주식 300주를 1월 5일 주당 ₩3,500에 처분하였다. 거래수수료로 ₩100,000을 제외한 나머지 금액을 현금으로 수령하였다고 할 때 해당 거래로 인한 손익의 효과는 얼마인가?

부분재무상태표

| | |
|---|---|
| FVPL 금융자산 | ₩1,000,000 |

① ₩50,000 이익          ② ₩50,000 손실          ③ ₩100,000 이익
④ ₩100,000 손실         ⑤ ₩150,000 이익

10  당기손익-공정가치 측정 금융자산의 취득 내역은 다음과 같다. 5월 25일 당기손익-공정가치 측정 금융자산인 해당 주식 500주를 주당 ₩13,000에 매각하고 처분시 거래원가 ₩150,000을 제외한 금액을 현금으로 수령하였다고 할 때 처분 시 발생한 손익은 얼마인가? (단, 지분증권의 원가흐름 가정은 이동평균법을 적용한다.)

| 취득일자 | 주식수 | 취득단가 |
|---|---|---|
| 5월 4일 | 300주 | ₩13,200 |
| 5월 18일 | 400주 | ₩12,500 |

① ₩50,000 이익          ② ₩50,000 손실          ③ ₩100,000 이익
④ ₩100,000 손실         ⑤ ₩150,000 이익

11  ㈜한국은 20×1년 초 회사채(액면금액 ₩100,000, 표시이자율 5%, 이자는 매년 말 후급, 만기 20×3년 말)를 ₩87,566에 구입하고, 상각후원가 측정 금융자산으로 분류하였다. 20×1년 이자수익이 ₩8,757일 때, 20×2년과 20×3년에 인식할 이자수익의 합은? (단, 단수차이가 발생할 경우 가장 근사치를 선택한다.)

① ₩10,000          ② ₩17,514          ③ ₩17,677
④ ₩18,514          ⑤ ₩18,677

**12** 금융자산과 관련한 회계처리로 옳지 않은 것은?

① 지분상품은 상각후원가 측정 금융자산으로 분류할 수 없다.

② 기타포괄손익－공정가치 선택 금융자산에서 발생하는 배당금 수령액은 기타포괄이익으로 계상한다.

③ 매 회계연도 말 지분상품은 공정가치로 측정하는 것이 원칙이다.

④ 최초 인식시점에 기타포괄손익－공정가치 선택 금융자산으로 분류하였다면 이후 회계연도에는 당기손익－공정가치 측정 금융자산으로 재분류할 수 없다.

⑤ 최초 인식 이후 상각후원가 측정 금융자산은 유효이자율법을 사용하여 상각후원가로 측정한다.

**13** ㈜한국의 전기 말 외상매출금과 손실충당금은 각각 ₩35,000과 ₩2,500이다. 당기 매출액은 ₩82,000(전액 외상)이며 외상매출금 회수액은 ₩89,000이다. ㈜한국이 외상매출금 기말잔액의 10%를 손실충당금으로 설정할 경우, 당기의 손상차손은?

① ₩100　　　　　　② ₩200　　　　　　③ ₩300

④ ₩2,500　　　　　⑤ ₩2,800

**14** ㈜한국의 당기 매출채권 손실충당금 기초잔액은 ₩50,000이고 기말잔액은 ₩80,000이다. 기중 매출채권 ₩70,000이 회수불능으로 확정되어 제거되었으나 그 중 ₩40,000이 현금으로 회수되었다. 당기 포괄손익계산서상 매출채권 손상차손은?

① ₩40,000　　　　② ₩50,000　　　　③ ₩60,000

④ ₩70,000　　　　⑤ ₩80,000

15 당기 포괄손익계산서상 손상차손이 ₩70일 때, 기중 실제 대손으로 확정된 금액은? (단, 대손 확정은 손상발생의 객관적인 증거가 파악되었으며, 기중 현금으로 회수된 회수불능 매출채권은 없다.)

| 구분 | 기초 | 기말 |
|---|---|---|
| 매출채권 | ₩15,000 | ₩10,000 |
| 손실충당금 | ₩150 | ₩100 |

① ₩120        ② ₩150        ③ ₩220

④ ₩250        ⑤ ₩270

16 ㈜한국은 20×1년 1월 1일 거래처로부터 액면금액 ₩120,000인 6개월 만기 약속어음(이자율 연 6%)을 수취하였다. ㈜한국이 20×1년 5월 1일 동 어음을 은행에 양도(할인율 연 9%)할 경우 수령할 현금은? (단, 동 어음양도는 금융자산 제거조건을 충족하며, 이자는 월할계산한다.)

① ₩104,701        ② ₩118,146        ③ ₩119,892

④ ₩121,746        ⑤ ₩122,400

· 금융자산 ·
# 객관식 문제 해답

01 ③

| 수정 전 은행 잔액 | ₩2,850,000 | 수정 전 회사 잔액(B) | ₩1,993,000 |
|---|---|---|---|
| 기발행미인출수표 | (₩760,000) | 미통지입금 | ₩330,000 |
| 은행오류 | 17,000 | 이자수익 | 24,000 |
| 미기입예금 | 700,000 | 추심어음 | 550,000 |
| | | 회사오류 | (90,000) |
| 수정 후 은행 잔액(A) | ₩2,807,000 | 수정 후 회사 잔액 | ₩2,807,000 |

02 ②

| 수정 전 은행 잔액 | ₩29,000 | 수정 전 회사 잔액 | ₩32,000 |
|---|---|---|---|
| 기발행미인출수표 | (₩3,000) | 예금이자 | ₩2,000 |
| 미기입예금 | 2,000 | 부도수표 | (14,000) |
| | | 추심어음 | 8,000 |
| 수정 후 은행 잔액 | ₩28,000 | 수정 후 회사 잔액 | ₩28,000 |

03 ② 현금 및 현금성자산 = ₩1,000(당좌예금) + ₩455(배당금지급통지표) + ₩315(우편환증서) + ₩200(타
인발행수표) = ₩1,970

04 ② 현금 및 현금성자산 = ₩10,000(자기앞수표) + ₩2,000(공사채이자표) + ₩40,000(우편환증서)
+ ₩11,000(외국환통화) = ₩63,000
* 양도성예금증서는 취득일로부터 만기가 4개월이므로 현금 및 현금성자산에 해당하지 않는다.

05 ① 당기손익 – 공정가치 측정 금융자산의 취득과 직접 관련되는 거래원가는 공정가치에 가산하지 않고
발생시점에 비용으로 인식한다.

06 ② 1) 처분이익 = 400주 × (₩8,500 – ₩7,500) = ₩400,000
2) 평가이익 = 600주 × (₩8,000 – ₩7,500) = ₩300,000
3) 20×1년 당기이익 = ₩400,000 + ₩300,000 = ₩700,000

07 ③

| (차) FVPL 금융자산 | 5,000,000 | (대) 현금 | 5,100,000 |
|---|---|---|---|
| 수수료 | 100,000 | | |

08 ④

| (차) 현금 | 165,000 | (대) FVPL 금융자산 | 150,000 |
|---|---|---|---|
| | | FVPL 금융자산처분이익 | 15,000 |

**09** ②

| (차) 현금 | 950,000 | (대) FVPL 금융자산 | 1,000,000 |
|---|---|---|---|
| FVPL 금융자산처분손실 | 50,000 | | |

→ FVPL 금융자산 처분 시 수령현금 = (300주 × ₩3,500) − ₩100,000(처분 시 수수료) = ₩950,000

**10** ②

| (차) 현금 | 6,350,000 | (대) FVPL 금융자산 | 6,400,000 |
|---|---|---|---|
| FVPL 금융자산처분손실 | 50,000 | | |

→ FVPL 금융자산 처분 시 수령현금 = (500주 × ₩13,000) − ₩150,000(처분 시 수수료) = ₩6,350,000
→ 매각되는 FVPL 금융자산 취득가액 = 500주 × ₩12,800*
  * 이동평균단가 = (300주 × ₩13,200 + 400주 × ₩12,500) ÷ 700주 = ₩12,800

**11** ⑤ 1) 유효이자율 = ₩8,757(이자수익) ÷ ₩87,566(20×1년 초 장부금액) = 10%
   2) 20×1년 말 장부금액 = ₩87,566 + ₩8,757 − ₩5,000 = ₩91,323
   3) 20×2년 이자수익 = ₩91,323 × 10% = ₩9,132
   4) 20×2년 말 장부금액 = ₩91,323 × 1.1 − ₩5,000 = ₩95,455
   5) 20×3년 이자수익 = ₩95,455 × 10% = ₩9,545
   6) 20×2년, 20×3년 이자수익의 합 = ₩9,132 + ₩9,545 = ₩18,677

**12** ② 기타포괄손익 − 공정가치 선택 금융자산에서 발생하는 배당금 수령액은 당기손익으로 계상한다.

**13** ③ 1) 외상매출금 기말잔액 = ₩35,000(기초잔액) + ₩82,000(당기 외상매출액) − ₩89,000(회수액)
     = ₩28,000
   2) 당기 손실충당금 = ₩28,000(외상매출금 기말잔액) × 10% = ₩2,800
   3) 당기의 손실충당금 설정 : (차) 손상차손 ₩300 (대) 손실충당금  ₩300
     → 손실충당금 설정은 기존 잔액과의 차이를 설정한다(₩2,800 − ₩2,500 = ₩300)

**14** ③

손실충당금

| 손상확정액 | ₩70,000 | 기초잔액 | ₩50,000 |
|---|---|---|---|
| | | 손상채권회수액 | 40,000 |
| 기말손실충당금 | 80,000 | 손상차손(?) | 60,000 |

→ 손상차손 : ₩60,000

**15** ①

손실충당금

| 손상확정액(?) | ₩120 | 기초잔액 | ₩150 |
|---|---|---|---|
| 기말손실충당금 | 100 | 손상차손 | 70 |

→ 손상확정액 : ₩120

**16** ④ 1) 만기금액 = ₩120,000(액면금액) + ₩120,000 × 6% × 6/12 = ₩123,600
   2) 할인액 = ₩123,600(만기금액) × 9%(할인율) × 2/12 = ₩1,854
   3) 현금수령액 = ₩123,600(만기금액) − ₩1,854(은행할인액) = ₩121,746

01   ㈜한국은 20×1년 10월 1일 ㈜대한의 주식 10주를 주당 ₩8,000에 취득하였다. 취득 시 수수료로 ₩2,000을 현금으로 지급하였으며, ㈜한국은 해당 주식을 당기손익-공정가치 측정 금융자산으로 분류하였다. ㈜한국의 주식 취득 시 회계처리를 하시오.

02   ㈜한국은 다음과 같은 시장성 있는 주식을 단기투자목적으로 20×1년 중에 취득하였으며, 20×1년 말 현재 취득원가와 시가는 다음과 같다.

| 종목 | 취득원가 | 시가 |
|------|----------|------|
| ㈜A | ₩1,250,000 | ₩? |
| ㈜B | 3,400,000 | 3,320,000 |

한편, 20×2년 1월 20일에 ㈜A와 ㈜B의 주식 모두를 ₩4,620,000에 처분하면서 당기손익 공정가치 측정 금융자산처분이익 ₩20,000을 기록하였다고 할 때, 20×1년 말 ㈜A의 시가는 얼마인가?

03   ㈜한국의 유가증권 보유 및 변동내역은 다음과 같다. 각 거래에 대해 회계처리를 하시오.

> ① ㈜한국은 20×1년 5월 1일 ㈜민국의 주식 100주를 주당 ₩10,000에 취득하여 FVPL금융자산으로 분류하였다. 취득 시 거래원가 ₩50,000을 추가로 부담하였다.
> ② ㈜한국은 20×1년 11월 20일 ㈜민국의 주식 50주를 주당 ₩20,000(공정가치)에 처분하였다.
> ③ ㈜민국의 20×1년 12월 31일 시가는 주당 ₩14,000이다.
> ④ 20×2년 2월 10일 ㈜한국은 50주 전부를 주당 ₩21,000에 처분하였다.

**04** ㈜민국의 유가증권 보유 및 변동내역은 다음과 같다. 각 거래에 대해 회계처리를 하시오.

① ㈜민국은 20×1년 5월 1일 ㈜한국의 주식 100주를 주당 ₩10,000에 취득하여 FVOCI금융
자산으로 분류하는 것을 선택하였다. 취득 시 거래원가 ₩50,000을 부담하였다.

② ㈜민국은 20×1년 11월 20일 ㈜한국의 주식 50주를 주당 ₩20,000(공정가치)에 처분하
였다.

③ ㈜한국의 20×1년 12월 31일 시가는 주당 ₩14,000이다.

④ 20×2년 2월 10일 ㈜민국은 50주 전부를 주당 ₩21,000(공정가치)에 처분하였다. 처분
시 기타포괄손익누계액은 이익잉여금으로 대체한다.

**05** ㈜한국의 유가증권 보유 및 처분과 관련한 거래내역은 다음과 같다. 해당 내역에 관하여 회계
처리하시오.

① ㈜한국은 ㈜민국의 주식 100주를 주당 ₩6,000에 취득하였고 취득 시 부대비용으로 주당
₩100을 부담하였다. ㈜한국은 해당 주식을 당기손익-공정가치 측정 금융자산으로 분류
하였다.

② ㈜민국의 기말 시가는 주당 ₩6,500이다.

③ ㈜한국은 전기부터 보유하고 있던 ㈜대한의 주식 50주를 처분하였다. 취득 시 주당 ₩3,000
이었고 전기 말 시가는 주당 ₩2,900이었으며, 처분가격은 주당 ₩3,050이다. ㈜한국은 해
당 주식을 기타포괄손익-공정가치 측정 금융자산으로 분류하였다.

**06** ㈜민국은 20×1년 10월 1일 ㈜한국의 주식 100주를 ₩20,000에 취득하고 기타포괄손익-공정 가치 측정 금융자산으로 분류하였다. 20×3년 5월 1일 ㈜민국은 보유 중인 ㈜한국의 주식을 ₩28,000에 전액 처분하였다고 할 때 요구사항에 답하시오.

[요구사항]

1. 20×1년 말과 20×2년 말 현재 ㈜한국 주식의 공정가치가 다음과 같다고 할 때, ㈜민국이 각 회계연도의 재무제표 상 인식할 다음의 금액들을 각각 계산하시오.

| 20×1년 말 | 20×2년 말 |
|---|---|
| ₩24,000 | ₩26,000 |

(1) 20×1년 말 재무상태표의 기타포괄손익-공정가치 측정 금융자산평가손익

(2) 20×2년 말 재무상태표의 기타포괄손익-공정가치 측정 금융자산평가손익

(3) 20×2년도 포괄손익계산서의 기타포괄손익-공정가치 측정 금융자산평가손익

(4) 20×3년도 포괄손익계산서의 기타포괄손익-공정가치 측정 금융자산평가손익

2. ㈜민국이 각 일자에 해야 할 회계처리를 하시오.

**07** 12월 결산법인인 ㈜한국은 20×1년 5월 9일 ㈜민국의 주식 100주를 주당 ₩500에 취득하였다. ㈜한국은 해당 주식을 취득하면서 수수료 ₩300을 지급하였다. 20×1년 12월 31일 ㈜민국의 주식의 주당 공정가치는 ₩550이다.

1. ㈜한국이 해당 주식을 당기손익-공정가치 측정 금융자산으로 분류하는 경우 5월 9일과 12월 31일의 회계처리를 하시오.

2. ㈜한국이 해당 주식을 기타포괄손익-공정가치 측정 금융자산으로 분류하는 경우 5월 9일 과 12월 31일의 회계처리를 하시오.

**08** ㈜한국은 20×1년 1월 1일 ㈜민국의 주식 100주를 주당 ₩5,500에 취득하였다. ㈜민국의 20×1년 말과 20×2년 말 주당 공정가치는 각각 ₩7,000과 ₩6,000이다. ㈜한국은 20×3년 3월 10일 ㈜민국의 주식 전부를 주당 ₩6,700에 처분하였다. 회사는 ㈜민국의 주식을 취득 시 기타포괄손익-공정가치 측정 금융자산으로 분류하였다.

1. ㈜한국의 주식 취득부터 처분시까지의 회계처리를 하시오.

2. 20×1년부터 20×3년까지 연도별 당기순이익에 미치는 영향과 연도 말 기타포괄손익누계액의 잔액을 나타내는 다음 표의 빈칸을 완성하시오.

| 구분 | 20×1년 | 20×2년 | 20×3년 |
|---|---|---|---|
| 당기순이익에 미치는 영향 | | | |
| 기말 기타포괄손익누계액 | | | |

**09** 다음은 ㈜한국의 은행계정조정을 위한 자료이다. ㈜한국의 다음 20×1년 12월 31일 은행계정조정표에서 기발행미인출수표 금액을 계산하시오.

(1) 은행예금잔액증명서상의 잔액 ₩28,500
   ㈜한국의 당좌예금 장부상 잔액 ₩32,000
(2) 은행의 잔액증명서에는 반영되어 있으나 ㈜한국의 장부에는 반영되지 않은 금액
   예금이자 ₩2,000
   부도수표 ₩18,000
(3) ㈜한국에 통보되지 않은 매출채권 추심액 ₩7,500
(4) ㈜한국이 20×1년 12월 31일 입금하였으나 은행에서는 20×2년 1월 2일 입금 처리된 금액 ₩15,000
(5) 이 외의 차이금액은 모두 기발행미인출수표에 의한 것으로 확인됨

**10** 다음은 ㈜한국의 사채 취득 관련 사항이다. ㈜한국은 해당 사채를 상각후원가 측정 금융자산으로 분류하였다고 할 때, 사채의 취득시점부터 만기까지의 회계처리를 하시오(단, 3년, 10% 현가계수는 0.75131, 3년, 10%, 연금현가계수는 2.48685이다).

- 사채 취득일 : 20×1년 1월 1일
- 사채 만기일 : 20×3년 12월 31일
- 사채 액면이자율 : 6%
- 20×1년 1월 1일 시장이자율 : 10%
- 사채액면금액 : ₩1,000,000

| | · 금융자산 · |
|---|---|
| **Part 09** | **주관식 문제 해답** |

**01**

| 20×1.10.1 | (차) FVPL 금융자산 | 80,000 | (대) 현금 | 82,000 |
|---|---|---|---|---|
| | 수수료 | 2,000 | | |

**02**

| 20×2.1.20 | (차) 현금 | 4,620,000 | (대) FVPL 금융자산 | X |
|---|---|---|---|---|
| | | | FVPL 금융자산처분이익 | 20,000 |

X = 20×1년 12월 31일 공정가의 합
 = ㈜A의 공정가 + ㈜B의 공정가(₩3,320,000)
 = ₩4,600,000
 * ㈜A의 공정가 = ₩1,280,000

**03** 회계처리

| ① 20×1.5.1 | (차) FVPL 금융자산 | 1,000,000 | (대) 현금 | 1,050,000 |
|---|---|---|---|---|
| | 수수료 | 50,000 | | |

→ FVPL 금융자산 취득가액 = 100주 × ₩10,000

| ② 20×1.11.20 | (차) 현금 | 1,000,000 | (대) FVPL 금융자산 | 500,000 |
|---|---|---|---|---|
| | | | FVPL 금융자산처분이익 | 500,000 |

 * FVPL 금융자산 처분 시 현금 = 50주 × ₩20,000
 * FVPL 금융자산 장부가액 = ₩1,000,000 × (50주/100주) = ₩500,000

| ③ 20×1.12.31 | (차) FVPL 금융자산 | 200,000 | (대) FVPL 금융자산평가이익 | 200,000 |
|---|---|---|---|---|

→ FVPL 금융자산평가이익 = (50주 × ₩14,000) − ₩500,000 = ₩200,000

| ④ 20×2.2.10 | (차) 현금 | 1,050,000 | (대) FVPL 금융자산 | 700,000 |
|---|---|---|---|---|
| | | | FVPL 금융자산처분이익 | 350,000 |

→ FVPL 금융자산 처분가액 = 50주 × ₩21,000 = ₩1,050,000

**04** 회계처리

| ① 20×1.5.1 | (차) FVOCI 금융자산 | 1,050,000 | (대) 현금 | 1,050,000 |
|---|---|---|---|---|

 * FVOCI 금융자산 취득가액 = 100주 × ₩10,000 + ₩50,000(취득수수료) = ₩1,050,000

| ② 20×1.11.20 | (차) 현금 | 1,000,000 | (대) FVOCI 금융자산 | 525,000 |
|---|---|---|---|---|
| | | | FVOCI 금융자산평가이익 | 475,000 |

　\* FVOCI 금융자산 처분 시 현금 = 50주 × ₩20,000 = ₩1,000,000
　\* FVOCI 금융자산 장부가액 = ₩1,050,000 × (50주/100주) = ₩525,000

| ③ 20×1.12.31 | (차) FVOCI 금융자산 | 175,000 | (대) FVOCI 금융자산평가이익 | 175,000 |
|---|---|---|---|---|

　\* FVOCI 금융자산 평가이익 = 50주 × ₩14,000 − ₩525,000 = ₩175,000

| ④ 20×2.2.10 | (차) 현금 | 1,050,000 | (대) FVOCI 금융자산 | 700,000 |
|---|---|---|---|---|
| | | | FVOCI 금융자산평가이익 | 350,000 |
| | (차) FVOCI 금융자산평가이익 | 1,000,000 | (대) 미처분이익잉여금 | 1,000,000 |

　\* FVOCI 금융자산 처분가액 = 50주 × ₩21,000 = ₩1,050,000

**05** 회계처리

| ① | (차) FVPL 금융자산 | 600,000 | (대) 현금 | 610,000 |
|---|---|---|---|---|
| | 수수료 | 10,000 | | |

　\* FVPL 금융자산 취득가액 = 100주 × ₩6,000 = ₩600,000

| ② | (차) FVPL 금융자산 | 50,000 | (대) FVPL 금융자산평가이익 | 50,000 |
|---|---|---|---|---|

　\* FVPL 금융자산평가이익 = (100주 × ₩6,500) − ₩600,000 = ₩50,000

| ③ | (차) 현금 | 152,500 | (대) FVOCI 금융자산 | 145,000 |
|---|---|---|---|---|
| | | | FVOCI 금융자산평가손실 | 5,000 |
| | | | FVOCI 금융자산평가이익 | 2,500 |

　\* FVOCI 금융자산 처분 시 현금 = 50주 × ₩3,050(처분가격) = ₩152,500
　\* FVOCI 금융자산 장부금액 = 50주 × ₩2,900(전기 말 공정가) = ₩145,000

**06**　1) (1) 20×1년 말 재무상태표의 기타포괄손익 − 공정가치 측정 금융자산평가손익
　　　　= ₩24,000(공정가치) − ₩20,000(취득금액) = ₩4,000(기타포괄손익−공정가치 측정 금융자산평가이익)
　　(2) 20×2년 말 재무상태표의 기타포괄손익 − 공정가치 측정 금융자산평가손익
　　　　= ₩4,000(20×1년도 FVOCI금융자산평가이익) + {₩26,000(20×2년도 공정가) − ₩24,000(20×1년도 장부가)} = ₩6,000(FVOCI금융자산평가이익)
　　(3) 20×2년도 포괄손익계산서의 기타포괄손익 − 공정가치 측정 금융자산평가손익
　　　　= ₩6,000(20×2년 말 FVOCI금융자산평가이익) − ₩4,000(20×1년 말 FVOCI금융자산평가이익)
　　　　= ₩2,000(FVOCI금융자산평가이익)
　　(4) 20×3년도 포괄손익계산서의 기타포괄손익 − 공정가치 측정 금융자산평가손익
　　　　= ₩28,000(처분금액) − ₩26,000(연도 말 공정가치) = ₩2,000

2) 회계처리

| | | | | | |
|---|---|---|---|---|---|
| 20×1.10.1 | (차) FVOCI 금융자산 | 20,000 | (대) 현금 | | 20,000 |
| 20×1.12.31 | (차) FVOCI 금융자산 | 4,000 | (대) FVOCI 금융자산평가이익 | | 4,000 |
| 20×2.12.31 | (차) FVOCI 금융자산 | 2,000 | (대) FVOCI 금융자산평가이익 | | 2,000 |
| 20×3.5.1 | (차) 현금 | 28,000 | (대) FVOCI 금융자산 | | 26,000 |
| | | | | FVOCI 금융자산평가이익 | 2,000 |

**07**

1) FVPL 금융자산

| | | | | | |
|---|---|---|---|---|---|
| 20×1.5.9 | (차) FVPL 금융자산 | 50,000 | (대) 현금 | | 50,300 |
| | 수수료 | 300 | | | |
| 20×1.12.31 | (차) FVPL 금융자산 | 5,000 | (대) FVPL 금융자산평가이익 | | 5,000 |

2) FVOCI 금융자산

| | | | | | |
|---|---|---|---|---|---|
| 20×1.5.9 | (차) FVOCI 금융자산 | 50,300 | (대) 현금 | | 50,300 |
| 20×1.12.31 | (차) FVOCI 금융자산 | 4,700 | (대) FVOCI 금융자산평가이익 | | 4,700 |

**08**

1) 회계처리

| | | | | | |
|---|---|---|---|---|---|
| 20×1.1.1 | (차) FVOCI 금융자산 | 550,000 | (대) 현금 | | 550,000 |
| 20×1.12.31 | (차) FVOCI 금융자산 | 150,000 | (대) FVOCI 금융자산평가이익 | | 150,000 |
| 20×2.12.31 | (차) FVOCI 금융자산평가이익 | 100,000 | (대) FVOCI 금융자산 | | 100,000 |
| 20×3.3.10 | (차) 현금 | 670,000 | (대) FVOCI 금융자산 | | 600,000 |
| | | | | FVOCI 금융자산평가이익 | 70,000 |

① FVOCI 금융자산 취득가액 = 100주 × ₩5,500 = ₩550,000
② 20×1년 FVOCI 금융자산 평가이익 = 100주 × (₩7,000 − ₩5,500) = ₩150,000
③ 20×2년 FVOCI 금융자산 평가손실 = 100주 × (₩6,000 − ₩7,000) = (₩100,000)
④ 20×3년 FVOCI 금융자산 처분 시 수령한 현금 = 100주 × ₩6,700 = ₩670,000

2)

| 구분 | 20×1년 | 20×2년 | 20×3년 |
|---|---|---|---|
| 당기순이익에 미치는 영향 | ₩0 | ₩0 | ₩0 |
| 기말 기타포괄손익누계액 | ₩150,000 | ₩50,000 | ₩120,000 |

**09**

| 수정 전 은행 잔액 | | ₩28,500 | 수정 전 회사 잔액 | | ₩32,000 |
|---|---|---|---|---|---|
| 기발행미인출수표 | | ? | 예금이자 | | ₩2,000 |
| 미기입예금 | | 15,000 | 부도수표 | | (18,000) |
| | | | 추심어음 | | 7,500 |
| 수정 후 은행 잔액 | | ₩23,500 | 수정 후 회사 잔액 | | ₩23,500 |

→ 기발행미인출수표 : ₩20,000

**10**

1) AC 금융자산 취득가액 = ₩1,000,000 × 0.75131 + ₩60,000 × 2.48685 = ₩900,521

2) 상각표

| 상각표 | | | | |
|---|---|---|---|---|
| 일자 | 유효이자(10%) | 표시이자(6%) | 상각액 | 장부금액 |
| 20×1.1.1 | | | | ₩900,521 |
| 20×1.12.31 | ₩90,052 | ₩60,000 | ₩30,052 | 930,573 |
| 20×2.12.31 | 93,057 | 60,000 | 33,057 | 963,630 |
| 20×3.12.31 | 96,370 | 60,000 | 36,370 | 1,000,000 |
| | ₩279,479 | ₩180,000 | ₩99,479 | |

3) 회계처리

| | | | | | |
|---|---|---|---|---|---|
| 20×1.1.1 | (차) AC 금융자산 | 900,521 | (대) 현금 | | 900,521 |
| 20×1.12.31 | (차) 현금 | 60,000 | (대) 이자수익 | | 90,052 |
| | AC 금융자산 | 30,052 | | | |
| 20×2.12.31 | (차) 현금 | 60,000 | (대) 이자수익 | | 93,057 |
| | AC 금융자산 | 33,057 | | | |
| 20×3.12.31 | (차) 현금 | 60,000 | (대) 이자수익 | | 96,370 |
| | AC 금융자산 | 36,370 | | | |
| | (차) 현금 | 1,000,000 | (대) AC 금융자산 | | 1,000,000 |

# 10

# 금융부채

- 금융부채의 분류에 대해 학습한다.
- 사채의 발행시점과 기중 회계처리 및 조기상환 회계처리를 학습한다.
- 금융자산과 금융부채의 비교를 통해 금융상품에 대해 이해할 수 있다.

# 금융부채

## 1. 금융부채의 정의

금융부채(financial liabilities)는 거래상대방에게 현금 등 금융자산을 인도하기로 한 계약상 의무를 의미한다. 금융부채는 상각후원가로 후속측정하는 금융부채와 그 외의 방법으로 후속측정하는 금융부채로 분류한다.

금융부채의 대부분은 상각후원가로 후속측정하며, 금융부채의 대표적인 사례가 사채이다. 기업이 사채를 발행하는 이유와 사채발행 시의 회계처리가 금융부채 회계처리에서 가장 중요하다.

### [1] 사채

기업은 자금을 조달하기 위해서 주식을 발행하기도 하지만 사채를 발행하기도 한다. 사채는 주식과는 달리 지급금액이 미리 정해져 있기 때문에 기업은 자금계획을 세우기가 용이하며, 대규모로 자금을 조달하기에 주식보다 유리한 면이 있다.

사채(corporate bond)란 이처럼 이자와 원금 등 확정채무 사항이 표시되어 있는 증권을 발행하여 자금을 조달하는 것을 말한다. 사채를 발행하는 회사는 일정한 기간마다 약정된 이자를 지급하고, 만기에는 원금을 상환하게 된다.

사채 발행자의 회계처리는 사채의 투자자 회계처리와 맞닿아 있다. 사채의 발행자도 액면금액, 표시이자, 시장이자를 고려하여 회계처리를 하게 되며 투자자로부터 현금 등을 수취하기 때문에 발행자의 회계처리는 투자자의 회계처리와 비교하여 기억하면 보다 쉽게 이해할 수 있다.

사채의 발행자는 사채를 발행하여 조달한 자금을 부채로 기록하고 사채를 구입한 투자자는 이를 금융자산으로 기록한다.

이처럼 사채의 발행자도 투자자와 마찬가지로 다음과 같은 사항을 고려하여 회계처리를 하게 된다.

① 표시이자율(액면이자율) : 표시이자율은 사채를 발행할 때 권면에 기재되어 있는 이자율로 약정이자율이라고도 불린다. 사채의 발행자는 표시이자금액만큼 정기적인 이자지급일에 해당 금액을 지급하게 되며, 표시이자율은 정기적으로 지급할 현금이자를 결정하는 이자율이 된다.

② 시장이자율 : 시장이자율은 표시이자율과 관계없이 사채를 투자하는 투자자들이 해당 투자를 통해 얻기를 기대하는 수익률을 말한다. 이는 투자자들이 해당 사채 대신 동일한 위험의 다른 금융상품에 투자한다면 받을 것이라 기대하는 이자율을 의미하며 사채 투자자들이 사채에 투자하게 될 때 포기하게 되는 효익이라 하여 기회비용을 뜻하기도 한다.

그러므로 사채의 발행자는 결국 투자자들에게 시장이자율만큼의 수익은 보장해주어야 한다. 만약 시장이자율만큼을 보장해주지 않는다면 해당 사채를 투자하려는 투자자는 아무도 없을 것이다. 결국 시장이자율이 궁극적으로 사채 발행자가 부담하게 되는 이자율이 된다.

시장이자율은 표시이자율과 일치하는 경우도 있지만, 표시이자율은 이미 사채 권면에 기록되어 있는 이자율이기 때문에 실제 사채를 발행하는 때의 시장이자율과 같지 않은 경우도 많다. 사채는 시장이자율과 표시이자율의 차이로 인하여 액면금액보다 더 적은 금액이 유입되기도 하고 액면금액보다 더 많은 금액이 유입되기도 한다.

③ 발행금액 : 발행금액은 투자자가 사채를 매입할 때 지급하는 가격임과 동시에 발행자의 입장에서는 사채 발행을 통해 지급받는 가격이 된다.

발행금액은 사채의 미래현금흐름의 현재가치로 계산이 된다. 이때는 표시이자율이 아닌 시장이자율로 미래현금흐름을 할인하게 된다. 시장이자율이 궁극적으로 사채의 발행자가 부담하는 이자율임과 동시에 투자자가 기대하는 이자율이기 때문이다.

## 2. 사채의 발행

### [1] 사채발행의 유형

>> 사채의 발행

| 구분 | 표시이자율과 시장이자율과의 관계 |
|---|---|
| 할인발행 | 표시이자율 < 시장이자율 |
| 액면발행 | 표시이자율 = 시장이자율 |
| 할증발행 | 표시이자율 > 시장이자율 |

#### (1) 액면발행

사채를 발행하는 시점의 시장이자율과 표시이자율이 같을 때 사채의 발행시점에 기업으로 유입되는 현금액은 사채의 액면가액이 된다.

| (차) 현금 | ×××(발행가액) | (대) 사채 | ×××(액면가액) |
|---|---|---|---|

#### (2) 할인발행

사채를 발행하는 시점의 시장이자율보다 표시이자율이 낮은 경우 사채의 발행시점에 기업으로 유입되는 현금액은 액면금액보다 작게 된다. 이 경우 사채는 할인발행되며 사채의 발행가액과 액면가액의 차이가 나타나고 이 금액을 사채할인발행차금이라고 한다.

사채할인발행차금은 재무상태표에 표시할 때 사채의 액면금액에서 차감하는 형식으로 표시되며, 사채의 상환기간 동안 유효이자율법에 의하여 상각한다.

| (차) 현금 | ×××(발행가액) | (대) 사채 | ×××(액면가액) |
|---|---|---|---|
| 사채할인발행차금 | ××× | | |

### (3) 할증발행

사채를 발행하는 시점의 시장이자율보다 표시이자율이 높은 경우 사채의 발행시점에 기업으로 유입되는 현금액은 액면금액보다 크게 된다. 이 경우 사채는 할증발행되며 사채의 발행가액과 액면가액의 차이가 나타나고 이 금액을 사채할증발행차금이라고 한다.

사채할증발행차금은 재무상태표에 표시할 때 사채의 액면금액에서 가산하는 형식으로 표시되며, 사채의 상환기간 동안 유효이자율법에 의하여 상각한다.

| (차) 현금 ×××(발행가액) | (대) 사채 ×××(액면가액) |
|---|---|
| | 사채할증발행차금 ××× |

>> 사채발행 시 부분재무상태표

| 할인발행 | | 할증발행 | |
|---|---|---|---|
| 비유동부채 | | 비유동부채 | |
| 사채 | ××× | 사채 | ××× |
| 사채할인발행차금 | (×××) | 사채할증발행차금 | ××× |
| 장부금액 | ××× | 장부금액 | ××× |

✎ 예제 10-1 사채의 발행

20×1년 1월 1일 시장이자율이 다음과 같을 때 ㈜한국이 발행한 액면가액 ₩1,000,000, 만기 3년, 표시이자율이 10%인 사채의 발행가액을 결정하시오. 단, 현재가치계수는 다음과 같다.

| 시장이자율 | 단일금액 ₩1의 3년 현재가치요소 | 정상연금 ₩1의 3년 현재가치요소 |
|---|---|---|
| 8% | 0.79383 | 2.5771 |
| 10% | 0.75131 | 2.4869 |
| 12% | 0.71178 | 2.4018 |

1. 시장이자율이 8%인 경우
2. 시장이자율이 10%인 경우
3. 시장이자율이 12%인 경우

**해답**

1. 시장이자율이 8%인 경우 발행가액
   = ₩1,000,000 × 0.79383 + ₩100,000 × 2.5771 = ₩1,051,540(할증발행)
2. 시장이자율이 10%인 경우 발행가액
   = ₩1,000,000 × 0.75131 + ₩100,000 × 2.4869 = ₩1,000,000(액면발행)
3. 시장이자율이 12%인 경우 발행가액
   = ₩1,000,000 × 0.71178 + ₩100,000 × 2.4018 = ₩951,960(할인발행)

## [2] 사채의 후속측정

사채가 할인 또는 할증발행된 경우에는 매 결산기마다 인식되는 이자비용과 실제로 사채권자에게 지급되는 이자금액과는 차이가 존재하게 된다.

사채상환기간 동안 발생한 이자비용은 장부금액에 유효이자만큼 발생한다. 그러나 기업이 사채권자에게 지급하는 금액은 표시이자이므로 해당 금액과의 차이를 유효이자율법에 따라 이자비용에 가감한다.

### ≫ 사채의 이자비용

| 구분 | 사채발행기간 동안 총이자비용 | 매기 인식해야 할 이자비용 |
|------|------|------|
| 액면발행 | 표시이자금액의 합계 | 표시이자금액 |
| 할인발행 | 표시이자금액 합계 + 사채할인발행차금 | 표시이자금액 + 사채할인발행차금 상각액 |
| 할증발행 | 표시이자금액 합계 - 사채할증발행차금 | 표시이자금액 - 사채할증발행차금 상각액 |

### ✏ 예제 10-2 사채의 후속측정

[예제 10-1]을 참고하여 사채 상환기간 동안의 회계처리를 하시오.

### 해답

1. 시장이자율이 8%인 경우(할증발행)

① 상각표

| 일자 | 유효이자(8%) | 액면이자(10%) | 상각액 | 기말장부금액 |
|------|------|------|------|------|
| 20×1.1.1 | | | | ₩1,051,540 |
| 20×1.12.31 | ₩84,123 | ₩100,000 | ₩15,877 | 1,035,663 |
| 20×2.12.31 | 82,853 | 100,000 | 17,147 | 1,018,516 |
| 20×3.12.31 | 81,484 | 100,000 | 18,516 | 1,000,000 |
| 합계 | ₩248,460 | ₩300,000 | ₩51,540 | |

② 회계처리

| | | | | | |
|---|---|---|---|---|---|
| 20×1.1.1 | (차) 현금 | 1,051,540 | (대) 사채 | 1,000,000 |
| | | | 사채할증발행차금 | 51,540 |
| 20×1.12.31 | (차) 이자비용 | 84,123 | (대) 현금 | 100,000 |
| | 사채할증발행차금 | 15,877 | | |
| 20×2.12.31 | (차) 이자비용 | 82,853 | (대) 현금 | 100,000 |
| | 사채할증발행차금 | 17,147 | | |
| 20×3.12.31 | (차) 이자비용 | 81,484 | (대) 현금 | 100,000 |
| | 사채할증발행차금 | 18,516 | | |
| | (차) 사채 | 1,000,000 | (대) 현금 | 1,000,000 |

2. 시장이자율이 10%인 경우(액면발행)
　① 회계처리

| | | | | | |
|---|---|---|---|---|---|
| 20×1.1.1 | (차) 현금 | 1,000,000 | (대) 사채 | 1,000,000 |
| 20×1.12.31 | (차) 이자비용 | 100,000 | (대) 현금 | 100,000 |
| 20×2.12.31 | (차) 이자비용 | 100,000 | (대) 현금 | 100,000 |
| 20×3.12.31 | (차) 이자비용 | 100,000 | (대) 현금 | 100,000 |
| | (차) 사채 | 1,000,000 | (대) 현금 | 1,000,000 |

3. 시장이자율이 12%인 경우(할인발행)
　① 상각표

| 일자 | 유효이자(12%) | 액면이자(10%) | 상각액 | 기말장부금액 |
|---|---|---|---|---|
| 20×1.1.1 | | | | ₩951,960 |
| 20×1.12.31 | ₩114,235 | ₩100,000 | ₩14,235 | 966,195 |
| 20×2.12.31 | 115,943 | 100,000 | 15,943 | 982,138 |
| 20×3.12.31 | 117,862 | 100,000 | 17,862 | 1,000,000 |
| 합계 | ₩348,040 | ₩300,000 | ₩48,040 | |

　② 회계처리

| | | | | | |
|---|---|---|---|---|---|
| 20×1.1.1 | (차) 현금 | 951,960 | (대) 사채 | 1,000,000 |
| | 사채할인발행차금 | 48,040 | | |
| 20×1.12.31 | (차) 이자비용 | 114,235 | (대) 현금 | 100,000 |
| | | | 사채할인발행차금 | 14,235 |
| 20×2.12.31 | (차) 이자비용 | 115,943 | (대) 현금 | 100,000 |
| | | | 사채할인발행차금 | 15,943 |
| 20×3.12.31 | (차) 이자비용 | 117,862 | (대) 현금 | 100,000 |
| | | | 사채할인발행차금 | 17,862 |
| | (차) 사채 | 1,000,000 | (대) 현금 | 1,000,000 |

## 3. 사채의 상환

### [1] 만기상환

사채는 발행시점에 지급시기와 지급금액이 확정되어 있기 때문에 사채는 만기 시점에 액면금액을 사채투자자에게 지급하며 상환되는 만기상환이 대부분을 이룬다.

이렇게 만기 시점에 사채를 상환하는 것을 만기상환이라고 하며, 만기에 정해진 금액을 상환하기 때문에 상환에 따른 손익은 발생하지 않는다.

예를 들어 사채의 액면금액이 ₩1,000,000이라고 하면, 만기에 다음과 같이 회계처리가 될 것이다.

| (차) 사채 | 1,000,000 | (대) 현금 | 1,000,000 |
|---|---|---|---|

## [2] 조기상환(만기 전 상환)

앞서 사채의 만기상환은 상환에 따른 손익이 발생하지 않음을 확인하였다. 그러나 사채의 발행자와 투자자는 사채의 만기가 도래하지 않았음에도 그 전에 사채를 상환하는 경우가 있는데 이를 만기 이전 상환, 즉 조기상환(early redemption)이라고 한다.

사채를 조기에 상환하게 되면 상환하는 금액과 상환 시점의 사채 장부금액과의 차이가 발생할 수 있으며 이에 따라 사채상환손익(당기손익)이 발생할 수 있다.

### 》》 사채상환손익

- 상환금액(조기상환 당시 공정가액) > 장부금액 : 사채상환손실
- 상환금액(조기상환 당시 공정가액) < 장부금액 : 사채상환이익

### 》》 금융자산처분손익

- 순매각금액 > 장부금액 : 금융자산처분이익
- 순매각금액 < 장부금액 : 금융자산처분손실

사채를 조기에 상환하게 되면 투자자는 조기상환에 따른 처분가액을 지급받게 되며 이에 따라 투자자는 처분손익(당기손익)이 발생하게 된다. 만기일 이전에 사채를 상환하게 되면 투자자와 발행자는 손실과 이익을 같은 금액으로 기록하게 된다.

### 🖉 예제 10-3 사채의 상환

㈜한국은 20×1년 1월 1일 액면이 ₩1,000,0000이며, 액면이자율은 8%, 만기가 3년이고 매년 말 이자를 지급하는 사채를 발행하였다. 20×1년 1월 1일 시장이자율은 10%이며, 이에 따라 ₩950,258으로 할인발행되었다. ㈜한국은 해당 사채를 20×2년 1월 1일 ₩960,000에 조기상환하였다.

### 물음

㈜한국의 사채 발행시점부터 조기상환시점까지의 회계처리를 하시오.

### 해답

| 20×1.1.1 | (차) 현금 | 950,258 | (대) 사채 | 1,000,000 |
|---|---|---|---|---|
| | 사채할인발행차금 | 49,742 | | |
| 20×1.12.31 | (차) 이자비용 | 95,026 | (대) 현금 | 80,000 |
| | | | 사채할인발행차금 | 15,026 |
| 20×2.1.1 | (차) 사채 | 1,000,000 | (대) 현금 | 960,000 |
| | | | 사채할인발행차금 | 34,716 |
| | | | 사채상환이익 | 5,284 |

**>> 투자자의 회계처리(AC 금융자산으로 분류 가정)**

| 20×1.1.1 | (차) AC 금융자산 | 950,258 | (대) 현금 | 950,258 |
|---|---|---|---|---|
| 20×1.12.31 | (차) 현금 | 80,000 | (대) 현금 | 95,026 |
| | AC 금융자산 | 15,026 | | |
| 20×2.1.1 | (차) 현금 | 960,000 | (대) AC 금융자산 | 965,284 |
| | AC금융자산처분손실 | 5,284 | | |

**01** ㈜한국은 20×1년 1월 1일 5년 만기의 액면금액 ₩100,000인 사채를 발행하였다. 발행 당시 액면이자율은 8%이며, 이자는 매년 말 지급하기로 하였다. 20×1년 1월 1일 유효이자율은 10%라고 할 때, 20×1년 1월 1일 사채의 발행가액은 얼마인가?

| 이자율 | ₩1의 현재가치(5년) | 연금 ₩1의 현재가치(5년) |
|---|---|---|
| 8% | 0.68058 | 3.99271 |
| 10% | 0.62092 | 3.79079 |

① ₩90,051  ② ₩91,058  ③ ₩92,418

④ ₩93,656  ⑤ ₩95,028

**02** ㈜한국은 20×1년 1월 1일 다음과 같이 사채를 발행하였으며, 발행 당시 현금 수령액은 ₩1,053,610이었다.

| 사채 액면금액 | ₩1,000,000 | 이자지급일 | 매년 12월 31일 |
|---|---|---|---|
| 액면이자율 | 연 12% | 사채만기일 | 20×4년 12월 31일 |

㈜한국은 사채 이자의 회계처리방법으로 유효이자율법을 사용한다고 할 때, ㈜한국이 사채의 발행으로 인하여 부담하는 총 이자비용은 얼마인가?

① ₩410,370  ② ₩426,390  ③ ₩463,610

④ ₩480,000  ⑤ ₩505,733

**03** ㈜한국은 20×1년 1월 1일 액면금액 ₩1,000,000의 사채를 ₩848,367에 할인발행하였다. 해당 사채의 만기는 5년이며, 이자는 매년 말 지급되며 액면이자율은 6%, 유효이자율은 10%이다. 해당 사채를 발행한 ㈜한국이 20×2년도에 부담하는 이자비용은 얼마인가? (단, 5년, 10%, 현가계수는 0.62092, 5년, 10%, 연금현가계수는 3.79079이다.)

① ₩60,000  ② ₩84,837  ③ ₩87,320

④ ₩90,052  ⑤ ₩93,058

**04** ㈜한국은 20×1년 1월 1일에 사채를 발행하여 매년 말 액면이자를 지급하고 유효이자율법에 의하여 상각한다. 20×2년 말 이자와 관련된 회계처리는 다음과 같다.

| (차) 이자비용 | 6,000 | (대) 현금 | 3,000 |
|---|---|---|---|
| | | 사채할인발행차금 | 3,000 |

위 거래가 반영된 20×2년 말 사채의 장부금액이 ₩43,000으로 표시되었다면, 사채의 유효이자율은 얼마인가? (단, 사채의 만기는 20×3년 12월 31일이다.)

① 연 11%　　　　② 연 12%　　　　③ 연 13%
④ 연 14%　　　　⑤ 연 15%

**05** ㈜한국은 20×1년 1월 1일 액면금액이 ₩1,000,000이고, 표시이자율이 연 10%(이자는 매년 말 지급), 만기 3년인 사채를 시장이자율 연 8%로 발행하였다. ㈜한국이 20×2년 1월 1일 동 사채를 ₩1,100,000에 조기상환할 경우 사채의 조기상환손익은 얼마인가? (단, 단수차이가 있으면 가장 근사치를 선택한다.)

| 기간 | ₩1의 현재가치 | | 정상연금 ₩1의 현재가치 | |
|---|---|---|---|---|
| | 8% | 10% | 8% | 10% |
| 1 | 0.9259 | 0.9091 | 0.9259 | 0.9091 |
| 2 | 0.8573 | 0.8264 | 1.7833 | 1.7355 |
| 3 | 0.7938 | 0.7513 | 2.5771 | 2.4868 |

① ₩64,369 손실　　② ₩64,369 이익　　③ ₩134,732 손실
④ ₩134,732 이익　　⑤ ₩0

**06** 다음은 ㈜한국의 사채 발행과 관련된 자료이다.

(1) 20×1년 1월 1일 액면 ₩10,000,000인 사채를 ₩9,568,400에 할인발행하였다. 만기는 5년, 액면이자율은 7%, 유효이자율은 8%이며 이자지급일은 매년 말이다.
(2) 20×1년 12월 31일 유효이자율법으로 이자비용을 계상하였다.

다음의 자료에서 ㈜한국의 20×1년도 사채할인발행차금 상각액을 계산하면 얼마인가?

① ₩65,472　　　　② ₩70,000　　　　③ ₩76,692
④ ₩80,000　　　　⑤ ₩105,438

**07** ㈜한국은 20×1년 1월 1일 액면 ₩1,000,000인 사채를 ₩980,000에 할인발행하였다. 사채의 발행 후 회계처리는 다음과 같다고 할 때, ㈜한국이 20×2년 1월 1일 동 사채를 ₩950,000에 상환하였다면 사채상환손익은 얼마인가?

| 20×1.1.1 | (차) 현금 | 980,000 | (대) 사채 | 1,000,000 |
|---|---|---|---|---|
| | 사채할인발행차금 | 20,000 | | |
| 20×1.12.31 | (차) 이자비용 | 110,000 | (대) 현금 | 100,000 |
| | | | 사채할인발행차금 | 10,000 |

① ₩30,000 손실  ② ₩30,000 이익  ③ ₩40,000 손실
④ ₩40,000 이익  ⑤ ₩50,000 이익

**08** 다음 중 유효이자율법에 따른 설명으로 옳지 않은 것은?

① 사채를 할인발행하면 사채의 장부금액은 매년 증가한다.
② 사채를 할증발행하면 사채의 장부금액은 매년 감소한다.
③ 사채의 할인발행 시 이자비용은 매년 증가한다.
④ 사채의 할증발행 시 상각액은 매기 감소한다.
⑤ 사채의 할증발행 시 이자비용은 매기 감소한다.

**09** ㈜한국은 20×1년 7월 1일 액면금액 ₩2,000,000(표시이자율 연 9%, 만기 5년)의 사채를 ₩1,950,000에 발행하였다. 이자는 매년 6월 30일에 지급한다. 발행 시부터 만기까지 ㈜한국이 인식할 총이자비용은?

① ₩450,000  ② ₩500,000  ③ ₩850,000
④ ₩900,000  ⑤ ₩950,000

**10** ㈜한국은 20×1년 1월 1일 시장이자율이 연 9%일 때 액면금액이 ₩10,000이고 만기가 3년인 회사채를 ₩9,241에 할인발행하였다. 해당 회사채는 매년 말 이자를 지급한다. 해당 회사채의 20×2년 1월 1일 장부금액이 ₩9,473이라면, 회사채의 표시이자율은 얼마인가?

① 연 5.8%  ② 연 6%  ③ 연 6.2%
④ 연 6.5%  ⑤ 연 7%

**Part 10**

· 금융부채 ·
# 객관식 문제 해답

**01** ③ 사채의 발행가액 = ₩100,000 × (5년, 10%, 현가계수) + ₩8,000 × (5년, 10%, 연금현가계수)
= ₩100,000 × 0.62092 + ₩8,000 × 3.79079 = ₩92,418

**02** ② 할증발행 시 총이자비용 = 표시이자합계 − 사채할증발행차금
= ₩1,000,000 × 12% × 4년 − ₩53,610 = ₩426,390

**03** ③ 해당 사채는 발행 시의 유효이자율과 액면이자율이 같지 않기 때문에 상각표를 그려 이자비용을 계산한다. 이에 따라 20×2년도 ㈜한국의 이자비용은 ₩87,320이다.

| 일자 | 유효이자(10%) | 액면이자(6%) | 상각액 | 기말장부금액 |
|---|---|---|---|---|
| 20×1.1.1 | | | | ₩848,367 |
| 20×1.12.31 | ₩84,837 | ₩60,000 | ₩24,837 | 873,204 |
| 20×2.12.31 | 87,320 | 60,000 | 27,320 | 900,524 |
| 20×3.12.31 | 90,052 | 60,000 | 30,052 | 930,576 |
| ⋮ | ⋮ | ⋮ | ⋮ | ⋮ |

**04** ⑤ 1) 20×1년 말 사채의 장부금액 = ₩43,000 − ₩3,000(사채할인발행차금 상각액) = ₩40,000
2) 유효이자율 = ₩6,000(20×2년 이자비용) ÷ ₩40,000(20×2년 기초장부금액) = 15%

**05** ① 1) 사채의 발행금액 = ₩1,000,000 × 0.7938 + ₩100,000 × 2.5771 = ₩1,051,510
2) 20×1년 말 사채 장부금액 = ₩1,051,510 + ₩1,051,510 × 8% − ₩100,000 = ₩1,035,631
3) 사채상환손실 = ₩1,100,000(상환금액) − ₩1,035,631(장부금액) = ₩64,369 손실

**06** ① 사채할인발행차금 상각액 = 장부금액 × 유효이자율 − 액면이자
= ₩9,568,400 × 8% − (₩10,000,000 × 7%) = ₩65,472

**07** ④ 1) 20×1년 말 사채 장부금액 = ₩1,000,000 − ₩20,000 + ₩10,000 = ₩990,000
2) 20×2년 사채상환이익 = ₩990,000(장부금액) − ₩950,000(상환금액) = ₩40,000

**08**  ④

| 발행유형 | 이자비용 | 상각액 | 사채의 장부금액 |
|---|---|---|---|
| 할인발행 | 증가 | 증가 | 증가 |
| 할증발행 | 감소 | 증가 | 감소 |

**09**  ⑤ 총이자비용 = (표시이자 × 기간) + 사채할인발행차금
= ₩2,000,000 × 9% × 5년 + (₩2,000,000 − ₩1,950,000) = ₩950,000

**10**  ② 20×2년 1월 1일 장부금액(₩9,473) = ₩9,241 + ₩9,241 × 9% − 표시이자
→ 표시이자 = ₩600
→ 표시이자율 = ₩600 ÷ ₩10,000(액면금액) = 6%

01  20×1년 1월 1일 ㈜대한은 20×3년 12월 31일 만기가 도래하는 사채(액면가액 ₩100,000, 액면이자율 10%)를 발행하였다. 20×1년 1월 1일 유효이자율은 15%이며, 이자는 매년 말 지급된다.

| 구분 | ₩1의 현가계수(15%) | 정상연금 ₩1의 현가계수(15%) |
|------|------------------|---------------------------|
| 3 | 0.65752 | 2.2832 |

[요구사항]

1. 20×1년 1월 1일 사채발행가액을 구하시오.

2. 20×1년 1월 1일 사채 발행 시 회계처리를 하시오.

3. 유효이자율법에 의한 상각표를 작성하시오.

4. 20×1년 12월 31일부터 사채 만기까지의 회계처리를 하시오.

02  20×1년 1월 1일 ㈜대한은 20×3년 12월 31일 만기가 도래하는 사채(액면가액 ₩100,000, 액면이자율 12%)를 발행하였다. 20×1년 1월 1일 유효이자율은 10%이며, 이자는 매년 말 지급된다.

| 구분 | ₩1의 현가계수(10%) | 정상연금 ₩1의 현가계수(10%) |
|------|------------------|---------------------------|
| 3 | 0.75131 | 2.48685 |

[요구사항]

1. 20×1년 1월 1일 사채발행가액을 구하시오.

2. 20×1년 1월 1일 사채 발행 시 회계처리를 하시오.

3. 유효이자율법에 의한 상각표를 작성하시오.

4. 20×1년 12월 31일부터 사채 만기까지의 회계처리를 하시오.

**03** ㈜한국은 20×1년 4월 1일 다음과 같은 조건의 사채를 발행하였다.

- 액면금액 : ₩1,000,000
- 액면이자율 : 연 8%
- 20×1년 4월 1일 시장이자율 : 연 10%
- 이자지급일 : 매년 3월 31일 1회 지급
- 사채의 만기일 : 20×4년 3월 31일
- ㈜한국의 결산일 : 매년 12월 31일

| 구분 | ₩1의 현가계수(10%) | 정상연금 ₩1의 현가계수(10%) |
|------|------------------|---------------------------|
| 3 | 0.75131 | 2.48685 |

[요구사항]

1. 20×1년 4월 1일 사채의 발행가액을 계산하시오.

2. 유효이자율법에 따른 상각표를 작성하시오.

3. ㈜한국의 사채 발행시점부터 만기까지의 회계처리를 하시오.

**04** ㈜한국은 20×1년 1월 1일 액면금액이 ₩100,000, 액면이자율 연 10%, 만기 2년, 이자지급일이 연 2회(6월 30일, 12월 31일)인 사채를 발행하였다. 20×1년 1월 1일 시장이자율은 연 12%라고 할 때 다음의 물음에 답하시오.

| 기간 | ₩1의 현재가치 | | 정상연금 ₩1의 현재가치 | |
|------|-------------|---------|---------------------|---------|
| | 6% | 12% | 6% | 12% |
| 2 | 0.89000 | 0.79719 | 1.83339 | 1.69005 |
| 4 | 0.79209 | 0.63552 | 3.46511 | 3.03735 |

[요구사항]

1. 20×1년 1월 1일 사채의 발행가액을 계산하시오.

2. 유효이자율법에 따른 상각표를 작성하시오.

3. ㈜한국의 사채 발행시점부터 만기까지의 회계처리를 하시오.

**Part 10**

· 금융부채 ·

# 주관식 문제 해답

**01**

1) 20×1년 1월 1일 사채발행가액을 구하시오.

사채의 발행가액 = ₩100,000 × 0.65752 + ₩10,000 × 2.2832 = ₩88,584

2) 20×1년 1월 1일 사채 발행 시 회계처리를 하시오.

| (차) 현금 | 88,584 | (대) 사채 | 100,000 |
|---|---|---|---|
| 사채할인발행차금 | 11,416 | | |

3) 유효이자율법에 의한 상각표를 작성하시오.

| 상각표 | | | | |
|---|---|---|---|---|
| 일자 | 유효이자(15%) | 표시이자(10%) | 상각액 | 장부금액 |
| 20×1.1.1 | | | | ₩88,584 |
| 20×1.12.31 | ₩13,288 | ₩10,000 | ₩3,288 | 91,872 |
| 20×2.12.31 | 13,781 | 10,000 | 3,781 | 95,653 |
| 20×3.12.31 | 14,347 | 10,000 | 4,347 | 100,000 |
| | ₩41,416 | ₩30,000 | ₩11,416 | |

4) 20×1년 12월 31일부터 사채 만기 시까지의 회계처리를 하시오.

| 20×1.12.31 | (차) 이자비용 | 13,288 | (대) 현금 | 10,000 |
|---|---|---|---|---|
| | | | 사채할인발행차금 | 3,288 |
| 20×2.12.31 | (차) 이자비용 | 13,781 | (대) 현금 | 10,000 |
| | | | 사채할인발행차금 | 3,781 |
| 20×3.12.31 | (차) 이자비용 | 14,347 | (대) 현금 | 10,000 |
| | | | 사채할인발행차금 | 4,347 |
| | (차) 사채 | 100,000 | (대) 현금 | 100,000 |

**02**

1) 20×1년 1월 1일 사채발행가액을 구하시오.

사채의 발행가액 = ₩100,000 × 0.75131 + ₩12,000 × 2.48685 = ₩104,973

2) 20×1년 1월 1일 사채 발행 시 회계처리를 하시오.

| (차) 현금 | 104,973 | (대) 사채 | 100,000 |
|---|---|---|---|
| | | 사채할증발행차금 | 4,973 |

3) 유효이자율법에 의한 상각표를 작성하시오.

| 상각표 | | | | |
|---|---|---|---|---|
| 일자 | 유효이자(10%) | 표시이자(12%) | 상각액 | 장부금액 |
| 20×1.1.1 | | | | ₩104,973 |
| 20×1.12.31 | ₩10,497 | ₩12,000 | ₩1,503 | 103,470 |
| 20×2.12.31 | 10,347 | 12,000 | 1,653 | 101,817 |
| 20×3.12.31 | 10,183 | 12,000 | 1,817 | 100,000 |
| | ₩31,027 | ₩36,000 | ₩4,973 | |

4) 20×1년 12월 31일부터 사채 만기 시까지의 회계처리를 하시오.

| 20×1.12.31 | (차) 이자비용 | 10,497 | (대) 현금 | 12,000 |
|---|---|---|---|---|
| | 사채할증발행차금 | 1,503 | | |
| 20×2.12.31 | (차) 이자비용 | 10,347 | (대) 현금 | 12,000 |
| | 사채할증발행차금 | 1,653 | | |
| 20×3.12.31 | (차) 이자비용 | 10,183 | (대) 현금 | 12,000 |
| | 사채할증발행차금 | 1,817 | | |
| | (차) 사채 | 100,000 | (대) 현금 | 100,000 |

**03**  1) 20×1년 4월 1일 사채발행가액을 구하시오.

사채의 발행가액 = ₩1,000,000 × 0.75131 + ₩80,000 × 2.48685 = ₩950,258

2) 유효이자율법에 의한 상각표를 작성하시오.

| 상각표 | | | | |
|---|---|---|---|---|
| 일자 | 유효이자(10%) | 표시이자(8%) | 상각액 | 장부금액 |
| 20×1.4.1 | | | | ₩950,258 |
| 20×2.03.31 | ₩95,026 | ₩80,000 | ₩15,026 | 965,284 |
| 20×3.03.31 | 96,528 | 80,000 | 16,528 | 981,812 |
| 20×4.03.31 | 98,188 | 80,000 | 18,188 | 1,000,000 |
| | ₩289,742 | ₩240,000 | ₩49,742 | |

3) 20×1년 4월 1일부터 사채 만기 시까지의 회계처리를 하시오.

| 20×1.4.1 | (차) 현금 | 950,258 | (대) 사채 | 1,000,000 |
|---|---|---|---|---|
| | 사채할인발행차금 | 49,742 | | |
| 20×1.12.31 | (차) 이자비용 | 71,270 | (대) 미지급이자 | 60,000 |
| | | | 사채할인발행차금 | 11,270 |
| 20×2.3.31 | (차) 이자비용 | 23,756 | (대) 현금 | 80,000 |
| | 미지급이자 | 60,000 | 사채할인발행차금 | 3,756 |
| 20×2.12.31 | (차) 이자비용 | 72,396 | (대) 미지급이자 | 60,000 |
| | | | 사채할인발행차금 | 12,396 |
| 20×3.3.31 | (차) 이자비용 | 24,132 | (대) 현금 | 80,000 |
| | 미지급이자 | 60,000 | 사채할인발행차금 | 4,132 |
| 20×3.12.31 | (차) 이자비용 | 73,641 | (대) 미지급이자 | 60,000 |
| | | | 사채할인발행차금 | 13,641 |
| 20×4.3.31 | (차) 이자비용 | 24,547 | (대) 현금 | 80,000 |
| | 미지급이자 | 60,000 | 사채할인발행차금 | 4,547 |
| | (차) 사채 | 1,000,000 | (대) 현금 | 1,000,000 |

**04**  1) 사채의 발행가액

= ₩100,000 × (4기간, 6%, 현가계수) + ₩5,000 × (4기간, 6%, 연금현가계수)

= ₩100,000 × 0.79209 + ₩5,000 × 3.46511 = ₩96,535

2) 상각표

| 상각표 | | | | |
|---|---|---|---|---|
| 일자 | 유효이자(6%) | 표시이자(5%) | 상각액 | 장부금액 |
| 20×1.1.1 | | | | ₩96,535 |
| 20×1.6.30 | ₩5,792 | ₩5,000 | ₩792 | 97,327 |
| 20×1.12.31 | 5,840 | 5,000 | 840 | 98,167 |
| 20×2.6.30 | 5,890 | 5,000 | 890 | 99,057 |
| 20×2.12.31 | 5,943 | 5,000 | 943 | 100,000 |
| | ₩23,465 | ₩20,000 | ₩3,465 | |

3) 20×1년 1월 1일부터 사채 만기까지의 회계처리를 하시오.

| 20×1.1.1 | (차) 현금 | 96,535 | (대) 사채 | 100,000 |
|---|---|---|---|---|
| | 사채할인발행차금 | 3,465 | | |
| 20×1.6.30 | (차) 이자비용 | 5,792 | (대) 현금 | 5,000 |
| | | | 사채할인발행차금 | 792 |
| 20×1.12.31 | (차) 이자비용 | 5,840 | (대) 현금 | 5,000 |
| | | | 사채할인발행차금 | 840 |
| 20×2.6.30 | (차) 이자비용 | 5,890 | (대) 현금 | 5,000 |
| | | | 사채할인발행차금 | 890 |
| 20×2.12.31 | (차) 이자비용 | 5,943 | (대) 현금 | 5,000 |
| | | | 사채할인발행차금 | 943 |
| | (차) 사채 | 100,000 | (대) 현금 | 100,000 |

# 부채

- 부채의 분류기준에 대해 학습한다.
- 확정채무가 아닌 추정채무의 종류와 인식기준에 대해 학습한다.
- 부채의 다양한 계정과목에 대해 정리할 수 있다.

PART

11

# 부채

## 1. 부채의 정의

부채(liabilities)란, 과거사건에 의하여 발생하였으며, 경제적 효익이 내재된 자원이 기업으로부터 유출됨으로써 이행될 것으로 예상되는 현재의무이다.

부채는 인과관계가 존재하여야 하며 이로 인하여 경제적 효익이 내재된 자원이 유출될 것으로 기대되는 현재의무를 뜻하는데, 현재의무는 법적인 의무뿐만 아니라 의제의무도 포함된다.

법적의무란, 법에 의하여 이행이 강제되어 있는 의무를 뜻하며 대부분의 매입채무와 미지급금은 법적의무라고 할 수 있다.

그러나 기업은 거래를 원활하게 하기 위한 목적 등 다양한 사유로 인하여 상대방이 정당한 이행의 기대를 가지게 행동하는 경우도 있다. 이처럼 과거사건의 결과로 상대방이 이행할 것이라는 정당한 기대를 가지게 행동하였다면 이 또한 의무발생사건이라고 할 수 있고 이러한 의무를 의제의무라고 한다.

그러므로 부채가 되는 의무에는 법적의무와 의제의무 모두를 포함한다.

## 2. 부채의 다양한 분류

### [1] 유동부채와 비유동부채

#### (1) 유동부채(current liabilities)

유동부채는 보고기간 말로부터 기산하여 부채의 지급시기가 1년 이내에 도래하는 부채를 의미한다. 유동부채에 포함되는 사례로는 매입채무, 미지급금, 단기차입금, 예수금, 유동성장기차입금 등이 있다.

#### (2) 비유동부채(non-current liabilities)

비유동부채는 보고기간 말로부터 기산하여 부채의 지급시기가 1년 이내에 도래하지 않는 장기부채를 의미한다. 비유동부채는 사채, 장기차입금, 장기미지급금 등이 있다.

### [2] 금융부채와 비금융부채

#### (1) 금융부채

금융부채는 거래상대방에게 현금 등 금융자산을 인도하기로 한 계약상 의무를 의미한다. 금융부채가 되기 위해서는 계약관계로 구성되어야 한다.

금융부채의 대표적인 사례에는 사채, 매입채무, 미지급금, 차입금 등이 있다.

#### (2) 비금융부채

금융부채 이외의 부채를 비금융부채라고 하는데 이에는 미지급법인세, 의제의무, 선수금, 선수수익, 충당부채 등이 포함된다.

## [3] 확정채무와 추정채무

### (1) 확정채무

확정채무는 지급의 시기와 지급금액이 확정되어 있는 채무를 의미한다. 대부분의 채무는 이행의 시기와 금액이 확정되어 있는 확정채무이며 이에 대한 예로는 매입채무, 미지급금, 차입금, 사채 등이 있다.

### (2) 추정채무

추정채무는 지급의 시기 또는 금액이 불확실한 채무를 의미한다. 추정채무는 다시 불확실성의 정도에 따라 재무상태표에 부채로 인식하는 충당부채와 주석으로 공시하는 우발부채로 구분할 수 있다.

# 3. 유동부채의 종류

## [1] 매입채무

기업의 일반적 상거래에서 발생하는 지급의무 중 재고자산의 구입과 같이 주요 영업활동에 관한 지급 의무는 매입채무(trade payable)로 인식한다. 매입채무는 단순 외상거래에서 발생한 외상매입금 (account payable)과 어음을 발행하여 지급하는 지급어음(note payable)으로 구분된다. 재무상태표 를 작성할 때에는 외상으로 상품을 매입한 경우에 매입채무라는 단일계정을 이용하여 표시한다.

## [2] 미지급금

기계나 건물 등의 유형자산 등 판매 목적이 아닌 자산을 외상으로 매각한 경우와 같이 주요 상거래 이외의 원인으로 발생하는 채권을 미수금(account receivable-nontrade)이라 한다.

한편, 미수금과는 반대로 재고자산 이외의 자산을 구입할 때 발생하는 채무는 미지급금(account payable-nontrade)으로 기록한다. 예를 들어, 유형자산을 외상으로 매입하는 경우에 지급할 채무는 매입채무가 아니라 미지급금으로 기록한다. 미수금과 미지급금의 만기일이 재무상태표 작성시점부터 1년 이내에 도래하는가에 따라 단기미수금(유동자산)과 장기미수금(비유동자산), 단기미지급금(유동 부채)과 장기미지급금(비유동부채)로 분류하여 보고한다.

## [3] 미지급비용

기업은 발생주의에 의하여 당기에 수익으로 인식하였으나 현금을 수취하지 못한 금액을 미수수익 (accrued revenue)으로 회계처리한다. 한편 당기의 비용으로 인식되지만 지급이 이루어지지 않은 금 액은 미지급비용(accrued expense)으로 분류한다.

## [4] 선수금

상품이나 제품을 구입할 목적으로 미리 그 구입대금의 일부를 계약금 형태로 공급자에게 지급한 경우 에는 이를 선급금(advance payment)계정의 차변에 기록한다. 선급금은 미래에 상품을 공급받을 권리를 나타내는 자산계정이며 나중에 상품을 실제로 공급받는 시점에서 지급할 금액과 상계된다. 한편, 상품이나 제품의 매출에 대해 대금을 미리 수취한 경우에는 선수금(advance received from customers)계정의 대변에 기록한다. 예를 들어, 상품판매회사가 계약 직후 계약금으로 공급대가의 일정비율을 먼저 수취한 경우에는 선수금으로 처리한다. 이후 추후에 상품을 판매하여 매출을 인식하면 선수금을 차감한다.

---

📎 **예제 11-1 선수금**

㈜한국백화점은 20×1년 10월 10일 상품권 100매를 한 장당 ₩10,000에 판매하였다. 상품권의 액면금액도 ₩10,000이다. ㈜한국백화점은 상품권을 판매하였을 때 매출로 인식하지 않고 이를 재화·용역과 교환하는 시점에 매출을 인식한다.
20×1년 12월 25일 상품권 중 50매를 같은 금액의 물건으로 교환하였다고 할 때, 각 일자별 회계 처리를 하시오.

**해답**

| | | | | | |
|---|---|---|---|---|---|
| 20×1.10.10 | (차) 현금 | 1,000,000 | (대) 계약부채(선수금) | 1,000,000 |
| 20×1.12.25 | (차) 계약부채(선수금) | 500,000 | (대) 매출 | 500,000 |

---

## [5] 선수수익

미래에 발생하는 수익에 대한 대가를 미리 수취한 경우에는 선수수익(unearned revenue)으로 인식한다. 미리 받은 금액은 당기의 수익이 아니라 차기 이후의 수익에 해당하는 것이기 때문에 기말시점에는 부채로 계상한다. 선수수익에는 선수이자, 선수임대료 등이 있다.

## [6] 예수금

기업의 경영활동에는 부가가치세 및 종업원의 근로소득세와 같이 제3자에게 지급해야 할 금액을 기업이 미리 받아 일시적으로 보관하는 경우가 발생한다. 이 경우에는 해당 금액을 유동부채에 속하는 예수금(withholding)의 계정으로 기록하게 된다. 예를 들어, 회사가 직원에게 급여를 지급하면 직원은 일정금액을 소득세로 납부해야 한다. 회사는 급여를 지급할 때 소득세에 해당하는 부분을 직원에게 지급하지 않고 보관하고 있다가 이를 추후에 세무서에 대신 납부한다. 이때 소득세 부분은 예수금이라는 부채계정으로 표시하고, 추후에 납부할 때 예수금을 차감한다.

## [7] 미지급법인세

미지급법인세는 법인세비용 중에서 세무서에 납부하지 않은 법인세 미납액을 의미한다. 법인세는 회계기간 동안의 당기순이익에 세무조정을 가감하여 계산된 과세소득에 일정한 세율을 곱하여 산출한다. 이렇게 계산된 법인세는 당기법인세부담액이 되며, 이미 납부한 금액이 있다면 이를 차감한 금액이 미지급법인세금액이 된다.

## [8] 유동성장기차입금

유동성장기차입금(current portion of long-term loan payable)은 원래의 차입금은 장기차입금이 었으나 시일이 경과됨에 따라 상환기일이 보고기간 말로부터 1년 이내로 도래하는 차입금을 의미한다. 즉, 비유동부채인 사채나 장기차입금 등으로 분류된 항목 중에서 1년 이내에 상환기일이 도래하는 금액을 유동부채로 재분류한 차입금이라고 할 수 있다.

이러한 차입금은 원래의 유동차입금과 구분을 하기 위해 유동성장기차입금으로 기록한다.

### ✎ 예제 11-2 유동성장기차입금

㈜한국은 20×1년 7월 1일 ㈜민국은행으로부터 자금 ₩5,000,000을 차입하였다. 이 중 ₩2,500,000은 20×3년 6월 30일 만기이며, ₩2,500,000은 20×4년 6월 30일 만기이다. 일자별로 필요한 회계처리를 하시오(단, 이자와 관련된 회계처리는 제외한다).

**해답**

| 20×1.7.1 | (차) 현금 | 5,000,000 | (대) 장기차입금 | 5,000,000 |
|---|---|---|---|---|
| 20×2.12.31 | (차) 장기차입금 | 2,500,000 | (대) 유동성장기차입금 | 2,500,000 |
| 20×3.6.30 | (차) 유동성장기차입금 | 2,500,000 | (대) 현금 | 2,500,000 |
| 20×3.12.31 | (차) 장기차입금 | 2,500,000 | (대) 유동성장기차입금 | 2,500,000 |
| 20×4.6.30 | (차) 유동성장기차입금 | 2,500,000 | (대) 현금 | 2,500,000 |

## [9] 가수금

가수금은 재무상태표 계정에서는 나타날 수 없는 임시의 계정이다. 가수금은 현금은 수령하였지만 어떤 계정과목으로 분류할지 확실하지 않아 임시로 수령액을 기록하는 계정을 말한다. 가수금은 미결산항목으로 결산시점에는 적절한 계정과목을 찾아 대체하는 회계처리로 제거한다.

>> 계정과목의 구분

| 구분 | 자산계정 | 부채계정 |
|---|---|---|
| 상품의 외상거래 | 매출채권 | 매입채무 |
| 금전의 대여 | 대여금 | 차입금 |
| 상품 이외의 외상거래 | 미수금 | 미지급금 |
| 상품매입 전 일부지급 | 선급금 | 선수금 |
| 수익과 비용의 이연 | 선급비용 | 선수수익 |
| 수익과 비용의 발생 | 미수수익 | 미지급비용 |

## 4. 충당부채와 우발부채

### [1] 충당부채

충당부채는 지출의 시기 또는 금액이 불확실한 채무로, 충당부채는 다음의 인식요건을 모두 충족하는 경우 재무상태표에 부채로 인식한다.

**》 충당부채 인식요건**

① 과거사건의 결과로 현재의무(법적의무 또는 의제의무)가 존재한다.
② 당해 의무를 이행하기 위하여 자원의 유출 가능성이 높다.
③ 의무의 이행에 소요되는 금액을 신뢰성 있게 추정할 수 있다.

#### (1) 현재의무의 존재

현재의무는 법적의무와 의제의무가 모두 포함된다. 법적의무는 명시적 또는 묵시적 조항에 따른 계약, 법률, 기타 법적 효력에 의하여 발생하는 의무를 말한다. 의제의무는 과거의 실무관행, 발표된 경영방침 또는 구체적이고 유효한 약속 등을 통하여 기업이 특정 책임을 부담하겠다는 것을 상대방에게 공표하고 그 결과 기업이 당해 책임을 이행할 것이라는 정당한 기대를 상대방이 가지게 되었을 때 발생하는 의무를 말한다.

#### (2) 자원의 유출가능성

경제적 효익이 내재된 자원의 유출가능성이 높다는 의미는 발생하지 아니할 가능성보다 높음을 의미한다. 통상적으로 50% 초과 발생가능성을 유출가능성이 높다고 한다.

#### (3) 의무에 대한 신뢰성 있는 추정

충당부채는 지급의 시기와 금액이 불확실한 추정채무이므로 합리적인 추정금액을 재무제표에 부채로 인식한다. 추정치를 사용하는 것은 재무제표 작성에 필수적인 과정이며 합리적인 추정은 재무제표의 신뢰성을 손상시키지 않는다.

### [2] 우발부채

우발부채는 충당부채와는 달리 부채로 인식하지 않는다. 우발부채는 다음의 ① 또는 ②에 해당하는 잠재적 부채를 말하며, 재무제표 본문이 아닌 주석으로 공시한다.

**》 우발부채**

① 과거사건은 발생하였으나 그 존재 여부가 기업이 전적으로 통제할 수 없는 하나 또는 그 이상의 불확실한 미래사건의 발생 여부에 의하여서만 확인되는 잠재적인 의무
② 과거사건이나 거래의 결과로 발생한 현재의무이지만 그 의무를 이행하기 위한 자원의 유출가능성이 높지 않거나 당해 의무를 이행하기 위한 금액을 신뢰성 있게 추정할 수 없는 경우

>> 충당부채와 우발부채의 비교

| 구분 | 금액의 추정 가능 | 추정불가능 |
|---|---|---|
| 자원의 유출가능성 높음 | 충당부채 | 우발부채 |
| 유출가능성 높지 않음 | 우발부채 | 우발부채 |
| 유출가능성 아주 낮음 | 공시하지 않는다 | 공시하지 않는다 |

## [3] 우발자산

우발자산은 과거사건이나 거래의 결과로 발생할 가능성이 있으며, 기업이 전적으로 통제할 수 없는 하나 또는 그 이상의 불확실한 미래사건의 발생여부에 의해서만 그 존재여부가 확인되는 잠재적인 자산을 말한다.

우발자산은 금액의 유입가능성이 높은 경우 주석으로 공시하고 자산으로 인식하지 않는다.

자원의 유입가능성이 거의 확실하다면 이제는 우발자산이 아니며 자산으로 재무제표에 인식한다.

### 📝 예제 11-3 제품보증충당부채

㈜한국은 제품 판매에 따른 품질보증서비스를 실시하고 있다. ㈜한국은 판매한 제품에 대하여 2년간 수리를 보장하고 있다. ㈜한국은 과거의 경험으로 보아 판매한 당해에는 매출액의 1%, 그 다음 해에는 3%의 보증비용이 발생할 것으로 추정된다. ㈜한국의 20×1년과 20×2년의 매출액과 실제 발생한 보증수리비용은 아래와 같다.

| 연도 | 매출액 | 실제보증비용 |
|---|---|---|
| 20×1년 | ₩90,000,000 | ₩1,400,000 |
| 20×2년 | ₩240,000,000 | ₩3,200,000 |

보증수리와 관련된 자료가 위와 같다고 할 때 20×2년도 현재의 제품보증충당부채 잔액은 얼마인가?

#### 해답

| | | | | | |
|---|---|---|---|---|---|
| 20×1.12.31 | (차) 제품보증비 | 3,600,000 | (대) 제품보증충당부채 | 3,600,000 |
| | (차) 제품보증충당부채 | 1,400,000 | (대) 현금 | 1,400,000 |
| 20×2.12.31 | (차) 제품보증비 | 9,600,000 | (대) 제품보증충당부채 | 9,600,000 |
| | (차) 제품보증충당부채 | 3,200,000 | (대) 현금 | 3,200,000 |

1) 20×1년도 제품보증비 = ₩90,000,000(매출액) × 4% = ₩3,600,000
2) 20×2년도 제품보증비 = ₩240,000,000(매출액) × 4% = ₩9,600,000
3) 20×2년 말 제품보증충당부채 잔액 = ₩3,600,000 - ₩1,400,000 + ₩9,600,000 - ₩3,200,000
= ₩8,600,000

**01** 다음 중 부채는 맞지만 금융부채로는 분류할 수 없는 계정과목은 무엇인가?

① 차입금　　　　　　② 사채　　　　　　　③ 미지급법인세
④ 매입채무　　　　　⑤ 미지급금

**02** 다음 중 금융부채에 속하는 것을 모두 고른 것은?

| | | |
|---|---|---|
| ㉠ 매입채무 | ㉡ 선수금 | ㉢ 사채 |
| ㉣ 소득세예수금 | ㉤ 미지급법인세 | |

① ㉠, ㉡　　　　　　② ㉠, ㉢　　　　　　③ ㉠, ㉣, ㉤
④ ㉡, ㉢, ㉣　　　　⑤ ㉡, ㉢, ㉤

**03** 다음 중 부가가치세, 근로소득세처럼 납부할 곳이 정해져 있는 금액으로 잠시 예치할 때 사용하는 계정과목은 무엇인가?

① 차입금　　　　　　② 가수금　　　　　　③ 미지급법인세
④ 예수금　　　　　　⑤ 미지급비용

**04** 충당부채와 우발부채에 관한 설명으로 옳지 않은 것은?

① 충당부채로 인식되기 위해서는 과거사건의 결과로 현재의무가 존재하여야 한다.

② 충당부채는 재무상태표상 부채로 인식하지만 우발부채는 주석으로 공시한다.

③ 추정채무는 지급이 시기와 금액이 불확실한 채무를 의미한다.

④ 과거에 우발부채로 처리하였다면 이후 충당부채의 인식조건을 충족하더라도 재무제표의 신뢰성을 제고하기 위하여 충당부채로 인식하지 않는다.

⑤ 충당부채에서 경제적 효익의 유출가능성이 높다는 의미는 50% 초과를 의미한다.

**05** 충당부채, 우발부채 및 우발자산의 회계처리에 관한 설명으로 옳지 않은 것은?

① 미래의 예상 영업손실은 충당부채로 인식한다.

② 우발자산은 자산으로 인식하지 아니한다.

③ 우발부채는 부채로 인식하지 아니한다.

④ 자산의 예상처분이익은 충당부채를 측정하는데 고려하지 아니한다.

⑤ 충당부채로 인식하는 금액은 현재의무를 보고기간 말에 이행하기 위하여 소요되는 지출에 대한 최선의 추정치이어야 한다.

**06** 다음 중 충당부채와 우발부채, 우발자산에 관한 설명으로 옳지 않은 것은?

① 충당부채를 인식하기 위해서는 당해 의무를 이행하기 위하여 경제적 효익을 갖는 자원이 유출될 가능성이 매우 높아야 한다.

② 우발부채는 경제적 효익을 갖는 자원의 유출을 초래할 현재의무가 있는지의 여부가 아직 확인되지 아니한 잠재적 의무이므로 부채로 인식하지 않는다.

③ 재무제표는 미래 시점의 예상 재무상태가 아니라 보고기간 말의 재무상태를 표시하는 것이므로, 미래영업을 위하여 발생하게 될 원가에 대하여는 충당부채를 인식하지 않는다.

④ 충당부채로 인식되기 위해서는 과거사건으로 인한 의무가 기업의 미래행위와 독립적이어야 한다.

⑤ 우발자산은 과거사건에 의하여 발생하였으나 기업이 전적으로 통제할 수 없는 하나 이상의 불확실한 미래사건의 발생여부에 의하여서만 그 존재가 확인되는 잠재적 자산을 말한다.

**07** ㈜한국자동차는 당기에 ₩5,000,000의 매출을 인식하였다. 제품은 판매보증기간이 1년이며, 결산시점에 과거 경험을 고려해서 제품보증비를 매출액의 5%로 계상하였다. 당기에 제품의 판매보증수리를 위해 지출한 금액이 ₩100,000이라고 할 때, 당기 말 제품보증충당부채의 잔액은 얼마인가?

① ₩100,000　　　　　② ₩150,000　　　　　③ ₩200,000

④ ₩250,000　　　　　⑤ ₩300,000

**08** ㈜대한은 20×1년부터 전자제품을 판매하면서 3년간 보증수리를 무상으로 해주는데 20×1년도에 ₩250,000, 20×2년도에 ₩500,000을 보증수리비로 인식하였다. 실제 지출한 보증수리비는 20×1년도에 ₩150,000, 20×2년도에 ₩320,000이었다. 20×2년도 말 제품보증충당부채 잔액은?

① ₩180,000　　　　　② ₩220,000　　　　　③ ₩250,000

④ ₩260,000　　　　　⑤ ₩280,000

**01**   ③ 미지급법인세는 부채는 맞지만 금융부채는 아니다. 금융부채가 되기 위해서는 계약관계가 있어야 하지만 미지급법인세는 국가와 계약에 의해 납부하는 부채가 아니기 때문에 부채는 맞지만 금융부채로 분류할 수는 없다.

**02**   ② 금융부채는 금융자산 등의 인도를 회피할 수 없는 의무를 말한다. ⓒ 선수금은 금융자산이 아닌 재화나 용역의 인도의무이며, ⓔ 소득세예수금, ⓜ 미지급법인세는 부채는 맞지만 계약으로 구성된 금융부채에 해당하지는 않는다.

**03**   ④ 금액의 지급이 예비되어 있는 경우 예수금이라는 계정에 기입한다.

**04**   ④ 과거에 우발부채로 처리하였다고 하더라도 재검토 결과 충당부채의 인식요건을 충족하였다면 충족한 이후부터는 재무상태표에 충당부채로 인식한다.

**05**   ① 미래의 예상 영업손실은 충당부채로 인식하지 않는다.

**06**   ① 충당부채로 인식되기 위해서는 당해 의무를 이행하기 위하여 경제적 효익을 갖는 자원의 유출가능성이 높아야 한다(매우 높다 ×).

**07**   ② 1) 제품보증충당부채 계상액 = ₩5,000,000 × 5% = ₩250,000
   2) 당기 말 제품보증충당부채 잔액 = ₩250,000 − ₩100,000(사용액) = ₩150,000

**08**   ⑤ 20×2년도 말 잔액 = ₩750,000(20×2년까지 누적 보증수리비 인식액) − ₩150,000(20×1년도 실제 지출한 보증수리비) − ₩320,000(20×2년도 실제 지출한 보증수리비) = ₩280,000

01 다음은 ㈜한국의 20×1년 거래내역이다. 다음 내용을 보고 일자별 회계처리를 하시오.

> (1) 1월 10일 판매용 상품 ₩1,000,000을 외상으로 구입하였다.
> (2) 1월 25일 상품을 판매하기로 계약하고 계약금으로 ₩300,000을 현금으로 수령하였다.
> (3) 2월 20일 업무용 토지 ₩3,000,000을 외상으로 구입하였다.
> (4) 4월 15일 외상구입한 토지의 대가 ₩3,000,000을 현금으로 지급하였다.
> (5) 5월 20일 상품을 판매하고 판매대금 ₩5,000,000 중 현금으로 ₩3,000,000을 수령하고
>     ₩2,000,000은 외상으로 하였다.
> (6) 8월 25일 종업원에게 급여 ₩1,00,000을 지급하면서 소득세 ₩200,000을 차감하였다.
> (7) 9월 10일 소득세 ₩200,000을 세무서에 납부하였다.
> (8) 12월 31일 20×1년의 법인세액은 ₩300,000이다. 해당 법인세는 차기 3월 10일에 납부할
>     예정이다.

02 컴퓨터를 판매하는 ㈜한국컴퓨터는 20×1년에 컴퓨터 1,000대를 대당 ₩500,000에 현금으로 판매하였다. ㈜한국컴퓨터는 과거의 경험에 비추어 매출액의 5%가 보증수리비로 발생할 것으로 추정하였다. ㈜한국컴퓨터는 1년간 무상보증서비스를 공표하였고 이에 대해 소비자는 정당한 기대를 가지고 있다고 할 때, 다음의 물음에 답하시오(단, 실제 발생한 보증비용은 ₩13,500,000이었다).

[요구사항]

1. 20×1년도 기말 현재 추정 제품보증충당부채의 잔액을 구하시오.

2. 20×1년 말 제품보증충당부채와 관련된 회계처리를 하시오.

· 부채 ·

## Part 11 주관식 문제 해답

**01** 회계처리

| 20×1.1.10 | (차) 상품 | 1,000,000 | (대) 매입채무 | 1,000,000 |
|---|---|---|---|---|
| 20×1.1.25 | (차) 현금 | 300,000 | (대) 선수금 | 300,000 |
| 20×1.2.20 | (차) 토지 | 3,000,000 | (대) 미지급금 | 3,000,000 |
| 20×1.4.15 | (차) 미지급금 | 3,000,000 | (대) 현금 | 3,000,000 |
| 20×1.5.20 | (차) 현금<br>매출채권 | 3,000,000<br>2,000,000 | (대) 매출 | 5,000,000 |
| 20×1.8.25 | (차) 급여 | 1,000,000 | (대) 현금<br>예수금 | 800,000<br>200,000 |
| 20×1.9.10 | (차) 예수금 | 200,000 | (대) 현금 | 200,000 |
| 20×1.12.31 | (차) 법인세비용 | 300,000 | (대) 미지급법인세 | 300,000 |

**02**

1) 제품보증충당부채 잔액
   ① 매출액 = 1,000대 × ₩500,000 = ₩500,000,000
   ② 제품보증비 = ₩500,000,000 × 5% = ₩25,000,000
   ③ 제품보증충당부채 잔액 = ₩25,000,000 - ₩13,500,000 = ₩11,500,000

2) 일자별 회계처리

| 제품판매 시 | (차) 현금 | 500,000,000 | (대) 매출 | 500,000,000 |
|---|---|---|---|---|
| 결산 시 | (차) 제품보증비 | 25,000,000 | (대) 제품보증충당부채 | 25,000,000 |
| | (차) 제품보증충당부채 | 13,500,000 | (대) 현금 | 13,500,000 |

# 자본

- 순자산, 자기자본, 소유주지분인 자본의 분류범주를 학습한다.
- 자본의 증가요인과 자본의 감소요인에 대해 학습한다.
- 이익잉여금 처분을 통해 자본의 처분에 대해 이해한다.
- 자기주식, 주식배당 등 자본거래에 대한 회계처리를 이해할 수 있다.

# 자본

## 1. 자본의 정의

자본이란 자산총액에서 부채총액을 차감한 잔액으로서 잔여지분, 소유주지분, 순자산이라고도 한다. 자본은 기업의 소유주인 주주에게 귀속될 자산을 의미한다.

회계에서 자본은 항상 자산총액에서 부채총액을 차감한 잔여액으로 측정한다. 즉, 자본은 자체적으로 평가하는 것이 아니라 자산과 부채의 평가 후 부수적으로 산출되는 특징을 가지고 있으며, 자산과 부채의 변동에 따라 종속적으로 변화하는 특징을 가지고 있다.

기업이 청산을 하게 되면 가지고 있는 자산총액을 처분하여 채권자에게 부채를 상환하고 남는 자금을 주주 몫으로 배분한다. 소유주지분인 자본총계는 자산총계에서 부채총계를 차감하여 결정함으로써 종속적인 특징을 설명하고 있다.

## 2. 자본의 분류

우리나라의 일반기업회계기준에서 자본은 다음과 같이 구분하고 있다.

---

Ⅰ. 자본금
1. 보통주자본금
2. 우선주자본금

Ⅱ. 자본잉여금
1. 주식발행초과금
2. 기타자본잉여금
   - 감자차익
   - 자기주식처분이익

Ⅲ. 자본조정
1. 자기주식
2. 기타자본조정
   (1) 가산항목
      - 미교부주식배당금
      - 주식선택권 등
   (2) 차감항목
      - 주식할인발행차금
      - 감자차손
      - 자기주식처분손실

Ⅳ. 기타포괄손익누계액
1. 재평가잉여금
2. 기타포괄금융자산평가손익 등

Ⅴ. 이익잉여금(또는 결손금)
1. 법정적립금
   - 이익준비금
2. 임의적립금
   - 감채기금적립금
   - 사업확장적립금
3. 미처분이익잉여금(또는 미처리결손금)

---

자본을 발생원천으로 구분하면 자본거래와 손익거래로 구분할 수 있다. 자본금, 자본잉여금, 자본조정은 주주와의 거래로 인한 자본의 증감이기에 자본거래, 기타포괄손익누계액과 이익잉여금은 손익거래로 인한 자본 증가분이기에 손익거래로 구분한다. 자본을 자본거래와 손익거래로 구분하는 이유는 배당의 재원은 손익거래의 결과로만 지급되어야 하기 때문이다.

주주에게 배당을 지급할 때는 자본거래에서 발생한 증가액을 지급 시 이는 청산이 된다. 주주가 출자한 금액을 환급해 주는 상황이 되기 때문이다. 따라서 자본은 납입자본과 이익잉여금으로 구분하고 영업활동을 통해 얻은 이익잉여금이 있는 경우에만 그 한도 내에서 주주에게 배당을 하게 된다.

## [1] 자본금

자본금(capital stock)은 발행주식수에 액면금액을 곱하여 산정한다. 자본금은 주주가 납입한 금액 중 액면금액에 해당하는 부분이다. 실제 발행가액이 얼마였는지와 관계없이 자본금은 발행주식수에 액면금액을 곱하여 계산된다.

### (1) 주식의 발행

주식은 발행 당시 발행가액과 액면금액에 따라 액면발행, 할증발행, 할인발행의 3가지 형태로 발행된다.

① 액면발행(발행가액 = 액면가액)

| (차) 현금 | ×××(발행가) | (대) 자본금 | ×××(액면가) |
|---|---|---|---|

② 할증발행(발행가액 > 액면가액)

| (차) 현금 | ×××(발행가) | (대) 자본금 | ×××(액면가) |
|---|---|---|---|
| | | 주식발행초과금 | ××× |

주식을 발행할 때 가장 일반적인 형태는 할증발행이다. 액면가액은 자본금을 산정하기 위한 금액일 뿐이며 실제 시세를 반영하지 못한다. 반면, 신규로 주주를 모집하고자 할 때 기업은 발행 당시의 시세를 고려하여 주당 발행가격을 결정한다.

발행 당시 발행가액과 액면가액이 상이한 경우 기업은 액면가액보다 초과하여 발행하기도 하고, 액면가액보다 낮게 발행하기도 한다. 할증발행 또는 할인발행을 한 경우 액면가를 초과하거나 미달한 금액은 주식발행초과금, 주식할인발행차금이라는 계정을 통해 설명한다.

다만, 할증발행된 경우 전기부터 누적되어 온 주식할인발행차금 잔액이 있다면 이를 먼저 정리한 뒤 주식발행초과금 계정을 기록한다.

③ 할인발행(발행가액 < 액면가액)

| (차) 현금 | ×××(발행가) | (대) 자본금 | ×××(액면가) |
|---|---|---|---|
| 주식할인발행차금 | ××× | | |

주식의 발행가액이 액면가액에 미달하게 되면 액면가액에 미달된 발행가액을 주식할인발행차금으로 처리하고 이는 재무상태표의 자본조정항목으로 분류하여 자본에서 차감하는 형식으로 기재한다. 주식의 할인발행은 거의 드물지만 주식회사의 경우 특별한 경우에 한하여 가능하도록 규정하고 있다.

주식할인발행차금과 주식발행초과금은 상계하여 잔액으로 표시한다.

### ◆ 예제 12-1 주식의 발행

㈜한국은 20×1년 1월 1일 액면가액 ₩5,000의 보통주 100주를 주당 ₩7,000에 발행하였다. 이후 20×1년 10월 1일 액면가액 ₩5,000의 보통주 100주를 주당 ₩3,500에 발행하였다고 할 때 일자별 회계처리를 하시오(단, 전기 이전의 주식발행초과금, 주식할인발행차금 잔액은 없다).

**해답**

| | | | | |
|---|---|---|---|---|
| 20×1.1.1 | (차) 현금 | 700,000 | (대) 자본금 | 500,000 |
| | | | 주식발행초과금 | 200,000 |
| 20×1.10.1 | (차) 현금 | 350,000 | (대) 자본금 | 500,000 |
| | 주식발행초과금 | 150,000 | | |

### ◆ 예제 12-2 주식의 발행

다음은 ㈜한국의 20×1년 자본에 관한 자료이다. 위의 거래를 일자별로 회계처리하시오.

1월 1일   액면금액 ₩5,000인 주식 1,000주를 액면금액으로 발행하였다.
2월 9일   액면금액 ₩5,000인 주식 1,000주를 ₩7,000에 발행하였다.
4월 6일   액면금액 ₩5,000인 주식 1,000주를 ₩3,500에 발행하였다.
8월 7일   액면금액 ₩5,000인 주식 1,000주를 ₩4,000에 발행하였다.

**해답**

| | | | | |
|---|---|---|---|---|
| 20×1.1.1 | (차) 현금 | 5,000,000 | (대) 자본금 | 5,000,000 |
| 20×1.2.9 | (차) 현금 | 7,000,000 | (대) 자본금 | 5,000,000 |
| | | | 주식발행초과금 | 2,000,000 |
| 20×1.4.6 | (차) 현금 | 3,500,000 | (대) 자본금 | 5,000,000 |
| | 주식발행초과금 | 1,500,000 | | |
| 20×1.8.7 | (차) 현금 | 4,000,000 | (대) 자본금 | 5,000,000 |
| | 주식발행초과금 | 500,000 | | |
| | 주식할인발행차금 | 500,000 | | |

## [2] 자본잉여금

자본잉여금(additional paid in capital)은 손익거래가 아닌 자본거래로부터 발생하는 순자산의 증가금액을 말한다. 자본잉여금은 주주와의 거래로 인하여 발생하는 것으로 손익거래에서 발생하는 이익잉여금과는 구별되어야 한다.

### (1) 주식발행초과금

주식발행초과금은 주식의 발행가액이 액면가액을 초과하는 경우 그 초과금액을 말한다. 주식 발행 당시 신주발행수수료 등 신주발행을 위하여 직접 발생한 비용이 있다면 이는 주식발행초과금에서 차감한다.

### (2) 감자차익

감자란 결손보전, 사업축소 등의 이유로 자본금을 감소시키는 것을 말한다. 감자는 크게 실질적 감자와 형식적 감자로 나눌 수 있다.

① 실질적 감자(유상감자)

실질적 감자는 자본금이 감소함과 동시에 자본도 감소하는 것을 의미한다. 실질적 감자는 주로 기업의 규모를 축소하여 탄력 있는 사업 운영을 위한 목적으로 실행되며, 합병 등의 사유로 인해 회사의 재산상태를 조정할 필요성이 있을 때 행해진다.

유상감자는 주금액을 환급하거나 주식을 매입소각하는 방법으로 행해진다.

---

**✎ 예제 12-3 유상감자**

㈜한국은 20×1년 10월 1일 보통주 1,000주(액면금액 ₩5,000)를 1주당 ₩7,000에 매입소각하였다. 그리고 20×1년 12월 20일 보통주 800주(액면금액 ₩5,000)를 1주당 ₩1,500에 매입소각하였다. 해당 거래 이외의 자본거래는 없다고 할 때 일자별 회계처리를 하시오.

**해답**

| | | | | | |
|---|---|---|---|---|---|
| 20×1.10.1 | (차) 자본금 | 5,000,000 | (대) 현금 | | 7,000,000 |
| | 감자차손 | 2,000,000 | | | |
| 20×1.12.20 | (차) 자본금 | 4,000,000 | (대) 현금 | | 1,200,000 |
| | | | 감자차손 | | 2,000,000 |
| | | | 감자차익 | | 800,000 |

\* 감자차익과 감자차손은 상계 후 잔액으로 표시한다.

---

② 형식적 감자(무상감자)

형식적 감자란 자본금은 감소하였지만 자본총계에는 영향이 없는 감자를 의미한다. 형식적 감자는 회사에 거액의 결손금이 발생하여 장기간 이익배당을 할 수 없을 때 주로 이루어진다. 형식적 감자는 주주가 이미 납입한 주금액의 일부를 이월결손금과 상계처리하고 나머지 납입액은 자본잉여금으로 처리한다.

**예제 12-4 무상감자**

㈜한국은 20×1년 12월 31일 이월결손금 ₩6,000,000을 보존하기 위하여 액면 ₩5,000의 주식 3,000주를 주당 액면 ₩2,000으로 변경하기로 의결하였다.

**물음**

㈜한국의 무상감자에 따른 회계처리를 수행하시오.

**해답**

| | | | | | |
|---|---|---|---|---|---|
| 20×1.12.31 | (차) 자본금 | 9,000,000 | (대) 이월결손금 | | 6,000,000 |
| | | | 감자차익 | | 3,000,000[1] |

1) 형식적 감자는 이월결손금을 보전하기 위한 자본금이 이월결손금보다는 커야 하기 때문에 감자 차익만 발생한다.

## [3] 자본조정

자본조정이란 자본거래에서 발생한 것으로서 자본금, 자본잉여금, 이익잉여금으로 구분하기 어려운 것들을 그 내용이 확실해질 때까지 임시적으로 유보한 성격의 항목들이다. 자본조정항목에는 자본에 가산하는 항목과 자본에서 차감하는 항목으로 구분된다.

### (1) 주식할인발행차금

주식할인발행차금은 주식발행 시 발행가액이 액면가액보다 낮게 발행되는 경우 액면가액에 미달하는 금액을 의미한다. 주식할인발행차금은 비용이 아니라 이익잉여금처분항목으로서 발생 당시 장부상 주식발행초과금이 존재하는 경우에는 주식발행초과금의 범위 내에서 주식할인발행차금을 상계처리하고 잔액을 자본조정(차감항목)으로 분류한다.

### (2) 감자차손

감자차손은 자본금을 소각할 때 액면가액보다 소각을 위해 지불한 금액이 더 큰 경우 발생하는 것으로 자본의 차감항목이다. 감자차손은 감자차익과 우선 상계하고 남은 잔액을 자본조정(차감항목)으로 분류한 후 이익잉여금으로 처분한다.

### (3) 미교부주식배당금

미교부주식배당금은 주식배당을 결의한 때 계상되는 과목으로 이익잉여금처분계산서에 주식배당액으로 하여 자본에 가산한다. 미교부주식배당금은 주식배당을 지급할 때 자본금과 상계하여 처리한다.

## (4) 자기주식

자기주식이란 자기 스스로의 주식을 의미한다. 자기주식은 이미 발행한 주식을 소각하거나 재발행할 목적으로 보유하고 있는 것으로 상법상 자기주식 취득은 엄격한 제한이 있다. 이에 따라 자기주식에는 의결권, 배당을 받을 권리 등 주주로서의 기본적인 권리가 배제되며, 발행주식수 산정에서도 제외된다. 자기주식은 자본금을 소각하는 용도 또는 보유 후 재발행 등으로 사용할 수 있는데 자본금을 소각하는 용도로 사용한다면 감자와 동일하다. 그러나 자기주식은 재발행을 하게 되면 매입가격과 발행가액의 차이에 따라 자기주식처분손익이 발생하게 된다.

✒ **예제 12-5 자기주식**

㈜한국은 20×1년 초 보통주 10주를 주당 ₩5,000(액면가액 ₩5,000)에 발행하고 회사를 설립하였다. 그 후 다음과 같은 거래가 발생하였다고 할 때, 해당 거래를 분개하시오.
(1) 보통주 2주를 주당 ₩7,000에 재취득하였다.
(2) 보통주 2주를 주당 ₩4,500에 재취득하였다.
(3) ₩7,000에 취득한 자기주식 1주를 ₩8,000에 처분하였다.
(4) ₩4,500에 취득한 자기주식 1주를 ₩3,000에 처분하였다.
(5) ₩7,000에 취득한 자기주식을 소각하였다.
(6) ₩4,500에 취득한 자기주식을 소각하였다.

**해답**

| | | | | | |
|---|---|---:|---|---|---:|
| (1) | (차) 자기주식 | 14,000 | (대) 현금 | | 14,000 |
| (2) | (차) 자기주식 | 9,000 | (대) 현금 | | 9,000 |
| (3) | (차) 현금 | 8,000 | (대) 자기주식 | | 7,000 |
| | | | | 자기주식처분이익 | 1,000 |
| (4) | (차) 현금 | 3,000 | (대) 자기주식 | | 4,500 |
| | 자기주식처분이익 | 1,000 | | | |
| | 자기주식처분손실 | 500 | | | |
| (5) | (차) 자본금 | 5,000 | (대) 자기주식 | | 7,000 |
| | 감자차손 | 2,000 | | | |
| (6) | (차) 자본금 | 5,000 | (대) 자기주식 | | 4,500 |
| | | | | 감자차손 | 500 |

자기주식은 유가증권과 마찬가지로 여러 번에 걸쳐 매입할 수 있다. 이 경우 구입단가가 다르다면 재고자산과 마찬가지로 원가흐름의 가정이 필요하다.

#### 📝 예제 12-6 자기주식

㈜한국은 자기주식과 관련해서 다음과 같은 거래를 하였다. 각 거래의 내용을 보고 회계처리하시오.
(단, ㈜한국은 자기주식과 관련하여 원가흐름의 가정은 선입선출법을 택하고 있다.)

| | |
|---|---|
| 20×1년 3월 10일 | 자기주식 1,000주(액면 ₩5,000)를 주당 ₩8,000에 취득하였다. |
| 20×1년 4월 8일 | 자기주식 500주(액면 ₩5,000)를 주당 ₩6,000에 취득하였다. |
| 20×1년 5월 10일 | 자기주식 800주를 주당 ₩7,000에 처분하였다. |
| 20×1년 5월 20일 | 자기주식 400주를 주당 ₩6,500에 처분하였다. |
| 20×1년 7월 5일 | 자기주식 300주(액면 ₩5,000)를 주당 ₩7,000에 취득하였다. |
| 20×1년 9월 15일 | 자기주식 500주를 주당 ₩8,500에 처분하였다. |

#### 해답

| 일자 | 차변 | 금액 | 대변 | 금액 |
|---|---|---|---|---|
| 20×1.3.10 | (차) 자기주식 | 8,000,000 | (대) 현금 | 8,000,000 |
| 20×1.4.8 | (차) 자기주식 | 3,000,000 | (대) 현금 | 3,000,000 |
| 20×1.5.10 | (차) 현금 | 5,600,000 | (대) 자기주식 | 6,400,000 |
| | 자기주식처분손실 | 800,000 | | |
| 20×1.5.20 | (차) 현금 | 2,600,000 | (대) 자기주식 | 2,800,000 |
| | 자기주식처분손실 | 200,000 | | |
| 20×1.7.5 | (차) 자기주식 | 2,100,000 | (대) 현금 | 2,100,000 |
| 20×1.9.15 | (차) 현금 | 4,250,000 | (대) 자기주식 | 3,200,000 |
| | | | 자기주식처분손실 | 1,000,000 |
| | | | 자기주식처분이익 | 50,000 |

※ 20×1.5.10 자기주식 가액 = 800주 × ₩8,000 = ₩6,400,000
※ 20×1.5.20 자기주식 가액 = 200주 × ₩8,000 + 200주 × ₩6,000 = ₩2,800,000
※ 20×1.9.15 자기주식 가액 = 300주 × ₩6,000 + 200주 × ₩7,000 = ₩3,200,000

## 3. 이익잉여금

이익잉여금(retained earnings)은 기업의 이익창출활동의 결과로 얻어진 이익 중에서 배당을 하지 않고 사내에 유보되어 있는 금액을 말한다. 이익잉여금은 손익거래의 결과로 얻어진 금액이기 때문에 배당의 재원이 되며 향후 기업활동을 위하여 유보해 둘 수도 있다.

또한 이익잉여금은 기업의 그동안의 이익창출활동의 결과가 누적되어 있는 잔액이기 때문에 당기의 영업 실적이 당기순손실이라고 하면 이익잉여금을 감액하고, 당기순이익이라면 이익잉여금이 증가한다.

즉, 이익잉여금은 포괄손익계산서와 재무상태표를 연결해 주는 계정이라고 할 수 있다. 회계기간 중에는 손익항목이 포괄손익계산서의 작성 기초가 되지만, 손익항목을 한 마감의 결과는 이익잉여금으로 누적 집계함으로써 손익항목이 재무상태표 항목으로 전환된다.

## [1] 이익잉여금의 종류

이익잉여금이란 손익활동을 통하여 발생한 당기순이익 중에서 자본전입되거나 사외유출되지 않고 사내에 유보된 잉여금을 말한다. 이익잉여금은 유보이익이라고 하기도 한다. 이익잉여금은 법정적립금, 임의적립금, 미처분이익잉여금으로 구분하여 표시한다.

### (1) 법정적립금

법정적립금은 상법의 규정에 의해 적립이 강제된 금액을 말한다. 법정적립금에는 이익준비금, 재무구조개선적립금 등이 있다.

① 이익준비금

상법의 규정에 의하여 기업이 매 결산기에 금전에 의한 이익배당액(주식배당 제외)의 10% 이상의 금액을 자본금의 1/2에 달할 때까지 적립하여야 하는 적립금이다. 법정적립금은 결손보전과 자본전입 이외의 목적으로는 사용할 수 없다.

② 재무구조개선적립금

상장법인 재무관리 규정에 따른 적립금을 의미한다. 이 또한 관련 규정에 의하여 강제적으로 적립되는 법정적립금으로 결손보전이나 자본전입 이외의 목적으로 사용될 수 없다.

### (2) 임의적립금

임의적립금은 법의 규정에 따라 강제적으로 적립하는 것이 아니라 회사의 정관 규정에 의해 특별히 적립하거나 주주총회의 결의에 의하여 특정 목적을 위해 적립한 금액을 말한다. 임의적립금에는 사업확장적립금, 감채기금적립금, 결손보전적립금, 별도적립금 등이 있다. 임의적립금은 회사의 규정에 따라 배당하지 않고 유보시킨 금액이므로 임의적립금을 설정했던 목적이 달성되면 남은 잔액은 다시 미처분이익잉여금으로 이입해야 한다.

### (3) 미처분이익잉여금

미처분이익잉여금은 전기이월이익잉여금에 당기순이익(또는 당기순손실) 등을 가감한 금액을 말한다. 미처분이익잉여금은 전기이월미처분이익잉여금에 회계정책의 변경효과, 중요한 전기오류수정손익, 중간배당을 가감하고 당기순이익을 가산하여 산출한다.

## [2] 이익잉여금의 처분

회사의 영업활동의 결과 이익이 발생하면 이를 배당을 통해 주주에게 지급할 것인지 아니면 사내에 유보할 것인지를 결정하여야 한다. 이익잉여금의 처분은 주주총회의 권한으로 회계기간 말의 이익잉여금 잔액은 주주총회의 승인 후에 처분 절차를 거치게 된다.

이익잉여금의 처분은 이처럼 회사의 이익 중 사외 유출부분, 내부 유보부분 등을 결정하고 차기로 이월시킬 이익잉여금을 산출하는 과정을 의미한다.

>> 이익잉여금 처분유형

① 사외유출 : 현금배당, 상여 등
② 사내유보 : 법정적립금 및 임의적립금으로의 적립
③ 자본조정 항목과의 상계 : 주식할인발행차금 잔액, 자기주식처분손실 잔액, 감자차손 잔액 등과의 상계

## (1) 배당

영업활동의 결과로 발생한 이익잉여금은 주주를 위한 배당의 재원이 된다. 배당은 크게 현금배당과 주식배당으로 구분할 수 있다.

① 현금배당

　㉠ 배당기준일 : 배당기준일은 배당을 받을 권리가 있는 주주를 확정하는 날로, 통상적으로는 결산일 이전의 특정일을 기준으로 한다. 배당기준일은 주주를 확정하기 위한 기준일일 뿐이기 때문에 별도의 회계처리는 없다.

　㉡ 배당결의일 : 배당결의일이란 배당의무의 발생일로서, 주주총회의 결의에 의하여 배당의무가 발생하며, 이 시점에 발행회사는 배당금을 지급할 의무만큼 부채(미지급배당금)로 인식한다.

　㉢ 배당지급일 : 배당지급일이란 배당의무의 이행일이다.

### ✎ 예제 12-7 현금배당

㈜한국은 20×1년 12월 31일 현재 보통주 500주를 보유하고 있다. 액면금액은 주당 ₩5,000이며, 배당률은 10%이다. ㈜한국은 12월 29일을 배당기준일로 하고 있으며, 배당결의일은 20×2년 3월 10일이다. ㈜한국은 원안대로 배당결의를 하였으며 20×2년 4월 10일 배당금을 지급하였다. ㈜한국의 배당기준일, 배당결의일 및 배당지급일의 회계처리를 하시오.

**해답**

1) 배당기준일 : 배당기준일은 주주명부를 확정하는 날로 별도의 회계처리는 없다.
2) 배당결의일

　→ 배당지급액 = 500주 × ₩5,000 × 10% = ₩250,000

| 20×2.3.10 | (차) 미처분이익잉여금 | 250,000 | (대) 미지급배당금 | 250,000 |
|---|---|---|---|---|

3) 배당지급일

| 20×2.4.10 | (차) 미지급배당금 | 250,000 | (대) 현금 | 250,000 |
|---|---|---|---|---|

② 주식배당

주식배당은 배당가능한 미처분이익잉여금을 사외로 유출시키는 것이 아닌 자본화를 결정하는 것으로 수권주식수 범위 내에서 현금 대신 주식으로 배당하는 것을 말한다.

㉠ 배당기준일 : 배당기준일은 배당을 받을 권리가 있는 주주를 확정하는 날로, 통상적으로는 결산일 이전의 특정일을 기준으로 한다. 배당기준일은 주주를 확정하기 위한 기준일일 뿐이기 때문에 별도의 회계처리는 없다.

㉡ 배당결의일 : 배당결의일이란 배당의무의 발생일로서, 주주총회의 결의에 의하여 배당의무가 발생하며, 이 시점에 발행회사는 배당금을 지급할 의무만큼 자본(미교부주식배당금)을 인식하는 회계처리를 한다.

㉢ 배당지급일 : 배당지급일이란 배당의무의 이행일이다.

---

✏️ **예제 12-8 주식배당**

㈜한국은 20×1년 12월 31일 현재 보통주 500주를 보유하고 있다. 액면금액은 주당 ₩5,000이며, 배당률은 10%이다. ㈜한국은 12월 29일을 배당기준일로 하고 있으며, 배당결의일은 20×2년 3월 10일이다. ㈜한국은 원안대로 배당결의를 하였으며 20×2년 4월 10일 배당금을 지급하였다. ㈜한국의 배당기준일, 배당결의일 및 배당지급일의 회계처리를 하시오.

**해답**

1) 배당기준일 : 배당기준일은 주주명부를 확정하는 날로 별도의 회계처리는 없다.
2) 배당결의일
   → 배당지급액 = 500주 × ₩5,000 × 10% = ₩250,000

| 20×2.3.10 | (차) 미처분이익잉여금 | 250,000 | (대) 미교부주식배당금 | 250,000 |
|---|---|---|---|---|

3) 배당지급일

| 20×2.4.10 | (차) 미교부주식배당금 | 250,000 | (대) 자본금 | 250,000 |
|---|---|---|---|---|

---

## [3] 이익잉여금 처분계산서

한국채택국제회계기준에서는 이익잉여금의 처분을 주주총회 결의일이 속하는 연도의 장부에 반영하도록 규정하고 있다. 당기 말이 20×1년 12월 31일이라고 한다면 해당 재무상태표에 기록되어 있는 이익잉여금은 주주총회가 열리기 전의 잔액으로 집계되어 있다. 주주총회는 통상적으로 차기 3월경에 진행하기 때문에 재무상태표의 이익잉여금 잔액은 이익잉여금 처분을 하기 전의 금액으로 기록되어 있다.

실제로 재무상태표 작성기준일과 이익잉여금의 처분시점은 차이가 존재하기 때문에 재무상태표의 이익잉여금 잔액과 실제 차기로 이월되는 차기이월이익잉여금의 차이를 보여줄 양식이 필요하다. 이렇게 기말 이익잉여금과 차기이월이익잉여금과의 처분 내역을 보여주는 표를 이익잉여금 처분계산서라고 한다. 이익잉여금처분계산서는 재무제표는 아니지만 상법 등에서 요구하는 경우 주석으로 공시할 수 있다.

### (1) 이익잉여금처분계산서 기본구조

① 이익잉여금처분계산서는 미처분이익잉여금, 임의적립금 등의 이입액, 이익잉여금 처분액, 차기이월미처분이익잉여금으로 구분하여 표시한다.

② 미처분이익잉여금은 전기이월미처분이익잉여금(또는 전기이월미처리결손금)에 회계정책의 변경으로 인한 누적효과, 중요한 전기오류수정손익, 중간배당액 및 당기순이익(또는 당기순손실)을 가감하여 산출한다.

**≫ 결산일의 회계처리**

| (차) 전기이월이익잉여금 | ××× | (대) 처분전이익잉여금 | ××× |
|---|---|---|---|
| (차) 집합손익(당기순이익) | ××× | (대) 처분전이익잉여금 | ××× |

③ 이익잉여금처분액은 법정적립금(이익준비금 등), 임의적립금, 배당금, 이익잉여금처분에 의한 상각 등으로 구분하여 표시한다.

- 법정적립금(이익준비금 등)
- 임의적립금(감채기금적립금, 사업확장적립금 등)
- 배당금 : 현금배당 및 주식배당
- 이익잉여금처분에 의한 상각 : 주식할인발행차금 상각, 자기주식처분손실 잔액, 감자차손 잔액

| (차) 미처분이익잉여금 | ××× | (대) 이익준비금 | ××× |
|---|---|---|---|
| | | 미지급배당금 | ××× |
| | | 미교부주식배당금 | ××× |
| | | 이익준비금 | ××× |
| | | 임의적립금 | ××× |
| | | 차기이월이익잉여금 | ××× |

④ 이익잉여금처분계산서 양식

| Ⅰ. 미처분이익잉여금 | Ⅲ. 이익잉여금 처분액 |
|---|---|
| 1. 전기이월미처분이익잉여금 | 1. 이익준비금[2] |
| 2. 회계정책 변경의 누적효과 | 2. 임의적립금 적립 |
| 3. 전기오류수정(중요한 오류) | 3. 현금배당 및 주식배당 |
| 4. 중간배당액[1] | 4. 주식할인발행차금 상각[3] |
| 5. 당기순이익 | 5. 자기주식처분손실 상각[3] |
| Ⅱ. 임의적립금 이입액 | Ⅳ. 차기이월미처분이익잉여금 |

## (2) 중간배당

① 상법상 연 1회에 한하여 정관의 규정에 따라 이사회 결의로 중간배당을 실시할 수 있다. 중간배당은 현금배당만 가능하며, 직전 회계연도 말 배당가능잉여금을 재원으로 실시한다.

② 이익준비금은 상법상 금전에 의한 이익배당액의 1/10을 의무적으로 적립해야 한다. 다만 자본금의 1/2에 달할 때까지 적립하며, 최소비율이 10%이니 그 이상의 적립도 가능하다. 그리고 이익준비금은 금전에 의한 이익배당액을 재원으로 하기 때문에 중간배당이 있다면 중간배당액과 기말 현금배당액을 합산한 금액을 기준으로 이익준비금을 설정한다.

③ 자본조정의 차감항목은 회사의 선택에 따라 이익잉여금과 상계가 가능하다.

### ✎ 예제 12-9 이익잉여금 처분

㈜한국의 20×1년 주주총회 직후 작성한 20×1년도 재무상태표상 자본은 다음과 같다.

| | |
|---|---|
| 보통주자본금 | ₩12,000,000 |
| 주식발행초과금 | 3,000,000 |
| 이익준비금 | 2,000,000 |
| 임의적립금 | 1,000,000 |
| 차기이월이익잉여금 | 500,000 |

㈜한국의 20×2년도 당기순이익은 ₩2,000,000이며, 20×2년도 주주총회일에 다음과 같이 이익잉여금 처분을 결의하였다.

| | |
|---|---|
| 현금배당 | ₩2,500,000 |
| 이익준비금 적립 | 400,000 |
| 임의적립금 이입 | 1,000,000 |

20×2년 결산일 및 주주총회일에 ㈜한국이 해야 할 회계처리를 수행하시오.

### 해답

1. 결산일 분개

| (차) 전기이월이익잉여금 | 500,000 | (대) 미처분이익잉여금 | 500,000 |
|---|---|---|---|
| (차) 집합손익 | 2,000,000 | (대) 미처분이익잉여금 | 2,000,000 |

2. 이익잉여금처분일 분개

| (차) 임의적립금 | 1,000,000 | (대) 미처분이익잉여금 | 1,000,000 |
|---|---|---|---|
| (차) 미처분이익잉여금 | 3,500,000 | (대) 미지급배당금 | 2,500,000 |
| | | 이익준비금 | 400,000 |
| | | 차기이월이익잉여금 | 600,000 |

PART 12 자본  323

학습정리

1. 자본은 자산총액에서 부채총액을 차감하여 계산한다. 자본은 순자산, 자기자본, 소유주지분, 주주지분이라고도 한다.

2. 재무상태표상 자본은 자본금, 자본잉여금, 자본조정, 기타포괄손익누계액, 이익잉여금으로 분류한다.

3. 주식을 발행할 때 액면금액 이상으로 발행하게 되면 발행가액과 액면가액의 차이에 해당하는 주식발행초과금이 발생한다. 주식발행초과금은 자본잉여금으로 주식할인발행차금 잔액이 있는 경우 이를 상계한 후 잔액으로 표시한다.

4. 자본잉여금은 주식발행초과금, 감자차익, 자기주식처분이익 등이 있다.

5. 자본잉여금은 자본금에 전입하는 용도나 결손보전 등에만 사용할 수 있다.

6. 자본금의 증가를 증자, 자본금의 감소를 감자라고 한다.

7. 자본금이 증가하면서 자본도 증가하는 증자를 실질적 증자, 자본금은 증가하면서 자본은 불변인 증자를 형식적 증자라고 한다.

8. 형식적 증자에는 주식배당, 무상증자 등이 있다.

9. 자본금이 감소하면서 자본도 감소하는 감자를 실질적 감자, 자본금은 감소하면서 자본은 불변인 감자를 형식적 감자라고 한다.

10. 자본조정에는 자기주식, 주식할인발행차금, 자기주식처분손실 등이 있다.

11. 이익잉여금에는 법정적립금, 임의적립금 및 미처분이익잉여금(또는 미처리결손금)이 있다.

12. 이익잉여금의 처분은 회사의 이익 중 내부로 유보할 부분, 사외로 유출할 부분 등을 결정하여 차기로 이월시킬 이익잉여금을 산출하는 과정을 말한다.

01 다음의 자본거래 중 자본총액에 변화가 없는 경우는 무엇인가?

① 유상감자      ② 자기주식 취득      ③ 주식배당

④ 현금배당      ⑤ 주식 할인발행

02 다음 중 자본총계에 영향을 주는 거래는?

① 현물출자      ② 주식배당      ③ 무상증자

④ 주식분할      ⑤ 주식병합

03 ㈜한국은 20×1년 초 주당 액면금액 ₩5,000인 보통주 100주를 주당 ₩6,000에 현금으로 납입받아 회사를 설립하였다. 이에 대한 분개로 옳은 것은?

| | | | | |
|---|---|---|---|---|
| ① | (차) 현금 | 600,000 | (대) 보통주자본금 | 500,000 |
| | | | 주식발행초과금 | 100,000 |
| ② | (차) 현금 | 600,000 | (대) 보통주자본금 | 600,000 |
| ③ | (차) 현금 | 500,000 | (대) 보통주자본금 | 500,000 |
| ④ | (차) 현금 | 500,000 | (대) 보통주자본금 | 600,000 |
| | 주식할인발행차금 | 100,000 | | |
| ⑤ | (차) 현금 | 600,000 | (대) 보통주자본금 | 500,000 |
| | | | 자본조정 | 100,000 |

04  ㈜한국의 20×1년 기초와 기말의 자본과 관련한 항목은 다음과 같다. ㈜한국이 발행한 주식의
    액면금액은 모두 ₩5,000이다.

| 구분 | 20×1.1.1 | 20×1.12.31 |
|------|---------|-----------|
| 보통주자본금 | ₩500,000 | ₩1,000,000 |
| 주식발행초과금 | 100,000 | 300,000 |

해당 내용에 근거하여 20×1년에 ㈜한국이 주식발행을 통해 조달한 현금은 얼마인가?

① ₩500,000          ② ₩600,000          ③ ₩700,000
④ ₩800,000          ⑤ ₩900,000


05  다음 중 자본금이 증가하는 거래는 무엇인가?

① 이익잉여금 적립          ② 현금배당          ③ 주식배당
④ 자기주식의 취득          ⑤ 유상감자


06  ㈜한국은 20×1년 1월 1일에 설립되었다. 다음 20×1년의 자료를 이용하여 기말자산을 계산하
    면 얼마인가?

| 기초자산 | ₩1,000 | 당기 중 유상증자 | ₩500 |
|---------|--------|---------------|------|
| 기초부채 | 620 | 영업수익 | 2,500 |
| 기말부채 | 740 | 영업비용 | 2,320 |

① ₩1,060          ② ₩1,200          ③ ₩1,300
④ ₩1,700          ⑤ ₩1,800

07  자본에 관한 설명으로 옳은 것을 모두 고른 것은?

> ㄱ. 자기주식을 취득하면 자본총액은 증가한다.
> ㄴ. 유상증자 시에 자본금은 증가하나 자본총액은 변동하지 않는다.
> ㄷ. 무상증자 시에 자본금은 증가하나 자본총액은 변동하지 않는다.
> ㄹ. 주식배당 시에 자산총액과 자본총액은 변동하지 않는다.
> ㅁ. 주식분할로 인해 발행주식수가 증가하여도 액면가액은 변동이 없다.
> ㅂ. 임의적립금은 주주총회의 의결을 통해 미처분이익잉여금으로 이입한 후 배당할 수 있다.

① ㄱ, ㄴ, ㄷ      ② ㄱ, ㅁ, ㅂ      ③ ㄴ, ㄷ, ㄹ
④ ㄴ, ㄹ, ㅁ      ⑤ ㄷ, ㄹ, ㅂ

08  ㈜한국은 1주당 액면금액이 ₩1,000인 보통주 10,000주를 발행한 상태에서 20×2년 중 다음과 같은 자기주식 거래가 있었다. 회사는 재발행된 자기주식의 원가를 선입선출법으로 측정한다.

> • 5월 2일     자기주식 500주를 1주당 ₩1,100에 취득하였다
> • 5월 20일    자기주식 300주를 1주당 ₩1,200에 취득하였다.
> • 9월 10일    자기주식 400주를 1주당 ₩1,200에 재발행하였다.
> • 10월 10일   자기주식 300주를 1주당 ₩1,050에 재발행하였다.

해당 자기주식의 거래 결과 20×2년 말 자기주식처분손익은 얼마인가? (단, 전기이전 자기주식처분손익 관련 금액은 없다고 가정한다.)

① 자기주식처분손실 ₩5,000      ② 자기주식처분이익 ₩5,000
③ 자기주식처분손실 ₩15,000     ④ 자기주식처분이익 ₩15,000
⑤ 자기주식처분이익 ₩40,000

09  다음 자료에 의하여 계산된 이익준비금의 법정최소적립금액은 얼마인가?

| 발행주식수 | 10,000주 | 1주당 액면금액 | ₩5,000 |
| --- | --- | --- | --- |
| 배당금 연 10% 지급(금전배당 70%, 주식배당 30%) | | | |

① ₩150,000      ② ₩200,000      ③ ₩250,000
④ ₩350,000      ⑤ ₩500,000

**10** 자본금 ₩100,000,000의 회사가 미처리결손금 ₩15,000,000을 보전하기 위하여 5,000주를 4,000주로 병합하였을 경우 분개에서 나타나는 자본잉여금 과목은 무엇인가?

① 주식발행초과금  ₩5,000,000    ② 감자차익  ₩5,000,000

③ 자기주식처분이익 ₩5,000,000    ④ 감자차익  ₩10,000,000

⑤ 주식발행초과금  ₩20,000,000

**11** 다음 중 자기주식에 관한 설명으로 옳지 않은 것은?

① 자기주식은 발행은 되었으나 유통되지 않는 주식이다.

② 자기주식은 의결권이 없다.

③ 자기주식의 취득은 자본의 감소를 초래한다.

④ 자기주식의 처분은 자본을 증가시킨다.

⑤ 자기주식은 배당수령권이 존재한다.

**12** 다음 중 자본에 대한 설명으로 옳지 않은 것은?

① 자본금은 주주가 회사에 실제로 납입한 주금액 중에서 액면가액에 해당하는 부분으로 1주당 액면금액에 발행주식수를 곱하여 계산된다.

② 우선주는 주주의 권리 중 이익배당 등에 관한 주주권의 행사에 보통주보다 우선적인 지위를 갖는 주식을 말한다.

③ 이익준비금은 상법의 규정에 의하여 기업이 매 결산기에 배당(주식배당, 현금배당)으로 지급한 금액의 10% 이상의 금액을 자본금의 50%에 달할 때까지 적립하는 것을 말한다.

④ 감자차익은 자본 중 자본잉여금의 항목으로 분류한다.

⑤ 회사의 이월결손금을 보전하기 위하여 자본을 감소시키는 것을 무상감자라고 한다.

**13** 회사가 자본금의 10%에 해당하는 주식배당을 선언하였을 때, 자본총액과 이익잉여금에 미치는 영향은 어떻게 되는가?

| | 이익잉여금 | 자본 | | 이익잉여금 | 자본 |
|---|---|---|---|---|---|
| ① | 불변 | 감소 | ② | 불변 | 증가 |
| ③ | 감소 | 증가 | ④ | 감소 | 불변 |
| ⑤ | 불변 | 불변 | | | |

· 자본 ·
# 객관식 문제 해답

**01** ③ 주식배당은 미처분이익잉여금을 재원으로 자본금을 증가시키는 것으로 동일한 자본의 분류 범주 내에서의 이동이기 때문에 자본총액은 변화가 없다.

**02** ① 현물출자는 자본총계를 증가시킨다.

**03** ① 유상증자의 경우 발행금액만큼 현금이 유입되며, 자본금은 발행주식수 × 액면금액으로 기재한다. 발행가액과 액면금액과의 차이는 주식발행초과금(자본잉여금)으로 회계처리한다.

**04** ③ 당기의 자본변화는 주식발행밖에 없으므로 발행으로 유입된 현금만큼 자본이 증가한다.
발행 시 유입된 현금 = ₩1,300,000(기말자본) − ₩600,000(기초자본) = ₩700,000

**05** ③ 주식배당은 이익잉여금의 처분으로 자본금이 증가한다.
현금배당, 자기주식취득은 자본금은 불변이며, 유상감자는 자본금이 감소한다.

**06** ⑤ 1) 기초자본 = ₩1,000(기초자산) − ₩620(기초부채) = ₩380
2) 기말자본 = ₩380(기초자본) + ₩500(유상증자) + ₩2,500(영업수익) − ₩2,320(영업비용) = ₩1,060
3) 기말자산 = ₩740(기말부채) + ₩1,060(기말자본) = ₩1,800

**07** ⑤ ㄱ : 자기주식을 취득하면 자본총액은 감소한다.
ㄴ : 유상증자 시에 자본금 및 자본총액은 모두 증가한다.
ㅁ : 주식분할로 인해 발행주식수가 증가하는 경우 액면가액은 감소한다.

**08** ②

| 5/2 | (차) 자기주식 | 550,000 | (대) 현금 | 550,000 |
|---|---|---|---|---|
| 5/20 | (차) 자기주식 | 360,000 | (대) 현금 | 360,000 |
| 9/10 | (차) 현금 | 480,000 | (대) 자기주식 | 440,000 |
| | | | 자기주식처분이익 | 40,000 |
| 10/10 | (차) 현금 | 315,000 | (대) 자기주식 | 350,000 |
| | 자기주식처분이익 | 35,000 | | |

* 9월 10일 처분 자기주식 = 400주 × ₩1,100
* 10월 10일 처분 자기주식 = 100주 × ₩1,100 + 200주 × ₩1,200 = ₩350,000
* 자기주식처분손익은 상계 후 잔액으로 보고한다.

**09** ④ 1) 자본금 = 10,000주 × ₩5,000 = ₩50,000,000
　　2) 현금배당액 = ₩50,000,000 × 10%(배당률) × 70% = ₩3,500,000
　　3) 이익준비금은 현금배당액의 10%이며, 주식배당에 대해서는 적립하지 않는다.
　　　→ ₩3,500,000 × 1/10 = ₩350,000

**10** ② 1) 주식병합 후 자본금 = ₩100,000,000 × (1,000주/5,000주) = ₩20,000,000
　　2) 회계처리

| (차) 자본금 | 20,000,000 | (대) 미처리결손금 | 15,000,000 |
|---|---|---|---|
| | | 감자차익 | 5,000,000 |

**11** ⑤ 자기주식은 의결권도 없으며 배당수령권도 없다.

**12** ③ 이익준비금은 금전배당에 대해서만 적립하므로 주식배당은 적립하지 않는다.

**13** ④ 주식배당은 "(차) 미처분이익잉여금　×××　(대) 자본금　×××"으로 회계처리되므로 자본은 불변이고 이익잉여금은 감소한다.

**01** 다음의 거래는 각기 독립적이라고 할 때 각각의 거래를 회계처리 하시오.

> (1) 액면가 ₩500인 보통주 1,000주를 주당 ₩800에 현금 발행하였다.
> (2) 액면가 ₩500인 보통주 500주를 주당 ₩400에 발행하였다.
> (3) 회사가 발행한 보통주 200주(주당 액면가 ₩500)을 주당 ₩1,200에 현금 취득하였다.
> (4) 주당 ₩1,000에 취득한 자기주식 10주를 주당 ₩1,500에 재발행하였다.
> (5) 주주총회에서 미처분이익잉여금을 현금배당 ₩400,000, 주식배당 ₩200,000, 사업확장적립금 ₩100,000으로 처분하는 결의가 이루어졌다.

**02** ㈜한국은 20×1년 중 다음과 같은 거래를 하였다고 할 때, 해당 거래내역을 분개하시오.

> (1) ㈜한국은 20×1년 1월 1일, 액면가액 ₩5,000인 주식 1,000주를 주당 ₩5,000에 현금 발행하여 영업을 시작하였다.
> (2) ㈜한국은 20×1년 3월 10일 주당 ₩7,000에 500주를 신규 발행하였다.
> (3) ㈜한국은 20×1년 6월 20일 주당 ₩4,500에 300주를 증권시장에서 발행하였다.
> (4) ㈜한국은 20×1년 12월 10일 주식 100주를 주당 ₩6,000에 매입소각하였다.

**03** ㈜민국의 20×1년 1월 1일 자본금은 ₩5,000,000(보통주 1,000주, 액면가액 ₩5,000)이며, 주식발행초과금 잔액은 ₩1,500,000으로 자본총액은 ₩6,500,000이었다. ㈜민국의 자기주식 취득 및 처분과 관련한 거래내용이 다음과 같을 때 일자별 회계처리를 하시오.

(1) 20×1년 5월 2일     ㈜민국은 자기주식 100주를 주당 ₩8,000에 현금으로 취득하였다.
(2) 20×1년 6월 10일    ㈜민국은 자기주식 50주를 주당 ₩9,000에 재발행하였다.
(3) 20×1년 8월 20일    ㈜민국은 자기주식 20주를 주당 ₩7,000에 재발행하였다.
(4) 20×1년 12월 5일    ㈜민국은 자기주식 30주를 소각하였다.

**04** 다음은 ㈜만세의 자본거래와 관련한 내용이다. 이를 일자별로 분개하시오.

(1) 20×1년 4월 20일 재무구조를 개선하기 위하여 주식 1,000주(액면가액 ₩5,000)를 주당 ₩3,500에 매입하여 소각하였다.
(2) 20×1년 6월 10일 추가로 주식 300주(액면가액 ₩5,000)를 주당 ₩6,000에 매입소각하였다.
(3) 20×1년 12월 20일 미처리결손금 ₩300,000을 처리하기 위하여 주식 200주를 100주로 병합하였다. (액면가액 ₩5,000)

**05** ㈜한국의 이익잉여금과 관련한 내용이 다음과 같을 때 일자별 회계처리를 하시오.

(1) 20×1.12.31 당기순이익은 ₩1,000,000이다.
(2) 20×2년 3월 10일 주주총회에서 결의된 미처분이익잉여금의 처분내용은 다음과 같다.
    현금배당            ₩300,000
    주식배당             100,000
    사업확장적립금 적립   150,000
(3) 20×2년 4월 5일 현금배당 및 주식배당을 지급하였다.

**01**

| (차) 현금 | 800,000 | (대) 자본금 | 500,000 |
|---|---|---|---|
| | | 주식발행초과금 | 300,000 |
| (차) 현금 | 200,000 | (대) 자본금 | 250,000 |
| 주식할인발행차금 | 50,000 | | |
| (차) 자기주식 | 240,000 | (대) 현금 | 240,000 |
| (차) 현금 | 15,000 | (대) 자기주식 | 10,000 |
| | | 자기주식처분이익 | 5,000 |
| (차) 미처분이익잉여금 | 740,000 | (대) 미지급배당금 | 400,000 |
| | | 미교부주식배당금 | 200,000 |
| | | 사업확장적립금 | 100,000 |
| | | 이익준비금 | 40,000 |

**02**

| | | | | |
|---|---|---|---|---|
| 20×1.1.1 | (차) 현금 | 5,000,000 | (대) 자본금 | 5,000,000 |
| 20×1.3.10 | (차) 현금 | 3,500,000 | (대) 자본금 | 2,500,000 |
| | | | 주식발행초과금 | 1,000,000 |
| 20×1.6.20 | (차) 현금 | 1,350,000 | (대) 자본금 | 1,500,000 |
| | 주식발행초과금 | 150,000 | | |
| 20×1.12.10 | (차) 자본금 | 500,000 | (대) 현금 | 600,000 |
| | 감자차손 | 100,000 | | |

**03**

| | | | | |
|---|---|---|---|---|
| 20×1.5.2 | (차) 자기주식 | 800,000 | (대) 현금 | 800,000 |
| 20×1.6.10 | (차) 현금 | 450,000 | (대) 자기주식 | 400,000 |
| | | | 자기주식처분이익 | 50,000 |
| 20×1.8.20 | (차) 현금 | 140,000 | (대) 자기주식 | 160,000 |
| | 자기주식처분이익 | 20,000 | | |
| 20×1.12.5 | (차) 자본금 | 150,000 | (대) 자기주식 | 240,000 |
| | 감자차손 | 90,000 | | |

**04**

| 20×1.4.20 | (차) 자본금 | 5,000,000 | (대) 현금 | 3,500,000 |
|---|---|---|---|---|
| | | | 감자차익 | 1,500,000 |
| 20×1.6.10 | (차) 자본금 | 1,500,000 | (대) 현금 | 1,800,000 |
| | 감자차익 | 300,000 | | |
| 20×1.12.20 | (차) 자본금 | 500,000 | (대) 미처리결손금 | 300,000 |
| | | | 감자차익 | 200,000 |

**05**

| 20×1.12.31 | (차) 집합손익 | 1,000,000 | (대) 이익잉여금 | 1,000,000 |
|---|---|---|---|---|
| 20×2.3.10 | (차) 미처분이익잉여금 | 580,000 | (대) 이익준비금 | 30,000 |
| | | | 미지급배당금 | 300,000 |
| | | | 미교부주식배당금 | 100,000 |
| | | | 사업확장적립금 | 150,000 |
| 20×2.4.5 | (차) 미지급배당금 | 300,000 | (대) 현금 | 300,000 |
| | (차) 미교부주식배당금 | 100,000 | (대) 자본금 | 100,000 |

# 13

# 고객과의 계약에서
# 생기는 수익

- 수익의 정의 및 수익인식의 5단계를 학습한다.
- 다양한 수익인식 사례를 학습한다.
- 거래가격 산정에 대해 학습하고 변동대가 등을 이해한다.

# 고객과의 계약에서 생기는 수익

## 1. 수익의 정의 및 수익인식의 5단계

### [1] 수익의 정의

수익은 자본참여자의 출자관련 증가분을 제외한 자본의 증가를 수반하는 것으로서 회계기간의 정상적인 활동에서 발생하는 경제적 효익의 총유입으로 자산의 증가 또는 부채의 감소로 나타난다. 광의의 수익의 정의에는 수익과 차익이 모두 포함된다. 수익은 미래 경제적 효익의 유입가능성이 높고 그 효익을 신뢰성 있게 측정할 수 있을 때 인식한다.

### [2] 수익인식의 5단계

> 1단계 : 계약 식별
> 2단계 : 수행의무 식별
> 3단계 : 거래가격의 산정
> 4단계 : 거래가격을 수행의무에 배분
> 5단계 : 수익인식

#### (1) 계약의 식별

기준서 제1115호 '고객과의 계약에서 생기는 수익'에 따르면 다음의 기준을 모두 충족하는 때에만 고객과의 계약으로 회계처리한다.

> ① 계약 당사자들이 계약을 승인하고 각자의 의무를 수행하기로 확약한다.
> ② 이전할 재화나 용역과 관련된 각 당사자의 권리를 식별할 수 있다.
> ③ 이전할 재화나 용역의 지급조건을 식별할 수 있다.
> ④ 계약에 상업적 실질이 있다.
> ⑤ 고객에게 이전할 재화나 용역에 대하여 받을 권리를 갖게 될 대가의 회수가능성이 높다.

다만, 고객과의 계약 조건을 충족하지 못하였지만 고객에게서 대가를 미리 받은 경우 다음 사건 중 어느 하나가 일어난 경우에만 받을 대가를 수익으로 인식한다.

> ① 고객에게 재화나 용역을 이전해야 하는 의무는 남아있지 않고, 고객이 약속한 대가를 모두 또는 대부분 받았으며 그 대가는 환불되지 않는다.
> ② 계약이 종료되었고 고객에게서 받은 대가는 환불되지 않는다.

고객에게서 받은 대가는 수익으로 인식하기 전까지는 부채로 인식한다.

## (2) 수행의무의 식별

수행의무란 고객과의 계약에서 재화나 용역을 이전하기로 한 약속을 의미한다. 수행의무는 계약상 기재된 의무뿐만 아니라 계약상 기재되지 않았지만 재화나 용역을 이전해야 하는 의무라면 수행의무에 포함한다. 다만, 계약을 준비하기 위한 관리업무는 수행의무에 포함하지 않는다. 수행의무가 식별되기 위해서는 재화, 용역 그 자체로도 구별되어야 하며 계약 내에서도 식별할 수 있어야 한다(결합산출물, 고객맞춤화, 상호의존도가 높은 재화, 용역은 계약으로 식별할 수 없으므로 단일수행의무로 본다).

## (3) 거래가격의 산정

거래가격은 고객에게 약속한 재화나 용역을 이전하고 그 대가로 기업이 받을 권리를 갖게 될 것으로 예상하는 금액이며, 제3자를 대신하여 회수한 금액은 제외한다. 거래가격은 고정금액뿐만 아니라 변동대가 등을 포함하며 다음의 사항을 모두 고려하여 가격을 산정한다.

① 변동대가
② 변동대가 추정치의 제약 : 반품권이 있는 판매
③ 계약에 있는 유의적인 금융요소
④ 비현금대가
⑤ 고객에게 지급할 대가

### ① 변동대가

계약에서 약속한 대가에 변동금액이 포함된 경우 고객에게 약속한 재화나 용역을 이전하고 그 대가로 받을 권리를 갖게 될 금액을 추정한다. 변동대가 추정치는 기댓값(대가와 확률이 다수)과 가능성이 가장 높은 금액(대안이 두 가지일 때) 중 변동대가를 더 잘 설명하는 방법을 사용한다.

### ② 변동대가 추정치의 제약

다만, 변동대가의 추정치가 너무 불확실하고, 기업이 고객에게 재화나 용역을 이전하고 그 대가로 받을 권리를 갖게 될 금액을 충실하게 나타내지 못하는 경우에는 해당 변동대가의 추정치는 거래가격에 포함시키지 않는다. 즉, 수익으로 인식하지 않는다.

[반품권이 있는 판매]
고객에게 받은 대가의 일부나 전부를 고객에게 환불할 것으로 예상되는 경우에는 환불부채를 인식한다. 환불부채는 수행의무로 보지 않는다.

### ③ 계약에 유의적인 금융요소

거래가격을 산정할 때, 계약 당사자 간에 합의한 지급시기 때문에 고객에게 재화나 용역을 이전하면서 유의적인 금융효익을 고객이나 기업에 제공하는 경우에는 화폐의 시간가치가 미치는 영향을 반영하여 약속된 대가를 조정한다(할인율 : 고객의 신용특성을 반영한 할인율).

다만, 계약을 개시할 때 기업이 고객에게 약속한 재화나 용역을 이전하는 시점과 고객이 그에 대한 대가를 지급한 시점 간의 기간이 1년 이내일 것이라고 예상한다면 유의적인 금융요소의 영향을 조정하지 않는 실무적 간편법을 쓸 수 있다.

④ 비현금대가

고객이 현금 외의 형태로 대가를 약속한 경우 거래가격을 산정하기 위하여 비현금대가를 공정가치로 측정한다.

⑤ 고객에게 지급할 대가

> ㉠ 고객이 기업에게 이전하는 재화나 용역의 대가가 아닌 경우 : 거래가격에서 차감(수익에서 차감)
> ㉡ 고객이 기업에게 이전하는 재화나 용역의 대가인 경우 : 다른 공급자에게 구매한 경우와 같은 방법으로 처리

## (4) 거래가격의 배분

단일 수행의무는 배분의 문제가 발생하지 않지만, 복수의 수행의무인 경우 수행의무의 상대적 판매가격을 기준으로 배분한다. 상대적 개별 판매가격이 없는 경우 시장평가 조정접근법, 예상원가 이윤가산법, 잔여접근법 등으로 추정할 수 있다.

## (5) 수익의 인식

기업은 고객에게 약속한 재화나 용역에 대한 수행의무를 이행할 때 수익을 인식한다. 고객이 기업에게 제공받은 자산을 통제할 수 있다면 기업은 수행의무를 이행한 것이며 해당 시점에 수익을 인식한다.

① 기간에 걸쳐 이행되는 수행의무 : 진행기준

진행률은 산출법 또는 투입법 중 선택가능하며, 진행률은 매 보고기간 말마다 다시 측정한다. 진행률의 변동은 회계추정의 변경으로 회계처리한다. 만일, 수행의무의 진행률을 합리적으로 측정할 수 없다면 수행의무의 산출물을 합리적으로 측정할 수 있을 때까지 발생원가 범위에서만 수익을 인식한다.

② 한 시점에 이행되는 수행의무

고객이 통제하는 시점에 수행의무가 이행되므로 고객의 통제시점에 수익을 인식한다.

## 2. 다양한 수익인식 사례

| 구분 | 내용 |
|---|---|
| 위탁판매 | 수탁자가 제3자에게 재화를 판매한 시점에 수익을 인식한다.<br>• 적송 시 발생한 적송운임은 적송품 원가에 가산한다.<br>• 위탁자는 수탁자가 판매한 판매액 전액을 매출로 인식한다. |
| 시용판매 | 고객이 매입의사를 표시하는 시점에 수익을 인식한다. |
| 상품권판매 | 상품권을 재화로 인도할 때 수익으로 인식한다.<br>• 상품권 판매 시 미리 받은 금액은 선수금(부채)으로 인식한다.<br>• 상품권 할인판매 시 할인액은 재화의 판매 시 매출에누리로 대체한다.<br>• 재화 인도 시 현금 지급액은 매출에서 제외한다. |
| 할부판매 | 재화를 고객에게 판매한 시점에 현금판매가격을 수익으로 인식한다.<br>판매가격은 대가의 현재가치로서 수취할 할부금액을 내재이자율로 할인한 금액으로 인식한다. 현재가치할인액과 명목가액의 차이가 중요하다면 할인액은 이자수익으로 인식하며, 차이가 중요하지 않으면 명목가액으로 인식할 수 있다. |
| 출판물 및 이와<br>유사한 품목의 구독 | ① 해당 품목의 가액이 매기 비슷한 경우에는 발송기간에 걸쳐 정액기준으로 수익을 인식한다.<br>② 품목의 가액이 기간별로 다른 경우에는 발송된 품목의 판매가액이 구독신청을 받은 모든 품목의 추정 총판매가액에서 차지하는 비율에 따라 수익을 인식한다. |

① 이자수익은 유효이자율법으로 인식한다.
② 로열티수익은 관련된 약정의 실질을 반영하여 발생기준에 따라 인식한다.
③ 배당수익은 주주로서 배당을 받을 권리가 확정되는 시점에 인식한다.

| 구분 | 내용 |
|---|---|
| 설치수수료 | 재화가 판매되는 시점에 수익을 인식하는 재화의 판매에 부수되는 설치의 경우를 제외하고는 설치의 진행률에 따라 수익으로 인식한다. |
| 광고수수료 | 광고매체수수료는 광고 또는 상업방송이 대중에게 전달될 때 인식하고, 광고제작수수료는 광고 제작의 진행률에 따라 인식한다. |
| 보험대리수수료 | ① 보험대리인이 추가로 용역을 제공할 필요가 없는 경우에는 보험대리인은 대리인이 받았거나 받을 수수료를 해당 보험의 효과적인 개시일 또는 갱신일에 수익으로 인식한다.<br>② 대리인이 보험계약기간에 추가로 용역을 제공할 가능성이 높은 경우에는 수수료의 일부 또는 전부를 이연하여 보험계약기간에 걸쳐 수익으로 인식한다. |
| 입장료 | 행사가 개최되는 시점에 인식한다. 만약, 하나의 입장권으로 여러 행사에 참여할 수 있는 경우의 입장료 수익은 각각의 행사를 위한 용역의 수행된 정도가 반영된 기준에 따라 각 행사에 배분하여 인식한다. |
| 수강료 | 강의기간에 걸쳐 수익으로 인식한다. |

**》 용역제공거래의 결과를 신뢰성 있게 추정할 수 없는 경우**

| 회수가능액은 확인 가능 | 회수가능액도 확인 어려움 |
|---|---|
| 수익 = min(회수가능액, 누적원가발생액)<br>비용 = 실제 발생한 원가 | 수익은 인식하지 않음<br>발생원가는 비용으로 인식 |

## 3. 진행기준

기업이 기간에 걸쳐 수행의무를 이행하는 경우 진행률에 따라 수익과 비용을 인식한다. 진행률을 계산하는 방법에는 산출법 또는 투입법이 있다. 산출법은 노동력의 가치 비율로 진행률을 산정한다면 투입법은 투입된 가치의 비율로 진행률을 산정한다. 시험에서는 투입법 중에서도 발생원가 투입법을 가장 많이 질문하며, 발생원가 투입법은 해당 계약을 위해 투입해야 할 예상총원가와 누적발생원가의 비율로 진행률을 산정한다.

### [1] 진행률 : 선택

| 산출법 | 건설계약에 투입한 노동력의 가치 비율로 측정 |
|---|---|
| 투입법 | 건설계약에 소요된 원가를 기준으로 진행률 측정 |

### [2] 발생원가기준 투입법으로 산출한 진행률

$$진행률 = \frac{누적발생원가}{총공사예정원가(누적발생원가 + 추가예상원가)}$$

### [3] 계약손익

① 계약수익 = 계약금액 × 진행률
② 계약원가 = 추정총계약원가 × 진행률
③ 계약손익 = (계약금액 − 추정총계약원가) × 진행률

### 📝 예제 13-1 진행기준

㈜한국은 20×1년 초 공장 신축공사(공사기간 3년, 계약금액 ₩8,000,000)를 수주하였으며, 공사 관련 자료는 다음과 같다. ㈜한국이 20×2년도에 인식할 공사이익은? (단, 수익은 진행기준으로 인식하며, 진행률은 발생한 누적계약원가에 기초하여 측정한다.)

| 구분 | 20×1년 | 20×2년 | 20×3년 |
|---|---|---|---|
| 발생 누적계약원가 | ₩700,000 | ₩4,200,000 | ₩7,000,000 |
| 추가소요예정원가 | ₩6,300,000 | ₩2,800,000 | − |

### 해답

1. 20×1년도 진행률 = ₩700,000 ÷ (₩700,000 + ₩6,300,000) = 10%
2. 20×1년도 공사이익 = (₩8,000,000 − ₩7,000,000) × 10% = ₩100,000 이익
3. 20×2년도 진행률 = ₩4,200,000 ÷ (₩4,200,000 + ₩2,800,000) = 60%
4. 20×2년도 공사이익 = (₩8,000,000 − ₩7,000,000) × 60% − ₩100,000(20×1년 이익)
   = ₩500,000 이익

PART · 13

· 고객과의 계약에서 생기는 수익 ·

# 객관식 문제

**01** 수익금액과 원가를 신뢰성 있게 측정할 수 있고, 기업에 유입되는 경제적 효익의 유입가능성이 높다고 가정할 때, 옳지 않은 것은?

① 출판물 구독의 경우, 해당 품목의 가액이 매기 비슷한 경우에는 발송기간에 걸쳐 정액기준으로 수익을 인식한다.

② 제한적인 반품권이 부여된 판매의 경우, 반품가능성을 예측하기 어렵다면, 구매자가 공식적으로 재화의 선적을 수락한 시점이나 재화를 인도받은 후 반품기간이 종료된 시점에 수익을 인식한다.

③ 위탁판매의 경우, 위탁자는 수탁자가 제3자에게 재화를 판매한 시점에 수익을 인식한다.

④ 재고자산에 대한 판매 후 재매입 약정의 경우, 소유에 따른 위험과 보상이 실질적으로 이전되지 않더라도 법적 소유권이 이전되면 수익을 인식한다.

⑤ 임대업을 영위하는 회사는 임대매장에서 발생하는 매출과는 무관하므로 임차인으로부터 수취하는 임대료만을 수익으로 인식해야 한다.

**02** 고객과의 계약에서 생기는 수익에 대한 설명으로 옳지 않은 것은?

① 고객에게 이전할 재화나 용역에 대하여 받을 권리를 갖게 될 대가의 회수가능성이 높지 않더라도, 계약에 상업적 실질이 존재하고 이전할 재화나 용역의 지급조건을 식별할 수 있으면 고객과의 계약으로 회계처리한다.

② 수익을 인식하기 위해서는 '고객과의 계약 식별', '수행의무 식별', '거래가격 산정', '거래가격을 계약 내 수행의무에 배분', '수행의무를 이행할 때 수익인식'의 단계를 적용한다.

③ 거래가격 산정 시 제3자를 대신해서 회수한 금액은 제외하며, 변동대가, 비현금 대가, 고객에게 지급할 대가 등이 미치는 영향을 고려한다.

④ 고객에게 약속한 자산을 이전하여 수행의무를 이행할 때 수익을 인식하며, 자산은 고객이 그 자산을 통제할 때 이전된다.

⑤ 고객에게 현금 외의 형태로 대가를 약속한 경우 비현금대가를 공정가치로 측정한다.

**03** 고객과의 계약에서 생기는 수익에 대한 설명으로 옳지 않은 것은?

① 기댓값으로 변동대가를 추정하는 경우 가능한 대가의 범위에서 가능성이 가장 높은 단일 금액으로 추정한다.

② 변동대가와 관련된 불확실성이 나중에 해소될 때, 이미 인식한 누적 수익 금액 중 유의적인 부분을 되돌리지 않을 가능성이 매우 높을지를 평가할 때는 수익의 환원가능성 및 크기를 모두 고려한다.

③ 비현금 대가의 공정가치를 합리적으로 추정할 수 없는 경우에는, 그 대가와 교환하여 고객에게 약속한 재화나 용역의 개별 판매가격을 참조하여 간접적으로 그 대가를 측정한다.

④ 고객에게 약속한 재화나 용역, 즉 자산을 이전하여 수행의무를 이행할 때 수익을 인식한다.

⑤ 기간에 걸쳐 수행의무를 이행하는 경우 진행기준에 따라 수익을 인식한다.

**04** 20×1년 8월 1일 ㈜한국은 개당 ₩800의 선풍기 400개를 ㈜서울에 판매를 위탁하고 운송비용 ₩1,000을 현금으로 지급하였다. 20×1년 12월 31일 현재 200개의 선풍기를 판매하고 200개는 남아 있으며 판매수수료 10%, 판매촉진비 ₩2,000을 차감한 잔액을 회수하였다. 20×1년 12월 31일 현재 ㈜한국의 재고자산금액은?

① ₩160,000      ② ₩160,500      ③ ₩161,500

④ ₩142,000      ⑤ ₩152,000

**05** ㈜한국은 20×1년 1월 1일 상품을 ₩3,500,000에 판매하였다. 판매 시에 현금 ₩500,000을 수령하고, 잔금 ₩3,000,000은 20×1년 말부터 매년 말 ₩1,000,000씩 3년에 걸쳐 받기로 하였다. 이 매출거래와 관련하여 20×1년에 인식할 매출액은 얼마인가?

| 기간 | 단일금액 ₩1의 현재가치 | 정상연금 ₩1의 현재가치 |
| --- | --- | --- |
| 1 | 0.9091 | 0.9091 |
| 2 | 0.8264 | 1.7355 |
| 3 | 0.7513 | 2.4868 |

① ₩1,500,000      ② ₩1,985,000      ③ ₩2,486,800

④ ₩2,986,800      ⑤ ₩3,500,000

**06** 건설업을 영위하는 ㈜한국은 20×1년 초 ㈜대한과 공장건설을 위한 건설계약을 ₩1,200,000에 체결하였다. 총 공사기간이 계약일로부터 3년일 때, ㈜한국의 20×2년 공사이익은? (단, 동 건설계약의 수익은 진행기준으로 인식하며, 발생한 누적계약원가를 기준으로 진행률을 계산한다)

| 구분 | 20×1년 | 20×2년 | 20×3년 |
|---|---|---|---|
| 실제 계약원가 발생액 | ₩200,000 | ₩400,000 | ₩300,000 |
| 연도 말 예상 추가계약원가 | ₩600,000 | ₩300,000 | – |

① ₩50,000      ② ₩100,000      ③ ₩150,000
④ ₩250,000      ⑤ ₩400,000

**07** ㈜한국은 20×1년 초에 시작되어 20×3년 말에 완성되는 건설계약을 ₩300,000에 수주하였다. ㈜한국은 진행기준으로 수익과 비용을 인식하며, 건설계약과 관련된 원가는 다음과 같다. ㈜한국이 20×2년에 인식할 공사손익은? (단, 진행률은 발생한 누적계약원가를 추정총계약원가로 나누어 계산한다.)

| 구분 | 20×1년 | 20×2년 | 20×3년 |
|---|---|---|---|
| 당기발생원가 | ₩30,000 | ₩50,000 | ₩120,000 |
| 완성시까지 추가소요원가 | ₩70,000 | ₩20,000 | – |

① ₩20,000 이익      ② ₩60,000 이익      ③ ₩60,000 손실
④ ₩80,000 이익      ⑤ ₩100,000 이익

01  ④ 재고자산에 대한 판매 후 재매입 약정의 경우, 소유에 따른 위험과 보상이 실질적으로 이전되지 않았으
    므로 수익을 인식하지 않는다.

02  ① 계약이 식별되기 위해서는 대가의 회수가능성이 높아야 한다.

03  ① 가능성이 가장 높은 금액으로 변동대가를 추정하는 경우 가능한 대가의 범위에서 가능성이 가장 높은
    단일 금액으로 추정한다.

04  ② 위탁판매 중 미판매된 금액이 재고자산 금액이 된다.
    재고자산 = 200개 × ₩800 + ₩500(적송운임 50%) = ₩160,500이다.

05  ④ 매출액 = ₩500,000 + ₩1,000,000 × 2.4868 = ₩2,986,800

06  ② 1) 20×1년 진행률 = ₩200,000 ÷ (₩200,000 + ₩600,000) = 25%
    2) 20×1년 공사이익 = (₩1,200,000 − ₩800,000) × 25% = ₩100,000 이익
    3) 20×2년 진행률 = (₩200,000 + ₩400,000) ÷ (₩200,000 + ₩400,000 + ₩300,000) = 6/9
    4) 20×2년 공사이익 = (₩1,200,000 − ₩900,000) × 6/9 − ₩100,000 = ₩100,000 이익

07  ⑤ 1) 20×1년 진행률 = ₩30,000 ÷ (₩30,000 + ₩70,000) = 30%
    2) 20×1년 공사손익 = (₩300,000 − ₩100,000) × 30% = ₩60,000 이익
    3) 20×2년 진행률 = ₩80,000 ÷ (₩80,000 + ₩20,000) = 80%
    4) 20×2년 공사손익 = (₩300,000 − ₩100,000) × 80% − ₩60,000(20×1년 이익) = ₩100,000 이익

합격까지 박문각

# 14

# 현금흐름표

- 현금흐름표의 3가지 활동구분에 대해 학습한다.
- 영업활동현금흐름의 간접법과 직접법의 도출과정을 이해한다.
- 투자활동 및 재무활동 현금흐름의 도출과정을 학습한다.

# 현금흐름표

## 1. 현금흐름표의 표시

### [1] 현금흐름표의 표시

현금흐름표는 일정기간 현금의 유입과 유출을 설명하는 재무제표로 현금흐름을 영업활동, 투자활동, 재무활동으로 구분하여 표시한다.

> **현금흐름표 양식**

| 현금흐름표 | | |
|---|---|---|
| ㈜××          20×1.1.1 ~ 20×1.12.31 | | 단위 : 원 |
| Ⅰ. **영업활동으로 인한 현금흐름** | | ××× |
| Ⅱ. **투자활동으로 인한 현금흐름** | | ××× |
| Ⅲ. **재무활동으로 인한 현금흐름** | | ××× |
| Ⅳ. 현금의 증감 | | ××× |
| Ⅴ. 기초의 현금 | | ××× |
| Ⅵ. 기말의 현금 | | ××× |

## 2. 현금흐름표 활동구분

### [1] 영업활동 현금흐름

① 재화의 판매와 용역 제공에 따른 현금유입
② 로열티, 수수료, 중개료 및 기타수익에 따른 현금유입
③ 재화와 용역의 구입에 따른 현금유출
④ 종업원과 관련하여 직·간접으로 발생하는 현금유출
⑤ 보험회사의 경우 수입보험료, 보험금, 연금 및 기타 급부금과 관련된 현금유입과 현금유출
⑥ 법인세의 납부 또는 환급. 다만, 재무활동과 투자활동에 명백히 관련되는 것은 제외
⑦ 단기매매목적으로 보유하는 계약에서 발생하는 현금유입과 현금유출

### [2] 투자활동 현금흐름

① 유형자산, 무형자산 및 기타 장기성 자산의 취득에 따른 현금유입 또는 유출
② 다른 기업의 지분상품이나 채무상품 및 조인트벤처 투자지분의 취득에 따른 현금유입·유출
③ 제3자에 대한 선급금 및 대여금, 선급금 및 대여금의 회수에 따른 현금유입
④ 선물계약, 선도계약, 옵션계약 및 스왑계약에 따른 현금유입 또는 유출

## [3] 재무활동 현금흐름

① 주식이나 기타 지분상품의 발행에 따른 현금유입
② 주식의 취득이나 상환에 따른 소유주에 대한 현금유출
③ 담보, 무담보부사채 및 어음의 발행과 기타 장·단기차입에 따른 현금유입
④ 차입금의 상환에 따른 현금유출
⑤ 리스이용자의 리스부채 상환에 따른 현금유출

## [4] 이자, 배당, 법인세 관련

이자, 배당, 법인세 관련 내용은 별도로 표시한다.

| 구분 | 이자지급 | 이자수입 | 배당금수입 | 배당금지급 | 법인세 |
|------|---------|---------|-----------|-----------|--------|
| 일반 | 영업활동 | 영업활동 | 영업활동 | 재무활동 | 영업활동 |
| 기타 | 재무활동 | 투자활동 | 투자활동 | 영업활동 | 투자활동 또는 재무활동 |

# 3. 영업활동현금흐름

## [1] 간접법

간접법은 손익계산서상의 법인세비용차감전순손익에서 시작하여 현금의 유·출입이 없는 비용과 수익계정을 가감하고 영업활동과 관련된 자산부채변동을 가감하여 영업활동 현금흐름을 산출하는 방법으로 발생주의에 의한 당기순이익에서 어떠한 조정을 거쳐 현금의 흐름이 산출되는지와 재무상태표, 포괄손익계산서와의 유용한 연관성을 제시해 준다.

간접법을 적용하는 경우, 영업활동순현금흐름은 법인세비용차감전순손익에서 다음 항목의 영향을 조정하여 결정한다.

① 영업활동과 관련된 채권, 채무의 변동
  영업관련 자산 : 매출채권, 손실충당금, 재고자산, 미수수익, 선급비용
  영업관련 부채 : 선수금, 매입채무, 선급금, 선수수익, 미지급비용 등
② 비현금항목 : 감가상각비, 외화환산손익 등
③ 투자활동 현금흐름이나 재무활동 현금흐름으로 분류되는 손익 : 금융자산처분손익, 유형자산처분손익, 사채상환손익 등

그러나 간접법으로 영업활동 현금흐름을 작성하더라도 이자 및 배당금수취, 이자지급 및 법인세납부는 직접법을 적용한 것처럼 별도로 표시해야 한다.

간접법에 의해 영업활동현금흐름을 계산할 경우 포괄손익계산서상의 당기순이익은 발생주의에 의해서 계산된 것이므로 이를 현금주의로 전환하기 위하여 손익항목과 관련된 자산증가는 차감해야 하고 자산감소는 가산해야 한다. 부채는 증가한 경우 가산하며, 부채는 감소한 경우 차감한다.

| 간접법에 의한 현금흐름표 | (단위 : 원) |
|---|---|
| 영업활동현금흐름 | |
| **법인세비용차감전순이익** | ×××  |
| 가감 : | |
| 감가상각비 | ×××  |
| 외화환산손실 | ×××  |
| 투자수익 | (×××) |
| 매출채권 및 기타채권의 증가 | (×××) |
| 재고자산의 감소 | ×××  |
| 매입채무의 감소 | (×××) |
| **영업에서 창출된 현금** | |
| 이자지급 | (×××) |
| 법인세납부 | (×××) |
| **영업활동순현금흐름** | ×××  |

✎ **예제 14-1 간접법**

다음 주어진 자료를 이용하여 영업활동현금흐름을 구하시오.

1. 포괄손익계산서 중의 일부

| | |
|---|---|
| • 유형자산 감가상각비 | ₩12,000 |
| • 당기순이익 | ₩200,000 |

2. 영업 관련 자산/부채

| 구분 | 기초잔액 | 기말잔액 |
|---|---|---|
| 재고자산 | ₩30,000 | ₩29,000 |
| 매입채무 | ₩45,000 | ₩39,000 |

**해답**

| | |
|---|---|
| 당기순이익 | ₩200,000 |
| 감가상각비 | 12,000 |
| 재고자산 감소 | 1,000 |
| 매입채무 감소 | (6,000) |
| = 영업활동현금흐름 | ₩207,000 |

## [2] 직접법

직접법이란 재화의 판매, 용역의 제공 등 영업활동 거래의 원천별로 유입된 현금의 흐름에서 영업활동 거래로 유출된 현금흐름을 차감하여 영업활동 현금흐름을 구하는 방법이다. 즉, 직접법은 총현금유입과 총현금유출을 주요 항목별로 구분하여 표시하는 방법이다.

직접법은 당기순이익에서 조정을 거쳐 현금의 흐름을 사후적으로 확인하는 간접법에 비해 영업거래의 원천별로 현금흐름을 제시해 주기 때문에 미래현금흐름을 추정하는 데 보다 유용한 정보를 제공한다. 한국채택국제회계기준은 직접법 사용을 권장한다.

| 영업활동현금흐름 | |
|---|---:|
| 고객으로부터 유입된 현금 | ××× |
| 공급자와 종업원에 대한 현금유출 | (×××) |
| 영업에서 창출된 현금 | ××× |
| 이자지급 | (×××) |
| 법인세의 납부 | (×××) |
| 영업활동순현금흐름 | ××× |

### 예제 14-2 직접법

다음 자료를 이용하여 매출로 인한 현금유입액을 계산하시오.

| | | | |
|---|---|---|---|
| • 당기매출액 | ₩1,108,000 | • 기초매출채권 | ₩120,000 |
| • 기말매출채권 | ₩130,000 | • 기초손실충당금 | ₩3,000 |
| • 기말손실충당금 | ₩2,400 | • 당기손상차손 | ₩1,000 |

**해답**

| | |
|---|---:|
| 매출액 | ₩1,108,000 |
| 손상차손 | (1,000) |
| 매출채권(순액) 증가 | (10,600) |
| = 매출로 인한 현금유입 | ₩1,096,400 |

- 기초매출채권(순액) = ₩120,000 − ₩3,000(기초손실충당금) = ₩117,000
- 기말매출채권(순액) = ₩130,000 − ₩2,400(기말손실충당금) = ₩127,600

## 4. 투자활동현금흐름 및 재무활동현금흐름

영업활동 현금흐름과 달리 투자활동 및 재무활동 현금흐름은 당해 거래로 인하여 유입, 유출될 현금을 현금흐름표에 각각 구분하여 표시한다. 투자활동 및 재무활동 현금흐름은 유입과 유출액을 상계하지 않고 각각 총액으로 현금흐름에 표시한다. 투자활동과 재무활동은 영업활동에 비하여 상대적으로 거래가 많지 않기 때문에 기중거래를 분석하여 현금의 유입과 유출을 쉽게 파악할 수 있다.

### ✏ 예제 14-3 투자활동현금흐름

㈜한국의 20×1년, 20×2년도 비교재무상태표에서 건물계정과 관련된 증감상황 및 증감원인은 다음과 같다.

| 구분 | 20×1년 | 20×2년 |
|---|---|---|
| 건물장부금액 | ₩2,000 | ₩2,100 |

(증감원인)

1) 취득원가 ₩500의 건물을 처분하였는데, 처분 당시 감가상각누계액은 ₩200이었으며 건물처분으로 처분이익이 ₩50 발생하였다.

2) 건물의 20×2년 중 감가상각비는 ₩800이다.

위의 자료에 근거하여 20×2년도 투자활동 현금흐름을 표시하시오.

### 해답

투자활동현금흐름

| | |
|---|---|
| 건물의 취득으로 인한 현금유출 | (₩1,200) |
| 건물의 처분으로 인한 현금유입 | 350 |
| 순현금흐름(순유출) | (₩850) |

\* 건물의 취득금액 = ₩2,100(기말금액) − ₩2,000(기초금액) + ₩300(처분) + ₩800(감가상각)
= ₩1,200
\* 건물의 처분금액 = ₩300(장부금액) + ₩50(처분이익) = ₩350

## 5. 현금의 유입과 유출이 없는 거래 – 주석공시

현금의 유입과 유출을 초래하지는 않았지만 기업의 총재무자원의 변동을 보고하기 위하여 반드시 포함되어야 할 중요한 거래들은 현금흐름표에 관련된 주석사항에 별도로 표시하도록 되어 있다.

① 현물출자로 인한 유형자산취득
② 유형자산의 연불구입
③ 무상증자, 주식배당
④ 전환사채의 전환

· 현금흐름표 ·
# 객관식 문제

**01**  **현금흐름표상 영업활동현금흐름에 관한 설명으로 옳은 것은?**

① 영업활동현금흐름은 직접법 또는 간접법 중 하나의 방법으로 보고할 수 있으나, 한국채택국제회계기준에서는 직접법을 사용할 것을 권장하고 있다.

② 단기매매목적으로 보유하는 유가증권의 판매에 따른 현금은 영업활동으로부터의 현금유입에 포함되지 않는다.

③ 일반적으로 법인세로 납부한 현금은 영업활동으로 인한 현금유출에 포함되지 않는다.

④ 직접법은 당기순이익의 조정을 통해 영업활동현금흐름을 계산한다.

⑤ 간접법은 영업을 통해 획득한 현금에서 영업을 위해 지출한 현금을 차감하는 방식으로 영업활동현금흐름을 계산한다.

**02**  **현금흐름표의 재무활동현금흐름에 포함되는 항목은?**

① 이자수익으로 인한 현금유입

② 건물의 취득, 처분

③ 현금의 대여, 회수

④ 유가증권의 취득, 처분

⑤ 차입금의 차입, 상환

**03**  **현금흐름표상 투자활동현금흐름에 해당하는 것은?**

① 설비 매각과 관련한 현금유입

② 자기주식의 취득에 따른 현금유출

③ 담보부사채 발행에 따른 현금유입

④ 종업원급여 지급에 따른 현금유출

⑤ 단기매매목적 유가증권의 매각에 따른 현금유입

**04** 현금흐름표상 재무활동현금흐름에 속하지 않는 것은?

① 토지 취득에 따른 현금유출
② 단기차입에 따른 현금유입
③ 주식 발행에 따른 현금유입
④ 회사채 발행에 따른 현금유입
⑤ 장기차입금 상환에 따른 현금유출

**05** ㈜한국의 영업활동으로 인한 현금흐름이 ₩500,000일 때, 다음 자료를 기초로 당기순이익을 계산하면?

| 매출채권(순액) 증가 | ₩50,000 | 재고자산 감소 | ₩40,000 |
|---|---|---|---|
| 미수임대료 증가 | 20,000 | 매입채무의 감소 | 20,000 |
| 유형자산처분손실 | 30,000 | | |

① ₩420,000　　② ₩450,000　　③ ₩520,000
④ ₩540,000　　⑤ ₩570,000

**06** 다음 자료를 이용하여 영업활동으로 인한 현금흐름을 계산하시오.

| 당기순이익 | ₩2,500,000 | 선급비용의 증가 | ₩200,000 |
|---|---|---|---|
| 감가상각비 | 300,000 | 재고자산의 감소 | 100,000 |
| 유형자산처분손실 | 450,000 | 매입채무의 증가 | 350,000 |

① ₩2,000,000　　② ₩2,500,000　　③ ₩3,000,000
④ ₩3,300,000　　⑤ ₩3,500,000

**07** 다음 자료를 이용하여 계산한 매입으로 인한 현금유출액은? (단, 매입은 외상으로 이루어짐)

| 기초재고자산 | ₩500,000 | 기말재고자산 | ₩700,000 |
|---|---|---|---|
| 기초매입채무 | 400,000 | 기말매입채무 | 600,000 |
| 매출원가 | 800,000 | | |

① ₩400,000　　　　② ₩500,000　　　　③ ₩600,000

④ ₩700,000　　　　⑤ ₩800,000

**08** ㈜한국의 20×1년 초 미지급임차료 계정잔액은 ₩1,500이었다. 20×1년 말 수정후시산표상 임차료 관련 계정잔액이 다음과 같을 때, ㈜한국이 임차와 관련하여 20×1년도에 지급한 현금 총액은?

| 임차료 | ₩12,000 | 선급임차료 | ₩300 |
|---|---|---|---|

① ₩12,300　　　　② ₩12,800　　　　③ ₩13,500

④ ₩13,800　　　　⑤ ₩14,300

PART · 14

**09** 현금의 유입과 유출이 없더라도 중요한 거래는 현금흐름표에 관련된 주석사항에 별도로 표시하여야 한다. 다음 중 현금의 유입과 유출이 없는 거래는 무엇인가?

① 현물출자로 인한 유형자산의 취득

② 유상증자

③ 유형자산의 현금 취득

④ 전환사채의 발행

⑤ 자기주식의 취득

**Part**
**14**

# 객관식 문제 해답

**01** ①
② 단기매매목적으로 보유하는 유가증권의 취득 및 판매에 따른 현금은 영업활동현금흐름이다.
③ 법인세로 납부한 현금은 영업활동으로 본다. 다만, 재무활동, 투자활동과 명백히 관련된 경우는 재무활동, 투자활동으로 본다.
④ 당기순이익의 조정을 통해 영업활동현금흐름을 계산하는 방법은 간접법이다.
⑤ 직접법은 영업을 통해 획득한 현금에서 영업을 위해 지출한 현금을 차감하는 방식으로 영업활동현금흐름을 계산한다.

**02** ⑤
① 이자수익으로 인한 현금유입(영업활동 또는 투자활동), ② 건물의 취득·처분, ③ 현금의 대여·회수,
④ 유가증권의 취득·처분은 투자활동현금흐름이다.

**03** ①
②, ③ 자기주식취득, 담보부사채 발행 : 재무활동현금흐름
④, ⑤ 종업원급여, 단기매매목적 유가증권의 매각 : 영업활동현금흐름

**04** ① 토지(유형자산) 취득에 따른 현금유출은 투자활동현금흐름에 속한다.

**05** ③ 당기순이익                 ?
    유형자산처분손실       ₩30,000
    매출채권(순액) 증가    (₩50,000)
    재고자산 감소          ₩40,000
    미수임대료 증가       (₩20,000)
    <u>매입채무의 감소       (₩20,000)</u>
    영업활동현금흐름      ₩500,000
    → 당기순이익 : ₩520,000

**06** ⑤ 영업활동 현금흐름 = ₩2,500,000(당기순이익) + ₩300,000(감가상각비) + ₩450,000(유형자산처분손실) − ₩200,000(선급비용의 증가) + ₩100,000(재고자산의 감소) + ₩350,000(매입채무의 증가)
    = ₩3,500,000

**07**　⑤ 매출원가　　　　　　　(₩800,000)
　　　재고자산의 증가　　　　(₩200,000)
　　　<u>매입채무의 증가　　　　 ₩200,000</u>
　　　= 매입으로 인한 유출액 (₩800,000)


**08**　④ 임차료　　　　　　　　(₩12,000)
　　　미지급임차료 감소　　　　(₩1,500)
　　　<u>선급임차료 증가　　　　　 (₩300)</u>
　　　= 임차료 현금유출액　　　(₩13,800)


**09**　① 현물출자는 현금 이외의 자산을 취득하고 신주를 발행한 것이므로 현금의 유입과 유출이 발생하지 않는다.

합격까지 박문각

# 15

# 재무제표 분석

- 재무정보를 활용하여 기업의 유동성을 분석한다.
- 재무정보를 활용하여 기업의 안정성을 분석한다.
- 재무정보를 활용하여 기업의 수익성을 분석한다.

## PART 15

# 재무제표 분석

## 1. 재무제표 분석이란?

재무회계는 정보이용자의 의사결정에 유용한 정보를 제공하는 것을 그 목적으로 하고 있다. 정보이용자는 이러한 재무회계 정보를 이용하여 많은 경제적 의사결정을 하게 되는데 특히 재무제표를 다방면으로 분석하여 이를 활용하는 경우가 많다. 기업이 어떠한 재무상태를 가지고 있는지 어떤 점에서 강점과 약점을 가지고 있는지 다양한 분석적 방법에 의하여 이를 검토함으로써 기업의 상태를 진단하는 것이다. 이처럼 재무제표분석은 흔히 경영분석이라고도 하는데, 기업이 보고한 재무제표를 검토함으로써 기업의 경영성과 및 재무상태를 진단하는 데 목적이 있다.

### [1] 재무제표 분석의 목적

재무제표에는 재무상태표, 포괄손익계산서, 자본변동표, 현금흐름표가 있고 이들 재무제표는 해당 기업의 재무상태, 경영성과 등의 정보를 제공하고 있다. 그러나 전체적인 항목들의 금액 중 보다 효과적으로 기업을 파악하기 위해서는 이를 분석할 필요성이 존재한다.

즉, 재무제표 분석이란 재무제표에 주어진 숫자를 여러 방법으로 분석해 봄으로써 재무제표가 제공하는 정보를 더 쉽게 해석할 수 있게 해주는 것이다.

### [2] 재무비율 분석

재무비율은 재무제표상에 표기된 한 항목의 수치를 다른 항목의 수치로 나눈 것이다. 재무비율은 크게 기업의 안전성을 파악하는 비율과 수익성을 파악하는 비율로 구분할 수 있다.

## 2. 안전성비율

기업의 안전성을 파악하는 비율로는 유동성비율(liquidity ratio)과 레버리지비율(leverage ratio) 등이 있으며, 주로 기업이 채무상환능력이 있는지를 파악할 때 사용한다.

### [1] 유동비율

유동비율(current ratio)은 유동자산을 유동부채로 나누어 비율을 계산하는 것으로 단기간의 채무를 상환할 능력이 되는지를 판단할 때 주로 사용하는 지표이다. 유동자산은 보고기간 말로부터 1년 이내 현금화가 가능한 자산을 의미하며, 유동부채는 보고기간 말로부터 1년 이내 지급기일이 도래하는 부채를 의미하므로 이를 나누어 봄으로써, 단기에 상환해야 할 채무를 변제할 수 있는 유동자산이 어느 정도가 되는지를 판단해 보는 것이다.

$$유동비율 = \frac{유동자산}{유동부채}$$

유동비율은 해당 비율이 높을수록 단기채무를 변제할 만한 충분한 자산이 있는 것으로 평가되기 때문에 주로 단기차입금을 융통할 때 금융기관에서 보조지표로 많이 활용한다.

유동비율은 200% 이상을 안전한 수준으로 통상적으로 판단한다.

## [2] 당좌비율

당좌비율(quick ratio)은 당좌자산(유동자산-재고자산)을 유동부채로 나눈 비율이다. 당좌자산은 유동자산 중에서도 가장 빠르게 현금화가 가능한 자산들이며, 이를 기준으로 유동부채의 상환능력을 평가한다면 기업의 단기채무에 대한 지급능력을 평가하는 데 유동비율보다 더 효과적인 비율이 될 수 있다. 흔히 당좌비율은 신속비율이라고 부르기도 한다.

$$당좌비율 = \frac{당좌자산}{유동부채}$$

### ≫ 당좌자산

$$당좌자산 = 유동자산 - 재고자산$$

당좌자산은 유동자산에서 재고자산을 차감하여 결정하는데, 재고자산은 영업활동을 위해 보유 중인 자산으로 재고자산은 기업이 어떠한 영업을 하고 있는지, 그리고 적절한 재고자산 보유정책을 쓰고 있는지에 따라 변동이 될 수 있는 우려가 많다. 그러나 재고자산은 유동자산으로 분류하는데 그렇기 때문에 유동비율은 이러한 재고자산의 포함에 따라 때로는 단기채무의 상환능력을 파악하는 데 적합하지 않을 수 있다.

그러나 당좌비율은 재고자산을 제외하고 유동부채의 상환능력을 파악하는 비율이기 때문에 유동부채에 대한 지급능력 여부는 유동비율과 당좌비율을 모두 파악해 볼 필요가 있다.

전통적으로 당좌비율은 100% 이상이면 양호하다고 판단한다.

## [3] 부채비율

부채비율(debt to equity ratio)은 총부채를 자기자본으로 나눈 비율인데, 추가적으로 부채를 조달할 필요성이 있거나, 혹은 채권자가 본인이 투자한 자금을 회수하는 데 불확실성이 없는지를 평가해보는 지표로도 활용된다. 즉, 부채비율은 채권자들의 위험부담 정도와 손익확대효과 정도를 평가하는 기초 정보로서 의미가 있다.

$$부채비율 = \frac{부채총액}{자기자본}$$

부채비율은 그 시점의 부채와 자기자본으로 파악하는 지표이기 때문에 정태적인 성격을 가지고 있다. 그러므로 이를 보완하기 위해서는 동태적인 비율도 활용해야 한다.

### [4] 이자보상비율

이자보상비율(times interest earned)은 이자지급능력을 나타내는 비율이다. 이자보상비율은 이자비용 및 법인세비용을 차감하기 전의 순이익(EBIT: earnings before interest and tax)을 이자비용으로 나누어서 계산한다.

$$이자보상비율 = \frac{이자\ 및\ 법인세비용\ 차감전\ 순이익}{이자비용}$$

해당 비율은 기업이 부담하는 이자비용에 대비하여 어느 정도의 현금흐름이 발생하는지를 파악하는 데 활용하는 지표로 영업활동으로부터 얻어지는 현금흐름이 이자비용에 어느 정도의 여유가 있는지 확인해 볼 수 있다. 흔히 이자보상비율은 5배 이상을 양호한 수준으로 보고 있다.

## 3. 수익성비율

수익성비율(profitability ratio)은 투자한 자본에 대해 어느 정도의 경영성과를 달성했는지를 파악하거나, 비용을 보전하고도 어느 정도 이익을 낼 수 있는지를 판단할 수 있는 정보를 제공한다.
수익성비율은 특히 외부이용자들이 기업에 대한 경제적 의사결정을 할 때 가장 많이 활용하는 지표이기도 하다.

### [1] 매출액영업이익률

매출액이익률(ROS : return on sales)은 일정기간 동안의 매출액으로부터 여러 비용들을 차감한 이익항목들을 비율로 나누어 계산하는 지표로 영업이익을 매출액으로 나누면 매출액영업이익률, 매출총이익을 매출액으로 나누면 매출총이익률 등 여러 비율로 계산할 수 있다.

$$매출액영업이익률 = \frac{영업이익}{매출액}$$

매출액영업이익률은 매출액 ₩1당 영업이익이 얼마인지를 보여주는 지표로서, 해당 비율이 높을수록 수익성은 더 양호하다고 판단할 수 있다.
매출액순이익률은 매출액 ₩1당 당기순이익이 얼마인가를 보여주는 비율이다.

## [2] 총자산이익률

총자산이익률(ROA : return on assets)은 여러 가지의 회계적 이익을 총자산으로 나누어 계산하는 비율이다. 해당 지표는 주로 경영자가 기업에 조달된 총자본(총자산)에 대한 투자효율성을 평가하는 비율로 총자산이익률에는 총자산영업이익률과 총자산순이익률이 있다.

$$총자산영업이익률 = \frac{영업이익}{총자산}$$

총자산영업이익률은 총자산을 활용하여 어느 정도의 영업이익을 내고 있는지 그 능력이 얼마나 양호한지를 나타내는 비율이라고 할 수 있다.

$$총자산순이익률 = \frac{당기순이익}{총자산}$$

## [3] 주가수익률

주가수익률(PER : price-earnings ratio)은 주당 시가를 주당순이익으로 나눈 지표이다.

$$주가수익률 = \frac{주당 시가}{EPS(주당순이익)}$$

주가수익률은 주로 주식의 투자를 판단할 때 비교지표로 많이 활용한다. 주가수익률이 동일한 영업을 하는 회사에 비하여 낮게 형성되어 있다면 이는 잠재적으로 주가가 상승할 수 있는 여력으로 판단되는 반면에 계속하여 주가수익률이 하락하고 있다면 이는 투자자들이 해당 기업에 대한 판단이 부정적이라는 것을 암시한다.

그러나 주가수익률은 해당 지표만 가지고는 고평가, 저평가인지를 판단하기 곤란하며, 동종 업종이나 전기 등의 비교지표를 통해 고평가, 저평가를 판단하는 것이 필요하다.

## 4. 활동성비율

활동성비율(activity ratio)은 매출액과 각종 자산들과의 관계를 측정해서 해당 자산이 얼마나 효율적으로 활용되고 있는지를 평가하는 비율이다.

## [1] 매출채권회전율

매출채권회전율(receivables turnover)은 매출액을 매출채권으로 나눈 비율로, 해당 매출채권이 현금화되는 속도 또는 매출채권에 대한 자산투자의 효율성을 측정하는 데 사용된다.

$$매출채권회전율 = \frac{매출액}{평균매출채권}$$

\* 평균매출채권 = (기초매출채권+기말매출채권)/2

## [2] 매출채권평균회수기간

매출채권평균회수기간이란 1년에 매출채권이 몇 번 회수되어 매출액을 구성하는지를 판단하는 비율이다.

$$매출채권평균회수기간 = \frac{365일}{매출채권\ 회전율}$$

매출채권회전율과 매출채권평균회수기간은 서로 함께 판단하는 것이 보다 정확한 정보의 파악이 가능하다. 매출채권회전율이 높다는 것은 그만큼 매출채권회수기간이 짧다는 뜻이며, 매출채권회수기간이 짧다는 것은 매출채권이 현금화되는 속도가 빠르다는 뜻이기 때문에 기업에는 보다 바람직하다고 볼 수 있다.

## [3] 재고자산회전율과 재고자산평균회수기간

재고자산회전율(inventory turnover)은 매출원가를 평균재고자산으로 나누어 계산한 비율이며, 이는 재고자산이 1년에 몇 번 회전하여 매출원가를 구성하는지를 나타낸다.

$$재고자산회전율 = \frac{매출원가}{평균재고자산}$$

\* 평균재고자산 = (기초재고자산+기말재고자산)/2

재고자산회전율도 재고자산평균회수기간과 함께 사용할 때 보다 더 자세한 활동성 여부를 판단할 수 있다.

$$재고자산평균회수기간 = \frac{365일}{재고자산회전율}$$

## [4] 정상영업주기

정상영업주기란 매출채권의 평균회수기간과 재고자산평균회수기간을 합한 것으로 기업이 원재료를 구입해서 제품을 생산하여 판매한 후 현금으로 회수되기까지의 기간을 알려준다.

정상영업주기 = 매출채권평균회수기간 + 재고자산평균회수기간

## 5. 기타의 재무비율

### [1] 매출액증가율

매출액증가율은 전기 대비하여 어느 정도 매출액이 증가하였는지를 파악할 수 있는 지표로 기업의 외형적인 성장세를 나타내는 대표적인 비율이다.

$$매출액증가율 = \frac{당기매출액 - 전기매출액}{전기매출액}$$

증가율과 관련된 비율은 총자산이나 순이익이 어느 정도 증가하였는지 비율로도 활용할 수 있다.

$$총자산증가율 = \frac{기말총자산 - 기초총자산}{기초총자산}$$

$$순이익증가율 = \frac{당기순이익 - 전기순이익}{전기순이익}$$

### [2] 배당비율

기업의 배당과 관련한 비율에는 배당성향, 배당수익률 등이 있다.
배당성향은 기업의 1주당 순이익에 어느 정도의 배당을 주는지를 판단하는 지표로서 배당성향은 주당배당금을 1주당 순이익으로 나누어 계산한다.

$$배당성향 = \frac{주당배당금}{주당순이익}$$

배당성향이 높을수록 1주당 순이익에 배당금이 차지하는 비율이 높음을 의미한다. 배당성향은 무조건 높은 것이 좋은 것은 아니다. 배당금을 많이 배분한다는 의미는 기업이 미래의 성장동력보다는 현재의 영업에 안주하고 있다는 의미로 해석되기도 하기 때문이다.
그 외에도 배당수익률을 배당 지표로 판단하기도 한다.
배당수익률(dividend field)은 주당배당액을 주당시장가격으로 나눈 비율로서 주주가 배당수익으로 얻은 수익률을 나타낸다.

$$배당수익률 = \frac{주당배당액}{주당시장가격}$$

재무비율은 이처럼 재무제표의 다양한 자료를 토대로 보다 나은 경제적 의사결정을 하기 위한 참고자료라고 할 수 있다.

그러나 재무제표분석은 기업에서 보고한 재무제표에 근거하여 행하여지는데 기업이 보고하는 재무제표 자체가 신뢰성이 없다면 재무비율 분석은 무의미해진다는 점, 그리고 재무제표는 이미 발생한 결과를 신뢰성 있게 보여주는 데 의미가 있기 때문에 이를 통하여 기업의 향후 미래가치를 온전히 판단하기에는 무리가 있다는 단점들도 존재한다.

하지만 이러한 재무비율분석을 통해 외부이용자들이 해당 기업을 이해하는데 있어서는 참고할 만한 가치가 있는 자료다.

# 16

# 기타 회계

- 투자부동산의 종류와 후속측정을 학습한다.
- 회계정책의 변경과 회계추정의 변경을 구분한다.

PART

# 16 기타 회계

## 1. 투자부동산

### [1] 투자부동산이란?

임대수익, 시세차익 또는 이 둘 모두를 얻기 위하여 보유하고 있는 부동산을 투자부동산이라 한다.

① 장기 시세차익을 얻기 위하여 보유하고 있는 토지
② 장래 사용목적을 결정하지 못한 채로 보유하고 있는 토지
③ 직접 소유 또는 금융리스를 통해 보유하고 운용리스로 제공하고 있는 건물
④ 운용리스로 제공하기 위하여 보유하고 있는 건물
⑤ 미래에 투자부동산으로 사용하기 위하여 건설 또는 개발 중인 부동산

### [2] 투자부동산이 아닌 예

① 정상적인 영업과정에서 판매하기 위한 부동산이나 이를 위하여 건설 또는 개발 중인 부동산
② 제3자를 위하여 건설 또는 개발 중인 부동산
③ 자가사용부동산
④ 금융리스로 제공한 부동산

### [3] 투자부동산의 후속측정

① 원가모형 : 유형자산과 동일하며 매년 감가상각한다.
② 공정가치모형 : 감가상각하지 않으며, 매년 말 공정가치로 평가한다. 공정가치 평가에 따른
   평가손익은 당기손익으로 인식한다.

---

✏️ **예제 16-1 투자부동산**

㈜한국은 20×1년 초 임대목적으로 건물을 ₩1,000,000에 취득하였다. 해당 건물은 투자부동산
으로 분류하였으며 공정가치모형을 적용한다. 건물은 내용연수 5년, 잔존가치 ₩0의 정액법으로
감가상각한다. 20×1년 말 건물의 공정가치는 ₩900,000이다.

**물음**
원가모형과 공정가치모형을 비교하시오.

**해답**

1. 원가모형

| (차) 감가상각비 | 200,000 | (대) 감가상각누계액 | 200,000 |

2. 공정가치모형

| (차) 투자부동산평가손실 | 100,000 | (대) 투자부동산 | 100,000 |

만약 20×2년 말 공정가치가 ₩1,100,000이 된 경우라면? 아래와 같이 회계처리한다.

| (차) 투자부동산 | 200,000 | (대) 투자부동산평가이익 | 200,000 |

## [4] 투자부동산의 계정대체

다음과 같이 사용목적 변경이 확인된 시점에 계정대체를 진행한다.

> ① 자가사용을 개시한 경우에는 투자부동산을 자가사용부동산으로 대체한다.
> ② 정상적인 영업과정에서 판매를 위한 개발이 시작된 경우에는 투자부동산을 재고자산으로 대체한다.
> ③ 자가사용이 종료된 경우에는 자가사용부동산을 투자부동산으로 대체한다.

# 2. 회계변경과 오류수정

## [1] 회계변경

회계변경에는 회계정책의 변경과 회계추정의 변경이 있다.

### (1) 회계정책의 변경

① 기준서에서 인정하는 방법 내에서의 변경을 의미한다.

② 회계정책의 변경을 할 수 있는 경우

> ㉠ 한국채택국제회계기준에서 회계정책의 변경을 요구하는 경우
> ㉡ 회계정책 변경을 반영한 재무제표가 재무상태, 재무성과 또는 현금흐름에 미치는 영향에 대하여 신뢰성 있고 더 목적적합한 정보를 제공하는 경우

③ 회계정책의 변경에 해당하는 사례 : 측정기준의 변경

> ㉠ 재고자산 단가결정방법을 선입선출법에서 평균법으로 변경
> ㉡ 탐사평가자산으로 인식되는 지출을 규정하는 회계정책의 변경
> ㉢ 투자부동산 평가방법을 원가모형에서 공정가치모형으로 변경
> ㉣ 유·무형자산의 평가방법을 원가모형에서 재평가모형으로 변경(최초 적용이 아님)
> ㉤ 표시통화의 변경

④ 회계정책의 변경에 해당하지 않는 예

> ⊙ 과거에 발생한 거래와 실질이 다른 거래, 기타 사건 또는 상황에 대하여 다른 회계정책을 적용하는 경우
> ⓒ 과거에 발생하지 않았거나 발생하였어도 중요하지 않았던 거래, 기타 사건 또는 상황에 대하여 새로운 회계정책을 적용하는 경우

⑤ 회계정책의 변경 적용

> ⊙ 원칙(소급적용) : 새로운 회계정책이 처음부터 적용된 것처럼 조정
> ⓒ 비교표시되는 가장 이른 과거기간의 영향 받는 자본의 각 구성요소의 기초금액과 비교공시되는 각 과거기간의 기타 대응금액을 새로운 회계정책이 처음부터 적용된 것처럼 조정

### (2) 회계추정의 변경

기존과는 다른 상황의 변화 등으로 회계적 추정치를 변경하는 것이다.

① 회계추정의 예

> 손실(대손), 재고자산 진부화, 금융자산이나 금융부채의 공정가치, 감가상각자산의 내용연수 또는 감가상각자산에 내재된 미래 경제적 효익의 기대소비행태, 품질보증의무 등

② 회계추정의 변경 회계처리 : 전진법
회계추정의 변경 전 장부금액을 회계변경 이후의 기간에만 추정 변경의 효과를 반영한다.
③ 회계정책의 변경과 회계추정의 변경을 구분하기 어려운 경우 회계추정의 변경으로 본다.

## [2] 오류수정

오류란 회계처리 과정에서 신뢰할 만한 증거를 얻지 못했거나 잘못 적용하여 발생한 것을 말한다. 중요한 오류는 회계정보이용자의 의사결정에 영향을 줄 수 있기 때문에 소급적용하는 것이 원칙이다. 전기오류를 당기에 수정하는 경우 전기오류에 따른 손익은 당기손익으로 인식하지 않는다.

### (1) 자동조정오류

어떤 오류는 한 회계기간이 경과하면 반대의 모습으로 오류가 소멸되기도 한다. 자동조정오류의 예로는 재고자산의 과대·과소계상 오류, 선급비용, 선수수익, 미수수익, 미지급비용의 과대·과소 오류가 있다.

### (2) 비자동조정오류

자동조정오류 이외의 오류는 모두 비자동조정오류에 해당한다. 비자동조정오류는 회계기간이 경과하여도 상쇄되지 않기 때문에 오류의 발견시점을 파악하여 적절한 역분개로 수정분개해야 한다. 비자동조정오류의 가장 대표적인 사례는 자본적 지출을 수익적 지출로 처리하였거나 수익적 지출을 자본적 지출로 처리한 경우이다.

# 박문각
# 감정평가사

## 신은미
## 감정평가사 회계원리

기본서

**제2판 인쇄** 2024. 6. 20. | **제2판 발행** 2024. 6. 25. | **편저자** 신은미

**발행인** 박 용 | **발행처** (주)박문각출판 | **등록** 2015년 4월 29일 제2019-0000137호

**주소** 06654 서울시 서초구 효령로 283 서경 B/D 4층 | **팩스** (02)584-2927

**전화** 교재 문의 (02)6466-7202

저자와의
협의하에
인지생략

정가 26,000원
ISBN 979-11-7262-017-2